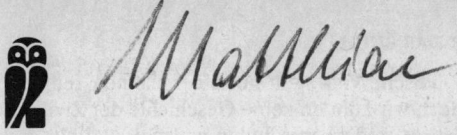

Ullstein Sachbuch

ÜBER DAS BUCH:

»Das jüdische Volk stellt nur einen kleinen Teil der Menschheitsfamilie
dar, doch wir können keine Geschichte der Zivilisation schreiben, ohne
auf das zu treffen, was Juden gedacht, gefühlt, geschrieben und getan
haben. Dies ist die Geschichte eines kleinen Volkes mit einer großen
Bedeutung für das Schicksal der Menschheit.« So schreibt Abba Eban in
seinem neuen Buch, einer fesselnden Darstellung der viertausendjährigen
Geschichte des Judentums.
Der Autor führt uns ins alte Judäa unter seinen Königen Salomon und
David und verfolgt den leidvollen Weg der Juden in ihrer zweitausend-
jährigen Diaspora, von den Verfolgungen unterm Römischen Reich über
die mittelalterlichen Ghettos bis zum Holocaust und schließlich zur
Gründung des Staates Israel.
»... Der rote Faden in Ebans souveräner Darstellung ist die Klärung
dessen, was er das jüdische Geheimnis nennt, das er in viererlei Hinsicht
historisch wirksam sieht: als Geheimnis der Bewahrung, als Geheimnis
der geistigen Ausstrahlung, als Geheimnis des Leidens und als Geheimnis
der Erneuerung ...« (Deutschland Berichte)

DER AUTOR:

Abba Solomon Eban, geboren 1915 in Kapstadt, Südafrika; 1923 Über-
siedlung nach England; während des Zweiten Weltkrieges Oberst des
British Intelligence Service. 1949–1959 israelischer Botschafter in
Washington und bei der UNO; seit 1959 verschiedene Ministerämter in
der israelischen Regierung, 1960–1963 Erziehungsminister, 1966–1974
Außenminister; er ist seit 1959 Mitglied der Knesset.
Weitere Veröffentlichung: *Dies ist mein Volk. Die Geschichte der Juden.*
(München 1974).

Abba Eban

Das Erbe

Die Geschichte des Judentums

Mit 24 Abbildungen

Ullstein Sachbuch

Ullstein Sachbuch
Ullstein Buch Nr. 34457
im Verlag Ullstein GmbH,
Frankfurt/M – Berlin
Titel der amerikanischen
Originalausgabe: *Heritage*
Übersetzt von Peter Hahlbrock

Ungekürzte Ausgabe

Umschlagentwurf:
Theodor Bayer-Eynck
Unter Verwendung einer Illustration
aus einer im späten 13. Jh.
in Deutschland entstandenen
Pessach-Haggadah
Alle Rechte vorbehalten
© 1984 by Abba Eban.
Die amerikanische Originalausgabe
erschien 1984 bei
Summit Books, New York.
© 1986 by Verlag Ullstein GmbH,
Frankfurt/M – Berlin
Printed in Germany 1988
Druck und Verarbeitung:
Elsnerdruck, Berlin
ISBN 3 548 34457 7

Mai 1988

CIP-Titelaufnahme
der Deutschen Bibliothek

Eban, Abba:
Das Erbe: d. Geschichte d. Judentums /
Abba Eban.
[Übers. von Peter Hahlbrock].
– Ungekürzte Ausg. –
Frankfurt/M; Berlin: Ullstein, 1988
    (Ullstein-Buch; Nr. 34457:
    Ullstein Sachbuch)
    Einheitssacht.: Heritage <dt.>
    ISBN 3-548-34457-7
NE: GT

Für
Suzy, Eli und Gila
in Liebe

Inhalt

Vorwort

Kultur ist auf Überlieferung angewiesen. Wenn nicht jede Generation wenigstens einen Teil dessen erwirbt, was von den Vätern sie ererbt, zerbricht die das Leben der Generationen überdauernde Gemeinschaft gewisser eigentümlicher Formen des sozialen Lebens, in der die Besonderheit jeder Kultur besteht.

Auch die einfachsten Kulturen schriftloser Völker haben ihre Geschichte. An den Geschichten der Hochkulturen hat man allgemeine Gesetze des Kulturwandels abzulesen versucht. Kulturen, sagt Oswald Spengler, sind Lebewesen und als solche dem Gesetz alles Lebenden unterworfen: Sie werden geboren, altern und sterben. Arnold Toynbee bestreitet die Sterblichkeit der Kulturen. Kulturen, sagt er, entwickeln sich, einfachere Formen werden schließlich von höheren aufgenommen, die deren Leben bewahren – freilich um den Preis der Aufgabe ihrer Identität. Derartigen geschichtsphilosophischen Theorien ist die jüdische Geschichte ein Stein des Anstoßes, weil sie den postulierten allgemeinen Gesetzen des Kulturwandels so offensichtlich nicht gehorcht. Jüdische Eigenart hat sich von Generation zu Generation erneuert, wo andere große Kulturen ins Grab sanken, und die spezifisch jüdische Kultur zeigt bisher weder die nach Spengler jeder Kultur innewohnende Neigung, den Geist aufzugeben, noch die Toynbee zufolge allgemeine Tendenz, in einer höheren Kultur aufzugehen und dabei auf ihre Identität zu verzichten. Insofern ist die Geschichte der jüdischen Kultur unvergleichlich. Wo immer sich die über Meere und Länder unter fremde Völker zerstreuten Juden niederließen, überall und stets blieb ihnen ihre Besonderheit bewußt, und so haben die Juden bisher unter allen Umständen das Wesentliche ihrer Kultur bewahrt. Juden haben auf andere gewirkt und die Einwirkung anderer erfahren. Ihr Denken, Reden und Handeln hat sich im Laufe der langen jüdischen Geschichte sehr gewandelt, doch niemals so, daß die Nachkommen den Stammvätern gänzlich entfremdet worden wären. Niemand kann sagen, wie diese Geschichte enden oder ob sie jemals enden wird – und niemand weiß, was in Zukunft noch in sie eingehen wird.

Alle Kulturen Mesopotamiens, des Mittelmeers, Europas und Amerikas sind auf die eine oder andere Weise mit der Kultur der Juden in Berührung gekommen, haben deren Einfluß erfahren und Einfluß auf sie genommen. Einige alte Hochkulturen, diejenigen Indiens und des Fernen Ostens etwa, sind von den Juden auf deren Wanderungen kaum berührt worden, so daß es dort einen Austausch von Anregungen kaum gegeben hat. Gewöhnlich sind die Begegnungen der Juden mit Völkern anderer Kulturen nicht auf den friedlichen Austausch von Anregungen beschränkt geblieben – für die Juden waren die Folgen oft tragisch. Dennoch haben diese Begegnungen die Kulturen, die der historische Zufall oder die Vorsehung dabei in Berührung brachte oder in Streit verwickelte, unauslöschlich geprägt.

Dieses Buch will die Geschichte dieser Begegnungen erzählen, die – ob die Juden sie nun gesucht hatten oder, was weit häufiger der Fall war, hatten hinnehmen müssen – nie ohne bedeutende Folgen blieben. Im Laufe ihrer Geschichte war die jüdische Kultur stets vornehmlich mit einer jeweils bestimmten anderen verbunden, begegnete also fremden Kulturen meist nicht gleichzeitig an verschiedenen Orten, sondern zu verschiedenen Zeiten nacheinander, was die Aufgabe des Erzählers dieser Geschichte einigermaßen erleichtert. Daß die Juden diese Geschichte bisher überlebt haben und die jüdische Kultur einstweilen keine Anzeichen von Lebensmüdigkeit zeigt, bietet natürlich keine Gewähr für deren Überleben auch in Zukunft. So stellt sich die existentielle Frage nach dem Fortbestand einer unverkennbar jüdischen Kultur jeder Generation von neuem. Die Geschichte der Kulturen ist ein weites Feld: Kein anderes Volk ist darin so lange und von so weit her unterwegs wie das jüdische. Wenn wir diese Geschichte aus jüdischer Sicht erzählen, werden wir deshalb von einem kleinen, aber scharfen Blickwinkel aus einen sehr weiten Gesichtskreis zu schildern haben.

Ein Volk wird geboren

Dies ist die Geschichte eines kleinen Volkes, dem bestimmt war, eine große Rolle in der Geschichte der Menschheit zu spielen. Auf der ganzen Erde leben gegenwärtig etwa 14 Millionen Juden, zahlenmäßig gehört also das jüdische Volk zu den geringeren Mitgliedern der Völkerfamilie. Das ist nie anders gewesen. Nie haben die Juden viel Land oder Macht besessen. Doch vergegenwärtigt man sich die Geschichte der menschlichen Kultur, zeigt sich, daß das, was die Juden gedacht und empfunden, geschrieben und getan haben, aus dieser Geschichte nicht wegzudenken ist.

Die Juden setzen den Anfang ihrer Geschichte in die 4000 Jahre zurückliegende Zeit, als ihr Stammvater Abraham aus dem Zweistromland zwischen Euphrat und Tigris nach Kanaan einwanderte. Generationen später führte Moses die Juden aus der ägyptischen Gefangenschaft, in die sie geraten waren, als sie auf der Suche nach Weideplätzen an den Nil zogen. In der Wüste am Berge Sinai offenbarte sich ihnen der eine Gott, der sie von ihren, vielgestaltigen Göttern abergläubisch dienenden, heidnischen Nachbarn für alle Zukunft streng absonderte.

Nach einigen Jahrhunderten nationaler Existenz in den Königreichen Juda und Israel wurde den Juden ihr Land von fremden Eroberern geraubt; sie mußten in die Fremde auswandern und zerstreuten sich. Seit dieser Zeit haben sie unter vielen, fast unter allen Völkern der Erde gelebt – zeitweilig in strenger Absonderung von ihrer Umgebung, ganz der Pflege der eigenen überlieferten Kultur zugewandt, zeitweilig in höchst fruchtbarer Auseinandersetzung mit fremden Kulturen – schaffend, leidend, widerstehend, stets aber dem eigenen Wesen treu. Von den Juden darf man deshalb sagen, was ein griechi-

11

scher Geschichtsschreiber einst von den Griechen sagte: Dieses Volk wurde geboren, um niemals selbst zur Ruhe zu kommen und andere nie in Ruhe zu lassen.

Weshalb erzählen wir diese Geschichte? Weil sie farbig und abwechslungsreich, aber auch, weil sie lehrreich ist. Sie zeigt nämlich, daß ein Volk nur zu überleben hoffen kann, wenn es wie das jüdische sich selbst treu bleibt, wenn es sich ureigener Werte stets würdig zu erweisen bemüht und seine edelsten Ziele nie aus den Augen verliert.

Welche sind nun diese ureigensten Werte des jüdischen Volkes, und welcher Art ist das Volk, das sie schuf? Die Antwort auf diese Fragen ist in der Geschichte aller Länder und Zeiten zu suchen.

Die alte Welt

Einer alten Überlieferung zufolge empfing Moses die zehn Gebote und das Gesetz Israels in einer entlegenen Wildnis auf dem Sinai. Will man sich die revolutionäre, bis in die Gegenwart und über die ganze Erde sich fortsetzende Wirkung dieser Offenbarung vergegenwärtigen, muß man auf die Umstände zurückgehen, unter denen sie stattfand, muß man sich die alte Welt und den Anfang der Kultur auf diesem Planeten vor Augen führen.

Im Jahre 10000 vor Beginn der christlichen Ära lebten wahrscheinlich auf der ganzen Erde nicht mehr als vier Millionen Menschen – weniger als ein Tausendstel der gegenwärtigen Erdbevölkerung. In dem Land, das das Land Israel werden sollte, in dem heute etwa so viele Menschen wohnen wie damals auf der ganzen Erde, lebten nicht einmal 100000 Menschen, als vor etwa 4000 Jahren dem biblischen Bericht zufolge Abraham sich in Beerscheba ansiedelte.

Wir kennen die Werkzeuge der prähistorischen Völker, wissen, welche Tiere sie jagten, welche Früchte und Wurzeln sie aßen. Wir schätzen die Bevölkerungsdichte verschiedener Länder zu prähistorischer Zeit auf Grund des mutmaßlichen Reichtums derselben an solchen natürlichen Ressourcen. Eine Vorstellung von der Art und Weise, in der die frühe Menschheit ihre natürliche Umwelt sah, geben die erst in jüngster Vergangenheit an verschiedenen Orten gefundenen Höhlengemälde, deren jüngste 10 000, deren älteste vielleicht 30 000 Jahre alt sind. Doch was unsere Vorfahren vor 12 000 Jahren dachten, fühlten und glaubten, können wir anhand solcher Bilder und der andernorts hinterlassenen Artefakte bestenfalls mutmaßen – schriftliches Zeugnis darüber haben wir nicht.

Wie stellten sich unsere prähistorischen Vorfahren die Entstehung der Welt vor? Welche Mächte bestimmten ihres Erachtens das Schicksal des Menschen; welche Mächte riefen sie um Beistand an, welchen Mächten suchten sie zu widerstehen? Bei dem Versuch, derartige Fragen zu beantworten, ist Vorsicht geboten. Religiöse Phänomene sind komplex und schwer zu fassen, weshalb man sich hüten muß, sie allzu vereinfachend beschreiben zu wollen. Selbst der Geist viel späterer Zeiten, aus denen uns eine Fülle von Artefakten und Inschriften hinterblieben sind, ist dem historischen Verständnis nicht ohne weiteres zugänglich. Ein Gelehrter hat seiner Erörterung des Gottesdienstes der Sumerer das Bekenntnis vorausgeschickt, daß »eine systematische Darstellung der mesopotamischen Religion unmöglich ist und deshalb nicht unternommen werden sollte« Eine rabbinische Einsicht lehrt: »Bescheidenheit ist die Zierde der Weisheit.«

Was wissen wir also vom Gottesglauben und Gottesdienst unserer ältesten Ahnen? Aller Wahrscheinlichkeit nach hatten sie Mythen, in denen die Rede war von der Schöpfung der Welt, von magischer Flucht, vom Ursprung des Feuers, vom Bund zwischen Jäger und Gejagtem, von den Ekstasen religiöser Führer und der Magie der Sprache – der Macht des Wortes. Mit diesen Mythen gingen Rituale einher, die die großen Übergänge des Lebens, Geburt und Tod, das Ende der Kindheit und den Beginn erwachsener Verantwortlichkeit, in eine mythische Ordnung stellten.

Die Menschen jener frühen Zeit wollten weder die Existenz der Welt noch ihre eigene für zufällig halten. Ein Schöpfer oder deren mehrere hatten nach ihrer Überzeugung die Welt geschaffen und Himmel und Erde gebildet. Ebenso verbreitet wie die Vorstellung der Schöpfung der gestalteten Welt aus ungestaltetem Wasser war bei der frühen Menschheit der Mythos einer Großen Flut. Sintflutsagen erzählen nicht nur mesopotamische religiöse und epische Texte, sondern erzählten noch in jüngster Vergangenheit zahlreiche schriftlose Völker, denen christliche Missionare in Amerika und Australien, in Südostasien und auf den Südseeinseln Fragen nach den ältesten Zeiten stellten.

Schriftliche Berichte über eine Sintflut liegen zwar erst aus viel späterer Zeit vor, doch sprechen sie für die allgemeine Verbreitung der Erinnerung eines solchen Ereignisses – und geben zu erkennen, wie entscheidend die Juden die Mythologie des Zweistromlandes verwandelten. Die früheste bekannte Schilderung einer Sintflut ist in Nippur gefunden worden, dem bedeutendsten religiösen Zentrum Sumers im 3. Jahrtausend vor der christlichen Ära. In dieser 1914 zuerst veröffentlichten Erzählung – die allerdings unvollständig ist, in dem ausgegrabenen Dokument scheint kaum ein Drittel der Geschichte erhalten zu sein – verabreden die Götter, die Erde zu zerstören und einzig den frommen König Ziusudra und dessen Haushalt zu verschonen. Ziusudras Auftrag gleicht dem des biblischen Patriarchen Noah. Wie Noah nach dem Ende der Flut dem Herrn Brandopfer bringt, opfert König Ziusudra dem Sonnengott Utu, dessen Erscheinen die eine Woche währende Katastrophe beendet.

Eine berühmtere mesopotamische Fassung der Sintflutsage enthält das mindestens 500 Jahre vor Moses' Eintreffen am Berge Sinai verfaßte Gilgamesch-Epos. Der Noah vergleichbare Held dieses Epos heißt Utnapishti – der weit Entfernte –, und er berichtet Gilgamesch, dem legendären Herrscher des sumerischen Stadtstaats Uruk, von seinen Erfahrungen. Den Bau und die Maße der Arche berichtet Utnapishti ähnlich detailliert wie die Bibel, und wie Noah hat Utnapishti nicht nur seine nächsten Angehörigen vor der Flut gerettet, sondern auch Vertreter des Tierreiches:

»Ja, aller Art lebender Geschöpfe, deren ich habhaft wurde, brachte ich an Bord. Meine ganze Sippe und Verwandtschaft hieß ich in das Schiff gehen; in das Schiff gehen hieß ich wilde und zahme Tiere und alle Handwerker.«

Wie Noahs Arche landet auch diejenige Utnapishtis auf einem Berg, der allerdings nicht Ararat, sondern Nisir heißt. Wie Noah sendet Ut-

14

napishti einen Raben und eine Taube aus, zu erkunden, ob wirklich die Flut ein Ende genommen hat.

Doch sollten diese offenbaren Ähnlichkeiten der beiden Berichte – der Genesis und des Gilgamesch – von den bedeutenden Unterschieden, die zwischen ihnen bestehen, nicht ablenken. Die Große Flut des Gilgamesch-Epos ergibt sich aus einem Streit unter Göttern, während die, von der die Bibel berichtet, unzweideutig als Sintflut im eigentlichen Wortsinn gekennzeichnet ist:

> »Und er sprach: Ich will die Menschen, die ich geschaffen habe, vertilgen von der Erde, vom Menschen an bis hin zum Vieh und bis zum Gewürm und bis zu den Vögeln unter dem Himmel; denn es reut mich, daß ich sie gemacht habe.« (1. Mose 6: 7)

Und das Versprechen, das der Herr nach dem Ende der Flut dem treuen Noah gibt, soll für alle Zukunft gelten:

> »Ich will hinfort nicht mehr die Erde verfluchen um der Menschen willen; denn das Dichten und Trachten des menschlichen Herzens ist böse von Jugend auf. Und ich will hinfort nicht mehr schlagen alles, was da lebt, wie ich getan habe. Solange die Erde steht, soll nicht aufhören Saat und Ernte, Frost und Hitze, Sommer und Winter, Tag und Nacht.« (1. Mose 8: 21–22)

Vom Dorf zum Reich

Daß schon vor fünf Millionen, einer Million oder auch nur 10000 Jahren menschenähnliche Wesen die Erde bewohnt haben sollten, war im 17. Jahrhundert auch für wagemutige Geister noch nahezu unvorstellbar. Bis ins 19. Jahrhundert war die Bibel fast die einzige Quelle der vorpharaonischen Geschichte: Obwohl man in der Bibel weder Daten noch Zeiten angegeben findet, war es sehr wohl möglich, das Alter der Welt nach den in der Genesis genannten Generationen zu berechnen.

Wie so viele umwälzende Neuerungen, nahm auch die bis heute andauernde Revolution der biblischen Archäologie ihren Anfang in der Zeit der napoleonischen Kriege. Während des ägyptischen Feldzuges Napoleons nämlich, im Juli 1799, fand ein französischer Ingenieur namens Boussard in der Nähe der Stadt Rosetta – oder Raschid – am westlichen Mündungsarm des Nils eine schwarze Basalttafel mit Inschriften in griechischer und ägyptischer Sprache. Napoleon hielt diese Entdeckung für so wichtig, daß er befahl, Kopien der Inschriften an alle namhaften Gelehrten Europas zu versenden. Nachdem 1801 englische Truppen die Franzosen aus Ägypten vertrieben hatten und Napoleon nach Frankreich zurückgekehrt war, wurde der Rosetta-Stein in das Britische Museum gebracht, wo er sich noch heute befindet. Der erste Schritt zur Entzifferung der ägyptischen Hieroglyphen gelang dem englischen Arzt und Naturforscher Thomas Young (1773–1829). Doch den Ruhm, sowohl die Texte der Hieroglyphen-Inschrift als auch diejenigen in demotischer ägyptischer Schrift entziffert zu haben, konnte 1822 der französische Altphilologe Jean François Champollion (1790–1832) für sich in Anspruch nehmen.

Mit der Entschlüsselung der ägyptischen Schrift erschloß Champollion eine vieltausendjährige ägyptische Geschichte, die auf weiten Strecken mit der biblischen einhergeht. Schon vor der Entdeckung des Rosetta-Steins hatte man mit der Entzifferung altpersischer Inschriften begonnen, und um die Mitte des 19. Jahrhunderts war man der Entzifferung der ältesten Keilschrifttexte schon nahe. So haben wir heute ein recht genaues Bild der beiden Hochkulturen des Vorderen Orients – Ägyptens und Sumers –, zu deren Blütezeit die jüdische Geschichte begann.

In Ägypten erntete man schon im 5. Jahrtausend vor der christlichen Ära Weizen und Gerste, züchtete Vieh, baute Häuser, brannte Tongefäße, flocht Körbe, begrub die Toten in flachen ovalen Gräbern und gab ihnen Speisen und Getränke sowie allerlei Gerät, dessen sie in ihrem zukünftigen Leben bedürfen mochten, mit ins Grab. Neueren Entdeckungen zufolge hielt man zu eben dieser Zeit – wenn nicht sogar schon früher – in Indien bereits Schaf- und Rinderherden und baute Reis an. In Mesopotamien aber, dem fruchtbaren Schwemmland »zwischen den Strömen« (wie der griechische Name sagt), wurden nachweislich schon im 7. Jahrtausend vor der christlichen Ära Weizen und Gerste angebaut. Vor 6000 bis 4300 Jahren ereignete sich dort der technische, soziale und kulturelle Wandel, der zum ersten Mal den Rahmen einer Kultur vom Dorf zum Reich erweiterte.

Obwohl sich nicht mit Sicherheit behaupten läßt, daß »die Geschichte« in Sumer begann, steht außer Zweifel, daß dort die jüdische Geschichte ihren Anfang nahm. Denn aus diesem Reich Sumer kamen Abraham und die Seinen, die ersten Hebräer.

Die sumerische Kultur bot, als Abraham sich von ihr schied, schon eine reiche Überlieferung. Die landwirtschaftliche Revolution, die dieser Kultur die Grundlage bereitete, lag zu Abrahams Zeit schon Jahrhunderte zurück. Ihre Auswirkungen machten sich auch bei der Anlage der Siedlungen geltend und sind an deren ausgegrabenen Grundmauern noch heute abzulesen. Von der Mitte des 4. Jahrtausends vor der christlichen Ära an findet man als vorherrschenden Siedlungstyp in Mesopotamien die Tempelgemeinde, die, von Priestern regiert, dem Schutze eines ortsansässigen Gottes befohlen und diesem zu Dienst verpflichtet war. Im Tempel stand auf einem Sockel ein Bild des Gottes, meist in menschlicher Gestalt. Einfachere Nachbildungen dieses Bildes besaßen mitunter auch einzelne Haushalte. Obwohl diese Bilder in Tempelwerkstätten von Handwerkern hergestellt wurden, glaubten die Alten, daß sie durch besondere Rituale, die ihnen Augen und Mund öffnen sollten, zum Leben erweckt werden könnten. Der Gott des Tempels war wie ein König in vergoldete Gewänder gekleidet und wurde bei besonderen Anlässen wie bei einer königlichen Prozession durch den Hof des Tempels oder die Straßen der Stadt getragen. Daß der König dem verehrten Götterbild näherstand als der gewöhnliche Sterbliche, erhellt aus dem Umstand, daß er das Privileg hatte, die dem Götzen von den Priestern vorgesetzten Speisen zu verzehren.

Die Götter mochten wohlwollend oder rachsüchtig, zuverlässig oder launisch sein – in einer Hinsicht waren sie einer wie der andere: Sie waren immer hungrig. Ein unvollständiger akkadischer Text aus Uruk – dem Erech der Bibel – gibt einen Begriff vom Appetit der Götter dieser Stadt:

»Täglich werden bei vier Mahlzeiten insgesamt verzehrt: Einund-
zwanzig erstklassige fette, saubere Widder, die zwei Jahre lang mit
Gerste gefüttert worden sind; zwei große Stiere; ein milchgenähr-
ter Ochse; acht Lämmer; dreißig Marratu-Vögel; dreißig [andere]
Vögel; drei Kraniche, die mit [einer bestimmten Art] Getreide gefüttert worden sind; fünf Enten, die mit [einer bestimmten Art]
Mehl gefüttert worden sind; zwei Enten von geringerer Qualität als
die vorerwähnten; vier wilde Eber; drei Straußeneier; drei Enten-
eier.«

Die sumerische Vorstellung, daß einem Gott gewisse Opfer willkommen, andere unwillkommen sein könnten, war noch den alten Hebräern vertraut – doch es ist bezeichnend, daß die Bibel diese Vorstellung monotheistisch und ethisch verstanden wissen will:

»Es begab sich aber nach etlicher Zeit, daß Kain dem Herrn Opfer
brachte von den Früchten des Feldes; und auch Abel brachte von
den Erstlingen seiner Herde und von ihrem Fett. Und der Herr sah
gnädig an Abel und sein Opfer; aber Kain und sein Opfer sah er
nicht gnädig an.« (1. Mose 4: 3–4)

Die sumerische Kultur entstand um 3000 vor Beginn der christlichen
Ära mit der Entwicklung der mesopotamischen Stadtstaaten. An der
Spitze der politischen und religiösen Hierarchien dieser Stadtstaaten
standen stets der König und der Hohepriester. Dienten die Tempel-
gemeinden gewöhnlich nur einem einzigen ortsansässigen Gott, wurden in den Stadtstaaten meist mehrere Götter verehrt. Vielleicht,
weil man Götter unterworfener Ortschaften in den eigenen Mauern
ansiedelte. Meist gab es, wie in Uruk, auch mehrere Tempel. Um die
gleiche Zeit verbreitete sich die Keilschrift, die das Bewahren der Ur-
kunden und somit die Verwaltung der Stadtstaaten erleichterte, und
mit der Kunst des Bronzegusses kamen metallene Waffen in Gebrauch. Fortschritte in den Künsten des Krieges und der Verwaltung
begleiteten so die Ausbildung der sumerischen Institution des Kö-
nigtums.

Wie sahen die Sumerer die Welt? In der Mitte ihres Weltbildes standen An, der Himmelsgott, Enlil, der Gott der Lüfte, und Enki, den man den Gott der »Grundlagen« genannt findet, doch anderswo auch den Gott der Urwasser. Im Laufe der Zeit aber wurde die Gesellschaft der kosmischen und lokalen Götter in den Tempeln sumerischer Städte höchst komplex. Götter änderten ihre Namen, und ihre Zahl nahm ständig zu, je weiter die Sumerer in der Welt herumkamen. Auf manchen mesopotamischen Götterlisten stehen bis zu 3000 Namen – was allerdings vielleicht nur bedeutet, daß die gelehrten Schreiber sich der Namen von Hunderten von Gottheiten erinnerten, die das Volk schon seit langem nicht mehr verehrte. Wie die Stadtstaaten, in denen sie wohnten, führten die Scharen sumerischer Götter Kriege gegeneinander. Die Menschen fürchteten den Zorn der ihnen bekannten Götter. Nicht weniger aber fürchteten sie, Götter zu beleidigen, von denen sie nie gehört hatten. Das war nicht leicht zu vermeiden, denn die unzähligen Götter und Göttinnen, mit denen man rechnen mußte, hatten nicht nur jeweils ihren eigenen Willen, sondern auch ganz verschiedene Wünsche. Wie konnte man ihnen allen gehorchen oder auch nur wissen – ehe sie sich rächten –, womit man gegen ihre Wünsche verstieß?

»Die Sünde, die ich begangen habe, wahrlich, ich kenne sie nicht.
Das verbotene Ding, das ich gegessen habe, wahrlich, ich kenne es nicht.
Den verbotenen Ort, den ich betreten habe, wahrlich, ich kenne ihn nicht.«

Aus dieser Ungewißheit verbreitete sich in der Spätzeit der sumerischen Kultur das Empfinden, daß der Mensch launischen Göttern hilflos ausgeliefert sei:

»Der Gott, den ich kenne oder nicht kenne, unterdrückt mich.
Die Göttin, die ich kenne oder nicht kenne, hat mich mit Leiden geschlagen.
Obwohl ich stets Ausschau halte nach Hilfe, nimmt mich doch niemand bei der Hand.
Wenn ich weine, stehen sie mir nicht bei.«

Zweifellos brachten die unaufhörlichen Kriege erst der Stadtstaaten, dann der Staatenbünde und endlich der Reiche des alten Vorderen Orients dessen Bewohnern viel Elend. Es ging dabei um Beute, Tribut, Sklaven, Rohstoffe, Handelsstraßen und imperiale Ansprüche. Wie gewöhnlich ging das Kriegsglück hin und her: »Du gehst und nimmst das Land des Feindes weg. Der Feind kommt und nimmt dein Land weg.« So ein sumerisches Sprichwort. Rückblickend ist allerdings zusätzlich zu konstatieren, daß sich der Krieg wie der Handel auf lange Sicht als eifriger Mittler zwischen verschiedenen Kulturen erwies. Unterwarf ein Staat den anderen, pflegte er dessen Kultur – einschließlich seiner Götter – nicht etwa auszurotten, sondern sich einzuverleiben.

Unter den vielen Eroberern seines Jahrhunderts ist keiner berühmter geworden als Sargon von Akkad. Anders als die Sumerer waren die Akkadier semitischer Abstammung, und Sargon (dessen Name in akkadischer Sprache Sharum Kin lautet) war ebenfalls Semit. Irgendwann nach 2350 v. Chr. wurde Sargon König von Kish. Von diesem zwischen Euphrat und Tigris gelegenen Stadtstaat aus führte Sargon Krieg gegen die Sumerer und unterwarf den König von Uruk, dessen Reich fast ganz Sumer umfaßte. Als Herrscher der vereinigten Reiche von Sumer und Akkad führte Sargon Kriege gegen die Elamiten im Osten und die Eblaiten im Westen seines Imperiums und gewann damit Macht über alles Land zwischen dem Mittelmeer und dem Persischen Golf. Eine Inschrift prahlt, daß »Sargon, König von Kish, in 34 Kriegen siegreich blieb und alle Städte bis zum Meeresstrand niederlegte.« Sargon und seine Nachfolger eröffneten aber auch Handelsstraßen nach Dilmun (vermutlich mit dem heutigen Bahrein identisch) und bis ins Indus-Tal, wo zu dieser Zeit eine der fortgeschrittensten Kulturen der Welt bestand.

Die von Sargon begründete Akkadische Dynastie kam durch Palastintrigen und äußeren Druck zu Fall, doch nach dem Zusammenbruch des akkadischen Reichs um 2180 v. Chr. gewannen die sumerischen Stadtstaaten einen guten Teil ihrer einstigen Macht zurück. Dies gilt namentlich für Ur, dessen Blütezeit um 2100 v. Chr. unter der Regierung von Ur-Nammu angenommen wird. Ur-Nammu ist gelegentlich als der »erste Moses« bezeichnet worden, denn er hat bereits mindestens dreihundert Jahre, bevor der babylonische König Hammurabi seine berühmte Gesetz-Sammlung veröffentlichte, Gebote erlassen, von denen uns Bruchstücke überkommen sind.

Etwa ein Jahrhundert nach Ur-Nammu ging auch Ur zugrunde. Und zu eben dieser Zeit, etwa 2000 v. Chr., lebte Abraham, mit dessen Lebensgeschichte diejenige des jüdischen Volkes beginnt.

Das Zeitalter der Patriarchen

Um das Jahr 2000 v. Chr. bedrängten schon seit mehreren Jahrhunderten nomadisierende Stämme, die als die Amurru (Martu) oder Amoriter bekannt waren, die seßhaften Völker Mesopotamiens und Palästinas. Als Ur, das bedeutendste Zentrum der mesopotamischen Kultur, gefallen war, überfluteten die Amoriter – der Name bedeutet soviel wie »Leute aus dem Westen« – das südliche Zweistromland. Sie übernahmen die sumerisch-akkadische Kultur und die akkadische Sprache, die damals im internationalen Handelsverkehr überall gebräuchlich war. Die Vorfahren des Volkes Israel waren unter diesen »Leuten aus dem Westen«.

Die dritte Dynastie von Ur ging langsam und qualvoll zugrunde. Die Bauern flohen vor den Amoritern in die Städte – wohin ihnen auf dem Fuße die Hungersnot folgte. Um das Jahr 2000 v. Chr. war der Brotpreis sechzigmal so hoch wie einst in Friedenszeiten. Die mit Ur verbündeten Städte mußten sich eine nach der anderen dem Hunger und den anstürmenden Barbaren ergeben, und schließlich fiel auch Ur selbst, der König geriet in Gefangenschaft. Wie war dieses Unheil über das Reich gekommen? Die Sumerer waren Fatalisten. Reiche gingen unter, Könige wurden gestürzt, keine Dynastie konnte hoffen, in Ewigkeit zu regieren, dachten sie. Und die Entscheidungen der Götter waren unabänderlich.

Wie anders die Hebräer die Ursachen dieser historischen Katastrophe verstanden, illustriert der biblische Bericht über den Untergang von Sodom und Gomorrha. Gott nennt Abraham die Gründe für das schließlich an diesen Städten vollstreckte Urteil: »Es ist ein Geschrei zu Sodom und Gomorrha, das ist groß, und ihre Sünden sind sehr schwer« (1. Mose 18: 20). Der Glaube der Israeliten an kollektive und persönliche Verantwortung eröffnete ihnen die Möglichkeit der Reue und gemeinsamen Rettung, wie im Buch Jona berichtet ist:

»Da glaubten die Leute von Ninive an Gott und ließen ein Fasten ausrufen, und zogen alle, groß und klein, den Sack zur Buße an ... Als aber Gott ihr Tun sah, wie sie sich bekehrten von ihrem bösen Wege, reute ihn das Übel, das er ihnen angekündigt hatte, und tat's nicht.« (Jona 3: 5, 10)

Viele Jahrhunderte später, zu römischen Zeiten, sagten die Rabbiner: »Wir haben gelernt, daß ein Mensch durch seine Taten büßen kann, und daß Reue und gute Taten ein Schild gegen die Strafe sind.«
»Amurru« bedeutet in der akkadischen Sprache »Westen«. »Amurru« war zugleich der akkadische Name des legendären Landes Kanaan, das, dem biblischen Bericht zufolge, Abraham verheißen ward, da er in Haran wohnte:

»Geh aus deinem Vaterland und von deiner Verwandtschaft und aus deines Vaters Hause in ein Land, das ich dir zeigen will. Und ich will dich zum großen Volk machen und will dich segnen und dir einen großen Namen machen, und du sollst ein Segen sein. Ich will segnen, die dich segnen, und verfluchen, die dich verfluchen; und in dir sollen gesegnet werden alle Geschlechter auf Erden.« (1. Mose 12: 1–3)

Gehorsam zog Abraham aus Haran – wohin er seine Familie aus Ur in Chaldäa geführt hatte, mutmaßlich nach dem Sturz der Dynastie von Ur – in südlicher Richtung nach Sichem. Als in Kanaan eine Hungersnot ausbrach, zog er weiter nach Ägypten; von dort endlich nach Osten über die Sinai-Halbinsel nach Beerscheba. Was die biblische Überlieferung von Abrahams Wanderungen sagt, ist glaubwürdig nicht allein angesichts der Existenzbedingungen der Wanderhirten des alten Vorderen Orients im allgemeinen – es stimmt auch zu dem, was uns aus anderen Quellen bekannt ist über die Verbreitung der

Amoriter in den Ländern des fruchtbaren Halbmonds zu jener Zeit. Interessant ist der Bericht über diese Wanderungen auch insofern, als ihm zu entnehmen ist, daß der Stammvater der Juden dabei mit vielen unterschiedlichen Kulturen Bekanntschaft gemacht haben muß. Hat er sich, wie anzunehmen ist, auf dem Wege von Ur nach Haran an die dem Euphrat folgende große Handelsstraße gehalten, so hat er auf diesem Wege die großen Zentren von Sumer und Akkad durchquert. Später begegneten ihm dann die verschiedenen Kulturen Syriens und Palästinas, und schließlich machte er die Bekanntschaft Ägyptens, dessen Mittleres Reich um 1900 v. Chr. seine Blütezeit erleben sollte. Das Mittlere Reich war die große Zeit der ägyptischen Literatur und des ägyptischen Kunsthandwerks, namentlich der Goldschmiedekunst. Die älteste Pyramide – die Stufenpyramide des Königs Djoser – war damals schon über 700 Jahre alt, aber mit dem Wiedererstarken der ägyptischen Monarchie der Pharaonen sollten weitere Pyramiden gebaut werden.

Ägyptischen Verwünschungstexten – Verzeichnisse der Feinde Ägyptens, denen verschiedene Flüche und Verwünschungen hinzugesetzt sind – ist zu entnehmen, daß während des 20. und 19. Jahrhunderts v. Chr. in Kanaan die städtische Kultur wiederauflebte. Es war dies die Zeit, in der die Amoriter allmählich seßhaft wurden und sich die Kulturen der Städte, die sie erobert hatten, aneigneten. Nicht allein in Kanaan, sondern auch in Mesopotamien wandten die Wanderhirten sich der Landwirtschaft und dem Handel zu, und die patriarchalische Verfassung der nomadisierenden Stämme wurde allenthalben durch städtische Monarchien abgelöst. Freilich schickten sich nicht alle Stämme der Amoriter gleich willig in die neuen Verhältnisse. Manche blieben der halbnomadischen Lebensweise ihrer Väter treu. Zu ihnen scheinen Abraham und dessen Nachkommen, die Patriarchen Israels, gehört zu haben.

Die Kultur nomadisierender Völker unterscheidet sich von derjenigen seßhafter Völker nicht allein in ökonomischer Hinsicht. Nomaden, die der Unbill der Natur unmittelbar ausgeliefert sind, die ihr Leben in der Wüste behaupten müssen, entwickeln eine Solidarität, eine soziale Organisation, die im Rückblick leicht als grausam und drückend erscheint. Der bedeutendste Aspekt der nomadisierenden

Lebensweise für die Ausbildung der spezifisch jüdischen Kultur war aber, daß die geistige Kultur von Nomaden ganz auf das Wort angewiesen ist. Nomaden bauen keine Städte, hinterlassen ihren Nachfahren keine handgreiflichen Denkmäler, Skulpturen, Gemälde. Nur als Idee, als Wort, ist geistiger Ausdruck nicht an einen Standort gebunden. Städte, Gebäude, Skulpturen können einem wandernden Volk verlorengehen – seine Sprache, seine Literatur, seine Religion werden ihm bleiben, solange es selbst daran festhält.

Abraham wird sowohl von den Christen als auch von den Moslems als ihr geistiger Stammvater verehrt. Den Juden ist er der erste und einzigartige Patriarch, das Muster hebräischer Vortrefflichkeit. Christen und Moslems verehren in Abraham den Mann unerschütterlichen Glaubens an den einen wahren Gott. Die islamische Überlieferung bewahrt eine rabbinische Legende, derzufolge Abrahams Vater ein Verfertiger von Götzenbildern war. Als dieser seinem Sohn eines Tages auftrug, den Verkauf dieser Götzen zu besorgen, soll Abraham der Legende zufolge sie statt dessen zerschlagen haben. Auch den Juden ist Abraham selbstverständlich ein Vorbild unerschütterlichen Glaubens – war er doch, als Gott dies von ihm zu fordern schien, bereit, sogar das Blut seines Sohnes Isaak für ihn zu vergießen. Doch ist Abraham den Juden überdies der Stammvater, mit dem Gott den Bund schloß, durch den ihm das Volk Israel für alle Zukunft verbunden sein sollte und dessen Bestätigung später Moses mit den zehn Geboten auf dem Berge Sinai erhielt.

Man ist heute der Meinung, daß die alten Hebräer diesen Bund als eine Art Vertrag auffaßten, in dem Gott, als der Souverän, seinen Untertanen Land und Schutz versprach für treuen Gottesdienst. Dies erhellt aus der »Offenbarung«, die Abraham – der damals noch Abram hieß und noch kinderlos war – auf der Ebene von Mamre bei Hebron zuteil wurde:

»Nach diesen Geschichten begab sich's, daß zu Abram das Wort des Herrn kam in einer Offenbarung: Fürchte dich nicht, Abram! Ich bin dein Schild und dein sehr großer Lohn...
Und er hieß ihn hinausgehen und sprach: Sieh gen Himmel und zähle die Sterne; kannst du sie zählen? Und sprach zu ihm: So zahl-

reich sollen deine Nachkommen sein! Abram glaubte dem Herrn, und das rechnete er ihm zur Gerechtigkeit ...
An dem Tage schloß der Herr einen Bund mit Abram und sprach: Deinen Nachkommen will ich dies Land geben, von dem Strom Ägyptens an bis an den großen Strom Euphrat.« (1. Mose 15: 1, 5-6, 18)

Nach Abrahams Tod erneuerte, wie wir in der Bibel lesen, Gott diesen Bund mit dessen Sohn Isaak:

»Da erschien ihm der Herr und sprach: Zieh nicht hinab nach Ägypten, sondern bleibe in dem Lande, das ich dir sage.
Bleibe als Fremdling in diesem Lande, und ich will mit dir sein und dich segnen: denn dir und deinen Nachkommen will ich alle diese Länder geben und will meinen Eid wahr machen, den ich deinem Vater Abraham geschworen habe,
und will deine Nachkommen mehren wie die Sterne am Himmel, und will deinen Nachkommen alle diese Länder geben. Und durch dein Geschlecht sollen alle Völker auf Erden gesegnet werden, weil Abraham meiner Stimme gehorsam gewesen ist und gehalten hat meine Rechte, meine Gebote, meine Weisungen und mein Gesetz.« (1. Mose 26: 2–5)

Isaaks Sohn Jakob erhielt die Bestätigung dieses Bundes in dem großartigen Traumgesicht, das im dritten Jahrhundert der christlichen Ära die Fresken-Maler der Synagoge von Dura-Europos und seitdem viele bedeutende Künster zu fassen versucht haben:

»Aber Jakob zog aus von Beerseba und machte sich auf den Weg nach Haran
und kam an eine Stätte, da blieb er über Nacht, denn die Sonne war untergegangen. Und er nahm einen Stein von der Stätte und legte ihn zu seinen Häupten und legte sich an der Stätte schlafen.
Und ihm träumte, und siehe, eine Leiter stand auf Erden, die rührte mit der Spitze an den Himmel, und siehe, die Engel Gottes stiegen daran auf und nieder.

25

Und der Herr stand oben darauf und sprach: Ich bin der Herr, der Gott deines Vaters Abraham und Isaaks Gott; das Land, darauf du liegst, will ich dir und deinen Nachkommen geben.
Und dein Geschlecht soll werden wie der Staub auf Erden und du sollst ausgebreitet werden gegen Westen und Osten, Norden und Süden, und durch dich und deine Nachkommen sollen alle Geschlechter auf Erden gesegnet werden.« (1. Mose 28: 10–14)

Abraham hatte mit dem Götzendienst der Heiden gebrochen. Doch war sein Gott nicht einzig, nicht allgegenwärtig, nicht vollkommen transzendent. Er war der Gott von Abrahams Geschlecht, er war Abrahams, Isaaks und Jakobs Gott – nicht aber derjenige anderer Geschlechter, geschweige denn der ganzen Menschheit.

Noch in dem biblischen Bericht von der Erneuerung des Bundes auf dem Berge Sinai erscheint Gott als – wenngleich allmächtige – Stammesgottheit:

»Und Mose stieg hinauf zu Gott. Und der Herr rief ihm vom Berge zu und sprach: So sollst du sagen zu dem Hause Jakob und verkündigen den Kindern Israel:
Ihr habt gesehen, was ich mit den Ägyptern getan habe und wie ich euch getragen habe auf Adlerflügeln und euch zu mir gebracht.
Werdet ihr nun meiner Stimme gehorchen und meinen Bund halten, so sollt ihr mein Eigentum sein vor allen Völkern; denn die ganze Erde ist mein.
Und ihr sollt mir ein Königreich von Priestern und ein heiliges Volk sein. Das sind die Worte, die du den Kindern Israel sagen sollst.« (2. Mose 19: 3–6)

Die Mesopotamier hatten sowohl kosmische als auch lokale Götter mit unterschiedlichen Attributen. Doch der Gott, der aus dem brennenden Busch zu Moses sprach, war für die Hebräer der biblischen Zeit zugleich der Gott Abrahams und der ganzen Welt: Er wies sein Volk über die eigene beschränkte Bestimmung hinaus auf die Bestimmung des Menschengeschlechts.

»Moses sprach zu Gott: Siehe, wenn ich zu den Kindern Israel komme und spreche zu ihnen: Der Gott eurer Väter hat mich zu euch gesandt! Und sie mir sagen werden: Wie ist sein Name? Was soll ich ihnen sagen?

Gott sprach zu Mose: Ich werde sein, der ich sein werde. Und sprach: So sollst du zu den Kindern Israel sagen: ›Ich werde sein‹ hat mich zu euch gesandt.« (2. Mose 3: 13–14)

Der Ursprung des jüdischen Volkes wäre viel leichter zu erklären, wenn angenommen werden könnte, daß alle seit Abrahams Zeiten in Kanaan ansässigen Hebräer in der Zeit Josephs nach Ägypten zogen. Doch sprechen gegen diese Annahme viele Angaben der ersten beiden Bücher Mose, ganz abgesehen davon, daß überhaupt die Angaben der Bibel keineswegs leicht in Einklang zu bringen sind mit den spärlichen Informationen zur frühen Geschichte der Hebräer, die man aus anderen Quellen hat. Die Gelehrten sind keineswegs einmütig davon überzeugt, daß die Hebräer *(ivrim)* der Bibel, die in Keilschriftdokumenten erwähnten Habiru (Hapiru, Apiru) und die *»prw«,* von denen in ägyptischen Hieroglyphen Inschriften die Rede ist, miteinander identifiziert werden dürfen. Die Frage ist unter anderem durch den Umstand kompliziert – der freilich die Identität der Hebräer mit den Habiru nicht notwendig ausschließt –, daß die letztere Bezeichnung in Ägypten nicht einem Volk, sondern vielmehr einer sozialen Klasse oder Kaste gegolten zu haben scheint. Die Habiru waren staatenlose Individuen, die während des 2. Jahrtausends vor Beginn der christlichen Ära zu verschiedenen Zeiten und an verschiedenen Orten auftauchten, als Wanderhirten, Stadtbewohner, Arbeiter, Sklaven, Räuber, Söldner – mitunter auch, wie Joseph, als hohe Beamte im Dienste fremder Monarchen. Es ist wahrscheinlich, daß, als Jakob und seine Söhne nach Ägypten zogen, nicht wenige Hebräer in Kanaan zurückblieben; wie auch vieles dafür spricht, daß nicht alle Kinder Israel Moses aus der ägyptischen Gefangenschaft folgten, und daß nicht alle, die ihm folgten, Kinder Israel waren. Weiter darf vermutet werden, daß die Israeliten sich bei ihrer Rückkehr ins gelobte Land mit den Nachkommen ihrer einst dort zurückgebliebenen Verwandten wiedervereinigten.

Während der Zeit von etwa 1800 bis 1550 v. Chr. waren die Geschicke Ägyptens und Israels eng miteinander verflochten. Ein nicht geringer Teil dieser Zeitspanne war für die Ägypter eine Epoche demütigender Fremdherrschaft. Ein asiatisches Volk, das mindestens teilweise semitischer Herkunft war, machte zunächst die Pharaonen tributpflichtig und regierte schließlich unmittelbar in Ägypten. Dieses Volk findet man in den Quellen als die Hyksos genannt. Zur Zeit ihrer größten Machtentfaltung (etwa 1650–1550 v. Chr.) umfaßte das Reich der Hyksos nicht nur Ober- und Unterägypten, sondern auch Palästina und Syrien. Die Hyksos führten das vorher dort unbekannte Pferd in Ägypten ein und verdankten ihre zeitweilige Vormachtstellung zwischen Nil und Euphrat wahrscheinlich ihren Kampfwagen und ihrer überlegenen Befestigungskunst.

Der jüdische Historiker Flavius Josephus (Joseph ben Mattathias, 37–100 ? n. Chr.) behauptete gut 1600 Jahre nach dem Zusammenbruch der Hyksos-Dynastie unter Berufung auf den etwa 300 Jahre vor ihm lebenden ägyptischen Geschichtsschreiber Manetho, daß die Hyksos Juden der Väterzeit gewesen seien, und setzte die Vertreibung der Hyksos aus Ägypten mit dem Auszug der Kinder Israel gleich. Dies kann aber nicht den historischen Tatsachen entsprechen, da die Vertreibung der Hyksos sich um 1550 v. Chr. ereignet zu haben scheint, der Auszug der Kinder Israel aus Ägypten und die Eroberung Kanaans aber erst um die Wende vom 13. zum 12. vorchristlichen Jahrhundert. Kaum ein moderner Gelehrter würde deshalb so weit gehen, zu behaupten, daß die Hyksos und die Hebräer ein und dasselbe Volk waren. Es mag indessen sein, daß die Dynastie der Hyksos, von denen manche zweifellos Semiten waren, den Hebräern und anderen semitischen Völkern die Möglichkeit der Ansiedlung in Gosen, im östlichen Nildelta , boten, und daß unter der Herrschaft der Hyksos Hebräer hohe Staatsämter in Ägypten bekleiden konnten. Dementsprechend mag die Vertreibung der Hyksos auch der Macht und dem Einfluß der Hebräer in Ägypten ein Ende bereitet haben – und den Anfang der ägyptischen Gefangenschaft der Kinder Israel.

Unter den Dynastien des Neuen Reiches (um 1550–1075 v. Chr.) versuchte Ägypten, seine Einflußphäre auf das ganze Gebiet des einstigen Reichs der Hyksos auszudehnen, und während der ersten zwei oder drei Jahrhunderte des Neuen Reiches mögen viele Hebräer, die bis zu dieser Zeit in Kanaan verblieben waren, als Sklaven nach Ägypten gebracht worden sein.

Unter den Herrschern des Neuen Reiches war auch eine der umstrittensten Gestalten der ägyptischen Geschichte, der Pharao Amenophis IV., der sich selbst Echnaton nannte. Echnaton verdiente sich die Verehrung – und den Haß – der Nachwelt nicht durch kriegerische Eroberungen, sondern durch eine rücksichtslos betriebene politische, soziale und religiöse Reform: Er gründete eine neue Reichshauptstadt Achetaton (Tell al-Amarna), befahl neue Sitten und Gebräuche, beschnitt die Macht der Priester und versuchte, fast alle hergebrachten Götter der Ägypter abzuschaffen. Echnaton und seine Königin Nofretete regierten um die Mitte des 14. Jahrhunderts v. Chr., etwa hundert Jahre vor der Zeit des Moses, weshalb die Beschäftigung mit Echnatons religiösen Reformen, insbesondere aber die Klärung der Frage, ob Echnaton Monotheist war, von großem Interesse ist für das Verständnis des geistigen Klimas, in dem Moses sich bildete.

Wie in Mesopotamien, hatte sich über die Jahrtausende auch in Ägypten ein höchst komplexes System von Göttern entwickelt. Außer Staats- und Ortsgöttern verehrten die Ägypter tiergestaltige Götter – Kühe und Stiere, Affen und Krokodile, Geier und Schlangen. Der König genoß göttliche Verehrung, desgleichen der lebenspendende Nil, über den es hieß:

»Heil dir, o Nil, der du aus der Erde strömst und kommst, Ägypten lebendig zu erhalten!...
Wenn deine Fluten steigen, erfüllt Jubel das Land, dann ist jeder Bauch voller Freude...
Der Spender der Nahrung, reich an Vorräten, Schöpfer alles Guten, Herr der Erhabenheit, süßen Dufts. Er, der das Gras wachsen läßt für das Vieh und so jedem Gott sein Opfer gibt, sei er in der Unterwelt, im Himmel oder auf Erden...
Er, der Besitz ergreift von den beiden Ländern, der die Speicher füllt, die Scheuern weit macht und den Armen gibt.«

Besondere Verehrung seitens des gläubigen Volks und eine hervorragende Stellung im Gebäude der ägyptischen Theologie kam Osiris zu, dem Gott der Gewächse und König der Toten, der um die Geheimnisse der Fruchtbarkeit und des Todes und um die Rhythmen der Schöpfung wußte. Während der Jahrhunderte, in denen Theben die Hauptstadt Ägyptens war, gelangte eine Gottheit dieses Ortes, Amon, zu nationalem Ansehen, insbesondere in Verbindung mit Re, dem Sonnengott, der allnächtlich in die Unterwelt hinabstieg, um allmorgendlich wiedergeboren zu werden.

In dieser Zeit, wahrscheinlich im Jahre 1290 v. Chr., begann die lange Herrschaft des Königs Ramses II. Wie seine auf Machterweiterung bedachten Vorgänger, führte Ramses II. Kriege in Syrien und Palästina, ehe er, da auf dem Schlachtfeld eine klare Entscheidung nicht herbeizuführen war, einen Friedensvertrag mit den Hethitern, den damaligen Herren Syriens, schloß. Dieser Pharao, der zahlreiche Frauen und von diesen angeblich über hundert Kinder hatte, verdankt einen guten Teil seines Ruhms den unter seiner Regierung errichteten großartigen Bauten. Nachweislich haben an diesen Bauten auch Habiru-Sklaven mitgearbeitet; höchstwahrscheinlich ereignete sich der Auszug der Juden aus Ägypten während der Regierungszeit Ramses II.

Moses wurde nach ägyptischer Sitte erzogen, doch blieb er sich seiner hebräischen Abstammung bewußt, und die Verfolgungen, denen er seine Stammesgenossen ausgesetzt sah, rissen ihn zu feurigem und schöpferischem Zorn hin. Dieser Zorn sollte Ereignisse provozieren und eine zu dieser Zeit unerhört neue Deutung dieser Ereignisse inspirieren, die ihre Wirksamkeit bis auf den heutigen Tag nicht verloren hat.

Dem Bericht der Bibel zufolge begann der Aufstand der Hebräer mit einem einzelnen Akt des Widerstands gegen die Unterdrückung – und des Mitleids mit den Unterdrückten.

»Zu der Zeit, als Mose groß geworden war, ging er hinaus zu seinen Brüdern und sah ihren Frondienst und nahm wahr, daß ein Ägypter einen seiner hebräischen Brüder schlug.
Und er wandte sich hin und her, und als er sah, daß kein Mensch da

war, erschlug er den Ägypter und verscharrte ihn im Sand.«
(2. Mose 2: 11–12)

Doch die vermeintlich unbeobachtet gebliebene Tat gerechter Empörung wurde ruchbar. Sie kam dem Pharao zu Ohren, und Moses mußte fliehen. Er floh in die Wüste Sinai in das Land Midian und heiratete dort Zippora, die Tochter eines midianitischen Priesters. Dort in der Wüste, am Berge Horeb, vernahm er zum ersten Mal die Stimme Gottes – sie sprach zu ihm aus einem Busch, der »mit Feuer brannte und ward doch nicht verzehrt«. Moses hörte die Stimme sagen:

»Weil denn nun das Geschrei der Kinder Israel vor mich gekommen ist, und ich dazu ihre Not gesehen habe, wie die Ägypter sie bedrängen,
so geh nun hin, ich will dich zum Pharao senden, damit du mein Volk, die Kinder Israel, aus Ägypten führst.« (2. Mose 3: 9–10)

Moses wußte Gott in beispielloser Abstraktheit und Reinheit aufzufassen. Der Gott, den er vernahm, stand über der Natur und war über menschliche Leidenschaften erhaben. Indem er die Israeliten in der Verehrung eines einzigen Gottes vereinigte, gelang es Moses, der über keinerlei äußere Machtmittel verfügte, die halbnomadischen, zerstreuten Stämme zum gemeinsamen Aufstand zu organisieren und aus der ägyptischen Gefangenschaft in die Freiheit zu führen.

Der Auszug aus der ägyptischen Gefangenschaft gab den Juden mehr als die Freiheit von der Knechtschaft: Er gab ihnen den bis auf den heutigen Tag gültigen Begriff von sich selbst. Überdies sollte er bei allen Völkern als Muster und Vorbild jeden Kampfes um die Freiheit Geltung erlangen.

Die Bibel beschreibt den Auszug aus Ägypten nicht auf die Weise, in der gewöhnlich Geschichte geschrieben wurde zu jener Zeit. Alte Geschichte rühmt gewöhnlich die Herrscher, in deren Sold die Geschichtsschreiber standen. In den erhaltenen ägyptischen Inschriften ist von den Pharaonen fast nur als von ruhmreichen Eroberern die Rede. Wenn einem ägyptischen König eine seiner kriegerischen Unternehmungen fehlschlug, verschwiegen die Historiker die Niederlage – oder deuteten sie in einen Sieg um. Die Bibel rühmt keinen Menschen. Statt dessen liest man im 2. Buch Mose, wie die Kinder Israel nach dem Auszug aus Ägypten Angst, Hunger, Durst, Zweifel und Zwietracht erlebten. Der Ruhm ihres schließlichen Triumphes über ihre eigenen Schwächen und alle äußeren Hindernisse gebührt, die Bibel ist da ganz unzweideutig, weder den Kindern Israel noch Moses, ihrem Führer, sondern allein dem Herrn, Gott:

»Da sangen Mose und die Kinder Israel dies Lied dem Herrn und sprachen: Ich will dem Herrn singen, denn er hat eine herrliche Tat getan; Roß und Mann hat er ins Meer gestürzt.« (2. Mose 15: 1)

Was die Hebräer während der ersten drei mühevollen Monate in der Wildnis aufrecht erhielt, war der Schutz des Herrn und Israels Glauben – die beiden Fundamente des von Gott mit Abraham geschlossenen Bundes, der dann auf dem Berge Sinai mit Moses und dem ganzen Volk Israel erneuert werden sollte. Als die Israeliten später auf den Auszug aus Ägypten zurückblickten, verstanden sie, daß Gott sie nicht nur durch das Rote Meer geleitet hatte, um sie aus dem Elend und der Knechtschaft zu befreien, sondern um ihnen die wahren Gaben der menschlichen Freiheit und der menschlichen Verantwortlichkeit anzubieten – durch das Gesetz.

Der Gott des Moses ist eine göttliche Macht, die der Menschheit nicht mehr gleichgültig gegenübersteht. Alle früheren und zeitgenössischen Religionen hatten die Unterordnung des menschlichen Schicksals unter die Gesetze der Natur vorausgesetzt. Die Offenbarung auf dem Berge Sinai löste das Schicksal der Menschheit aus dem Kreislauf der Natur, befreite es von dem die natürlichen Prozesse beherrschenden hoffnungslosen Kreislauf. Anstatt zwanghafter Wiederholung sollte freier Fortschritt das Gesetz des Lebens werden, sollten die Menschen ihr Schicksal in eigener Verantwortung selbst gestalten.

Was am Berge Sinai offenbar wurde, war eine Idee, so revolutionär wie das Rad, so umwälzend wie der Pflug – die Idee der Hoffnung und des Fortschritts und der damit einhergehende hartnäckige Glaube, daß das menschliche Leben verbesserungsfähig sei. Dies war die ewig wahre Bedeutung der Worte, die auf jenem Berge zu Moses gesprochen wurden:

> »Ich bin der Herr, dein Gott, der ich dich aus Ägyptenland, aus der Knechtschaft geführt habe.
> Du sollst keine anderen Götter neben mir haben.
> Du sollst dir kein Bildnis noch irgendein Gleichnis machen...
> Du sollst den Namen des Herrn, deines Gottes, nicht mißbrauchen...
> Gedenke des Sabbattages, daß du ihn heiligst...
> Du sollst deinen Vater und deine Mutter ehren...
> Du sollst nicht töten.
> Du sollst nicht ehebrechen.
> Du sollst nicht stehlen.
> Du sollst kein falsch Zeugnis reden wider deinen Nächsten.
> Du sollst nicht begehren deines Nächsten Haus. Du sollst nicht begehren deines Nächsten Weib... noch alles, was dein Nächster hat.« (2. Mose 20: 2–17)

Der revolutionäre Charakter der zehn Gebote und des mosaischen Gesetzes ist aus heutiger Sicht nicht mehr ohne weiteres faßbar. Ideen, die gestern umstürzend waren, lassen, wenn sie erst zur Grundlage einer neuen Ordnung geworden sind, leicht in Vergessenheit geraten, wogegen sie einst aufbegehrten. Die Idee des Einen Gottes stand in krassem Widerspruch zur Auffassung aller zeitgenössischen Kulturen, die auf einem Pluralismus der Naturkräfte und der diesen zugeordneten Götter basierten. Das Gebot »Du sollst dir kein Bildnis noch irgendein Gleichnis machen« verletzte aufs Krasseste die Bilderfrömmigkeit der mesopotamischen und ägyptischen Religionen. Und das Gebot der Feiertagsruhe zeugt von einem Mitleid mit den Mühen der arbeitenden Menschen, für das es anderswo in der damaligen Welt kein Beispiel gibt.

So forderten die zehn Gebote vieles damals Neue, Revolutionäre. Unerhört aber war ihre Voraussetzung, daß die Menschen imstande sein sollten, zwischen Gut und Böse frei zu wählen, sich aus hoffnungslosem stets wiederkehrendem Unheil zu befreien und den göttlichen Zweck durch ihre eigenen Taten zu erfüllen. Die Menschen sollten von jetzt an für ihre eigene Zukunft selbst verantwortlich sein. Es war dies eine beängstigende Vorstellung, und ihr Wert mußte sich erst noch erweisen. Viele Israeliten fürchteten sich vor den Anforderungen, die damit an sie gestellt wurden. Ihr Glaube wurde wankend, und sie wollten lieber in die ägyptische Gefangenschaft zurückkehren als in einem feindlichen Land den Gefahren einer ungewissen Zukunft trotzen:

>Und alle Kinder Israel murrten wider Mose und Aaron, und die ganze Gemeinde sprach zu ihnen: Ach, daß wir in Ägyptenland gestorben wären oder noch stürben in dieser Wüste!
Warum führt uns der Herr in dies Land, daß wir durchs Schwert fallen und unsere Weiber und unsere Kinder ein Raub werden? Ist's nicht besser, wir ziehen wieder nach Ägypten?« (4. Mose 14: 2–3)

In der Bibel lesen wir, daß Gott, als diese Meuterei ausbrach, einen Fluch und eine Verheißung aussprach:

>Und der Herr redete mit Mose und Aaron und sprach: Wie lange murrt diese böse Gemeinde gegen mich? Denn ich habe das Murren der Kinder Israel, das sie wider mich gemurrt haben, gehört. Darum sprich zu ihnen: So wahr ich lebe, spricht der Herr, ich will euch tun, wie ihr vor meinen Ohren gesagt habt.
Eure Leiber sollen in dieser Wüste verfallen; und alle, die ihr gezählt seid von zwanzig Jahren an und darüber, die ihr wider mich gemurrt habt...
Eure Kinder, von denen ihr sagtet: Sie werden ein Raub sein, die will ich hineinbringen, daß sie erkennen sollen das Land, das ihr verwerft.« (4. Mose 14: 26–29, 31)

Von diesem Ort aus ging der Zug der Juden vorwärts – abermals in das Land Kanaan und in eine neue Zukunft.
Worin bestand der wesentliche Unterschied zwischen diesem Volk

und den anderen Völkern jener Zeit? Seine größte Entdeckung war die Idee des Einen Gottes, sein wertvollster Besitz war dieser Gott, ein Gott, der keine Ungerechtigkeit duldete, ein Gott, der nicht die furchteinflößenden Mächte der Natur verkörperte, sondern über die Natur erhaben war. Das Zeitalter patriarchalischer Unschuld endete mit dem Zug der Nachfahren Abrahams durch die Sinai-Wüste ins Gelobte Land. Von nun an wirkte eine neue Kraft in der Geschichte. Israel war zu einer organischen Einheit, zu einem Volk geworden. Und nicht zu irgendeinem Volk, sondern – in seinen eigenen Augen – zu Gottes auserwähltem Volk.

Von dieser Zeit an beschreibt die Bibel Israel als besonderes Volk, ohne andere Kulturen in nennenswertem Maße zu erwähnen. Die Historiker zweifeln nicht daran, daß das Volk Israel, das in Kanaan einwanderte, viele sumerische und ägyptische Ideen mitbrachte, aber der Ursprung der spezifisch jüdischen Ideen ist nicht leicht festzustellen.

Wenige Völker haben wie die Juden eine von Jahrtausenden nationaler Existenz zeugende Geschichte. Die Ägypter und die Chinesen blicken zwar auf eine ähnlich lange und ähnlich zuverlässig dokumentierte Vergangenheit zurück, doch entfaltete sich die nationale Geschichte dieser Völker im engen Rahmen eines einzigen Landes. Die jüdische Geschichte aber ist mit den verschiedensten Kulturen verwoben wie der Faden eines komplexen Gewebes, der zwar hier und da von der Oberfläche verschwindet, doch nur, um bald darauf an anderer Stelle von neuem zu erscheinen – unverkennbar in seiner eigentümlichen Qualität und Farbe.

Eine der Schwierigkeiten, die dem Historiker bei dem Versuch, die Geschichte der Juden zu schreiben, begegnen, ist das Schweigen der Geschichtsschreibung anderer Völker hinsichtlich der Juden. Daß sie während der Frühzeit des Volkes Israel keine Notiz von ihm nahm, ist nicht weiter verwunderlich. Was gingen die Mesopotamier und die Ägypter die Juden an? Um die Zeit, in der die Geschichte des Volkes Israel begann, war die ägyptische Kultur schon Erbin einer vielhundertjährigen nationalen Überlieferung. Die Ägypter durften sich in Anbetracht der von ihnen errichteten großartigen Bauten, in Anbetracht ihrer Erfahrenheit in vielen Künsten und Wissenschaften, allen anderen Völkern überlegen fühlen. Auch die zwischen Tigris und Euphrat ansässigen Völker besaßen um die Zeit, in der die Hebräer erstmals von sich hören ließen, schon eine zwar anders geartete, aber ähnlich hohe Kultur. Die Bewohner der Stadtstaaten des Zweistromlandes bauten den Göttern der Sonne, des Himmels und der Luft großartige Tempel. Sie legten Kanäle an zur künstlichen Bewässerung ihrer Felder. Sie erfanden die Keilschrift, die aufgrund ihrer größeren Flexibilität und leichteren Verwendbarkeit der ägyptischen Hieroglyphenschrift zweifellos überlegen war.

Die Könige und Kaiser der babylonischen und ägyptischen Reiche hinterließen Inschriften, doch war es ihnen in diesen Botschaften an die Nachwelt mehr darum zu tun, ihre eigenen Großtaten zu rühmen, als von den unbedeutenden Aktivitäten anderer zu berichten. Obwohl ihm also seine mächtigen Nachbarn wenig Beachtung schenkten, vermochte das kleine Volk der Juden, das damals auf unfruchtbarem Boden in einem unwirtlichen Land seine nationale Existenz begründete, stets in Gefahr, von der einen oder anderen Großmacht an seinen südlichen und östlichen Grenzen überwältigt zu werden, schließlich beide zu überleben und mit seinen Leistungen zu übertreffen. Noch immer ragen die Pyramiden zum Himmel, doch sie künden von längst vergangener Größe. Die Stadtstaaten des Zweistromlandes sind längst in den Staub gesunken. Doch die Ideen und Worte jenes kleinen Volkes, das einst jenes unwirtliche Land zwischen Nil und Zweistromland in Besitz nahm, sind heute mächtiger als je zuvor.

Die Juden haben keine großen Städte, Monumente, Bewässerungsanlagen oder Kunstwerke hinterlassen. Aber sie dachten auf neue Weise über Gott, die Menschheit, die Natur nach. Und so hinterließen sie der Nachwelt zweierlei: Ein moralisches Gesetz im Zusammenhang mit einer einzigartigen Geschichtsauffassung; und eine Sammlung großartiger, leidenschaftlicher Schriften, die im Laufe der Jahrhunderte mehr Menschen beeinflußt und angeregt haben als irgendeine andere Literatur.

Die Macht des Wortes

Plötzlich traten die Hebräer in die Geschichte ein, ohne große Stürme oder Verwicklungen heraufzubeschwören. Tatsächlich nahm anfangs die Geschichte kaum Notiz von ihnen. Womit hätten diese armseligen wandernden Stämme die mächtigen, hochzivilisierten Reiche in den fruchtbaren Tälern des Nils und des Euphrats beeindrucken sollen? Sie hatten keine Städte, keine Tempel, keine Bauten, keine Armeen. Alles, was sie hatten, waren Ideen, die sie in Worte zu fassen wußten.

Die ganze fernere Geschichte der Menschheit gibt Zeugnis von der unwiderstehlichen Macht dieser Worte. Ein paar Tausend hebräische Worte, zuerst vor einigen Tausend Jahren in Israel gesprochen, haben seitdem immer von neuem auf die Gefühle und Gedanken der Menschen eingewirkt. Die Macht dieser Worte ist nicht wegzudenken aus der Geschichte der Kultur, der Religion, der Philosophie, der Literatur, des Theaters, der Wissenschaft und der Kunst.

Diese Worte bewahrten dem Volk Israel seine Identität. Das ihnen eigentümliche Talent, die eigene Existenz zu gefährden, bewiesen die Israeliten schon, als sie sich darauf versteiften, in Kanaan zu siedeln. Kanaan, das gelobte Land, war bei näherem Zusehen ziemlich elend, unfruchtbar. Wasser gab es nur hier und da. Durch Kanaan nahmen die Heerscharen der benachbarten Großmächte ihren Weg, wenn sie in den Krieg zogen. Das Leben dort war also gefährlich in jeder Hinsicht. Zu materiellem Reichtum scheinen es die Juden dort auch nicht gebracht zu haben. Selbst ihre kanaanitischen Nachbarn haben an Zeugnissen materieller Kultur mehr hinterlassen als sie. Doch statt einer reichen materiellen Kultur hatten die Juden eine revolutionäre Idee, die Idee eines einzigen, den Lauf der Natur ebenso wie die Geschichte des Menschengeschlechts lenkenden, von diesen unabhängigen Gottes. Man begreift das umstürzend Neue dieser Idee, wenn man sie mit den zeitgenössischen ägyptischen, mesopotamischen und kanaanitischen Ideen vergleicht. Jene Kulturen haben Götterbilder hinterlassen, deren menschlich gestaltete Köpfe tierischen Körpern aufgesetzt sind, etwa geflügelten Stieren oder vierfüßigen Vögeln. Wer die Gottheit den Tieren gleichsetzt, erniedrigt die Menschheit unter ihr Niveau. Offensichtlich war bei all ihrer äußeren Verfeinerung der Geist jener Kulturen tief gestört, und die magischen und orgiastischen Riten, die sie praktizierten, zeugen von einer unharmonischen Weltanschauung.

So war die jüdische Gottesschau den Götzenbildern der Heiden durchaus unvergleichlich. Sie kannte den einen Gott, unsichtbar, erhaben, ohne Leben und Tod, ohne Leidenschaft oder Begierde. Daraus folgte die Idee von Einheit und Ordnung. Der Mensch konnte frei wählen: Fortschritt, nicht Wiederholung, war das Gesetz des Lebens. Der Mensch war nicht hilfloses Opfer natürlicher zyklischer Abläufe. Sein Leben war nicht auf ein Rad geflochten, das sich unaufhörlich in Richtung Dunkelheit und Chaos zurückdrehte. So bewahrten die Juden seit Abraham und Moses eine transzendente Weltanschauung, deren einzige Hüter sie waren. Wenn sie diese Idee bewahrten, würde diese Idee sie bewahren, das wußten sie von jeher. Wir wissen, was ihnen bevorstand, als sie sich in Kanaan niederließen: Kämpfe und Leiden. Ihr Königreich wurde geteilt, beide Teile wurden von Fremden erobert, die Tempel wurden zerstört, das Volk wurde zerstreut und in Gefangenschaft verschleppt. Aber in seinem Wesenskern sollte das Volk Israel unversehrt überdauern. Die Ausdauer, mit der dieses von allen anderen abgesonderte kleine Volk seinen Bund mit einem einzigen Gott gegen alle Widerstände behauptete, sollte für die ganze Menschheit reiche moralische, geistige und ethische Früchte tragen. Wände und Tempel sollten einstürzen, die Worte aber sollten für alle Zeiten Widerhall finden.

Die Eroberung von Kanaan

Die Bibel schildert den Auszug aus Ägypten als die Auswanderung eines ganzen Volkes. Kaum ein Jahr nachdem sie das Land der Pharaonen verließen, sollen die Israeliten schon mehr als 600 000 wehrfähige Männer haben aufbieten können. Was hatten sie, wenn sie wirklich so zahlreich und stark waren, von den ägyptischen Garnisonen auf der Sinai-Halbinsel oder den Heeren der kanaanitischen Stadtstaaten zu fürchten, die sich ihrem Zug etwa widersetzen mochten? Dennoch lesen wir, daß die Kundschafter, die man aussandte, um die Verhältnisse in Kanaan auszukundschaften, bei dem Gedanken an die ihnen bevorstehenden Schlachten zitterten:

> »Und brachten über das Land, das sie erkundet hatten, ein böses Gerücht auf unter den Kindern Israel und sprachen: Das Land, durch das wir gegangen sind, um es zu erkunden, frißt seine Bewohner, und alles Volk, das wir darin sahen, sind Leute von großer Länge.
> Wir sahen auch Riesen daselbst, Enaks Söhne aus dem Geschlecht der Riesen; und wir waren in unseren Augen wie Heuschrecken, und waren es auch in ihren Augen.
> Da fuhr die ganze Gemeinde auf und schrie, und das Volk weinte die ganze Nacht.« (4. Mose 13: 32–14: 1)

Selbst wenn wir annehmen, daß die Enakiter wirklich Riesen waren, oder daß den Kindern Israel nach den Jahren ihrer Knechtschaft die Aufgabe, gegen die Feinde zu bestehen, noch riesenhaft vorkam, sind die Zahlenangaben der Bibel mit anderen überlieferten Anhaltspunkten schwer in Einklang zu bringen. Der biblischen Überlieferung zufolge wäre die waffenfähige Mannschaft Israels zur Zeit des Auszugs aus Ägypten fast so groß gewesen wie die Zahl der Einwanderer, die zwischen Mai 1948 und Dezember 1951 in den neugegründeten Staat Israel strömte. Wobei noch zu bedenken ist, daß bei den 680 000 jüdischen Einwanderern, die man in diesen dreieinhalb Jahren zählte, natürlich auch Frauen und Kinder mitgezählt sind. Hätte Moses die Häupter nicht nur der wehrfähigen Männer, der Frauen und Kinder, sondern auch die der Leviten gezählt, deren Söhne vom Waffendienst befreit waren, er hätte wohl ein Volk von über zwei Millionen Seelen zählen müssen. Diese Zahl ist erstaunlich hoch, zumal von modernen Demographen die ganze Bevölkerung Ägyptens während des 2. Jahrtausends v. Chr. auf nicht mehr als drei Millionen geschätzt wird.

Es ist kaum vorstellbar, daß eine Völkerwanderung von dem Umfang, den das überlieferte Ergebnis der mosaischen Volkszählung suggeriert, der Aufmerksamkeit der sumerischen und ägyptischen Geschichtsschreiber entgangen sein sollte. Tatsächlich berichtet aber die einzige uns bekannte nicht-biblische Urkunde aus dem 13. Jahrhundert v. Chr., die überhaupt der Kinder Israel gedenkt, nicht von deren Flucht aus Ägypten, sondern von deren militärischer Maßregelung durch den Thronfolger Ramses II., den Pharao Merneptah:

»Israel liegt verwüstet, sein Samen ist nicht mehr...
Alle Länder ruhen in Frieden,
Jeden, der einst umherschweifte, hat er gezügelt, König Merneptah.«

Kritische Gelehrte neigen aufgrund der hier angedeuteten Widersprüche der Überlieferung zu der Annahme, daß die wirkliche Zahl der Auswanderer aus Ägypten wohl näher bei 25000 lag als bei 2,5 Millionen.

Einen so viel kleineren Zug kann man sich auf dem Wege, den die Juden nach Kanaan genommen zu haben scheinen, leichter vorstellen. Von den im biblischen Bericht über diesen Zug namentlich erwähnten Orten der Sinai-Halbinsel hat man bisher nur Kadesch-Barnea an der Grenze des Landes Kanaan mit Sicherheit identifizieren können. In dieser etwa siebzig Kilometer südlich von Beerscheba gelegenen Oase lagerten die Israeliten, nachdem sie auf dem Berg Sinai (Horeb) das Gesetz empfangen hatten. In dieser Gegend starben Miriam, die Schwester des Moses, und Aaron, sein Bruder; hier auch ließ sich Moses seinen Ungehorsam gegen Gott zuschulden kommen: In einem Augenblick des Zorns versuchte er, Wasser aus einem Felsen zu schlagen – Gott verbot ihm deshalb, das Gelobte Land zu betreten. Kadesch-Barnea ist der Ort, wo die aus Kanaan zurückkehrenden Kundschafter so ängstlich und beängstigend berichteten.

Ein Heerzug von annähernd zwei Millionen Menschen, der keinen Widerstand zu fürchten gehabt hätte, hätte es auf dem geraden Weg nach Kadesch-Barnea nicht weit gehabt vom Ufer des Roten Meeres – gleichviel, wo man den Ort des Zuges durch das Rote Meer annimmt: Einige Gelehrte vermuten diesen Ort in der Gegend von Suez oder des Großen Bittersees, der zwischen Ägypten und der Wüste Sinai liegt. Andere meinen, daß das »Rote Meer«, von dem die Bibel spricht, lediglich die mangelhafte Übersetzung eines Ausdrucks darstellt, der eigentlich »Schilfmeer« bedeutet. Dieses »Schilfmeer« suchen sie im Norden der Sinai-Halbinsel an der Mittelmeerküste. Wie dem auch sei, sicher ist, daß die Juden nicht auf geradem Weg aus Ägypten nach Kadesch-Barnea zogen und bemüht waren, ägyptische Niederlassungen auf der Sinai-Halbinsel zu meiden. Daß es zur Regierungszeit Ramses II. große ägyptische Siedlungen in diesem Gebiet gab, fand man erst jüngst (in den siebziger Jahren) durch Ausgrabungen im Gaza-Streifen bestätigt. Spricht die Vorsicht der Auswanderer dafür, daß ihrer nicht annähernd so viele waren, wie Moses angeblich zählte, so erklärt sich, wenn man ihre Zahl viel geringer annimmt als in der Bibel angegeben, auch leichter, weshalb ihre Wanderung anscheinend so wenig Aufsehen erregte in der bewegten Zeit, in der sie stattfand.

Zwischen 2000 und 1000 v. Chr. – ungefähr von der Zeit Abrahams bis zur Herrschaft König Davids – verdoppelte sich die Bevölkerung der Erde von ungefähr 27 auf etwa 50 Millionen. Der weitaus bedeutendste Anteil an diesem Bevölkerungszuwachs entfiel auf Asien und Europa – in Europa hauptsächlich auf die Mittelmeerländer. Die um 2000 v. Chr. bestehenden Zentren der Hochkultur blieben während des ganzen folgenden Jahrtausends führend, doch machten sie während dieser Zeit bedeutsame Wandlungen durch, die ähnlich auch jüngere städtische Zivilisationen erlebten.

Zur Zeit des Auszugs aus Ägypten waren seit geraumer Zeit die Hethiter – deren indogermanische Ahnen während des 3. Jahrtausends v. Chr. in Kleinasien einwanderten – eine der führenden Mächte des Morgenlandes. Sie waren geschickte Metallarbeiter und haben vielleicht als erstes Volk Eisen verarbeitet – allerdings wohl nur zu Schmuck, noch nicht zu Werkzeugen und Waffen. Neuerer waren sie auch im Rechtswesen, und nach Meinung mancher Gelehrter ist der Bund des Volkes Israel mit seinem Gott nach dem Muster eines hethitischen Vertrages geschlossen. Im Laufe der Jahrhunderte dehnten die Hethiter ihre Macht von Kleinasien auf Syrien aus. Im 16. Jahrhundert v. Chr., unter der Regierung ihres Königs Mursilis I., wurde Babylon geplündert und die Dynastie Hammurabis gestürzt. Doch konnten die Hethiter die in Mesopotamien gemachten Eroberungen nicht konsolidieren. Am Mittelmeer leisteten die Ägypter ihrem Machtstreben Widerstand.

Um 1200 v. Chr. verschwanden die Hethiter aus der Geschichte. Fremde, die man in ägyptischen Quellen die »See-Völker« genannt findet, legten ihre Städte in Schutt und Asche. Diese »See-Völker« vernichteten nicht nur das Reich der Hethiter, sondern führten während der Regierungen der Pharaonen Merneptah (um 1220) und Ramses III. (um 1180) auch zerstörerische Angriffe auf Ägypten, eroberten Zypern und besetzten die südliche Mittelmeerküste Kanaans gerade um die Zeit, als die Israeliten in das dortige Hügelland einwanderten. Indem sie die ägyptische Macht mit diesen Angriffen ablenkten und schwächten, begünstigten die »See-Völker«, ohne es zu ahnen, die hebräische Eroberung Kanaans, dessen Stadtstaaten größtenteils den Pharaonen tributpflichtig waren.

Die Frage, ob die israelitische Eroberung Kanaans inmitten dieser Wirren friedlich und allmählich oder blutig und von einem Tag auf den anderen erfolgte, wird von den Historikern unterschiedlich beantwortet. An einer Stelle scheint die Bibel eindeutig letzteres zu behaupten:

> »Also nahm Josua das ganze Land ein, ganz so, wie der Herr zu Mose geredet hatte, und gab es Israel zum Besitz, einem jeglichen Stamm sein Teil. Und der Krieg hörte auf im Lande.« (Josua 11: 23)

Die Bibel führt nachfolgend nicht weniger als einunddreißig Könige auf, die von Josua und den Kindern Israel geschlagen worden sein sollen. Unter diesen wird ein »König von Hazor« genannt, für dessen Niederlage etwa in der von der Bibel angegebenen Zeit die 1955–1958 und 1968 unter der Leitung von Yigael Yadin durchgeführten Grabungen in Hazor nördlich des Sees Genezareth Beweise erbracht haben. Man fand dort nämlich die Reste einer spätbronzezeitlichen Stadt, die im späten 13. Jahrhundert v. Chr. – zur mutmaßlichen Zeit Josuas – der Zerstörung anheimgefallen war.

Weiteren Angaben der Bibel ist allerdings zu entnehmen, daß die Eroberung von Kanaan auch nach der Unterwerfung jener einunddreißig Könige nicht als abgeschlossen gelten konnte:

»Da nun Josua alt war und hochbetagt, sprach der Herr zu ihm: Du bist alt geworden und hochbetagt, und vom Lande bleibt noch sehr viel einzunehmen.« (Josua 13: 1)

Nach gegenwärtiger Auffassung fand die Eroberung Kanaans nicht gänzlich zu Lebzeiten Josuas statt, sondern zog sich über etwa 200 Jahre hin – die ganze Epoche, von der das Buch der Richter handelt – und ging teils durch friedliche Landnahme, teils durch kriegerische Auseinandersetzungen vonstatten.

So lebten während des 12. Jahrhunderts in Kanaan noch viele Völker verschiedener Kultur nebeneinander. An der nördlichen Mittelmeerküste des Landes wohnten die von der Bibel als Sidonier bezeichneten Phönizier, am südlichen Küstenabschnitt die Philister. Landeinwärts im Norden, Osten und Süden gab es Aramiter, Ammoniter und Moabiter. Beiderseits des Jordan siedelten die zwölf Stämme Israel neben kanaanitischen Stadtstaaten – so Megiddo, Beth-Sean und Jebus, an dessen Stelle später Jerusalem erbaut werden sollte, das aber die Israeliten noch nicht einzunehmen vermochten. Der Überlieferung zufolge stammten alle zwölf Stämme von den Söhnen und Enkeln Jakobs ab, waren gemeinsam in die ägyptische Gefangenschaft geraten und eroberten gemeinsam das Gelobte Land. Heute glauben aber die Gelehrten, daß die verschiedenen Stämme zu verschiedenen Zeiten und an verschiedenen Orten in Kanaan eindrangen und daß einige von ihnen bereits in Kanaan ansässig waren, als Josua die übrigen über den Jordan führte.

Der Bibel zufolge führten die Israeliten auf ihrem Zug ins Gelobte Land die Bundeslade mit sich, die der Herr ihnen zu machen befohlen hatte aus Akazienholz, dreieinhalb Ellen lang, anderthalb Ellen breit und anderthalb Ellen hoch, inwendig und auswendig mit feinem Gold überzogen. Zwei goldene Cherubim mit ausgebreiteten Flügeln hielten über sie Wacht. Wenn die Israeliten lagerten, stand die Bundeslade in einem reichgeschmückten Tabernakel, das seinerseits durch ein Zelt von Bocks- und Ziegenhäuten geschützt und von Leviten bewacht wurden. Waren die Israeliten auf dem Marsch, trugen sie die Bundeslade auf zwei hölzernen Stangen, die durch vier an den vier Füßen der Lade angebrachte goldene Ringe geschoben wurden.

Als Josua sich in Silo ansiedelte, hatte dort auch die Bundeslade ihren Ort, doch noch oft führten die Kinder Israel sie in Schlachten bei sich. Bei Eben-Ezer fiel sie einmal den Philistern in die Hände, doch wie die Bibel berichtet, brachte sie diesen nur Unglück. Als sie nämlich das erbeutete Heiligtum in ihrem Tempel zu Asdod aufstellten, stürzte Dagon, der Hauptgott der Philister, von seinem Sockel und zerbrach. Schließlich brachte David die Bundeslade nach Jerusalem, wo sie später in Salomons Tempel, im Allerheiligsten, aufgestellt wurde. Danach findet man sie in der Bibel kaum noch erwähnt, und zur Zeit der Propheten scheint sie nicht mehr vorhanden gewesen zu sein. So wissen wir weder, was letztlich aus der Bundeslade wurde, noch, was sie enthielt. Doch wie immer die frühen Israeliten zur Zeit ihrer Ansiedlung in Kanaan die Bundeslade verstanden, jedenfalls war in diesem heiligen Kasten die Idee des Bundes beschlossen, eines Bundes, der die Pflichten der Menschen und deren Verhältnis zu Gott bestimmte. Dieses Verhältnis war eine gegenseitige Beziehung. Wenn die Menschen Gottes Geboten gehorchten, versprach er, sie zu beschützen und zu erhalten. Diese freiwillige moralische Verpflichtung war alles, was die Stämme Israel zur Einheit verband.

Nur vereint konnten sie hoffen, zu überleben. Allseits waren sie von kriegerischen Völkern und Königen unbestrittener Autorität umgeben. Überall drohte ihnen Gefahr. Dennoch dachten die Juden meist nicht daran, miteinander einig zu sein. Sie waren als Volk ohne eine dauerhafte zentrale Autorität entstanden. Die einzige Autorität, die sie anerkannten, war diejenige des Gottes, der ihnen die

Wahl zwischen Gut und Böse freigestellt hatte. Der Mangel einer institutionell verankerten zentralen Autorität ging einher mit der allen Kindern Israel gemeinsamen Begabung, die eigene Meinung frei zu äußern, anderer Leute Meinung zu bestreiten und sich über erlittene Unbill zu beklagen. Gewiß, im wesentlichen waren die Juden sich einig, aber nicht zuletzt deshalb wohl stritten sie oft und heftig miteinander über Einzelheiten, wie nur nahe Verwandte zu streiten wissen.

In diesem unsicheren Zustand – stets von außen bedroht und oft im Streit miteinander – behaupteten die jüdischen Stämme ihre Unabhängigkeit fast 200 Jahre lang. In Zeiten der Not oder im Kriegsfall ordneten sie sich einem Führer unter – einem »Richter«, auf den, wie die Bibel sagt, »der Geist Gottes kam«. Dennoch hatte der Richter nie die Autorität eines Königs. Seine Autorität war allein die seiner Persönlichkeit. Eine der ersten dieser gottgesandten Führer der Juden war Debora, Lapidoths Frau. Debora war es, die Barak – das hebräische Wort für »Blitz« – mit einem Heer der Stämme des Nordens gegen den kanaanitischen König Jabin ins Feld schickte. Baraks Sieg in dieser Schlacht, die irgendwann während des 12. Jahrhunderts v. Chr. geschlagen wurde, besiegelte den Niedergang der Militärmacht der kanaanitischen Stadtstaaten, die damals in der Umgebung der jüdischen Stämme noch bestanden. Jabins Heer war dem jüdischen sowohl zahlenmäßig als auch an Bewaffnung überlegen. Doch konnten die Kanaaniter an den sumpfigen Ufern des Hochwasser führenden Flüßchens Kison ihre eisernen Kampfwagen nicht einsetzen, und in den bewaldeten Bergen Galiläas machten die Juden ihre zahlenmäßige Unterlegenheit durch ihre taktische Überlegenheit wett.

Deboras Stammeszugehörigkeit geht aus dem biblischen Bericht nicht mit Sicherheit hervor. Unzweideutig aber kennzeichnet die Bibel diese Prophetin als nationale Führerin, die allen Stämmen Israel als geistliche wie weltliche Autorität den Weg aus einer nationalen Krise wies. War es ungewöhnlich, daß die Juden eine Frau als Führerin anerkannten? Daß Frauen herrschten, war in der alten Welt zwar selten, aber nicht ungewöhnlich. So herrschte zu Beginn des 15. Jahrhunderts v. Chr., zu einer Zeit also, als die Kinder Israel in Ägypten waren, daselbst Hatschepsut, die Witwe Thutmoses II., jahrelang als

Regentin für ihren Sohn Thutmoses III. Überhaupt hatten in Ägypten die Frauen über längere Zeit einen höheren Status inne als sonstwo in der biblischen Welt, bereits in der Mitte des 3. Jahrtausends v. Chr. genossen sie dort volles Erbrecht. Bei den Sumerern und Hethitern andererseits scheint sich die rechtliche Stellung der Frau im Laufe der Zeit verschlechtert zu haben, was von einigen Autoren damit erklärt wird, daß dort die Weidewirtschaft, die anfänglich ganz in den Händen der Frauen lag, später zunehmend Männersache wurde. Mit diesem soziologischen Wandel ging ein religiöser einher, indem in späterer Zeit männliche Gottheiten die weiblichen Fruchtbarkeitsgöttinnen aus der Gunst der Gläubigen verdrängten.

Debora war nicht die einzige israelitische Frau, die zu biblischer Zeit das Volk Israel angeführt hat. Miriam, Moses Schwester, war wie Debora eine Prophetin, desgleichen Hulda, die unter Josias Herrschaft im 7. Jahrhundert v. Chr. im Königreich Juda weissagte. Dennoch mußten sich gewöhnlich im öffentlichen und religiösen Leben die Frauen mit einer untergeordneten Stellung begnügen. Frauen waren nicht zur Priesterschaft zugelassen, wenn sie auch mit den Männern am Gottesdienst im Tempel teilnehmen durften. Die um 1020 v. Chr. gegründete Monarchie wurde vom Vater auf den Sohn vererbt. Später, in römischer Zeit, pflegten die Kommentatoren der heiligen Schriften mächtige Frauen – wie etwa die Gemahlin König Ahabs, Isebel, oder deren Tochter Athalia – vorzüglich mit Unzucht und Unordnung in Verbindung zu bringen. Noch im 12. Jahrhundert der christlichen Ära sprach sich der weise Maimonides gegen die Zulassung der Frauen zu öffentlichen Ämtern aus.

Die Stellung der Frau im Haushalt war indessen hochgeachtet. Das Buch der Sprüche, das zwar gewöhnlich Salomon zugeschrieben wird, aber erst frühestens 200 Jahre nach dessen Tod zusammengestellt wurde, schließt mit einem berühmten Loblied auf die »tüchtige Hausfrau«: »Wem ein tugendsam Weib beschert ist, die ist viel edler denn die köstlichsten Perlen« (Sprüche 31: 10).

Anderswo in der Bibel findet man allerdings den Wertunterschied zwischen Mann und Frau auf Heller und Pfennig genau angegeben:

»Wenn jemand dem Herrn ein Gelübde getan hat, das abgelöst

werden soll, und es sich um einen Menschen handelt, so soll das die Schätzung sein: einen Mann von zwanzig bis sechzig Jahren sollst du schätzen auf fünfzig Lot Silber nach dem Gewicht des Heiligtums;
eine Frau auf dreißig Lot Silber.« (3. Mose 27: 2–4)

Das Buch der Sprüche gedenkt gern und beredt der so lobenswerten weiblichen Weisheit, Freundlichkeit, Frömmigkeit und Andacht; es nennt aber auch die Pflichten der Hausfrau:

>»Sie geht mit Wolle und Flachs um und arbeitet gern mit ihren Händen...
>Sie steht vor Tage auf und gibt Speise ihrem Hause und dem Gesinde, was ihm zukommt.
>Sie trachtet nach einem Acker und kauft ihn und pflanzt einen Weinberg vom Ertrag ihrer Hände...
>Sie merkt, wie ihr Fleiß Gewinn bringt; ihr Licht verlischt des Nachts nicht.
>Sie streckt ihre Hand nach den Rocken, und ihre Finger fassen die Spindel...
>Sie macht sich selbst Decken; feine Leinwand und Purpur ist ihr Kleid...
>Sie macht einen Rock und verkauft ihn; einen Gürtel gibt sie dem Händler...
>Sie schaut, wie es in ihrem Hause zugeht, und ißt ihr Brot nicht mit Faulheit.« (Sprüche 31: 13–27)

Wie man sieht, war die Frau in sehr umfassendem Sinne Wirtschafterin; ihr Lohn war das ihr gespendete Lob: »Ihre Söhne stehen auf und preisen sie; ihr Mann lobt sie« (Sprüche 31: 28). Doch die Frau nahm nicht nur einen ehrenvollen Platz im Haushalt ein. Sie teilte die moralische Verantwortung, die der Bund mit Gott den Juden auferlegte, obschon ihre religiösen Pflichten sich von denen des Mannes unterschieden. Dementsprechend wurden die Sünden der Frauen – namentlich Ehebruch, Götzendienst und Abfall von Gott – nicht weniger streng bestraft als die des Mannes.

Doch die Frauen litten unter der ihnen vom jüdischen Gesetz auferlegten Ungleichheit – die die Juden von den meisten anderen Kulturen der biblischen Welt geerbt hatten. Der Bibel zufolge konnte der Mann die Frau ohne weiteres verstoßen; die Frau ihrerseits hatte nicht das Recht, den Mann zu verlassen. Das war damals allgemeiner Brauch. (In Sumer brauchte der Mann der Frau nur zu erklären: »Du bist nicht meine Frau«, ihr eine halbe Mine Silbers auszuhändigen und sie aus dem Hause zu weisen – und die Scheidung war rechtskräftig.) Ein Mann konnte, um eine Schuld zu bezahlen, seine Tochter, nicht aber seinen Sohn, in die Sklaverei verkaufen. In jeder Hinsicht mußten Frauen sich den Männern unterordnen. Schulen besuchten zu biblischen Zeiten weder Mädchen noch Knaben, denn die Israeliten kannten noch keine formale Schulbildung. Die jüdische Überlieferung geschah noch größtenteils mündlich. Was schriftlich überliefert wurde, war sicherlich nur für Knaben gedacht. In römischer Zeit und auch später noch jahrhundertelang waren gelehrte jüdische Frauen äußerst selten. Die Rabbiner waren übereinstimmend der Meinung, daß Frauen nicht gehalten seien, die Tora zu studieren, und manche Schriftgelehrten plädierten dafür, es ihnen sogar zu verbieten: »Wer seine Tochter die Tora lehrt«, sagte einer von ihnen, »lehrt sie die Unzucht«.

In Anbetracht dieser tiefverwurzelten Geringschätzung der geistigen Fähigkeiten der Frau ist die Leistung Deboras – der einzigen Frau unter den Richtern – um so bemerkenswerter. Das Buch der Richter, in dem von den etwa 200 Jahren berichtet ist, die zwischen Josuas Tod und der Wahl des Saul vergingen, ist eine höchst fesselnde Mischung von Geschichte und Legende, Volksmund und Philosophie. Unter den Richtern sind mehrere der heroischsten und tragischsten Gestalten der Bibel. Da ist Gideon aus dem Stamm Manasse, der mit nur 300 Mann, Posaunen, Krügen, Fackeln – und Gottvertrauen eines Nachts das riesige Heer der Midianiter schlug. Da ist Jephthah, der »Hurensohn«, der, aus seines Vaters Haus verstoßen, zum Räuber wurde und dann, als er in den Kampf gegen die Ammoniter zog, dem Herrn für den Fall seines Sieges gelobte, ihm das erste zu opfern, das ihm bei der Heimkehr aus seiner Haustür entgegenkäme. Und der dann sein einziges Kind opfern mußte, seine Tochter, die ihm bei der

Heimkehr entgegenkam »mit Pauken und Reigen«. Auch von Simson schließlich berichtet das Buch der Richter, dem Helden aus dem Stamme Dans, der riesige Gelüste mit riesiger Kraft vereinte. Er erwürgte einen Löwen mit bloßen Händen, erschlug mit der Kinnbacke eines Esels 1000 Philister und warf, nachdem Delila ihn verraten hatte, die Säulen des Tempels der Philister um, der einstürzend ihn selbst und 3000 Anbeter des Dagon unter sich begrub.

Aus diesen bunten und abenteuerlichen Geschichten, die der abendländischen Kunst und Literatur unerschöpflichen Stoff geboten haben, ist ein deutliches Geschichtsverständnis herauszulesen: Nach einer Zeit der Frömmigkeit und des Friedens begannen die Kinder Israel falschen Göttern zu folgen. Der Herr schickte ihnen zur Strafe für ihre Sünden fremdes Kriegsvolk ins Land, sie zu unterdrükken. Wenn die Israeliten bereuten und den Herrn um Erlösung aus ihrer Not anflehten, sendete er einen Helden – einen Richter – zu ihrer Errettung. Dieser besiegte die Unterdrücker und stellte den Frieden im Lande wieder her – und der Frieden dauerte, bis die Kinder Israel abermals ihrem Gott abtrünnig wurden und die Geschichte ihrer Sünde, Strafe, Reue und Rettung von neuem begann.

Die Zeiten, in denen dieses Geschichtsverständnis sich ausbreitete, waren unsicher. Die Juden mußten das Land, das sie zu Josuas Zeit unter sich geteilt hatten, während des 12. und 11. Jahrhunderts immer wieder gegen aus dem Westen, Norden und Osten einwandernde Völker verteidigen. Während der fast 200 Jahre des Buchs der Richter machten die verbündeten Stämme der Kinder Israel keine Anstalten, einen zentralisierten Staat zu gründen. Die Monarchie, die vorherrschende Herrschaftsform der kanaanitischen Stadtstaaten, scheint den Israeliten ein Greuel gewesen zu sein. Als Alleinherrscher kam für sie nur der Herrgott in Frage, ihn allein ließen sie durch seine in Notzeiten berufenen charismatischen Vertreter regieren.

Die Bibel verschweigt keineswegs, daß die Israeliten für Einflüsse aus fremden Kulturen durchaus empfänglich waren. Einem halbnomadischen Volk, das noch vor kurzem weder Ackerbau noch Baukunst gekannt hatte und dessen bisherige politische Erfahrungen auf den Rahmen der Stammesgesellschaft beschränkt waren, blieb, wenn es seßhaft wurde, ja nichts anderes übrig, als die Institutionen anderer Völker zu übernehmen und den eigenen Bedürfnissen anzupassen. Die fremden Götter, nach denen es die Kinder Israel während der Zeit, in der sie in Kanaan seßhaft wurden, immer wieder gelüstete, waren die Götter des Landes, Baal und Aschera, die Göttin der Fruchtbarkeit. Hätten die Richter die Israeliten nicht immer wieder zurechtgewiesen, und hätten die Stämme des auserwählten Volkes je auf die Dauer mit ihren kanaanitischen Nachbarn Frieden geschlossen, wären vermutlich die jüdische Religion und Kultur, wie diejenigen der Philister, schließlich kanaanitisch und heidnisch geworden.

Das Königreich Israel

Unter der Herrschaft Davids und Salomons – von etwa 1000 bis 922 v. Chr. – war das vereinigte Königreich Israel der mächtigste und blühendste Staat im östlichen Mittelmeerraum. Innerhalb eines Jahrhunderts verwandelte sich Israel nicht nur aus einem Bund von Stämmen in einen monarchisch regierten Staat, sondern die Macht dieses Staates wuchs auch über die Grenzen Kanaans hinaus bis zum Euphrat und Syrien und bis zum »Bach Ägyptens« (Wadi el-Arisch) im Norden der Sinai-Halbinsel. Die von David unterworfenen Königreiche Aram-Kobah und Aram-Damaskus im Norden und Ammon, Moab sowie Edom im Osten und Süden waren der israelitischen Monarchie tributpflichtig und wurden teilweise von israelitischen Statthaltern regiert. Auch der von Philistern besiedelte Küstenstreifen gehörte jetzt zur israelitischen Einflußsphäre, die philistinischen Stadtstaaten mußten die Oberhoheit des israelitischen Monarchen anerkennen. Mit den Phöniziern schloß David ein wichtiges Handelsbündnis, das von Salomon noch erweitert wurde. Doch dauerte diese Epoche israelitischer Hegemonie nicht über Salomons Tod hinaus. Als Salomon starb, zerbrach das vereinigte Königreich. Die folgenden beiden Jahrhunderte sahen den Niedergang der getrennten Königreiche Israel und Juda. In dieser Zeit des Niedergangs, der Uneinigkeit und Unordnung bewahrten und verfeinerten die Propheten den wahren Geist des Judentums.

Die Israeliten entschlossen sich, ihren Stammesbund in eine erbliche Monarchie umzuwandeln, nachdem die Philister ihnen bei Eben-Ezer die Bundeslade geraubt und Silo zerstört hatten. Die Philister leben in der Vorstellung der heutigen Kulturvölker des Abendlandes bekanntlich als archetypische Kulturbanausen fort, »Philister« nennt man Leute, die von höherer Kultur keine Ahnung haben und nichts wissen wollen. Tatsächlich waren aber – läßt man Theologie und Ethik einmal außer Betracht – die kulturellen Leistungen der Philister denen der Israeliten deutlich überlegen. Der Bund der fünf Stadtstaaten der Philister – die Pentapolis – war vorzüglich organisiert. Die Philister verstanden es, Eisen zu verarbeiten, und stellten nicht allein eiserne Kampfwagen, Schilde und Schwerter her, sondern auch eiserne Werkzeuge, namentlich Pflüge mit eiserner Pflugschar. Das Geheimnis dieser technischen Errungenschaften wahrten sie eifersüchtig. Mit hohem Bug durchschnitten ihre Schiffe die Wogen des Mittelmeeres; ihre Kamele transportierten in langen Karawanen Handelswaren über die Wüstenstraßen zwischen der Pentapolis und dem Zweistromland.

So stellten die Philister – die in der Bibel verächtlich als die »Unbeschnittenen« bezeichnet werden – nicht allein durch ihre militärische, sondern auch durch ihre wirtschaftliche Macht eine Bedrohung für die um 1020 v. Chr. arg bedrängten israelitischen Stämme dar. Der Stamm Dan war aus seinem Siedlungsgebiet vertrieben worden, der Besitz des Stammes Juda war in Gefahr, verlorenzugehen, und die Negev war in der Gewalt der Philister. Es gab keine Stammesrichter mehr, nur den alternden Samuel, der alljährlich eine Rundreise machte von Rama über Gilgal, Beth-el, Mizpa, die Länder Ephraims und Benjamins im mittleren Israel und zurück nach Rama. Samuel ernannte seine beiden Söhne zu Richtern in Beerscheba, was als Versuch gelten kann, eine erbliche Theokratie zu errichten. Doch waren, wie uns die Bibel versichert, Samuels Söhne nach Meinung der Stammesältesten dieses Amtes nicht würdig, und die Notwendigkeit einer durchgreifenden politischen Reform kam zur Sprache:

»Da versammelten sich alle Ältesten Israels und kamen nach Rama zu Samuel.

51

Und sprachen zu ihm: Siehe, du bist alt geworden, und deine Söhne wandeln nicht in deinen Wegen; so setze nun einen König über uns, der uns richte, wie ihn alle Heiden haben.
Das mißfiel Samuel, daß sie sagten: Gib uns einen König, der uns richte.« (1. Samuel 8: 4–6)

Samuel hatte gute Gründe für seinen Widerwillen gegen diese Zumutung, und er gab sie den Ältesten zu bedenken:

»Das wird des Königs Recht sein, der über euch herrschen wird: Eure Söhne wird er nehmen für seinen Wagen und seine Gespanne, und daß sie vor seinem Wagen herlaufen...
Eure Töchter aber wird er nehmen, daß sie Salben bereiten, kochen und backen.
Eure besten Äcker und Weinberge und Ölgärten wird er nehmen und seinen Großen geben...
Und eure Knechte und Mägde und eure besten Rinder und eure Esel wird er nehmen und in seinen Dienst stellen.
Von euren Herden wird er den Zehnten nehmen, und ihr müßt seine Knechte sein.
Wenn ihr dann schreien werdet zu der Zeit über euren König, den ihr euch erwählt habt, so wird euch der Herr zu derselben Zeit nicht anhören.« (1. Samuel 8: 11–18)

Über die Mittel und Wege, die dazu führten, daß Saul, der Sohn des Kis, zum König von Israel gesalbt wurde, findet man in der Bibel unterschiedliche Berichte. Es gibt keinen Grund, die Schilderung der Bibel zu bezweifeln, daß er hoch gewachsen, mutig, bescheiden, aber wandelbaren Sinnes war. Während der ersten Jahre von Sauls Königtum stand ihm Samuel noch als Berater zur Seite und erklärte ihm im Zweifelsfall, was der Herr vom König erwartete. Dann aber brach Samuel mit Saul und widerrief dessen Königswahl, als Saul sich weigerte, die Amalekiter mit Stumpf und Stiel auszurotten, »Mann und Weib, Kinder und Säuglinge, Ochsen und Schafe, Kamele und Esel« zu töten (1. Samuel 15: 3).
Samuels Zorn über Sauls Entschluß, Agag, den König der Amale-

kiter, und dessen Herden zu schonen, mag dem Verstoß gegen das ausdrückliche Gebot des Herrn gegolten haben. Möglicherweise fürchtete Samuel auch, daß auf diesem Wege Saul versuchen würde, die Machtbefugnisse des Königs über die ihm ursprünglich gewährten hinaus zu erweitern. Was immer aber Samuels Beweggründe waren – die Verstoßung Sauls durch Samuel muß als einer der großen tragischen Momente in der Geschichte des alten Israel gelten.

>Und Samuel sah Saul fortan nicht mehr bis an den Tag seines Todes. Aber doch trug Samuel Leid um Saul, weil es den Herrn gereut hatte, daß er Saul zum König über Israel gemacht hatte.< (1. Samuel 15, 35)

Die fernere Geschichte von Sauls Herrschaft – die nur zwanzig Jahre währte – spricht von Sauls späterer Furcht und Schwermut und von seiner Liebe und späteren Eifersucht für einen jungen Hirten, Sänger und Krieger – David, den Sohn Jesses, aus Bethlehem.

Über Davids Leben wissen wir aus der Bibel so viel, daß es manchmal scheint, als habe man da nicht von einem Mann, sondern von mehreren verschiedenen gelesen. Da ist David, der Kriegsheld, der den philistinischen Riesen Goliath mit einer Schleuder erlegt. Da ist David, der Sänger, dessen Musik die Macht hat, Saul aus seiner Schwermut zu wecken. Da ist David, der beste Freund von Sauls Sohn Jonathan und Gatte von Sauls Tochter Michal – aber auch der Flüchtling vor Sauls Zorn und der Rebell, der sich zeitweise mit den Feinden Israels verbündet. Und schließlich der gesalbte König, der die Israeliten einigt und Jerusalem als neue Reichshauptstadt gründet, die deshalb stets die Stadt Davids bleiben wird. So verkörpert die Gestalt König Davids in der Bibel alle Hoffnungen und allen Glanz des aufblühenden jungen Staates Israel – wie sie später den Künstlern der europäischen Renaissance die Hoffnung auf die Wiedergeburt Europas, und endlich modernen hebräischen Schriftstellern die Hoffnung auf die Wiedergeburt des Staates Israel symbolisieren sollte.

Die zentrale Stellung der Gestalt dieses Königs in der jüdischen Geschichte und im jüdischen Denken ist unleugbar. Obwohl David niemals verwandtschaftliche Beziehungen zur Gottheit nachgesagt

wurden, verbreitete sich doch – wahrscheinlich schon zu seinen Lebzeiten – die Überzeugung unter den Juden, daß er sich des besonderen Segens Gottes erfreute und daß sein Geschlecht für alle Zeiten in
Israel herrschen sollte:

> »So sollst du nun sagen meinem Knechte David: So spricht der
> Herr Zebaoth: Ich habe dich genommen von den Schafhürden,
> daß du sein solltest Fürst über mein Volk Israel...
> Wenn nun deine Zeit um ist und du dich zu deinen Vätern schlafen
> legst, will ich dir einen Nachkommen erwecken, der von deinem
> Leibe kommen wird; dem will ich sein Königtum bestätigen...
> Aber dein Haus und dein Königtum sollen beständig sein ewiglich
> von mir, und dein Stuhl soll ewiglich bestehen.« (2. Samuel 7: 8,
> 12, 16–17)

Jahrhunderte später, nach der Teilung und dem Niedergang des Reiches Davids, gründete man auf diese Prophezeiung den Glauben, daß
einst das Haus Davids und der Glanz Jerusalems wiederhergestellt
werden würden.

> »Zur selben Zeit will ich die zerfallene Hütte Davids wieder auf-
> richten, und ihre Risse vermauern und, was abgebrochen ist, wie-
> der aufrichten und will sie bauen, wie sie vorzeiten gewesen ist.«
> (Amos 9: 11)

Im Vertrauen auf die David, dem Herrscher der goldenen Frühzeit
Israels, verheißene Zukunft setzten die hebräischen Propheten ihre
Hoffnung in einen künftigen König – einen Messias, das heißt »Ge-
salbten« –, den Gott zur Errettung Israels und zur Begründung eines
dauerhaften Friedens und immerwährender Gerechtigkeit in die
Welt senden würde.

So liegen die Keime des jüdischen Messianismus in der Regierungszeit Davids. Doch betrachteten die Israeliten die Epoche Davids nicht als ein goldenes Zeitalter unübertrefflicher Vollkommenheit. Sie faßten diese Epoche vielmehr als Muster einer noch weit
glänzenderen Zukunft auf. Zu Beginn des 1. Jahrhunderts der christ-

lichen Ära war unter den Juden Palästinas die Überzeugung weit verbreitet, daß der Messias aus Davids Stamm und Geschlecht geboren werden würde. Diese Abstammung von David wurde denn auch von den frühen Christen für Jesus von Nazareth in Anspruch genommen. Und so galt David dem christlichen Europa als das unübertreffliche Vorbild des Dichters, Kriegers und Königs. Karl der Große hörte sich von seinen Höflingen, wie wir lesen, gern den »Neuen David« nennen. So priesen die Christen David, den jüdischen König, während sie ihre jüdischen Zeitgenossen mit zunehmender Wut verfolgten; und sie sangen wie diese, deren Weigerung, Jesus von Nazareth als den verheißenen Messias anzuerkennen, zur so tragischen Trennung beider Wege führte, Davids Psalm vom guten Hirten:

»Der Herr ist mein Hirte; mir wird nichts mangeln.
Er weidet mich auf einer grünen Aue und führet mich zum frischen Wasser.
Er erquicket meine Seele; er führet mich auf rechter Straße um seines Namens willen.
Und ob ich schon wanderte im finsteren Tal, fürchte ich kein Unglück; denn du bist bei mir, dein Stecken und Stab trösten mich.
Du bereitest vor mir einen Tisch im Angesicht meiner Feinde.
Du salbest mein Haupt mit Öl und schenkest mir voll ein.
Gutes und Barmherzigkeit werden mir folgen mein Leben lang, und ich werde bleiben im Hause des Herrn immerdar.«
(23. Psalm)

Viele der David zugeschriebenen Psalmen stammen nachweislich nicht von ihm. Aber aus der Tatsache, daß die Juden ihm Dichtungen zuschrieben, von denen manche erst tausend Jahre nach seinem Tode verfaßt wurden, spricht die große Verehrung und Bewunderung, die David bei ihnen genoß. Und diese Verehrung und Bewunderung galt einem König, dessen Verdienste jeder historischen Kritik standhalten. In seiner Stadt Jerusalem begründete David die königliche Herrschaft, unter der die zwölf miteinander zerstrittenen Stämme sich die Einheit eines starken Staates gaben. Nach dieser Einigung nahm die jüdische einen Platz unter den selbständigen Kulturen ihrer Zeit ein.

Jetzt lebten die Israeliten nicht mehr am Rande fremder Hochkulturen. Sie bauten eigene Städte, hatten ihre eigene Regierung und beherrschten einen Abschnitt der Via Maris – der wichtigsten Handelsstraße des Morgenlandes.

Die Umwandlung Israels aus einem Stammesbund zur erblichen Monarchie machte eine Reihe von Verwaltungsreformen erforderlich, die nach ägyptischen und kanaanitischen Vorbildern durchgeführt wurden. David war Oberbefehlshaber eines stehenden Heeres und einer Leibwache. Außer Abteilungen von Kriegern der zwölf Stämme Israel dienten in Davids Heer auch fremde Söldner. Die beiden Oberpriester Zadok und Abiathar waren Mitglieder von Davids »Ministerrat«, und die Bundeslade wurde in einem unter Staatsaufsicht stehenden Tempel verwahrt. Die bedeutsamste Reform Davids war zweifellos die Verlegung seines Regierungssitzes von Hebron – wo er anfänglich als König von Juda im Schatten der Macht der Philister regiert hatte – nach Jerusalem. Der neue Regierungssitz bot verschiedene Vorteile. Jerusalem lag in der Mitte der jüdischen Stammesländer – doch auf einem Gebiet, das keiner der zwölf Stämme beanspruchen konnte. Mit der Wahl dieses Orts vermied David also einerseits den Anschein, als würde einer der zwölf Stämme begünstigt, andererseits sicherte er die Unabhängigkeit des Königs von den Führern der Stämme. Davids königlichem Hof in Jerusalem gehörten etwa 2000 Menschen an – Verwandte, Beamte, Bedienstete, Soldaten, Leviten und Priester, die vor allem ihm selbst – und durch ihn dem Herrgott – zur Treue verpflichtet waren.

Schon seit mindestens 2000 Jahren gab es menschliche Ansiedlungen in Jerusalem, ehe David dort seine Hauptstadt gründete. Die nach dem gegenwärtigen Stand unserer Kenntnisse älteste dieser Siedlungen – wahrscheinlich aus dem 4. Jahrtausend v. Chr. – lag am Osthang des Berges Zion, erstreckte sich südwärts über die jetzt als Tempelberg bekannte Erhebung und überblickte das Kidron-Tal im Osten, das Hinnom-Tal im Süden und das Tyropöon-Tal im Westen. Im 11. Jahrhundert v. Chr. war Jerusalem – damals war der Ort unter dem Namen »Jebus« bekannt – Wohnsitz eines Volkes, das die Bibel »Jebusiter« nennt. Diese Menschen, von denen wenig überliefert ist, sind vielleicht nach dem Zusammenbruch des Reiches der Hethiter aus Anatolien und dem nördlichen Syrien dorthin gewandert. Ihnen entriß David den Ort zwischen 1000 und 990 v. Chr. Er ließ dort einen prächtigen Palast einrichten, für den nicht allein die Baumaterialien, sondern desgleichen die Handwerker und mutmaßlich auch der Entwurf aus Tyrus eingeführt wurden, dem Hauptort der Phönizier an der Küste (2. Samuel 5: 11).

Mit diesem weltlichen Machtzuwachs Israels ging eine Vertiefung seiner geistigen Kultur einher. David war ein mächtiger König geworden, er blieb aber dem Allmächtigen unteran, und die Bundeslade, die er selbst nach Jerusalem überführt hatte, führte ihm vor Augen, daß das Gesetz, das Moses auf dem Berge Sinai empfangen hatte, Gut und Böse, Recht und Unrecht für den König wie für den letzten seiner Untertanen gleichermaßen unterschied. Bei anderen Völkern waren damals Kritiker des Königs selten ihres Lebens sicher. Die Propheten Israels jedoch bestanden auf ihrem Recht – und ihrer Pflicht –, selbst den Köng für moralische Verfehlungen zur Rechenschaft zu ziehen.

Es kann David zum Ruhme gereichen, daß er dieses Recht gelten ließ, als Nathan es anläßlich seiner nicht eben rühmlichen Affäre mit Bathseba gegen ihn selbst in Anspruch nahm. Als er sich eines Abends auf dem Dach seines Palastes erging, erblickte nämlich David die schöne Bathseba, die sich eben wusch. Ihr Mann, Uria, der Hethiter, stand im Felde und kämpfte auf Davids Geheiß gegen die Ammoniter. Der König ließ Bathseba zu sich bringen, schwängerte sie und schrieb an Urias Vorgesetzten: »Stelle Uria vornehin, wo der Kampf am härtesten ist, und zieht euch hinter ihm zurück, daß er erschlagen werde und sterbe« (2. Samuel 11: 15). Derartige Maßnahmen waren bei Monarchen jener Zeit gang und gäbe. Vollkommen ungewöhnlich aber war die Strenge, mit der Nathan, der Hof-Prophet König Davids, diesen wegen seines Verhaltens gegenüber Bathseba und Uria zur Rede stellte – und die Sanftmut, mit der David sich den Tadel des Propheten gefallen ließ: »Da sprach David zu Nathan: Ich habe gesündigt wider den Herrn« (2. Samuel 12: 13).

Nathan war einer der ersten Kritiker der Institution der Monarchie. Nach jüdischer Auffassung war der König nicht göttlich: Kein Mensch war über das Gesetz erhaben. Das Gesetz war Israel von dem höchsten König gegeben worden, und niemand durfte dagegen verstoßen. Der Prophet verstand sich als Gesandter Gottes, als Verkünder der göttlichen Wahrheit, der keines Menschen Widerrede standhalten kann.

Doch zu eben jener Zeit kamen Zweifel an der Wahrheit auf, die den ersten Israeliten offenbart worden war. Jetzt waren die Israeliten ein Volk unter anderen. Mit vielen von ihnen unterhielten sie Handelsbeziehungen; fremde Kaufleute und Händler brachten ihre Götter mit nach Israel und beteten sie dort an. Wie noch so oft in der Zukunft, galt es, den Kern des jüdischen Glaubens, das Erbe des jüdischen Volkes, gegen den verunsichernden Einfluß einer heidnischen Umwelt zu behaupten. Der Zorn des Propheten richtete sich gegen einen König, der, das Gesetz Israels mißachtend, dem Beispiel heidnischer Könige folgte. Einstweilen galt dieser Zorn noch dem Verstoß gegen spezifische Vorschriften, Verbote und Gebote. Allgemeine moralische Prinzipien interessierten noch nicht.

Obwohl David die Errichtung eines Tempels in Jerusalem plante, fiel die Ehre, diesen zu erbauen, seinem Nachfolger Salomon zu, seinem zweiten Sohn von der Frau Urias, des Hethiters, die er zur Frau genommem hatte; der noch ehebrecherisch gezeugte erste war im Säuglingsalter gestorben. Wenn wir der verbreiteten Auffassung folgen, daß Salomon im Jahre 960 v. Chr. zur Regierung gelangte, dauerte der Bau des Tempels von etwa 957 bis 950 v. Chr. Für diesen Bau blieb Davids Nachfolger auf das von seinem Vater geschlossene Bündnis mit Tyrus angewiesen, denn wie zum Bau von Davids Palast benötigte man zum Bau von Salomons Tempel phönizische Materialien, namentlich die berühmten Zedern des Libanon, und phönizische Handwerker.

Angesichts dieser von der Bibel bezeugten architektonischen Abhängigkeit der Israeliten erhebt sich die Frage, ob nicht die Religion Israels den Religionen der Kanaaniter und Phönizier vielleicht doch mehr schuldet, als die Bibel wahrhaben will? Gewiß ist, daß der Glauben der Israeliten sich von dem ihrer heidnischen Nachbarn grundlegend unterschied. Ebenso unbestreitbar unterschied sich auch der jüdische Gottesdienst vom heidnischen; zunächst insofern, als es den Israeliten ja streng verboten war, sich Bilder von der Gottheit zu machen; sodann in vielen Einzelheiten: Die Juden brachten keine Menschenopfer dar und praktizierten weder Tempelprostitution noch orgiastische Fruchtbarkeitsriten. Dennoch ist nicht zu leugnen, daß der Gottesdienst der alten Israeliten in mancher Hinsicht demjenigen der kanaanitischen Heiden ähnlicher sah als dem jüdischen Gottesdienst der nachrömischen Zeit. Dies namentlich, wenn man den Opferritus in Betracht zieht, dessen Entwicklung spätestens zu sumerischer Zeit schon weit gediehen war. Das Tempel-Opfer war der Mittelpunkt der Staatsreligion in Salomons Zeit und bewahrte seine zentrale Bedeutung, solange in Jerusalem der Tempel stand. Es wurde mit großer Pracht und Feierlichkeit dargebracht. Die ehrfurchtgebietende Gestalt des Hohenpriesters in seinem kostbaren Ornat beherrschte das Bild der Zeremonie. Zwischen der üppigen Pracht dieser Zeremonien im Tempel von Jerusalem und den dürftigen Umständen, unter denen die Juden späterer Zeit – in den hölzernen Synagogen Polens oder den kleinen Backstein-»Schulen« an der Lower East Side von Manhattan – ihren Gottesdienst hielten, liegen Welten.

Salomons Tempel war der krönende Abschluß einer Bautätigkeit, die mit derjenigen der Pharaonen wetteiferte. Wie sein Vater David errichtete Salomon einen Königspalast. In Hazor, an der Via Maris, wandelte er eine unbefestigte kleine israelitische Siedlung durch den Bau einer Kasematten-Mauer und eines von zwei Türmen flankierten Tors in eine Königsstadt um. In Megiddo, südöstlich von Haifa, erbaute er eine ähnlich befestigte Verwaltungshauptstadt auf den Trümmern einer mutmaßlich von David eroberten kanaanitischen Stadt. In Gezer, das Salomon als Mitgift einer Pharaonen-Tochter erhielt, glichen die Befestigungsanlagen denen von Megiddo bis in Einzelheiten. Gezer beherrschte nicht allein den Zugang nach Jerusalem, sondern sicherte Salomon überdies die Kontrolle einer wichtigen Handelsstraße von Ägypten nach Mesopotamien.

Salomon schien Israel ein Goldenes Zeitalter des Friedens und Wohlstands beschert zu haben. Seine größtenteils von Phöniziern gebauten und bemannten Handelsschiffe segelten von Ezion-Geber am Golf von Elath nach Arabien, Ostafrika und Indien, von wo sie Gold und Elfenbein, Sandelholz und Edelsteine, ja sogar Pfauen und Affen für den königlichen Hof mitbrachten. Insbesondere florierte der Gewürzimport aus Arabien, und als die Königin von Saba nach Jerusalem kam »mit Kamelen, die Spezerei trugen und viel Gold und Edelsteine« (1. König 10: 2), war sie möglicherweise nicht allein an Salomons Weisheit, sondern überdies an einem Handelsabkommen interessiert. Salomon handelte außerdem mit Pferden und Wagen, zweifellos hatte er auch Anteil an der Kupfer-Produktion, obgleich es den Archäologen bisher nicht gelungen ist, unzweideutig festzustellen, wo er dieses Metall abbauen und verhütten ließ. Dynastische Heiraten – mit ammonitischen, edomitischen, hethitischen, moabitischen und phönizischen Prinzessinnen wie mit Pharaos Tochter – sollten sowohl den Glanz des königlichen Hofes als auch die Sicherheit des Reiches mehren.

Dennoch muß man rückblickend einräumen, daß Israel und seine Monarchie in dieser Glanzzeit über ihre Verhältnisse lebten. Israel konnte nicht genügend Weizen und Öl produzieren, um für Salomons importierte Luxusgüter zu zahlen. Als Salomon die Mittel ausgingen und er den Phöniziern deshalb gewisse Grenzstädte abtrat, überwies der mit dieser Sicherheit nicht zufriedene phönizische König Hiram weniger Gold in Israels Schatzkammer, als Salomon erwartet hatte. Zur weiteren Finanzierung seiner Bauvorhaben und seiner prächtigen Hofhaltung erlegte er daraufhin seinen Untertanen beschwerliche Steuern auf. Es wurden nicht allein Abgaben erhoben, Zehntausende von Israeliten mußten auch Frondienst leisten als Lastträger, Steinbrecher und Holzfäller. Dies führte zu einer wachsenden Entfremdung zwischen Reichen und Armen. Da überdies die Bewohner der nördlichen und der südlichen Landesteile in unterschiedlichem Maße zum Frondienst herangezogen wurden, wuchsen auch die Spannungen zwischen Juda und Israel. Als Salomon irgendwann zwischen 930 und 922 v. Chr. starb, blieb die Davidische Dynastie nur im Königreich Juda – das die Stammländer Judas und Benjamins umfaßte – an der Macht. Die zehn Stämme des Nordens fielen ab und gründeten das unabhängige Königreich Israel.

Unzweifelhaft gab es Aufzeichnungen der Geschichte beider Reiche. Die Bibel erwähnt sie des öfteren. Daneben aber wurde eine geistliche Geschichte des Volkes Israel zusammengetragen – als Sammlung mündlicher Überlieferung und einzelner schriftlicher Berichte über die Zeit vor der Ansiedlung der Juden in Kanaan. Die Bibel erwähnt, daß zur Regierungszeit König Josias von Juda im Tempel zu Jerusalem ein »Buch des Gesetzes« aufgefunden wurde. Diese Entdeckung scheint großen Eindruck auf das Volk gemacht und zu einer religiösen Erneuerungsbewegung in Juda geführt zu haben (2. Könige 22: 23). Dem Bericht der Bibel ist zu entnehmen, daß es schon damals schriftliche Dokumente den Bund Israels mit Gott betreffend gab, die die Gesetze des Bundes verzeichneten. Höchstwahrscheinlich handelte es sich bei dem gefundenen »Gesetzbuch« um eine Fassung der Erzählung des Auszugs aus Ägypten in das Gelobte Land.

Keines der beiden überdies durch Parteienstreit und Korruption geschwächten Teilkönigreiche konnte sich lange gegen die Macht der assyrischen Kriegsmaschine behaupten. Im 18. Jahrhundert v. Chr., unter der Herrschaft des Königs Hammurabi, hatte Babylon ein frühes assyrisches Reich im nördlichen Mesopotamien unterworfen und annektiert. Doch die Hauptstadt Assyriens – Assur, in der Nähe der heutigen irakischen Stadt Qaijarah am Tigris gelegen – hatte während der Epoche babylonischer Herrschaft und während der darauffolgenden unruhigen Jahrhunderte stets ihre Identität behaupten können. Im 13. Jahrhundert v. Chr. stieg Assyrien von neuem zur Großmacht auf und annektierte schließlich Babylon.

Nach 1200 v. Chr. begann sich zwar die erneuerte Macht Assyriens in einem langwierigen Verteidigungskampf gegen aramäische Nomaden zu zermürben. 300 Jahre später aber, im 9. Jahrhundert, nach der Teilung von Salomons Reich, war Assyrien wieder bei Kräften. Die Könige hatten die aramäischen Eindringlinge vertrieben, ihre Städte und Paläste wiederaufgebaut und rüsteten zum Kriege. Mit eisernen Waffen, Reiterheeren und Rammböcken – letztere anscheinend eine assyrische Erfindung – begannen sie sich das größte Reich zu erobern, das es bis dahin im Morgenlande gegeben hatte. Zur Regierungszeit Assurbanipals (668–627 v. Chr.) beherrschte Assyrien unmittelbar oder mittelbar ganz Mesopotamien, Syrien und Palästina sowie große Teile Kleinasiens und Ägyptens. Die Assyrer waren wie alle alten Völker Mesopotamiens in religiöser Hinsicht eklektisch – sie waren indessen auch ein Volk, das alles schriftlich fixierte und seine Dokumente sorgfältig archivierte. Einen großen Teil von dem, was wir heute aus anderer Quelle als der Bibel über die alte morgenländische Geschichte wissen, verdanken wir der Entdeckung des Archivs König Assurbanipals in den Ruinen von Ninive (nahe dem heutigen Mosul) durch Austin Henry Layard in der Mitte des 19. Jahrhunderts.

Ein Grund für die Erfolge Assyriens war denn auch die vortreffliche Organisation der assyrischen Verwaltung. Unfähigkeit und Korruption wurden streng bestraft. Man hat die Assyrer »die Römer Asiens« genannt. Während des 8. Jahrhunderts unterwarf dieses tüchtige Volk schließlich das nördliche der beiden jüdischen Königsreiche. 740 eroberten die Assyrer die phönizischen Handelshäfen Tyrus und Byblos, 724 griffen sie Israel direkt an. Zwei Jahre später nahmen sie die Hauptstadt Samaria ein. Die Bibel schreibt diese Eroberung König Salmanasser V. zu, dessen Herrschaft 722 endete, doch eine assyrische Inschrift gibt die Ehre Salmanassers Nachfolger Sargon II.: »Ich belagerte und eroberte Samaria, führte als Beute 27290 von dessen Bewohnern weg.«

Wie alle Reiche der Alten Welt verfuhr Assyrien erbarmungslos mit unterworfenen Völkern. In einem – wie es im Rückblick scheint – über Jahrhunderte sich hinziehenden Krieg wurden die Besiegten immer wieder gefoltert, getötet und versklavt. Die Heere der großen Reiche waren ständig auf dem Marsch, ganze Völker wurden ausgerottet, Zivilisationen versanken, Kulturen wurden vertrieben, aufgesogen, gingen unwiederbringlich verloren.

Unter diesen Umständen ist das Überleben des jüdischen Volkes ein Geheimnis, ist die Blüte des jüdischen Geistes ein Wunder. Und doch erklären sich das Geheimnis dieses Überlebens und das Wunder dieser Blüte zum Teil gegenseitig. Während der jahrhundertelangen assyrischen Vorherrschaft war stets nicht nur die physische Existenz, sondern auch die geistige Überlieferung des Judentums bedroht. Indessen regte gerade diese Bedrohung zu erneuerter Konzentration auf die wesentlichen geistigen Anliegen des Judentums an. So ist es kein Zufall, daß das Goldene Zeitalter der Propheten größtenteils in jene 250 Jahre während Epoche fiel, in welcher die jüdischen Staaten Vasallen fremder Mächte geworden waren. Amos, Hosea, Jesaja, Jeremia lebten in jener Zeit.

Die Prophetie ist eine alte Institution, die bei vielen Völkern zu finden ist. Aber in Israel nahm sie eigentümliche Aufgaben wahr. Die Propheten Israels waren nicht zukunftsweisend, indem sie die Zukunft vorhersagten – dies taten sie seltener als die Propheten anderer Völker –, sondern indem sie die Juden zur Bewahrung, Erweiterung und Vertiefung ihres geistlichen Lebens ermahnten. Denn der Monotheismus, die auf ihn begründete Moral und das die Pflichten des Menschen feststellende Gesetz mußten schon seit den ersten Tagen der jüdischen Niederlassung in Kanaan immer wieder verteidigt werden. Die vorherrschende Religion war der Polytheismus, dessen Popularität mit der des modernen Säkularismus verglichen wurde.

Wir dürfen nicht vergessen, daß die frühen Israeliten nicht in einem Vakuum lebten. Sie lebten vielmehr in einer wirklichen Welt, deren Werte ganz andere waren als die ihren. Doch waren sie überzeugt, im Besitz einer großen Wahrheit zu sein. Und schließlich glaubten sie, daß sie auserwählt seien, anderen Völkern diese Wahrheit mitzuteilen. Schritt für Schritt gelangten sie zu der Einsicht, daß Kult und Ritual nicht um ihrer selbst willen gottgefällig waren, sondern nur, sofern sie die Anerkennung des von Gott an den Menschen gestellten moralischen Anspruchs ausdrückten.

Einen entscheidenden Schritt zu dieser Einsicht ging Amos, ein bescheidener Schafhirt, der am Vorabend der assyrischen Eroberung im nördlichen der beiden israelitischen Königreiche lebte. Was er seinem Volk verkündete, war erstaunlich und befremdend. Denn er lehrte, daß Gott nicht Rituale und Zeremonien verlangte, daß dem Herrn vielmehr nur mit moralischer Lebensführung gedient sei. So erklärte er in dessen Namen:

»Ich bin euren Feiertagen gram und verachte sie und mag eure Versammlungen nicht riechen...
Tue nur weg von mir das Geplärr deiner Lieder...
Es ströme aber das Recht wie Wasser und die Gerechtigkeit wie ein nie versiegender Bach.« (Amos 5: 21, 23–24)

So lehrte Amos einen neuen Begriff des Gottesdienstes: Rituale allein befriedigten den Herrn nicht. Ohne moralischen Anspruch waren sie vielmehr gotteslästerlich. So verliehen die Propheten der Moral eine Schlüsselrolle für das Schicksal der Nation.

Hosea, der wahrscheinlich ein jüngerer Zeitgenosse des Amos war und gleichfalls im nördlichen Reich prophezeite, mahnte wie dieser, als er in Gottes Namen seinem Volke sagte: »Denn ich habe Lust an der Liebe und nicht am Opfer, an der Erkenntnis Gottes und nicht am Brandopfer« (Hosea 6: 6). Und so sprach Jesaja, ein Prophet in Juda, der Samaria von den Kampfwagen der Assyrer erobert sah: »Lernet Gutes tun, trachtet nach Recht, helft den Unterdrückten, schaffet den Waisen Recht, führet der Witwen Sache« (Jesaja 1: 17). Und so sprach der Prophet Micha, ein Zeitgenosse Jesajas: »Es ist dir gesagt, Mensch, was gut ist, und was der Herr von dir fordert, nämlich Gottes Wort halten und Liebe üben und demütig sein vor deinem Gott« (Micha 6: 8).

Von dieser Zeit an waren die Propheten die strengsten Kritiker zumal der öffentlichen und sozialen Moral in Israel. Micha scheute sich nicht, den Zorn Gottes auf sein eigenes Volk herabzurufen:

»So höret doch dies, ihr Häupter im Hause Jakob und ihr Herren im Hause Israel, die ihr das Recht verschmähet und alles, was aufrichtig ist, verkehret...
Darum wird Zion um euretwillen wie ein Acker gepflügt werden, und Jerusalem wird zum Steinhaufen werden und der Berg des Tempels zu einer wilden Höhe.« (Micha 3: 9, 12)

Die assyrischen Eroberer vernichteten das Königreich Israel gänzlich. Die Bewohner des Landes wurden in Gefangenschaft geführt und verschwanden spurlos aus der Geschichte, obwohl noch häufig in späterer Zeit Gerüchte aufkommen sollten, daß Spuren der »zehn verlorenen Stämme Israel« entdeckt worden seien. Kein Buch der Bibel beklagt das Schicksal dieser Verschwundenen, wie das Buch der Klagelieder die spätere Zerstörung des Königreichs Juda beklagt. Juda und seine Hauptstadt Jerusalem hielten sich fürs erste. Juda war kleiner als das nördliche Reich, fremdem Einfluß weniger ausgesetzt, und verdankte der fortbestehenden davidischen Dynastie und dem Vermächtnis des Tempels eine gewisse innere Stabilität. Unter der Herrschaft König Josias' erlebte es sogar ein gutes Jahrhundert nach dem Fall Samarias noch einmal eine kurze Blütezeit.

Nach dem Tod Josias' im Jahre 609 v. Chr. verschlechterte sich die Lage Judas schnell. Drei Jahre zuvor hatten verbündete Babylonier, Meder und Skythen Ninive erobert und damit dem assyrischen Reich den Todesstoß versetzt. Die Heere Babylons und Ägyptens stießen in das so entstandene Machtvakuum vor und nahmen Syrien und Palästina in die Zange. Nach der Thronbesteigung Nebukadnezars II. im Jahre 604 v. Chr. begann der von 609 bis 598 in Juda regierende König Jojakim diesem Tribut zu zahlen. Als jedoch Babylon im Kampf mit Ägypten zu unterliegen schien, stellt Jojakim die Tributzahlungen ein. Nebukadnezar rächte sich grausam. Jerusalem, von babylonischen Truppen belagert, fiel 597.

Jetzt war das Ende auch des Reichs Juda nahe. Der neue König Zedekia nahm die Gelegenheit eines abermaligen Erstarkens der ägyptischen Macht zu dem Versuch wahr, die babylonische Vorherrschaft abzuschütteln. Diesmal trug Nebukadnezar Sorge, den Widerstand Judas ein für allemal zu brechen. Am neunten Tage des Monats Aw im Jahre 586 v. Chr. stürmten nach eineinhalbjähriger Belagerung die Heere Nebukadnezars Jerusalem, plünderten die Stadt und brannten den Tempel und die Paläste nieder. Viele der Führer Judas wurden hingerichtet, der größte Teil der überlebenden Bevölkerung wurde in die babylonische Gefangenschaft geführt.

Der Prophet Jeremia war Zeuge dieser schlimmen Zeit. Er wurde etwa 645 v. Chr. in einem Dorf bei Jerusalem geboren, als Sproß einer Priester-Familie, die vielleicht von Abjathar abstammte, dem von David ernannten, später aber – weil er beim Streit um die Thronfolge die Partei eines Rivalen ergriffen hatte – von Davids Thronerben Salomon verbannten Priester. Jeremia ermahnte Jojakim und Zedekia wiederholt, nicht gegen Babylon Partei zu ergreifen, aber seine Warnungen blieben unbeachtet. Seine Prophezeiungen brachten zunächst ihn selbst in Schwierigkeiten, sogar ins Gefängnis und in Lebensgefahr – doch konnte er sich der Pflicht, zu verkünden, was man nicht hören wollte, nicht entziehen:

>»Herr, du hast mich überredet, und ich habe mich überreden lassen; du bist mir zu stark gewesen und hast gewonnen; aber ich bin darüber zum Spott geworden täglich, und jedermann verlacht mich.
>Denn sooft ich rede, muß ich schreien; ›Frevel und Gewalt!‹ muß ich rufen. Denn des Herrn Wort ist mir zu Hohn und Spott geworden täglich.« (Jeremia 20: 7–8)

Jeremia trug schwer an der Bürde, die er sich auferlegt fand: »Verflucht sei der Tag, an dem ich geboren bin... Warum bin ich doch aus dem Mutterleib hervorgekommen, wenn ich nur Jammer und Herzeleid sehen muß und meine Tage in Schmach zubringe!« (Jeremia 20: 14, 18). Doch bei allen seinen Leiden freute sich Jeremia seiner Berufung: »Dein Wort ward meine Speise, sooft ich's empfing, und dein Wort ist meines Herzens Freude und Trost; denn ich bin ja nach deinem Namen genannt, Herr, Gott Zebaoth« (Jeremia 15: 16).

Wie die Verderbtheit und der Wahn Judas die Propheten zu heiligem Zorn erregten, wußten sie nach der Verwüstung Zions, während der babylonischen Gefangenschaft, ihr geschlagenes Volk zu trösten und zu neuer Hoffnung zu begeistern. So der Prophet, dessen Botschaft man im Buch Jesaja findet:

>»Ich, der Herr, habe dich gerufen in Gerechtigkeit und halte dich bei der Hand und behüte dich und mache dich zum Bund für das Volk, zum Licht der Heiden,
>daß du sollst öffnen die Augen der Blinden und die Gefangenen aus dem Gefängnis führen und, die da sitzen in der Finsternis, aus dem Kerker.« (Jesaja 42: 6–7)

Hier sind nicht mehr ausschließlich die Kinder Israel angesprochen. Jetzt wurden die Propheten sich ihrer universalen Sendung bewußt, begriffen, daß das moralische Gesetz, das zu lehren ihnen aufgegeben war, für alle Menschen gelten sollte, daß endlich alle Völker, wie Jesaja sagt, lernen möchten, in Frieden miteinander zu leben.

Die in der Bibel überlieferten Texte der drei großen und zwölf kleinen Propheten gelten als deren eigene Worte, die zunächst mündlich überliefert, später schriftlich fixiert wurden von Mittlern, die es für ihre heilige Pflicht hielten, die Prophezeiungen wortwörtlich so weiterzugeben, wie sie sie empfangen hatten. Die Tempel Judas sollten dem Erdboden gleichgemacht, das Volk in Gefangenschaft geführt und zerstreut werden. Aber das, worin die Einheit des Volkes Israel wesentlich begründet war, sollte unvermindert bestehen bleiben. Und aus der Beharrlichkeit jenes abgesonderten, sich im Bunde mit dem einen Gott befindlichen Volkes sollte der ganzen Menschheit ein unvergängliches Erbe zuteil werden. Wände und Tempel sollten in den Staub sinken, die Worte der Propheten aber nie verhallen.

Schlußbetrachtung

Im Herzen Jerusalems fällt es schwer, sich all der Völker und Reiche zu erinnern, die in dieser Stadt sich erhoben und stürzten. Jerusalem liegt in einem gewissermaßen von der Natur zum Durchzugsgebiet bestimmten Raum. Jedesmal, wenn das Land am Nil und das Land am Euphrat aneinandergerieten, wurden die zwischen beiden gelegenen kleineren Staaten und Königreiche von den Heeren der Großmächte überrannt, wobei viele kleinere Nationen spurlos verschwanden.

Was die Juden hinterließen, waren nicht allein Berichte über die Taten ihrer Könige, sondern überdies die Gedanken ihrer Propheten. Die prophetische Botschaft der Juden ist einzigartig. In der gesamten Geschichte der Menschheit würde man etwas der hebräischen prophetischen Literatur Vergleichbares vergeblich suchen. Ursprünglichkeit und Neuheit der Einsicht, Erhabenheit der visionären

Schau und poetischer Glanz der Sprache zeichnen diese Literatur gleichermaßen aus.

Bei weitem die revolutionärste Idee der Propheten war die messianische: Eines Tages werden Streit und Qual der Menschen durch göttliche Gnade ein Ende nehmen und wird ein Zeitalter vollkommenen Friedens und vollkommener Eintracht anbrechen. Die Frage drängt sich auf, ob diese Idee bei den jüdischen Propheten neu war oder überhaupt als spezifisch jüdisch gelten kann? Träumten nicht auch andere Kulturen, wie diejenigen Griechenlands und Roms, von einem Goldenen Zeitalter des Friedens und der Eintracht? Allerdings, das taten sie, aber sie alle trauerten einem vergangenen Goldenen Zeitalter nach, setzten es an den Anfang der Geschichte, die sie dementsprechend nur als steten Niedergang verstehen konnten. Vollkommenheit war ein Zustand der Vergangenheit. Jetzt war die Welt so wie sie war. Diese Auffassung bestärkte eine zutiefst melancholische und pessimistische Beurteilung der Zukunft. So schön, wie es einst gewesen, konnte es nie wieder werden. Das Paradies war in der Sicht dieser Geschichtsbetrachtung unwiderruflich verloren.

Die Hebräer waren das erste und einzige Volk, das sein Goldenes Zeitalter nicht am Anfang der Geschichte, sondern in der Zukunft, am Ende der Zeiten erblickte, so daß es Geschichte als steten Anstieg, bis zur letztendlichen Vollkommenheit, verstand. Fortschritt in der Geschichte ist eine ausschließlich jüdische Idee. Man kann die Idee des Fortschritts den bedeutendsten Beitrag des jüdischen Geistes zur Weltkultur nennen.

Ein römischer Kaiser und Philosoph, Marcus Aurelius (121–180 n. Chr.), der die Geschichte auf die herkömmliche Weise betrachtete, sagte einmal vom Menschenleben, daß es wie an ein Rad gebunden sei, das sich immer wieder dorthin zurückdreht, wo seine Bewegung einmal begann, in Dunkelheit und Chaos. Das Schicksal des Menschen ist aus dieser Sicht durch den Kreislauf der Natur bestimmt. Es gibt Geburt, Wachstum, Verfall und Tod. Am Ende ist alles, wie es am Anfang war. Die intellektuelle und emotionale Konsequenz aus dieser Auffassung ist Determinismus. Nichts kann sich ändern; nichts ist deshalb sonderlich viel Mühe wert.

Die hebräische messianische Idee andererseits ist lebendig, zweckgerichtet und voller Hoffnung. Nach ihr ist es sehr wohl der Mühe wert, nach menschlicher Vollkommenheit zu streben, sozialen Fortschritt, Mitleid, Gerechtigkeit, Freiheit, den Schutz der Armen, den Weltfrieden zu befördern. Es ist außerordentlich, daß einem Volk mit so tragischen Erfahrungen eine so zuversichtliche, optimistische Anschauung des menschlichen Schicksals gelang. Der höchste Ausdruck dieser Vision liegt in den Worten des Propheten von Jerusalem, Jesajas, des Sohns des Amos:

»Da werden sie ihre Schwerter zu Pflugscharen und ihre Spieße zu Sicheln machen. Denn es wird kein Volk wider das andere das Schwert erheben, und sie werden hinfort nicht mehr lernen, Krieg zu führen.« (Jesaja 2: 4)

Von der Nützlichkeit des Mißgeschicks

Wir schreiben das Jahr 586 vor Beginn der christlichen Ära. Der Tempel Salomons ist verbrannt. Das Land von Juda ist verwüstet. Tausende der Bewohner des Landes sind von den Heeren Nebukadnezars in die babylonische Gefangenschaft verschleppt worden. Niemals sollten die Juden die Not dieser Stunde vergessen. Und alljährlich, von Generation zu Generation, pflegten die Nachkommen der Juden im Exil am neunten Tage des Monats Aw das Klagelied über die vergangene Größe ihres Reiches anzustimmen.

Nach aller Logik hätten jetzt die Juden spurlos verschwinden müssen. Aber die Geschichte richtet sich nicht immer nach den Geboten der Logik, und die Juden verschwanden nicht, obgleich sie während der nächsten fünf Jahrhunderte weit in der Welt umherwanderten. Sie hatten gelernt, was vor ihnen noch kein Volk gelernt hatte – sich ihren Glauben und ihre Identität auch fern der Heimat zu bewahren. Sie waren autonom, beweglich, nicht durch territoriale Wurzeln gebunden. Deshalb wurde der jüdische Geist in der Fremde freier als je zuvor, sich mit anderen Kulturen auseinanderzusetzen. Tempelopfer konnten nur in Jerusalem dargebracht werden, aber überall konnte man Synagogen bauen – Schulen des Geistes –, und das Gebet war nicht an einen Ort gebunden. So brachte die babylonische Gefangenschaft in streng religiösem Sinne auch Befreiung.

In der jüdischen Geschichte begann nun die Epoche weltweiter Kontakte. Wir werden, dieser Geschichte folgend, von den Kontakten der Juden mit babylonischen und persischen Monarchen zu reden haben, dann, seit der Zeit der Eroberungen Alexanders von Mazedonien, mit den Griechen und schließlich mit Rom – bis zur Besetzung Jerusalems durch Titus und bis zu den großen Dramen des Widerstands und Aufstands in Masada und in der Wildnis, in die Bar Kochba jene jüdischen Rebellen führte, die bis zuletzt der Fremdherrschaft trotzten. In der Mitte dieser Epoche liegt die Rückkehr der Juden nach Jerusalem unter Kyros, die Blütezeit der Prophetie und das Aufkommen der Makkabäer während der hellenistischen Vorherrschaft. Die Auseinandersetzung zwischen hebräischem und hellenischem Denken sollte in der Geschichte der Kultur und des Glaubens weitreichende Folgen haben.

Nach dem Bar Kochba-Aufstand versank Juda in trauervolles Schweigen. Die weitere jüdische Geschichte fand fern des sehnsüchtig erinnerten Landes, in dem sie begann, südlich von diesem, zur Wüste hin, östlich, an den Ufern des Euphrat oder im Westen, jenseits des Mittelmeeres statt.

Von Reichen und von Exilen

In der Geschichte des Nahen Ostens und des Mittelmeer-Raums lösten einander während der auf Nebukadnezars Zerstörung Jerusalems folgenden drei Jahrhunderte eine Reihe von Eroberern ab, deren Reiche stets auch Palästina einschlossen. Auf der Höhe seiner Macht unter Nebukadnezar im frühen 6. Jahrhundert v. Chr. erstreckte sich das babylonische oder chaldäische Reich im großen Bogen über Palästina, Syrien und das obere und untere Mesopotamien, vom Mittelmeer bis zum Persischen Golf. Im Süden lag die kaum bewohnbare arabische Wüste; im Norden und Osten erstreckte sich über den größten Teil Kleinasiens und Persiens das Reich der Meder. Die Perser kamen um 625 v. Chr. unter medische Herrschaft, zu Beginn der Regierungszeit des Kyaxares; dieser hatte den medischen Thron seit etwa dreizehn Jahren inne, als unter dem Ansturm seiner babylonischen Verbündeten Ninive – und damit das assyrische Reich – fiel.

Die Meder regierten Persien, bis sich Mitte des 6. Jahrhunderts v. Chr. unter Führung Kyros des Großen (etwa 600–530 v. Chr.) die Perser gegen die Fremdherrschaft erhoben. Mit Hilfe von unzufriedenen medischen Militärs stürzte Kyros die medischen Landesherren und gründete sein eigenes Reich. Um 550 begann er als König von Persien zu regieren; König von Babylon wurde er 539. Fünfzig Jahre nach seiner Gründung war das persische Reich weit umfangreicher, als Babylonien und Medien zusammen gewesen waren. Kambyses, der Sohn des Kyros (Regierungszeit 530–522 v. Chr.), eroberte Ägypten, und sein Nachfolger Darius (Regierungszeit 522–486 v. Chr.) erweiterte das Reich östlich bis nach Indien. In der Schlacht zu Marathon scheiterte freilich 490 v. Chr. sein Versuch zur Eroberung Griechenlands. Zehn Jahre später drang das Heer des Xerxes (seines von 486–465 regierenden Nachfolgers) zwar bis nach Athen vor, doch schließlich schlugen auch bei dieser Gelegenheit die Griechen die persischen Eindringlinge zu Lande und zur See. Aischylos feierte diesen großen Sieg in dem Schauspiel »Die Perser«, das 472 uraufgeführt wurde.

Auf der Höhe seiner Macht umfaßte das persische Reich die Länder, die wir heute als die Türkei, Syrien, den Libanon, Israel, Ägypten, Irak und Iran kennen, ebenso wie große Teile des heutigen Staatsgebiets von Libyen, Pakistan und Afghanistan. Die Verwaltung eines so großräumigen – vom Ägäischen Meer bis zum Hindukusch ausgedehnten – Reichs machte ein hohes Maß von Organisation und Koordination erforderlich. Sardis, die westlichste Landeshauptstadt, war von Susa, der Reichshauptstadt östlich des Tigris, 2414 km entfernt. Das Reich war deshalb in Provinzen (Satrapien) gegliedert, deren jede von einem königlichen Beamten, einem Satrapen, regiert wurde. Der Satrap leitete die Zivilverwaltung der Provinz, erhob Steuern, die er an den König abzuführen hatte, und befehligte in Kriegszeiten die in seiner Provinz stationierten königlichen Truppen. Darius gab dem Reich einheitliche Gesetze, baute neue Straßen und richtete einen Postdienst ein. Diese wie auch andere Maßnahmen der persischen Könige, so die Einführung königlicher Gewichte und Maße, die Vereinheitlichung der Währung und die Durchsetzung des Aramäischen als einziger Amtssprache, dienten der Einigung der verschiedenen Reichsteile.

Das Aramäische ist eine semitische Sprache und mit dem Hebräischen eng verwandt. Teile der Bibel und manche jüdischen Gebete sind in dieser Sprache verfaßt. In den Jahrhunderten der christlichen Ära war Aramäisch die Umgangssprache der Juden in Palästina und Babylonien. Mit der Vereinheitlichung der Amtssprache, der Gesetzgebung, der Maße und Gewichte schaffte die persische Monarchie die in den verschiedenen Reichsteilen gegebene Vielfalt von Sprachen, Sitten und Religionen keineswegs ab. Auf schmückenden Friesen in seiner Hauptstadt Persepolis ließ Darius denn auch alle der persischen Monarchie tributpflichtigen Völker in ihrer verschiedenen Eigenart darstellen, jedes so, wie es sich selbst sah. Eineinhalb Jahrhunderte stand Persepolis als Monument und Vermächtnis des persischen Ideals harmonischer Herrschaft – bis die Stadt im Jahre 330 v. Chr. von dem erstaunlichsten aller Reichsgründer des Altertums, von Alexander dem Großen, geplündert und, angeblich während eines Trinkgelages, in Brand gesteckt wurde. (1972 ließ der damalige Schah des Iran, Mohammed Pahlevi, die einstige Pracht von Persepolis teilweise wiederherstellen, um dort ein pompöses Reichsjubiläum zu feiern, mit dem er sich international lächerlich machte – manche datieren den Niedergang seiner Macht auf den Tag dieses Jubiläums der Reichsgründung durch Kyros den Großen.)

Das von Kyros im Jahre 538 v. Chr. gegründete persische Reich bestand 200 Jahre lang, und als Alexander von Mazedonien ihm ein Ende machte, verfügte es über Verwaltungsprinzipien, die in späteren griechischen, römischen und byzantinischen Verwaltungen ihren Niederschlag fanden. Frühere Reiche waren ohne Rücksicht auf die unterworfenen Völker und deren religiöse Gefühle einzig mit Waffengewalt regiert worden. Die Eroberer sahen durch ihren Sieg bewiesen, daß ihre Götter allen anderen überlegen waren. Das persische Reich war das erste, das versuchte, die Unterschiedlichkeit und Selbständigkeit der unterworfenen Völker gelten zu lassen. Bei allgemeiner Anerkennung der Oberhoheit des Königs gestattete die Aufteilung des Reichs in Satrapien einige Rücksichtnahme auf die jeweiligen nationalen Besonderheiten der Untertanen.

Im Vergleich mit der babylonischen und der assyrischen Herrschaft war die persische liberal, und die Juden wußten deren Vorzüge zu schätzen. Zumal die persischen Könige in religiöser Hinsicht ungewöhnlich tolerant waren. Kyros suchte den babylonischen Gott Marduk nicht zu demütigen, indem er ihn als Gefangenen nach Susa oder Persepolis mitführte, er opferte ihm sogar und ließ sich von ihm zum Erben der babylonischen Könige ernennen. Als sein Sohn Kambyses Ägypten erobert hatte, gab er sich als Sohn des ägyptischen Sonnengottes aus und gründete eine neue Dynastie von Pharaonen. Die Achtung der persischen Monarchen für die Gottheiten anderer Völker hilft das Freilassungsedikt erklären, mit dem Kyros den Juden die Rückkehr nach Juda und die Erneuerung ihres religiösen Lebens gestattete. Unter der intoleranten Herrschaft der Babylonier und Assyrer wäre ihnen diese Möglichkeit nie gegeben worden. Allerdings waren nicht alle persischen Herrscher wie Kyros. Schon als 522 v. Chr. Darius den Thron bestieg, machte sich auch in Persien die alte Tradition imperialer Intoleranz wieder geltend.

Als der letzte jüdische König Zerubabel gestürzt und getötet wurde, erlosch die davidische Dynastie, und in Juda blieb eine verarmte und schwache Gemeinde zurück, die dem Anspruch, das heilige, von Gott zur Verkündung der göttlichen Botschaft auserwählte Volk zu sein, das Hesekiel und dem zweiten Jesaja vorgeschwebt hatte, kaum genügen konnte. Die Mehrzahl der Verbannten zog es denn auch vor, in Mesopotamien oder in Ägypten zu bleiben, anstatt von der Erlaubnis, in ihr unfruchtbares Heiliges Land zurückzukehren, Gebrauch zu machen. In anderen Teilen des persischen Reichs wurden die Juden sorgenvolle Zeugen des persischen Untergangs und der Siege Alexanders.

Alexander wurde 356 v. Chr. in Mazedonien, einem Königreich an der nördlichen Grenze Griechenlands, geboren. Obwohl Athen den persischen Angriff auf Griechenland erfolgreich zurückgeschlagen hatte, war es doch den Athenern nie gelungen, den eigenen imperialen Ehrgeiz ganz zu befriedigen. So lagen während des 5. und 4. Jahrhunderts v. Chr. die griechischen Stadtstaaten fast ständig miteinander im Krieg, nie ganz sicher vor einem neuerlichen persischen Überfall. Erst Alexanders Vater, Philipp II. von Mazedonien (382–336 v. Chr.) beendete diese unklaren Machtverhältnisse. Philipp war ein glänzender Politiker und Feldherr. Verschiedene Neuerungen verstärkten die Schlagkraft seiner Heere. So führte er die leichte und schwere Kavallerie ein, rüstete sein Fußvolk mit Spießen von der doppelten Länge der bis dahin in Griechenland üblichen aus und ließ für seine Flotte Boote mit nur einer Ruderbank bauen, die beweglicher und schneller waren als die seinerzeit üblichen Kriegsschiffe.

In kurzer Zeit vergrößerte und konsolidierte Philipp sein Reich und brachte ganz Griechenland unter mazedonische Vorherrschaft. Er wurde während der Vorbereitung eines unter mazedonischer Führung geplanten Überfalls der Griechen auf Persien ermordet, aber bald sollte der junge Alexander beweisen, daß er die Pläne seines Vaters auch ohne dessen Hilfe sehr wohl auszuführen verstand. Nachdem er sich zum König von Ägypten, Persien und Babylon gemacht hatte, führte Alexander seine Truppen nach Norden bis ans Kaspische Meer und dann nach Osten, nach Mittelasien. Nach der Überquerung des Hindukusch erreichte er 326 v. Chr. den Indus und marschierte weiter, über die Grenzen des persischen Reiches hinaus, auf den Ganges zu. Doch zwangen ihn seine meuternden Truppen zur Umkehr, ehe er dieses Ziel erreichte; drei Jahre später starb er in Babylon.

Die Geistesgeschichte der Jahrhunderte, die den Aufstieg und Untergang der persischen Großmacht und schließlich den Eroberungszug Alexanders sahen, war nicht weniger außerordentlich als die politische. Der persische Prophet Zoroaster oder Zarathustra könnte sehr wohl ein Zeitgenosse Kyros' des Großen gewesen sein. Zu eben dieser Zeit lebte in China der Philosoph Lao-Tse. Bei dessen Tod, wahrscheinlich im Jahre 531 v. Chr., war der im Abendland später als Konfuzius berühmt gewordene chinesische Philosoph Kung Fu-tse etwa zwanzig Jahre alt. Während Konfuzius als Lehrer durch China wanderte, suchte der etwas ältere Prinz Siddhartha auf den Straßen des nördlichen Indien als Bettler die Erleuchtung, mit der ihm später der Name zuteil wurde, unter dem ihn die Welt kennt: Buddha, der Erleuchtete.

Wenn wir mit der Überlieferung annehmen, daß Buddha 483 v. Chr. und Konfuzius 476 v. Chr. starben, finden wir, daß die letzten Jahrzehnte ihres Lebens im Westen die persischen Kriege und die höchste Kulturblüte Athens sahen. Im 5. Jahrhundert v. Chr. erlangte das Athener Gemeinwesen durch geistige Leistungen Einfluß und Unsterblichkeit, die es mit Waffengewalt vergeblich zu erringen suchte. In diesem Jahrhundert wurde das Parthenon geweiht, führte Perikles den Staat, wirkten die Dramatiker Sophokles, Euripides und Aristophanes, die Historiker Herodot und Thukydides, der Arzt Hippokrates und die Philosophen Sokrates und Plato. So findet man, wenn man die Daten vergleicht, daß Konfuzius, Buddha, Zarathustra, die griechischen Dichter und Philosophen und die späteren hebräischen Propheten zur gleichen Zeit, im gleichen Jahrhundert, lebten – freilich ohne voneinander zu wissen.

Die Übermittlung von Kultur durch kriegerische Eroberungen ist nirgends so augenfällig wie in der Geschichte Alexanders des Großen. Denn dieser Eroberer des 4. Jahrhunderts war zwar in Pella geboren, doch zugleich auch ein Sohn Athens: Sein Lehrer, Aristoteles (384–322 v. Chr.) hatte zwanzig Jahre lang in Platos Akademie in Athen studiert, wohin er nach achtjährigem Aufenthalt in Pella, als eben Alexander seinen Kriegszug nach Persien begann, zurückkehrte. Alexander war sich seiner kulturellen Sendung offensichtlich sehr bewußt. Als Erbe des persischen Reichs übernahm er das persische Verwaltungssystem und ernannte neben Mazedoniern auch Perser zu Satrapen der persischen Provinzen. Er selbst heiratete eine Perserin und strebte bewußt eine Vermischung der hellenischen und persischen Kultur an. Auf seinen Eroberungszügen gab er seinen Namen Dutzenden von neugegründeten Städten, deren bedeutendste in der Folge das ägyptische Alexandria wurde. So legte er überall die Keime der hellenistischen Kultur.

Weniger gewaltsam, doch nicht weniger dauerhaft verbreiteten sich die Lehren Lao-tses – der Taoismus – und des Konfuzius – der Konfuzianismus – in China. Aus seinem indischen Ursprungsland verbreitete sich der Buddhismus bald nach Ceylon und Burma, und im 1. und 2. Jahrhundert der christlichen Ära hatte er auch in China schon Anhänger. Der Lehre Zarathustras von dem weltweiten Kampf zwischen den Mächten des Lichts und denen der Finsternis schließlich verhalfen die Eroberungen Kyros' des Großen und seiner achämenidischen Nachfolger sowie später diejenigen Alexanders zu bedeutendem Einfluß auf die Entwicklung des griechischen, jüdischen und frühchristlichen Denkens.

Zur Zeit des babylonischen Exils waren die grundlegenden Elemente des jüdischen Glaubens und des jüdischen Gesetzes bereits fest begründet. Nun galt es, die Praxis und die Einrichtungen des Judentums den radikal veränderten Umständen des jüdischen Volkes anzupassen. Wie konnte eine Religion, in der Jerusalem und der Opferkult eine so zentrale Stellung eingenommen hatten, den Verlust ihres heiligen Tempels und ihrer Bundeslade überstehen, wie auf die Stadt Davids verzichten, die nicht allein die politische Hauptstadt des Königreichs Juda, sondern das geistige Zentrum des Judentums war?

Die Psalmen der hebräischen Bibel beweisen, wie schmerzlich die Juden im Exil den Verlust ihrer Heimat empfanden:

> »An den Wassern zu Babylon saßen wir und weinten, wenn wir an Zion gedachten.
> Unsere Harfen hängten wir an die Weiden dort im Lande.
> Denn die uns gefangen hielten, hießen uns dort singen und in unserm Heulen fröhlich sein: ›Singet uns ein Lied von Zion!‹
> Wie könnten wir des Herrn Lied singen in fremdem Lande?
> Vergesse ich dich, Jerusalem, so verdorre meine Rechte.
> Meine Zunge soll an meinem Gaumen kleben, wenn ich deiner nicht gedenke, wenn ich nicht lasse Jerusalem meine höchste Freude sein.« (137. Psalm 1–6)

Das theologische Dilemma der Juden im Exil läßt sich in die Frage kleiden, ob nicht, da ja die Babylonier die Juden überwältigt hatten, auch die Götter Babylons mächtiger waren als der Gott Abrahams und seines Geschlechts? Die Propheten begegneten solchen Zweifeln: Nein, sagten sie, vielmehr habe Gott Israel und Juda gestraft durch seine zu diesem Zweck erwählten Werkzeuge Assyrien und Babylonien:

> »Der Herr ist wie ein Feind geworden, er hat Israel vertilgt. Er hat zerstört alle Paläste und hat die Burgen vernichtet; er hat der Tochter Juda viel Jammer und Leid gebracht.« (Klagelieder 2: 5)

Warum aber hatte Gott beschlossen, die beiden Reiche zu zerstören und sein auserwähltes Volk in die Gefangenschaft führen zu lassen?

Die Propheten sahen diese Katastrophen in dem zuerst in der Richterzeit hervorgehobenen Zusammenhang von Schuld und Sühne, Reue und Vergebung. Auf den Abfall von Gott folgte Gottes Strafe. Aber Gott vergab denen, die ihre Sünde bereuten, und so durfte auf Erlösung hoffen, wer Reue bewies. Dies lehrte Hesekiel, ein Priester, der nach Nebukadnezars erster Belagerung Jerusalems im Jahre 597 v. Chr. in die babylonische Gefangenschaft geriet. Und den gleichen Trost und die gleiche Hoffnung verhieß der Verfasser der Kapitel 40–55 des Buches Jesaja, der sogenannte Deutero-Jesaja:

»Tröstet, tröstet mein Volk! spricht euer Gott;
redet mit Jerusalem freundlich und prediget ihr, daß ihre Knechtschaft ein Ende hat, daß ihre Schuld vergeben ist; denn sie hat doppelte Strafe empfangen von der Hand des Herrn für alle ihre Sünden.« (Jesaja 40: 1–2)

Solche Prophezeiungen boten Hoffnung für die Zukunft, doch die Juden brauchten auch Anleitung für die rechte Lebensführung während ihres Exils. Diesbezüglich konnten sie sich die Worte des Propheten Jeremia in die Erinnerung rufen, der noch in Jerusalem zwei Königen von Juda geraten hatte, nicht zu versuchen, das babylonische Joch abzuwerfen, und der den ersten in die babylonische Gefangenschaft geführten Juden geraten hatte, sich mit den neuen Verhältnissen abzufinden. Jeremia empfahl den Juden weitgehende Assimilation und sogar Mischehen. Er wollte, daß sein Volk den noch fernen Tag seiner Erlösung aus der Gefangenschaft erlebte und sich nicht vorher durch zwecklosen Widerstand in Lebensgefahr brächte. »Suchet der Stadt Bestes, dahin ich euch habe wegführen lassen, und betet für sie zum Herrn; denn wenn's ihr wohlgeht, so geht's auch euch wohl« (Jeremia 29: 7).

Wenn nicht in geistlicher, so doch in wirtschaftlicher Hinsicht waren die nach Babylon deportierten oder die 586 v. Chr. nach Ägypten geflohenen Juden zweifellos besser gestellt als ihre in Juda zurückgebliebenen Blutsverwandten. Das Buch der Klagelieder gibt ein schlimmes Bild des nach der babylonischen Eroberung in Zion herrschenden Elends:

»Unser Erbe ist den Fremden zuteil geworden und unsere Häuser den Ausländern.

Wir sind Waisen und haben keinen Vater; unsere Mütter sind wie Witwen...

Unsere Haut ist verbrannt wie in einem Ofen vor dem schrecklichen Hunger...

Darum ist auch unser Herz krank, und unsere Augen sind trübe geworden

um des Berges Zion willen, weil er so wüst liegt, daß die Füchse darüber laufen.« (Klagelieder 5: 2–3, 10, 17–18)

So schlimm traf es die Juden in der babylonischen Gefangenschaft nicht. Zwar waren sie dort Gefangene, aber nicht Sklaven, und sie spielten eine zunehmend wichtige Rolle im Wirtschaftsleben des Reiches. Viele von ihnen erwarben dort Land und wurden, was sie in Juda gewesen waren: selbständige Bauern. Eine wachsende Zahl aber ließ sich in den Städten nieder, namentlich in der Hauptstadt. Dort wurden sie Geldverleiher, Kaufleute, Unternehmer, Grundbesitzer, Steuereintreiber; tatsächlich gab es, wie ein Gelehrter ausdrücklich feststellt, »kaum einen wichtigen Beruf, einschließlich des Staatsdiensts, in dem nicht Juden und andere Nicht-Chaldäer vertreten waren«. Einige Juden scheinen im Zuge dieser kulturellen und kommerziellen Assimilation babylonische Namen angenommen zu haben, und allgemein bedienten sich die Juden in der Verbannung der babylonischen Monatsnamen.

Die Stadt Babylon galt bei den Alten als Weltwunder, und Nebukadnezar hatte erst jüngst durch seine umfangreiche Bautätigkeit deren Pracht noch vergrößert. Während der ersten beiden Jahrzehnte des 20. Jahrhunderts haben deutsche Archäologen zwei von Nebukadnezar errichtete Paläste ausgegraben sowie ein Gebäude, dessen dicke Außenwände mehrere Reihen von gewölbten Räumen enthielten, in denen man den Ort der berühmten hängenden Gärten Babylons vermutet. Die Darstellung Nebukadnezars als eines wahnsinnigen Tyrannen im späteren jüdischen Schrifttum – etwa im Buch Daniel – weicht stark von der älteren jüdischen Überlieferung ab und scheint eher die Erfahrung der seleukidischen und römischen Unterdrückung zu beschreiben als die Erinnerung an den Babylonierkönig. Nicht alle Juden paßten sich der babylonischen Umwelt an, und kaum einer assimilierte sich vollkommen. Viele babylonische Juden hielten sich streng an die religiösen Gesetze, die unabhängig vom Tempelkult beachtet werden konnten; sie hielten streng den Sabbat ein und praktizierten rituelle Reinlichkeit und die Beschneidung. Sie bauten keine neuen Tempel, aber sie bewahrten fromm die Worte der Propheten und die aus Juda mitgebrachten heiligen Schriften.

Wenn die Juden in Babylon Gott keine Opfer brachten, was konnten sie ihm darbringen? Vor diese Frage gestellt, erneuerten sie ihren Gottesdienst auf wahrhaft revolutionäre Weise: Ihre Worte und ihre Musik, ihre Gebete und ihre Lieder wollten sie Gott darbringen. Ein Gebetbuch hatten sie in jener Zeit noch nicht. Das älteste bekannte jüdische Gebetbuch (Sidder) entstand erst über 1300 Jahre später, im 9. Jahrhundert der christlichen Ära. In Babylon betete und sang man auswendig – insofern die Worte der Gebete und Lieder feststanden und nicht spontan gefunden wurden. Vielleicht beteten die Familien gemeinsam, oder einzelne Juden versammelten sich zum Beten in den Häusern von Priestern. Auch bei Zusammenkünften der Gemeindeältesten und der Gemeinden insgesamt dürften Psalmen, Lieder und Gedichte gesungen worden sein. In diesen Gebetsversammlungen ist vermutlich der Ursprung der Synagoge zu suchen (»Versammlung« nämlich bedeutet das Wort auf Griechisch), des Prototyps der christlichen und der islamischen Stätten des Gottesdienstes, der Kirche und der Moschee. Die Juden in Babylon schufen sich Institutionen und Praktiken, die ihnen später helfen sollten, die weit länger dauernde Vertreibung und Zerstreuung zu überstehen, die auf die Zerstörung des zweiten Tempels von Jerusalem durch Rom folgte.

Judaisten und Hellenisten

Wie es die Propheten verkündet hatten, kehrten die Juden nach Jerusalem zurück, und der Tempel wurde wiederaufgebaut. Wie zu Zeiten der Richter erstand den Kindern Israel ein Erlöser – wenn er auch diesmal kein Jude war, ja, soweit wir wissen, nicht einmal sonderlich interessiert an jüdischen Angelegenheiten. Dieser Erlöser, den das Buch Jesaja Gottes »Gesalbten« nennt, war kein anderer als Kyros der Große, dessen Eroberung Babyloniens im Jahre 539 v. Chr. das persische Großreich begründete. Nachdem sie etwa ein halbes Jahrhundert unter babylonischer Herrschaft gelebt hatten, sollten die Juden Palästinas und Mesopotamiens jetzt über zwei Jahrhunderte lang unter persischem Regiment leben.

Die Bibel schildert Kyros als gerechten Herrscher, einen »Hirten Jahwes«, von Gott auserwählt, dessen Willen zu vollstrecken. Die Wiederherstellung alter Städte und alter Formen des Gottesdienstes – aso die Duldung der Vielfalt innerhalb der Grenzen des Reiches – war ein Prinzip der Herrschaft des Kyros. In Übereinstimmung mit dieser Politik der Toleranz gestattete er im Jahre 538 v. Chr. den Juden die Rückkehr nach Jerusalem und den Wiederaufbau ihres Tempels. Man hat dieses Freilassungsedikt des Kyros oft mit der Balfour Declaration verglichen, mit der Großbritannien, das damals größte Reich der Welt, am 2. 11. 1917 versprach, den Juden beim Aufbau ihrer nationalen Heimat in Palästina zu helfen. Das Edikt des Kyros ermutigte die in Babylon verbliebenen Juden, den Wiederaufbau des Tempels finanziell zu unterstützen, zumal Kyros die Rückgabe der von Nebukadnezar in die Tempel der Götter Babylons entführten »Gefäße des Hauses des Herrn« versprach. Überdies wollte der persische König, wie man im Buch Esra liest, die Wiederherstellung des Tempels aus eigenen Mitteln unterstützen.

> »Auch ist von mir befohlen worden, was ihr den Ältesten der Juden darreichen sollt, um das Haus Gottes zu bauen, nämlich daß man aus des Königs Schatz von dem, was einkommt aus der Landschaft jenseits des Euphrat, mit Sorgfalt nehme und gebe den Leuten regelmäßig, was sie bedürfen.« (Esra 6: 8)

Weiter liest man bei Esra, daß der persische König nicht nur den Wiederaufbau des Tempels finanzieren half, sondern auch die dort zu bringenden Opfergaben zur Verfügung stellen ließ, »damit sie opfern zum lieblichen Geruch dem Gott des Himmels und bitten für das Leben des Königs und seiner Söhne« (Esra 6: 10).

Geführt von Sesbazar, einem Fürsten Judas, kehrte im Jahre 537 v. Chr. eine kleine Schar Juden in die Stadt Davids zurück. Daß sich nur eine Minderheit der babylonischen Juden zu dieser Reise entschloß, sollte uns nicht überraschen. Zu jener Zeit waren die Juden in Babylon längst häuslich eingerichtet mit ihren eigenen kommerziellen, politischen und religiösen Institutionen, und zur Furcht vor ihren neuen persischen Landesherren hatten sie keinen Anlaß. Babylon war für die Juden des Altertums wie Amerika für diejenigen der Neuzeit ein Land, das ihnen viele Möglichkeiten bot.

Jerusalem lag in Trümmern – inzwischen wahrscheinlich gründlicher zerstört, als Nebukadnezars Truppen die geplünderte und verwüstete Stadt Davids fünfzig Jahre früher zurückgelassen hatten. Mißernten, zu denen die lange Vernachlässigung des Ackerlandes beigetragen haben dürfte, brachten den Neusiedlern elende Zeiten. Die kleine jüdische Gemeinde in Jerusalem überstand mit Mühe und Not etwa achtzehn Jahre, bis unter der geistlichen Führerschaft der Propheten Haggai und Sacharja mit dem Wiederaufbau des Tempels begonnen wurde. Der zweite Tempel wurde im Jahre 515 v. Chr. vollendet, 71 Jahre nach der Zerstörung des ersten. Obwohl er demjenigen Salomons nach Grundriß und Größe glich, war er weniger prächtig geschmückt als jener. Die bescheidene Ausstattung entsprach der nun bescheideneren Stellung Israels in der Welt. Zu Salomons Zeiten war der Tempel das weithin sichtbare religiöse Symbol eines vereinigten Königreichs auf der Höhe seiner wirtschaftlichen und politischen Macht gewesen. Der schlichtere zweite Tempel paßte zu einem Land, das kein unabhängiges Königreich mehr war, sondern nur mehr ein Unterbezirk einer persischen Satrapie.

Palästina hatte nicht nur an Macht, sondern auch an Bevölkerung verloren. Dem biblischen Bericht ist zu entnehmen, daß zur Zeit König Davids in Juda etwa eine halbe Million waffenfähiger Männer lebten und in Israel vielleicht doppelt so viele. Demnach hätte das ganze jüdische Königreich einschließlich der Frauen, Kinder und vom Waffendienst befreiten Männer eine rund fünf Millionen Seelen starke Bevölkerung gehabt; diese Zahl ist allerdings nur glaubwürdig, wenn man voraussetzt, daß alle David tributpflichtigen Länder mitgerechnet sind. Eine auf demographischen Erfahrungswerten basierende moderne Schätzung nimmt an, daß um das Jahr 800 v. Chr. die Kinder Israel etwa 300 000 an der Zahl waren und daß um die Mitte des 5. Jahrhunderts v. Chr. in Juda wahrscheinlich nicht mehr als 70 000 Juden lebten.

Die Geschichte Palästinas von der Vollendung des zweiten Tempels bis zum Jahre 450 v. Chr. liegt größtenteils im Dunkel, was wir aber von den Ereignissen der zweiten Hälfte des 5. Jahrhunderts wissen, läßt darauf schließen, daß während dieser Zeit das politische und geistige Leben in Juda stagnierte, während die militärische Bedrohung von außen zunahm. Ein Jude namens Nehemia, der in Susa das Amt des königlichen Mundschenks am Hofe Artaxerxes I. bekleidete, hörte vom Unglück und der Schmach Judas und bat um die Erlaubnis, nach Jerusalem zu reisen. Er erhielt diese Erlaubnis. Artaxerxes, der damals Mühe hatte, das Vordringen der Griechen in der Ägäis aufzuhalten und einen von den Griechen unterstützten Aufstand in Ägypten niederzuschlagen, hat sicherlich seinem jüdischen Beamten, auf dessen Loyalität er sich verlassen konnte, die Gelegenheit nur allzu gern gegeben, die Verhältnisse in Palästina zu stabilisieren und damit Persiens westliche Flanke zu sichern.

Irgendwann zwischen 445 und 440 v. Chr. traf Nehemia in Juda ein, das damals von einer Provinzbehörde mit Sitz in Samaria (auf dem Gebiet des ehemaligen Reiches Israel) regiert wurde. Drei Tage nach seiner Ankunft in Jerusalem besichtigte Nehemia bei Nacht insgeheim die Befestigungen der Stadt und fand diese dringend reparaturbedürftig. Er forderte die aus dem Exil Heimkehrenden auf, ihm bei der Wiederherstellung der verfallenen Stadtmauer zu helfen. Unter Nehemias Leitung wurde diese Arbeit dann in nur 52 Tagen vollbracht. Nehemia hatte die Genehmigung des Königs, das erforderliche Bauholz in den königlichen Forsten schlagen zu lassen. Da den Bauleuten von den in der Nachbarschaft wohnenden Völkern Gefahr drohte, konnten sie nur unter bewaffnetem Schutz arbeiten:

>»Und es geschah hinfort, daß die Hälfte meiner Leute am Bau arbeitete, die andere Hälfte aber hielt Spieße, Schilde, Bogen und Panzer...
Die da Lasten trugen, arbeiteten so: mit der einen Hand taten sie die Arbeit, und mit der andern hielten sie die Waffe.
Und ein jeder, der baute, hatte sein Schwert um die Lenden gegürtet und baute also...«< (Nehemia 4: 10–12)

Jerusalem brauchte geistige und moralische ebenso wie militärische Befestigung. Als Anführer dieser dreifachen Wiederherstellung blieb Nehemia nicht allein. Aus Babylon kam Esra, ein Priester und Gelehrter, mit Vollmachten des persischen Monarchen Artaxerxes, die Juden »die Gesetze ihres eigenen Gottes« zu lehren.

Wir wissen nicht genau, wann Esra nach Jerusalem kam, es ist nicht einmal sicher, daß dies zu Lebzeiten Nehemias geschah. Die Bibel behauptet das zwar, aber diese von der Überlieferung aufrechterhaltene Behauptung steht im Widerspruch zu anderen chronologischen Angaben der Bibel. Wir wissen aber, daß Esra ein gelehrter Kenner des Mosaischen Gesetzes war und seine Pflicht, das Gesetz zu lehren, mit großem Ernst erfüllte. Gemeinsam mit anderen geistlichen Führern der Gemeinde las er öffentlich Tausenden von Bewohnern Jerusalems die Tora vor und erklärte den hebräischen Text in der aramäischen Umgangssprache, so daß alle hören und verstehen konnten, was das Gesetz ihnen gebot. Esra und seine priesterlichen Amtsbrüder tadelten religiöse und moralische Pflichtvergessenheit.

Die von Esra mit persischer Billigung in Jerusalem aufgerichtete Herrschaft hatte, politisch gesprochen, die Form einer Theokratie, in der die Priesterschaft neben der religiösen auch die politische Macht innehatte. Aber Esras Reform war keineswegs ausschließlich politischer Natur. Indem er das Volk von Israel von neuem um das Gesetz scharte – wobei ihm ein stets wachsender Bestand von Kommentaren und Auslegungen zur Hilfe kam –, bestimmte Esra die Identität der Juden auf neue Weise: nicht als eine Stammesgemeinschaft oder Volksgruppe, nicht als Bürger eines Nationalstaats, sondern als das Volk der Tora, das Volk des Gesetzes. Von nun an sollten die Juden sich – gleichviel, ob in ihrem eigenen Lande oder in der Diaspora, im

Rahmen eigener politischer Institutionen oder unter dem Joch fremder Eroberer oder Unterdrücker lebend – stets als vom Mosaischen Gesetz regierte Gemeinschaft verstehen.

Juda blieb im persischen Reichsverband, bis im Jahre 332 v. Chr. Alexander von Mazedonien auf seinem Eroberungszug gen Osten Syrien, Ägypten und Palästina durchquerte. Einer Legende zufolge begab sich der Hohepriester aus Jerusalem in Alexanders Lager und begleitete ihn dann in den Tempel, wo Alexander dem Gott Israels opferte. Es ist allerdings sehr zweifelhaft, ob Alexander Jerusalem überhaupt besucht hat, und an dem Tempel-Ritual hat er sicherlich nicht teilgenommen. Doch waren die Judäer ihm dafür Dank schuldig, daß er sie für das erste Jahr nach seiner Eroberung vom Tribut befreite.

Alexander setzte keinen Erben seines ungeheuren Reiches ein. Er soll dies auf dem Sterbebett »dem besten Mann« vermacht und es seinen Generälen überlassen haben, diesen »besten Mann« zu bestimmen. Das Reich Alexanders wurde schließlich aufgeteilt, und bis zum Aufstieg Roms zur Weltmacht beherrschten zwei hellenistische Dynastien, die Ptolomäer und die Seleukiden, den größten Teil desselben. Die Ptolomäer waren die Nachkommen des Ptolomäus Soter (367?–283 v. Chr.), eines der Generäle Alexanders, der als König von Ägypten die Hauptstadt dieses Landes nach Alexandria verlegte und dort die berühmte Bibliothek gründete, die die bedeutendste des Altertums werden sollte. Seine Dynastie regierte Ägypten 300 Jahre lang, bis das Land nach dem Tode der Kleopatra römische Provinz wurde.

Ein anderer General Alexanders, Seleukus Nikator (358?–280 v. Chr.), begründete die Seleukidische Dynastie. Die Seleukiden, die die asiatischen Eroberungen Alexanders erbten, hauptsächlich Syrien, Persien, Babylonien und einen großen Teil Kleinasiens, hielten sich an der Macht, bis im Jahre 64 v. Chr. auch der letzte Rest des ihnen noch verbliebenen Staatsgebietes von den Römern annektiert wurde.

Ptolomäer und Seleukiden stritten sich um Judäa. Die Ptolomäer beherrschten das Land vom späten 4. Jahrhundert bis 198 v. Chr., als die Heere des seleukidischen Königs Antiochus III. (des Großen,

242–187 v. Chr.) diejenigen von König Ptolomäus V. (210?–181 v. Chr.) aus Samaria und Judäa vertrieben. Mit dem palästinensischen Feldzug begann der letzte Siegeszug der Seleukiden. Durch die Besetzung Palästinas gegen Ägypten abgesichert, marschierte Antiochus III. nach Kleinasien und fiel, nachdem ihm die Römer den Krieg erklärt hatten, 192 v. Chr. in Griechenland ein. Hier wurde er entscheidend geschlagen, obwohl der unversöhnlichste Feind des römischen Ausdehnungsdrangs an seiner Seite focht, der karthagische General Hannibal (247–183 v. Chr.), der 196, als die Römer ihn beschuldigten, eine Verschwörung zur Verletzung des Karthago fünf Jahre zuvor auferlegten Friedens angezettelt zu haben, nach Syrien geflohen war. Hannibal beging später Selbstmord. Karthago – eine nordafrikanische Handelsstadt und jahrhundertelange Hauptstadt eines Reichs, das zunächst Griechenland und später Rom die Vorherrschaft im Mittelmeer streitig machte – wurde im Jahre 146 v. Chr. dem Erdboden gleichgemacht.

Mit der Eroberung Palästinas durch Antiochus III. wurde die Epoche der Makkabäer vorbereitet, in der es zu erbittertem Kampf zwischen Judaismus und Hellenismus kommen sollte – sofern man das drückende, intolerante Regiment Antiochus IV., der den Beinamen Epiphanes, der Glänzende, führte (er starb 168 v. Chr.), wirklich als hellenistisch gelten lassen will. Die Berührung von griechischer und jüdischer Kultur hatte schon früher begonnen, schon im 5. Jahrhundert, während des Perikleischen Zeitalters, als athenische Münzen, in die die Köpfe von Tieren und Göttern eingeprägt waren – was das Mosaische Gesetz den Juden streng verbot —, das gebräuchlichste Zahlungsmittel des expandierenden Außenhandels Judäas waren. Doch wenn man auch von einem gewissen griechischen Einfluß in Juda schon während des Perikleischen Zeitalters sprechen kann, muß man sagen, daß mit Alexander, den Ptolomäern, den Seleukiden und endlich den römischen Legionen der Hellenismus wie eine Sturmflut über die jüdische Welt hereinbrach.

Diese Sturmflut überschwemmte nicht allein Judäa, sondern alle Länder, in denen damals Juden lebten, namentlich auch Ägypten. Die dort – und besonders in Alexandria, der Hauptstadt des ptolomäischen Ägyptens – ansässigen Juden (man hat geschätzt, daß im

1. Jahrhundert der christlichen Ära von den etwa 8 Millionen damals lebenden Juden ein Achtel in Ägypten lebte) waren dem Einfluß der hellenistischen Kultur im besonders starken Maße ausgesetzt. Schon im 3. Jahrhundert v. Chr. begannen alexandrinische Juden, die Bibel aus dem Hebräischen ins Griechische zu übersetzen. Mit Hilfe einer solchen Übersetzung konnten die Juden hoffen, ihre Religion den Heiden zu erklären und gegen deren unwissende Unterstellungen zu verteidigen; zudem waren inzwischen schon viele hellenisierte Juden nicht mehr imstande, ihre heiligen Schriften ohne Hilfe einer griechischen Übersetzung zu lesen. Diese Übersetzung, die höchstwahrscheinlich zu Beginn des 1. Jahrhunderts n. Chr. abgeschlossen war, wird als »Septuaginta« – »Siebzig« – bezeichnet, weil die Übersetzung des Pentateuchs, der fünf Bücher Mose, der Legende zufolge von siebzig (oder zweiundsiebzig) Gelehrten in genau siebzig (oder zweiundsiebzig) Tagen vollendet wurde. Zur Zeit des Philo Judaeus (um 20 v. Chr.–50 n. Chr.) wußte die Legende sogar zu berichten, daß jeder der Gelehrten unabhängig von den anderen den ganzen Text übersetzt hatte – und kraft göttlicher Inspiration alle Übersetzungen dennoch Wort fur Wort ubereinstimmten.

Das griechische und das jüdische Denken, so heißt es gewöhnlich, verlaufe in gegensätzlichen Bahnen. Jüdische Offenbarung stehe gegen griechische Vernunft, jüdische Askese gegen griechische Sinnenfreude. Zweifellos fanden Juden und nicht-jüdische Hellenen einander in vieler Hinsicht tadelnswert. Die Juden fanden die Habgier der griechischen Götter, die Gottlosigkeit des griechischen Theaters, die Unzüchtigkeit der griechischen Feste und die Nacktheit der griechischen Athleten skandalös. Die Hellenen andererseits machten sich lustig über die jüdische Verehrung eines unsichtbaren Gottes, über jüdische Speisevorschriften und die Absonderung der Juden von der übrigen Menschheit. Es dauerte nicht lange, bis der Argwohn und das Mißtrauen gegen dieses so hartnäckig auf seiner Auserwähltheit bestehende Volk sich zu offenem Antisemitismus steigerte, wie er aus folgender Erklärung Ciceros (106–43 v. Chr.) spricht, abgegeben zu einer Zeit, als die Römer schon in Palästina herrschten:

»Selbst als Jerusalem noch stand und die Juden noch in Frieden mit uns lebten, verstieß ihr Gottesdienst schon gegen den Ruhm unseres Reiches, die Würde unseres Namens und die Sitten unserer Ahnen. Nun aber in noch höherem Maße, da jene Nation duch ihren bewaffneten Widerstand bewiesen hat, was sie von unserer Herrschaft hält; wie lieb sie selbst aber den unsterblichen Göttern ist, erhellt aus der Tatsache, daß sie erobert, zur unterworfenen Provinz, zur Sklavin gemacht worden ist.«

Nichtsdestoweniger eigneten sich die Juden aus der Kultur der Griechen vieles an, nicht allein im Hinblick auf die Sprache, sondern auch im Hinblick auf Personennamen, literarische Formen, ikonographische Konventionen, Architekturstile, Kleidertrachten und anderes. Die Griechen ihrerseits – oder doch einige griechische Denker – bewunderten den Monotheismus und die Ethik der Juden, die ihnen als »eine Rasse von Philosophen« erschienen.

Vervollkommnung durch allgemeine Bildung – so die Bedeutung des griechischen Begriffes *paideia* – war das wichtigste Mittel der Hellenisierung. Das griechische Erziehungsideal war den Juden zwar nicht als solches anstößig – sie selbst sollten später ja das Studium als eines der höchsten Ziele des Menschen und als sichersten Weg zu dessen Besserung ansehen –, doch gab es hinsichtlich der Institutionen und spezifischen Inhalte der griechischen Erziehung vieles, das sie ablehnen mußten. Überdies hatte griechische Erziehung unvermeidlich politische Konsequenzen, denn in Jerusalem – wo sich die Auseinandersetzungen der Epoche der Makkabäer hauptsächlich abspielten – verfolgten die Hellenisierer den Zweck, die jüdische Theokratie in eine »Polis« griechischen Typs umzuwandeln. Die entschiedensten Parteigänger des Griechentums kamen aus der Oberschicht – sogar aus der Priesterschaft. Der Hohepriester Jason (griechisch für Josua) gründete, kaum hatte er 175 v. Chr., nicht lange nach der Thronbesteigung König Antiochus IV., durch Bestechung dieses hohe Amt gekauft, in unmittelbarer Nähe des Tempels eine griechische Schule.

Drei Jahre später aber zog Jason auf das Gerücht hin, daß Antiochus IV. auf einem Kriegszug in Ägypten gestorben sei, mit einem tausend Mann starken Heer nach Jerusalem, um den seleukidischen

Statthalter Menelaos abzusetzen. Das Gerücht erwies sich indessen als falsch, und Antiochus, der die Absetzung des Menelaos als einen Akt der Rebellion gegen die seleukidische Staatsmacht verstand, nahm blutig Vergeltung. Während der Jahre 168 und 167 wurden Juden massakriert, wurde der Tempel geplündert und der jüdische Gottesdienst verboten. Beschneidung und Einhaltung des Sabbat sollten fortan mit dem Tode bestraft werden. Im Dezember 167 befahl Antiochus schließlich sogar, im Tempel einen Zeus-Altar zu errichten, an dem die Juden dem Gott der Griechen opfern sollten, und zwar Schweinefleisch, das nach jüdischem Gesetz unrein ist.

Die gedemütigten und beleidigten Juden rebellierten, als die Handlanger des Antiochus die Bewohner der nordwestlich von Jerusalem gelegenen kleinen Stadt Modin zwingen wollten, heidnischen Göttern zu opfern. Die Führer der dortigen Gemeinde waren Mattathias der Hasmonäer, ein Mann priesterlicher Abstammung, und seine fünf Söhne Johannes, Simon, Eleazar, Jonathan und Judas; letzterer sollte berühmt werden als Judas Makkabäus oder »Judas der Hammerschwinger«.

Als Mattathias im Jahre 166 v. Chr. starb, wurde Judas Makkabäus der Führer der jüdischen Rebellen. Die seleukidische Armee war diesen zahlenmäßig weit überlegen. Judas, der nicht nur tapfer, sondern auch ein einfallsreicher Stratege war, ließ sich deshalb auf offene Feldschlachten mit den Regierungstruppen nicht ein, sondern suchte diese durch Überraschungsangriffe aus dem Hinterhalt zu zermürben. In der Nähe der Festung Beth-Zur, an der Grenze zwischen Judäa und Idumäa, gelang es den Rebellen, das seleukidische Heer durch einen solchen Überraschungsangriff so empfindlich zu treffen, daß dessen Befehlshaber Lysias den Rückzug befehlen mußte und so den Makkabäern den Weg nach Jerusalem freigab. Es gelang ihnen, die Stadt einzunehmen, und im Dezember 164 konnte der Tempel gereinigt und neu geweiht werden. Es war dies ein großer Sieg für das Judentum und den jüdischen Geist; noch heute gedenken die Juden seiner alljährlich beim Chanukka-Fest.

Doch beendete dieser Sieg den Kampf um Judäa keineswegs. Obwohl nämlich die Juden jetzt den Tempel-Berg besetzt hielten, war die nahe bei Jerusalem von Antiochus erbaute Festung Acra noch in der Macht der Hellenisten. Erst 141 v. Chr. gelang es, die seleukidische Garnison aus dieser Festung zu vertreiben, und die Makkabäer eroberten so die Herrschaft über ganz Judäa. Alle fünf Söhne des Mattathias starben im Laufe dieses Befreiungskampfes eines gewaltsamen Todes.

Der Sieg der makkabäischen Rebellen brachte die Dynastie der Hasmonäer an die Macht. Alle Herrscher des unabhängigen Judäa von Simon, dem letzten Sohn des Mattathias, bis zur römischen Eroberung siebzig Jahre später, stammten aus diesem Geschlecht. Nachdem es ihnen gelungen war, die Seleukiden aus Judäa zu vertreiben, versuchten die Hasmonäer, das Reich Davids in seinem alten Glanz wiederherzustellen. Sie eroberten Samaria und Idumäa und bekehrten die nicht-jüdischen Einwohner dieser Gebiete gewaltsam zum Judentum, so daß tatsächlich zu Beginn des 1. Jahrhunderts v. Chr. das hasmonäische Reich die Ausdehnung des davidischen hatte. Doch litt es an korrupter Verwaltung, Hofintrigen und bitterem Parteienstreit. Und unter den Regierungen jener unwürdigen Erben des Mattathias und Judas Makkabäus nahm die Hellenisierung der jüdischen Kultur weiter ungehindert ihren Lauf.

Dennoch sind den Juden an diese Epoche auch bessere Erinnerungen geblieben. Unter denen, die sich nach dem Aufstand in Modin den von Judas Makkabäus geführten Rebellen anschlossen, waren einige »Chassidim« (Fromme), Angehörige einer Gruppe, die den geistigen und politischen Kampf gegen die Hellenisierung angeführt hatte. Aus dieser Gruppe ging die Partei der Pharisäer hervor (der Name bedeutet wahrscheinlich soviel wie »Abgesonderte«). Während der ersten 150 Jahre der römischen Herrschaft in Palästina waren die Pharisäer nur eine von vier religiös-politischen Parteien. Doch nach der Verwüstung Jerusalems und der Zerstörung des Tempels durch die Römer waren es die Pharisäer, die das Judentum bewahrten und der jüdischen Religion die Gestalt gaben, in der sie auf uns gekommen ist.

Das Zeitalter Roms

Nachdem sie dem assyrischen, dem babylonischen, dem persischen, dem ptolomäischen und dem seleukidischen Reich untertan gewesen waren, sollten die Juden jetzt Untertanen des Römischen Reiches werden. Dessen Anfänge lagen in Etrurien, dem Reich der Etrusker. Das Zentrum dieses Reichs lag auf dem Gebiet der heutigen Toskana, zwischen Arno und Tiber, doch bereits im 6. Jahrhundert v. Chr. erstreckte es sich nördlich bis in die Po-Ebene und südlich bis nach Latium, umfaßte also auch die Stadt Rom.

Rom schüttelte um 510 v. Chr. die etruskische Herrschaft ab und begann alsbald die neugewonnene Unabhängigkeit durch die Unterwerfung seiner Nachbarn zu festigen. Zu Beginn des 5. Jahrhunderts stand ein Gebiet von nicht einmal tausend Quadratkilometern Fläche unter römischer Herrschaft, in der Mitte des 3. Jahrhunderts v. Chr. beherrschten die Römer bereits ein 25900 qkm großes Gebiet und konnten weitere 109000 qkm Fläche – die Länder ihrer Bundesgenossen – als ihre Einflußsphäre beanspruchen. Um 200 v. Chr. beherrschte die römische Republik die italienische Halbinsel, Sizilien, Korsika und Sardinien; etwas mehr als drei Jahrhunderte später, unter der Regierung des »guten Hadrian« (den gut zu finden die Juden allerdings keinen Anlaß hatten), erreichte das Römische Reich seine größte Ausdehnung und umfaßte (unter anderem) den gesamten Mittelmeerraum, reichte vom heutigen Marokko und Portugal im Westen bis zum unteren Mesopotamien im Osten.

Wie konnte Rom dieses militärische und administrative Wunder vollbringen? Zunächst einmal pflegten die Römer ihre Herrschaft über neu eroberte Gebiete durch den Bau eines Straßennetzes zu befestigen, das diese Gebiete für römische Truppen zugänglicher machte; sodann legten sie in strategisch günstiger Lage Kolonien an, in denen römische Bürger, gewöhnlich ehemalige Soldaten, angesiedelt wurden. Ihrer Rivalen – oder potentiellen Rivalen – um die Macht entledigten sie sich mit äußerster Rücksichtslosigkeit. So wurde am Ende des von Rom provozierten dritten und letzten punischen Krieges Karthago nicht nur dem Erdboden gleichgemacht – die Römer ließen den Boden, auf dem die Stadt gestanden hatte, auch umpflügen und, um ihn unfruchtbar zu machen, mit Salz bestreuen; überdies verboten sie für 25 Jahre jede neue Ansiedlung an dem Ort. Sicherlich die wichtigste Ursache des Aufstiegs des Römischen Reiches war dessen Menschenpotential, dem keiner seiner Rivalen etwas Vergleichbares entgegenzusetzen hatte. Seit spätestens 1000 v. Chr. war Italien nach Griechenland das am dichtesten bevölkerte Gebiet Europas. Natürliches Wachstum und die Einführung von Sklaven ließen die Bevölkerung des Landes bis zum Jahre 200 v. Chr. auf fünf Millionen und bis zum Beginn der christlichen Ära auf sieben Millionen Seelen anwachsen. Um diese rapide wachsende Bevölkerung zu ernähren, brauchte Rom den landwirtschaftlichen Ertrag Nordafrikas, Spaniens und anderer eroberter Länder. Jährlich wurden in dem römischen Hafen Ostia etwa fünfzehn Millionen Zentner Weizen entladen und auf Schleppkähnen tiberaufwärts in die Hauptstadt gebracht.

Selbst heute, so viele Jahrhunderte später, finden wir die territoriale Ausdehnung des Römischen Reiches noch erstaunlich. Ein italisches Volk mit einer großenteils den Griechen entlehnten Kultur eroberte rings um das Mittelmeer herum alle Länder und verleibte sie einem zentral regierten Reich ein. Selbst heute wäre es trotz der Erleichterungen, die die modernen Kommunikationsmittel bieten, sehr schwierig, ein so großes Reich zu verwalten. Die Römer leisteten das zu einer Zeit, in der Menschen und Nachrichten aus den entlegeneren Provinzen des Reichs zwei Wochen unterwegs waren, ehe sie die Hauptstadt erreichten. Hinzu kam zu jener Zeit eine heute nicht mehr in dem gleichen Maße bestehende Vielfalt der Völker, Sprachen, Kulturen, Religionen, Sitten und Gebräuche innerhalb des Reichsgebiets. Das Reich hatte stets innere Unruhen zu fürchten, wenn es nicht gelang, diese vielen unterschiedlichen Völker zur Staatstreue zu verpflichten.

Das war nicht zu erreichen, wenn man versuchte, sie alle zu Römern umzumodeln, ihnen die römische Kultur aufzuzwingen. Es war vielmehr nur möglich, wenn man ihnen weitgehend Autonomie gewährte, ihnen die Freiheit ließ, ihre eigenen Formen des Glaubens und Denkens, ihre eigene Lebensweise und Ausdrucksart fortzuentwickeln. Zweierlei garantierte bei der fortbestehenden Vielfalt der im Römischen Reich vereinigten Völker die Reichseinheit: römisches Recht und römische Macht. Allgemeingültige Gesetze regelten die Beziehungen der Bewohner römischer Provinzen zur äußeren Welt und zum Römischen Reich. Und römische Legionen standen in allen Provinzen, um jedes Aufbegehren gegen das römische Recht im Keime zu ersticken.

Die Römer waren gegenüber andersgearteten Kulturen, Religionen und Philosophien sehr tolerant, unterdrückten aber jede Auflehnung gegen den römischen Staat mit äußerster Härte. Für die Juden waren zwei Aspekte der römischen Einstellung zu unterworfenen Provinzen und Völkern von besonderer Bedeutung. Zunächst das Verhältnis der Römer zu fremden Religionen. Die Römer waren Polytheisten, glaubten an eine Vielzahl von Göttern. Sie fanden es deshalb ganz natürlich, daß andere Völker ihre eigenen Götter und religiösen Zeremonien hatten, die von den ihren verschieden waren. Sodann ermutigte die Neigung der Römer, unterworfenen Provinzen und Völkern ein hohes Maß von Autonomie zu gewähren, die Juden zur Entwicklung jener unabhängigen Gemeindeverfassung, die sie während eines großen Teils ihrer ferneren Geschichte beibehalten haben.

Mehr als 450 Jahre jüdischer Geschichte fanden im Schatten des Römischen Reiches statt, das während dieser Zeit der Mittelpunkt des Welthandels, der Weltkultur und der Weltmacht war. Schon im 1. Jahrhundert der christlichen Ära gab es bedeutende jüdische Siedlungen und Gemeinden auch in Latium und in der Stadt Rom. Bei Ausgrabungen in der Synagoge von Ostia, der ältesten in Westeuropa, wurden 1961 Steinreliefs mit Symbolen gefunden, deren Bedeutung für das heutige Judentum unverändert fortbesteht: ein siebenarmiger Leuchter *(menora)*, das Widderhorn *(schofar)*, das an den hohen Festtagen des Rosch Haschana und des Jom Kippur geblasen wird, der Palmenzweig *(lulaw)* und der Zitronenbaum *(etrog)*, die das im Herbst gefeierte Laubhüttenfest, Sukkot, schmücken. Auch Reste eines Bades für die rituelle Reinigung *(mikwe)* und ein Ofen zum Backen des für die Feier des Passah-Fests unentbehrlichen ungesäuerten Brotes *(matzot)* wurden hier gefunden.

Die ersten römischen Kaiser waren angesichts der unruhigen Zustände in großen Teilen des Reiches sehr bemüht, sich der Loyalität der Juden zu versichern. Aus Gründen, die wir noch zu untersuchen haben werden, unterstützten die Juden im Bürgerkrieg Julius Caesar (100–44 v. Chr.) gegen Pompejus (106–48 v. Chr.), und Caesar erwies sich ihnen für diese Unterstützung auf vielerlei Art erkenntlich. Er gestattete ihnen den Wiederaufbau der Stadtmauern Jerusalems, befreite sie für die Dauer des Sabbatjahrs von den Steuern und gestattete ihnen in ihren Gemeindeangelegenheiten mehr Selbstverwaltung, als gewöhnlich gewährt wurde. Von den Juden wurde nicht, wie von allen übrigen Untertanen des Römischen Reiches, verlangt, daß sie den römischen Kaiser als Gott verehrten; es war ihnen sogar gestattet, ihren eigenen Gott mit Opfern und Gebeten um Gesundheit für den Kaiser zu bitten. Augustus, der von 27 v. Chr. bis 14 n. Chr. regierte, erlaubte den Juden, von allen Orten des Reiches aus Geld für den Unterhalt des Tempels nach Jerusalem zu schicken. Claudius, Kaiser von 41–54 n. Chr., nahm die Juden in Schutz, als in Alexandria und anderen Orten ihre bürgerlichen Rechte verletzt wurden und ihr Leben in Gefahr war.

Von der Toleranz der ersten Kaiser wich nur der Vorgänger des Claudius, der berüchtigte Caligula, ab, der mit Vorliebe Folterungen zusah, seinem Lieblingspferd die Würde eines Konsuls verlieh und seinen eigenen Anspruch auf göttliche Verehrung anscheinend äußerst ernst nahm. Als im Jahre 38 n. Chr. in Alexandria Streit zwischen der jüdischen Gemeinde und den nichtjüdischen Alexandrinern ausbrach, wurde die antijüdische Partei beim Kaiser vorstellig und verlangte, daß den Juden das Recht auf Selbstverwaltung entzogen würde, da diese »Fremden« sich geweigert hätten, Statuen Caligulas in ihren Synagogen aufzustellen. Der Anführer der in der gleichen Angelegenheit von den alexandrinischen Juden nach Rom entsandten Abordnung war übrigens kein geringerer als der berühmte Gelehrte und Philosoph Philon.

Über das jüdische Leben unter römischer Herrschaft gibt uns nicht allein die Literatur Auskunft. Auch bescheidene Grabinschriften sprechen davon. In den römischen Katakomben (unterirdische Grabkammern der ersten Jahrhunderte der christlichen Ära) fanden sich solche Inschriften, die alle eine kleine Geschichte erzählen:

»Für Amelius, ein sehr süßes Kind, das zwei Jahre, zwei Monate, fünf Tage lebte...«

»Hier liegt Diophatus, der Schreiber der Siburesier. Er schlafe in Frieden.«

»Für Eulogia, süßeste Mutter, die 81 Jahre lebte.«

Diese Grabinschriften, einschließlich der Namen der Bestatteten, sind meistens in griechischer, manchmal in lateinischer, sehr selten in hebräischer Sprache abgefaßt.

Je weiter sich das Römische Reich ausdehnte, desto mehr Zentren jüdischen Lebens bildeten sich in seinen verschiedenen Teilen, doch blieb das bedeutendste von ihnen in jeder Hinsicht stets die hauptstädtische jüdische Gemeinde. Sie wird von einigen Gelehrten auf 50 000 Seelen geschätzt. Jedenfalls war sie in der nachhellenistischen Epoche ein wichtiger Bevölkerungsteil der Stadt Rom. Die Juden sprachen griechisch wie die Römer. Sie sahen aus wie Römer. Es stellt sich deshalb die Frage: Inwiefern blieben sie Juden?

Wenn man die Geschichte der Juden verfolgt, stellt diese Frage sich immer wieder. Und man wird jedesmal antworten müssen, daß der Besitz ihrer heiligen Schriften die Juden immer wieder davor bewahrte, ihre Identität aufzugeben. Denn diese heiligen Schriften versicherten den Juden, daß sie ein besonderes, ein auserwähltes Volk, im Bunde mit Gott waren. Und diese Gewißheit trennte sie von den polytheistischen Kulturen, in deren Mitte sie lebten. Da sie aber ihrer eigenen und besonderen Überlieferung vertrauten und sich stolz zu ihr bekannten, wollten sie diese auch anderen mitteilen.

Dieser kurze Überblick über das Leben in der jüdischen Diaspora vermittelt den Eindruck, daß die überall im Römischen Reich verstreuten jüdischen Gemeinden relativ wohlhabend und in Glauben und Anschauungen ziemlich einig waren. Dies war nicht immer der Fall: Von den Auseinandersetzungen in Alexandria ist schon die Rede gewesen, und zu Beginn des 2. Jahrhunderts der christlichen Ära kam es zu jüdischen Aufständen in Ägypten, in der Cyrenaika und auf Zypern. Doch im großen ganzen war von 63 v.Chr. bis 73 n.Chr., von der Eroberung Jerusalems durch Pompejus bis zum Fall von Masada, das Leben in der Diaspora weit sicherer und ruhiger als in Judäa, wo unlösbare religiöse, politische und soziale Konflikte die jüdische Gemeinde zerrissen.

Unter den führenden religiös-politischen Parteien in Judäa waren die Sadduzäer die Aristokraten und Konservativen. Die Partei bestand seit etwa 200 v. Chr. – mit ihrem Namen berief sie sich auf Zadok, der zu Zeiten Davids und Salomons Hoherpriester gewesen war – und war einerseits dem Tempeldienst, andererseits den Hasmonäern eng verbunden. In religiöser Hinsicht waren die Sadduzäer von strenger Gesetzestreue und sahen nur die Vorschriften der Tora als bindend an; ungeschriebene Traditionen – die sogenannten mündlichen Gesetze oder die mündliche Tora – ließen sie nicht gelten. In weltlichen Angelegenheiten waren indes die Sadduzäer, die Partei der Privilegierten, oft mit den Hellenisten verbündet, was sie der jüdischen Unterschicht weiter entfremdete.

Als Gegner der Sadduzäer traten die Pharisäer auf, die schon bald nach der erneuten Weihung des Tempels durch Judas Makkabäus eine wichtige Rolle im öffentlichen Leben Judäas zu spielen begannen. Sie waren in ihren Anschauungen flexibler als die Sadduzäer und faßten das jüdische Gesetz als in ständiger Entwicklung begriffen auf. Aus diesem Grunde hielten sie die mündliche Tora für ebenso verbindlich und interpretationsfähig, wie die in den fünf Büchern Mose niedergelegte. Sie standen deshalb den sich damals ausbildenden neuen Formen des Gottesdienstes zu Hause oder in der Synagoge sehr viel aufgeschlossener gegenüber als die Sadduzäer – vielleicht, wie manche Gelehrte meinen, weil sie den Einfluß der priesterlichen Sadduzäer minderten. Sadduzäer und Pharisäer waren sich einig in der Betonung des freien Willens des Menschen, zwischen Gut und Böse zu wählen, aber die Pharisäer glaubten überdies – was die Sadduzäer leugneten –, daß in einer jenseitigen Welt die guten Taten der Menschen belohnt, die bösen bestraft werden würden.

Der jüdische Historiker Josephus hat den Unterschied zwischen Pharisäern und Sadduzäern nicht eben schmeichelhaft für die letzteren charakterisiert: »Pharisäer gehen miteinander freundlich um und bemühen sich um Eintracht mit der Allgemeinheit, Sadduzäer hingegen zeigen selbst untereinander mehr Widerspruchsgeist und gehen mit ihresgleichen ebenso streng um wie mit Fremden.«

Den Bildungseifer der Pharisäer – und deren Überzeugung, daß die Kenntnis des Gesetzes allen, nicht allein den Adligen und Priestern, zugänglich sein sollte – hat sich keiner mit schönerem Erfolg zu Herzen genommen als ein armer Holzfäller, der aus Babylon nach Jerusalem kam, um bei den führenden pharisäischen Lehrern seiner Zeit die Tora zu studieren. Viele Geschichten werden von diesem Holzfäller erzählt, dessen Name Hillel war, und die jüdische Tradition hat seine Aussprüche und Lehren liebevoll bewahrt:

> »Sei einer von den Jüngern Aarons, lebe in Frieden und suche Frieden, liebe die Menschen und bringe sie der Tora nahe.
> Wenn ich nicht für mich selbst bin, wer wird für mich sein?
> Und wenn ich nur für mich bin, was bin ich...?
> Ein Heide sagte zu Hillel: ›Wenn du mich die ganze Tora lehren kannst, während ich auf einem Bein stehe, kannst du mich zum Juden machen.‹
> Der Rabbi erwiderte: ›Was dir verhaßt ist, tue deinem Nachbarn nicht an. Das ist die ganze Tora, alles übrige ist Kommentar. Geh und studiere.‹«

Hillels Fassung der »Goldenen Regel« erinnert an die Auslegung der zehn Gebote, die man im 3. Buch Mose liest: »Du sollst deinen Nächsten lieben wie dich selbst« (3. Mose 19: 18). Der sanfte Geist Hillels spricht auch aus der Stimme eines anderen Juden, der zu Lebzeiten Hillels in Nazareth geboren wurde. Als man ihn fragte, welches Gebot der Bibel das wichtigste sei, antwortete dieser Lehrer, dessen hebräischer Name Josua war, zunächst mit dem Gebet »Schema Israel«: »Höre, Israel, der Herr, unser Gott, ist allein der Herr«, und setzte dann hinzu: »Das andere ist dies: ›Du sollst deinen Nächsten lieben wie dich selbst.‹ Es ist kein anderes Gebot größer als dieses« (Markus 12: 29, 31).

So sprach Jesus von Nazareth, wahrscheinlich im Jahre 29. Obwohl er die Pharisäer tadelte – wie die Sadduzäer –, stimmte er doch mit ihnen in vieler Hinsicht überein. Im nächsten Kapitel wird mehr zu sagen sein über Jesus, seine Lehren, seine Kreuzigung durch die Römer, die Umdeutung seiner Sendung durch seine Anhänger nach seinem Tode. Einstweilen sei auf die Tatsache hingewiesen, daß er erst nach der Begegnung mit einem anderen Juden zu lehren begann, der, wie später Jesus, in Judäa viele Anhänger um sich scharte, ehe er von den römischen Behörden hingerichtet wurde.

Dieser Mann, der von einigen seiner Zeitgenossen mit dem Propheten Elias verglichen wurde, war Johannes der Täufer. Er verkündigte die nahe bevorstehende Ankunft des Messias und ermahnte die Juden, ihre Seelen durch die Beichte und die Taufe zu reinigen. Wir wissen nicht mit Sicherheit, ob Johannes der Täufer zur Bruderschaft der Essener oder Essäer gehörte, einer neben den Sadduzäern und Pharisäern bestehenden Religionsgemeinschaft im römischen Judäa, doch dürfte er mindestens enge Verbindung zu dieser oder einer ähnlichen Sekte gehabt haben.

Bis zur Mitte dieses Jahrhunderts wußte man von den Essäern nur, was Josephus, Philo und der römische Naturgeschichtsschreiber Plinius von ihnen berichten. Das wertvollste dieser Zeugnisse ist dasjenige des Josephus, der drei Jahre lang mit einem essäischen Einsiedler lebte und die Askese, die strenge Disziplin und den Glaubenseifer der Bruderschaft detailliert darstellt. Sieben alte Schriftrollen, die 1947 in den Höhlen von Qumran am nordwestlichen Zipfel des Toten Meeres entdeckt wurden, haben seitdem unsere Kenntnis der Lehren der Essäer sehr vertieft und erweitert. Denn mit diesen in Hebräisch und Aramäisch beschrifteten Buchrollen aus Pergament und Papyrus hatte man einige der heiligen Schriften der Bruderschaft in den Händen. Später wurden am gleichen Ort noch Zehntausende von Bruchstücken anderer Bücher geborgen, die sich ebenfalls in der Bibliothek der essäischen Bruderschaft von Qumran befunden hatten, darunter zwei Exemplare der Buchs Jesaja, andere biblische Texte und Kommentare zur Bibel, verschiedene apokalyptische Schriften sowie das Handbuch der »Disziplin« der Bruderschaft. Diesem Handbuch zufolge, das den »Kindern des Lichts« als Führer dienen sollte, herrscht, seit Gott den Menschen schuf, Streit zwischen dem Geist der Wahrheit und dem der Falschheit, zwischen der Quelle des Lichts und dem Brunnen der Dunkelheit. Für die Endzeit, in der die Wahrheit über die Falschheit triumphieren und jeder je nachdem, welchem der beiden Geister er nachgefolgt ist, gerichtet werden wird, hatten die Qumran-Brüder ein Buch über den »Krieg der Söhne des Lichts und der Söhne der Finsternis« vorbereitet.

Die Essäer legten alle hellenistischen Sitten ab, kleideten sich in weiße Gewänder und zogen in die Einöden. Anstatt sich in die Streitigkeiten ihrer Zeit einzumischen, wollten sie sich auf die Endzeit vorbereiten. Doch folgten ihnen die Unruhen der gegenwärtigen Zeit in ihre Einsiedeleien. Schon bald nach der Zerstörung des zweiten Tempels verschwand die im 2. Jahrhundert v. Chr. zuerst nachweisbare Sekte, die wahrscheinlich nie mehr als 4000 Angehörige hatte, aus der jüdischen Geschichte. Die Qumran-Bruderschaft wurde zwischen 68 und 70 n. Chr. durch die damals Judäa verwüstenden römischen Heere ausgemerzt.

Die Zeloten – die vierte der wichtigen Religionsparteien jener unruhigen Zeit – traten zu Beginn des 1. Jahrhunderts der christlichen Ära auf und verschwanden, wie die Essäer, wenige Jahre nach der Zerstörung des Tempels aus der Geschichte. Doch anders als die Essäer versuchten sie nicht, sich aus dem politischen Geschehen herauszuhalten. Ganz im Gegenteil. Während die Sadduzäer, Pharisäer und Essäer auf verschiedene Weise bemüht waren, sich mit der politischen Realität der römischen Herrschaft abzufinden, erklärten die Zeloten, daß kein im Heiligen Land lebender Jude das Recht habe, den Römern Steuern zu zahlen und den römischen Kaiser als seinen Herrn anzuerkennen. Denn das kam ihres Erachtens dem Abfall von Gott gleich. Sollte die Weigerung, den Römern Tribut zu entrichten, zum Krieg führen, so waren die Zeloten, die Josephus mit einem Ausdruck, der seine römischen Sympathien verrät, die *Sicarii* (Meuchelmörder) nannte, auch dazu bereit. Ehe sie aber den Römern selbst entgegentraten, führten sie gnadenlos Krieg gegen ihre jüdischen politischen Gegner.

»Sie ermordeten Männer am hellen Tag mitten in der Stadt. Hauptsächlich an Festtagen mischten sie sich unter die Menge und erstachen ihre Feinde mit den unter ihren Mänteln verborgenen Dolchen. Waren die Opfer tot, stimmten die Mörder in die allgemeine Entrüstung mit ein. Dieses täuschende Verhalten verhinderte ihre Entlarvung.« (Josephus II, 159–160)

Es war viel Wahres an der Behauptung der Zeloten, daß die römische Herrschaft die jüdische Würde beleidigte. So konnten sie etwa auf die unwürdigen Umstände verweisen, unter denen Jerusalem sich den Römern zuerst ergeben hatte. Nachdem Pompejus Syrien erobert und die Herrschaft der seleukidischen Dynastie beendet hatte, versuchten zwei rivalisierende hasmonäische Anwärter auf den Thron Judäas, Hyrcanus II. (um 103–30 v. Chr.) und Aristobulus II. (der 49 v. Chr. starb), ihn auf ihre Seite zu ziehen. Jeder von ihnen hoffte, mit dieser Hilfe die Herrschaft in Judäa zu erlangen. Die Anhänger des Hyrcanus öffneten deshalb Pompejus die Tore Jerusalems, so daß der Römer ungehindert in die Stadt einziehen konnte. Aristobulus wurde verhaftet, und seine Anhänger, die auf dem Tempelberg Zuflucht gesucht hatten, wurden belagert und schließlich niedergemetzelt. Bei dieser Gelegenheit, im Jahre 63 v. Chr., betrat der heidnische General frech das Allerheiligste des Tempels. Der römische Geschichtsschreiber Tacitus (um 55–120 n. Chr.) hat diesen unerhörten Frevel aus römischer Sicht geschildert:

»Von den Römern war der erste Cnejus Pompejus, welcher die Juden bezwang und auch den Tempel nach dem Recht des Siegers betrat. Nun ward es bekannt, daß keine Götterbilder darin seien, ledig die Stätte und im Heiligtume nichts sei. Die Mauern Jerusalems wurden niedergerissen, der Tempel blieb.« (Tacitus, Historien V, 9)

Pompejus nahm sich in Judäa das Recht des Siegers. Hyrcanus erhielt das Amt des Hohenpriesters, aber die Verwaltung Judäas wurde Antipater II. anvertraut (er starb 43 v. Chr.), einem konvertierten Juden. Bei der von Pompejus durchgeführten Reorganisation der Provinzen wurde Judäa vom Mittelmeer abgeschnitten und auch des größten Teils seines transjordanischen Gebiets beraubt. Unter Julius Caesar wurde es jedoch wieder zum »freien« Staat erklärt. Zwar blieben die Juden auch als Bürger dieses Staats den Römern tributpflichtig, genossen aber in religiösen und rechtlichen Angelegenheiten fast vollkommene Autonomie. Caesar gab ihnen auch den Hafen Joppa – oder Jaffa – zurück, den Pompejus der syrischen Provinz einverleibt hatte. Als Caesar an den Iden des März 44 v. Chr. zu Füßen einer Statue des Pompejus im römischen Senat ermordet wurde, bedauerten das daher verständlicherweise die Juden mehr als die meisten ihrer Zeitgenossen.

Durch geschicktes Taktieren überlebte der von Pompejus eingesetzte Antipater II. Caesars Sieg im römischen Bürgerkrieg und wußte sogar seine Macht zu mehren. Doch er starb nur ein Jahr nach der Ermordung Caesars, und aus den Wirren, die seinem Tode folgten, ging als sein Nachfolger als König von Judäa sein Sohn Herodes hervor, »Herodes der Große«, der das Land von 37–4 v. Chr. regierte.

Wie sein Vater war Herodes ein geschickter Politiker, aber seine Grausamkeit gegen Rebellen und Rivalen machte ihn berüchtigt. So ließ er seine zweite Frau, Mariame, eine Hasmonäerin, beseitigen (29 v. Chr.), später auch die beiden Söhne, die sie ihm geboren hatte, Alexander und Aristobulus (7 v. Chr.), weil sie angeblich seine Ermordung geplant hatten. Andererseits rühmte man seine Bauten, so daß später die Rabbiner zu sagen pflegten· »Wer kein Gebäude des Herodes gesehen hat, hat noch nie ein schönes Gebäude gesehen.« Als das Staatsgebiet von Judäa wieder größer wurde, entfachte Herodes eine Bautätigkeit, wie man sie seit den Tagen Salomons in Palästina nicht mehr erlebt hatte. Was die Empfindungen der Juden angesichts des von Herodes erbauten großen Tempels angeht, sind die Historiker unterschiedlicher Meinung. Josephus sagt, daß die Juden frohlockten, als der Bau vollendet war. Aber manche neueren Autoren haben diesbezüglich ihre Zweifel. Wie hätten die Juden angesichts des von Herodes errichteten Tempels frohlocken können, fragen sie. Steht nicht in der Bibel, daß König David die Ehre, das Gotteshaus zu bauen, nicht zuteil wurde, weil seine Hände zu blutig waren? Wenn aber Davids Hände zu blutig waren, was war dann von denen des Herodes zu sagen? Unbeschadet seiner großartigen Pläne und unbestreitbaren Tüchtigkeit war Herodes für die Aufgabe des Tempelbaus offensichtlich moralisch nicht qualifiziert. Als er dann vor den Toren des Tempels einen goldenen Adler aufstellen ließ – das Symbol des römischen Imperiums –, sahen die radikaleren unter seinen Untertanen darin den Beweis, daß er nicht Gott, sondern Augustus diente, und rissen ihn herunter, wofür sie mit ihrem Leben bezahlten.

Nach dem Tode des Herodes und einer kurzen Übergangszeit, in der sein 16 n. Chr. verstorbener Sohn Archelaus regierte, wurde Judäa eine Provinz Syriens; als solche wurde es sechzig Jahre lang von Prokuratoren regiert, die dem Statthalter von Syrien verantwortlich waren. Die vierzehn Männer, die in den Jahren 6 bis 66 n. Chr. das Amt des Prokurators innehatten, walteten dieses Amtes im allgemeinen nur auf die eigene Bereicherung bedacht, ohne jede Rücksicht auf das Wohl des Landes und seiner Bewohner. Einer von ihnen war Pontius Pilatus, während dessen Amtszeit (26–36 n. Chr.) Jesus gekreuzigt wurde.

Der jüdische Krieg war nicht nur ein nationaler Widerstandskampf gegen eine fremde Besatzungsmacht. Die Juden hatten zwar von den Römern bitteres Unrecht erlitten, doch lagen sie auch im Streit mit ihren heidnischen Nachbarn. Überdies waren die Juden – wie stets – untereinander zerstritten, wobei politische Meinungsverschiedenheiten und Klassenhaß mitwirkten. In der Diaspora kam es zu Krawallen, bei denen Heiden die Juden angriffen, diese die Heiden, während beide gegen die *sebomenoi* gemeinsame Sache machten. (Letztere, die »Gottesfürchtigen«, beteten zu dem jüdischen Gott und heiligten den Sabbat, ohne Juden zu sein.) In Palästina erfochten anfänglich die jüdischen Rebellen verschiedene Siege gegen die römischen Truppen, da sie aber wußten, daß diese bald Verstärkung aus Rom erhalten würden, organisierten sie eine Regierung in Jerusalem und teilten das Land in sieben Militärbezirke auf, von denen Galiläa der am meisten gefährdete war. Den Befehl über diesen Bezirk erhielt ein Priester aus dem Geschlecht der Hasmonäer namens Joseph ben Mattathias – jener Josephus Flavius, dessen Geschichte des jüdischen Krieges für unsere Kenntnis der Ereignisse dieser tragischen Jahre die wichtigste Quelle ist.

Doch sollte er als Geschichtsschreiber größeren Ruhm gewinnen als auf dem Schlachtfeld. Als Truppenführer war er dem römischen General Vespasian (9–79 n. Chr.) nicht gewachsen, den Kaiser Nero im Jahre 67 mit einem großen Heer gut ausgebildeter und ausgerüsteter Legionäre nach Palästina schickte. Josephus zog sich schließlich in die nordöstlich der heutigen Stadt Haifa gelegene Festung Jotapata zurück und floh, als auch diese fiel, mit vierzig Kameraden in eine nahe gelegene Höhle. Hier schworen sich die Flüchtlinge, daß sie lieber einer von des anderen Hand sterben als in römische Gefangenschaft geraten wollten. Josephus richtete es so ein, daß er einer der letzten beiden Überlebenden dieses gemeinschaftlichen Selbstmords blieb, ergab sich dann dem Feind, wußte sich bei Vespasian einzuschmeicheln und verbrachte schließlich ein ruhiges Alter als römischer Bürger und Empfänger einer kaiserlichen Pension, von den Juden freilich als Verräter verachtet.

Vespasian unterbrach die Operationen in Palästina, als im Jahre 68 die Nachricht von Neros Selbstmord eintraf. Im folgenden Jahr wurde er selbst in Rom zum Kaiser gekrönt und vertraute die weitere Leitung des Feldzugs gegen die Juden seinem Sohn Titus an. Im März des Jahres 70 standen vier römische Legionen und deren Hilfstruppen – insgesamt etwa 80 000 Mann – vor Jerusalem. Die belagerte Stadt wurde nur von knapp 25 000 Mann verteidigt. Im Mai durchbrachen die Belagerer die Stadtmauer. Ende Juli fiel die neben dem Tempelberg befindliche Festung Antonia. Spät im August – das hebräische Datum ist der neunte Tag des Monats Aw, der gleiche Tag, an dem sechseinhalb Jahrhunderte zuvor Nebukadnezars Truppen Salomons Tempel zerstört hatten – wurde der Tempel des Herodes geplündert und niedergebrannt.

Titus war danach noch etwa einen Monat lang damit beschäftigt, die hier und da noch standhaltenden jüdischen Widerstandsnester auszuheben. Dann dekretierte er, wie Nebukadnezar vor ihm, daß die Überlebenden in die Verbannung zu schicken seien, und der größte Teil von Jerusalem wurde in Trümmer gelegt. Alles in allem starben, dem Bericht des Josephus zufolge, während des langen Krieges und der Belagerung 110 000 Menschen durch Feuer, Schwert und Hunger, weitere 97 000 wurden als Sklaven über das ganze Römische Reich verstreut.

Die Zerstreuung beginnt

Die Unterdrückung des jüdischen Aufstands durch die Römer war durchaus nicht unvergleichlich. Es gibt Berichte über die Unterdrückung von Aufständen in Armenien und Britannien sowie über eine besonders brutale Maßregelung der belgischen Stämme. Dennoch scheint die Niederwerfung des jüdischen Aufstands den römischen Befehlshaber Titus und seinen Vater, den Kaiser Vespasian, mit besonderem Stolz erfüllt zu haben. Weshalb hätten sie sonst wohl Münzen schlagen lassen mit der Aufschrift »Judea Capta« – Judäa ist genommen? Weshalb hätte Titus sonst wohl an der Stelle einen Triumphbogen errichten lassen, wo man die jüdischen Gefangenen mit dem siebenarmigen Leuchter aus ihrem Tempel auf das Forum Romanum gezerrt hatte?

Während aber für römische Geschichtsschreiber der jüdische Krieg letztlich doch nur eine der vielen von Zeit zu Zeit erforderlichen römischen Strafexpeditionen gegen aufständische Stämme und Provinzen war, muß dieser Krieg in der jüdischen Geschichte als epochemachend gelten. Mit seinem Ende nämlich begann für die Juden die Epoche der Diaspora, in der sie ohne Heimatland über die ganze Welt verstreut leben sollten. Sie sollten ein besonderes Talent zur Meisterung des Lebens in der Diaspora entfalten: weit verstreut zu leben und doch zusammenzuhalten; fern der Heimat, ohne doch die Heimat zu vergessen; imstande, autonome Zentren des jüdischen Lebens zu bilden, gleichviel, unter wessen Regierung sie lebten.

Freilich begann die Diaspora nicht mit den Ereignissen, die in den Reliefs des Titusbogens festgehalten sind. Als der Tempel des Herodes zerstört wurde, lebten schon seit langem Juden über die ganze einst von Babylonien, dann von Griechen, nun von Römern regierte Welt zerstreut. Doch nach den Ereignissen, an die der Titusbogen in Rom erinnert, wurde die Zerstreuung die wesentliche Bedingung der ferneren jüdischen Geschichte. Palästina war von dieser Zeit an nicht mehr die Heimat des größten Teils des jüdischen Volks – wenn sich die Juden auch, wo immer in der Welt sie sein mochten, das Recht, sich nach dieser Heimat zu sehnen, nicht nehmen ließen.

Etwa zwei Jahrhunderte lang lebten auch nach der Niederwerfung des jüdischen Aufstands durch Titus noch Juden in Judäa. Dann wanderten die meisten von ihnen aus, der Not gehorchend. Die Epoche der Wanderungen hatte begonnen. Geschichte und Schicksal der Juden sollten in Zukunft eng mit denen des Römischen Reiches verbunden sein, und das sollte bedeutende Folgen für die westliche Welt haben.

Masada

Der jüdische Widerstand endete nicht mit der Verwüstung Jerusalems. Scharen von Zeloten hielten sich in über ganz Judäa verstreuten Festungen, nirgends aber so lange wie in Masada, einer Festung am westlichen Ufer des Toten Meeres. Die von Eleasar ben Jair geführten Zeloten hatten diese Festung schon seit den ersten Tagen des judäischen Aufstands in ihrer Gewalt, und sie hatten von diesem Stützpunkt aus, insbesondere während der Jahre 70 bis 72, viele Überfälle auf die Römer unternommen. Die Festung auf einem unzugänglichen Felsen 400 Meter hoch über dem Meeresspiegel war durch ihre Lage nahezu uneinnehmbar, und Herodes hatte dort überdies geräumige Vorratsspeicher und Wohnräume sowie ein System der Trinkwasserversorgung anlegen lassen.

Viele Monate vergingen, ehe die Soldaten der X. Legion unter dem römischen Statthalter Flavius Silva einen Belagerungsturm errichten konnten, der es ihnen gestattete, den eisernen Rammbock gegen die Festungsmauer einzusetzen. Aber Anfang Mai 73 schließlich schlugen sie eine Bresche in die Mauer des Herodes und legten Feuer an eine hölzerne Barrikade, die die Zeloten hastig improvisiert hatten. Dann zogen sich die Römer zurück, überzeugt, daß ihnen am nächsten Morgen die Eroberung der Festung gewiß sei. Als sie dann bei Tagesanbruch in die Festung eindrangen, fanden sie dort, wie Josephus sagt, nur »furchtbare Verlassenheit«. Von den Verteidigern sahen sie keine Spur, bis sie in einem Gebäude deren Leichen fanden, 960 insgesamt, Männer, Frauen und Kinder. Nur zwei Frauen und fünf Kinder überlebten den gemeinschaftlichen Selbstmord der Verteidiger von Masada, die lieber von eigener Hand sterben als sich den Römern ergeben wollten. Zu diesem Entschluß, sagt Josephus, hatte sie mit seiner Beredsamkeit ihr Führer Eleasar bewegt:

>Da wir uns, teure Freunde, schon vor langem schworen, niemals der Römer Diener zu werden, keines Menschen Diener, nur Gottes allein zu sein... müssen wir nun diesem Schwur gemäß handeln. Laßt unsere Frauen sterben, ehe sie Notzucht leiden müssen, und unsere Kinder, ehe sie die Knechtschaft erfahren. Und nachdem wir sie erschlagen haben, wollen wir uns gegenseitig diese edle Gunst gewähren und uns derart unsere Freiheit bewahren, zu unserem glorreichen Andenken.

Die aber im Krieg gefallen sind... sollten wir für gesegnet halten. Denn sie starben, da sie ihre Freiheit verteidigten, nicht verrieten. Was die Menge derer angeht, die nun unter dem römischen Joch leben... wer würde nicht lieber sterben, als deren Elend teilen? Und wo ist jetzt jene große Stadt, die Hauptstadt der jüdischen Nation? Sie ist abgerissen bis auf die Grundmauern. Ein paar Greise liegen in der Asche des Tempels. Und der Feind hat das Leben einiger Frauen verschont zu unserer Schande und Beschämung. Wer ist da, der sich über diese Dinge Klarheit verschafft hat und das Licht der Sonne noch ertragen kann...? Beeilen wir uns, tapfer zu sterben.<

Eines der ungelösten Rätsel der jüdischen Geschichte ist, ob Eleasar diese Worte tatsächlich gesprochen oder auch nur überhaupt eine Rede dieses Sinnes gehalten hat. Die von Yigael Yadin geleiteten Ausgrabungen auf Masada (von Oktober 1963 bis Mai 1964 und von November 1964 bis April 1965) förderten einige Indizien zutage, die die von Josephus erzählte Geschichte bestätigen. In einer kleinen Höhle an der südlichen Klippe wurden 25 Skelette gefunden, unter ihnen solche von Frauen und Kindern. Vielleicht handelt es sich dabei um die sterblichen Reste von Verteidigern Masadas, deren Leichen die Römer in diese Höhle warfen. Yadin maß aber die größte Bedeutung der Entdeckung von elf Ostraka oder Tonscherben bei, auf die je ein einziger Name geschrieben war (unter diesen auch derjenige eines Ben Jair, mutmaßlich also Eleasars). Mit diesen Tonscherben könnten die Verteidiger Masadas sehr wohl das Los geworfen haben, um zu entscheiden, wem die Aufgabe zufallen sollte, die anderen und zuletzt sich selbst zu töten. Doch eine Bestätigung der von Josephus zitierten Rede Eleasars fand sich nicht (ebenso wie auch die Todesart der 25, deren sterbliche Überreste man fand, nicht ermittelt werden konnte); verschiedene moderne Gelehrte halten dafür, daß Josephus nicht nur, wie das bei den Geschichtsschreibern seiner Zeit üblich war, seinem Helden eine von ihm selbst verfaßte Rede in den Mund gelegt, sondern auch die Ereignisse auf Masada nach eigenen Vorstellungen ausgeschmückt hat.

Wenn sich aber die Geschichte genauso zugetragen hat, wie Josephus sie erzählt, wie sollen wir sie verstehen? Gereicht der gemeinschaftliche Selbstmord der Verteidiger von Masada den Juden zur Ehre oder zur Schande? Hat der unnachgiebige Widerstand der Zeloten gegen Rom bis zum bitteren Ende das Überleben des Judentums gefährdet oder gefördert? Viele Zeitgenossen der Zeloten forderten die Anpassung an Rom. Von der Mitte des 2. bis zum Ende des 19. Jahrhunderts sollten die Stimmen derjenigen, die zur Anpassung rieten, die Geschicke des Judentums bestimmen.

Schlußbetrachtung

Die römischen Kaiser Vespasian und Titus waren so stolz, den jüdischen Aufstand niedergeschlagen zu haben, daß sie Münzen mit der Inschrift »Judäa Capta« – »Judäa unterworfen« – prägen ließen. Unterwerfung war zu dieser Zeit schon seit sechseinhalb Jahrhunderten das Schicksal der Juden gewesen. Zwischen der Zerstörung des Tempels Salomons im Jahre 586 v. Chr. und der Zerstörung des wiederaufgebauten Tempels im Jahre 70 n. Chr. hatten die Juden viererlei Eroberer kennengelernt: Babylonier, Perser, Griechen und Römer.

Von diesen erwiesen sich die Römer als die härtesten und grausamsten, und in dem Jahrhundert nach der Eroberung brach in Palästina immer wieder irgendwo Krieg aus, flackerte der Widerstand der Unterworfenen auf. Zuletzt freilich blieb den Juden nichts übrig, als sich in ihr Schicksal zu fügen. Was konnten sie mit militärischem und politischem Widerstand noch zu gewinnen hoffen? Für jüdische Pazifisten wie Johanan ben Zakkai oder für die Mönche in den Höhlen am Toten Meer waren die Widerstandskämpfer weniger unbeugsame Verteidiger der jüdischen Sache als vielmehr Kleingläubige, die Gott nicht zutrauten, am Ende alles zum Besten zu wenden. Sie begnügten sich mit apokalyptischen Träumen, etwa der Art, wie sie in der 1947 aufgefundenen Schriftrolle »Der Krieg der Söhne des Lichts und der Söhne der Finsternis« wiedergegeben ist, die einen kosmischen Endkampf zwischen übernatürlichen Mächten beschreibt.

Nützlicher als solche Träume war allerdings das hartnäckige Studium der Tora; hierzu bedurfte es intellektueller Freiheit, nicht nationaler Unabhängigkeit. Tatsächlich scheint die Abwesenheit von kriegerischen Verwicklungen und politischer Verantwortung die geistigen Fähigkeiten geschärft zu haben. So entstand in jener Zeit die Mischna, ein detaillierter Kommentar zu den Heiligen Schriften, in ausgewogener, klarer und präziser hebräischer Prosa. Doch war jetzt, wie wir sahen, die wesentliche Existenzbedingung des Judentums *galut*. Das hebräische Wort bedeutet Exil, Verbannung – und in der Verbannung fühlten sich damals selbst die in Judäa zurückgebliebenen Juden. Zwar lebten sie noch auf dem Boden des Heiligen Landes, doch war ihr Leben ohne Sicherheit, ohne Würde, ohne Hoffnung auf baldige Errettung. Die Römer verboten ihnen sogar den Besuch des Tempelberges. *Galut* bedeutete Unfruchtbarkeit, Demütigung, Entfremdung. Aber das war nur die eine Seite der Münze. Die andere bot den Juden mit dem Verlust ihrer Heimat die Freiheit, ihre Kultur zu verbreiten und ihre Ideen in der Geschichte wirken zu lassen. Ihre Identität war jetzt nicht mehr auf einen bestimmten Ort angewiesen. Sie konnte sich jetzt in Prinzipien und Ideen, in Synagogen, Akademien und in der Literatur äußern.

Die Juden hatten sehr wenig Einfluß auf die Kulturen Babyloniens und Persiens. Doch zwischen Griechentum und Judentum entspann sich ein fruchtbarer Dialog. Der große Philosoph Philo von Alexandrien, ein Zeitgenosse des Jesus von Nazareth, bemühte sich, hebräische Prophezeiung mit griechischer Philosophie in Übereinstimmung zu bringen. Und das rabbinische Judentum sollte im Rahmen des Römischen Reiches einen Einfluß nehmen, von dem Titus sich nichts hat träumen lassen können. Nicht unmittelbar freilich: Die Juden hatten wenig Begabung und Neigung und natürlich keine Macht, andere zu bekehren. Sie konnten anderen ihre Ideen nicht aufnötigen. Aber wer hätte, als Titus die erwähnte Gedenkmünze schlagen ließ, den mächtigen Einfluß prophezeien können, den die unterworfenen Juden auf die mit dem Entstehen und der Ausbreitung des Christentums sich bildende Weltkultur nehmen sollten?

Die Ausbildung von Traditionen

Wachstum, Wandel und Anpassung prägten die ersten 500 Jahre nach Jesu Geburt – im Judentum wie im Christentum. Die Juden Galiläas und Babylons, besonders letztere, schufen eine unerschöpfliche Quelle jüdischer Kultur, den Talmud. Sie schrieben Erläuterungen zur Bibel, dann Kommentare dieser Kommentare und schließlich eine zusammenfassende Kommentierung all dieser Schriften. So schufen sie eine reiche, unübersichtliche, aber beredte und packende Literatur, in der sich Dichtung, Legende und Gesetz verweben. Eine Seite des Talmud, in hebräischer und aramäischer Sprache verfaßt, redet unermüdlich, ohne Punkt und Komma. Den Talmud kann man nicht lesen. Man muß ihn lernen, studieren – und nichts anderes, nämlich »Lernen« und »Studieren«, bedeutet der hebräische Name dieser Literatur. Der Talmud wurde das Gefäß einer Kultur, der Kultur der gesetzestreuen Juden der ganzen Welt: Hier war der Ort jüdischen Lebens und jüdischer Frömmigkeit, aber auch der Ort, wo die Juden ihre kritischen Fähigkeiten und ihre analytische Begabung übten. Mit der Zeit galt den Juden das Studium des Talmuds als gottgefällige Tat, als Zeichen der Frömmigkeit.

Unterdessen breitete die christliche Welt sich mächtig aus. Die ersten Christen waren bekehrte Juden, dann bekehrten sich auch Heiden zum Christentum, und schließlich gewann es Gläubige in der ganzen mittelmeerischen Welt. Unter dem Apostel Paulus, einem Mann jüdischer Herkunft, griechischer Kultur und römischer Staatsbürgerschaft, bekehrten sich Massen, die früher die unterschiedlichsten Götter angebetet hatten, zum Christentum.

Wie die Juden mußten auch die Christen anfänglich im Römischen Reich um ihrer Religion willen Verfolgungen erdulden. Doch im

4. Jahrhundert bekehrte sich kein Geringerer als der römische Kaiser Konstantin selbst zum Christentum. Im 5. Jahrhundert war dieses bereits Staatsreligion im Römischen Reich geworden, neben der keine andere geduldet wurde. Die Juden blieben, was sie immer gewesen waren – Dissidenten, eine Minderheit. Während der fünf Jahrhunderte, in denen das Christentum zur Staatsreligion aufstieg, hatten die Juden eine neue Beweglichkeit gelernt, hatten begriffen, daß ihre Ideen und ihre Kultur nicht an die Bundeslade und nicht an den Tempel in Jerusalem gebunden waren. So sollten sie von nun an zu Hause sein, wo immer die Heiligen Schriften und der Talmud zu finden waren.

In diesem Kapitel sind drei wichtige Geschichten zu erzählen. Zunächst die Geschichte der Zerstreuung des jüdischen Volkes über die ganze römische Welt und sogar über deren Grenzen hinaus. Sodann die Geschichte der Wiederherstellung des Judentums und der von ihm getrennten Entwicklung des Christentums nach der Zerstörung des Tempels. Schließlich die Geschichte der wachsenden Entfremdung und Erbitterung zwischen Christen und Juden. Diese Geschichten fanden vor dem Hintergrund des Niedergangs des Römischen Reiches, der Entstehung einer neuen sozialen und politischen Ordnung in Europa und des Aufstiegs eines neuen Großreichs, des über Westasien, Arabien und Nordafrika bis nach Spanien sich ausdehnenden Reichs des Islam, statt. Vom jüdischen Leben im Reich des Islam wird in diesem Kapitel kurz, im nächsten ausführlicher die Rede sein.

Kehren wir zurück in das Jahr 73 der christlichen Ära. Masada, der letzte Stützpunkt der Zeloten, ist gefallen. Der Tempel, der seit mehr als zweieinhalb Jahrhunderten der Hort der Macht der Sadduzäer und schon seit annähernd tausend Jahren der Mittelpunkt des jüdischen Gottesdiensts war, ist zerstört. Die essäischen Bruderschaften, klein an Zahl, aber stark im Glauben, sind ausgelöscht. Auf dem Kaiserthron sitzt Vespasian, der die Eroberung Judäas persönlich in Angriff nahm und durch seinen Sohn Titus vollenden ließ.

Wie konnte eine so gründlich zerstörte Nation, deren Volk in alle Winde zerstreut worden war, überleben? Die Erhaltung des jüdischen Volkes ist ein Geheimnis ohnegleichen in der Geschichte der

Kultur. Es gibt keine einfache Erklärung dieses Geheimnisses eines Volkes, das, bis an die Enden der Erde zerstreut, die Samen seines Überlebens überallhin mitbrachte und sich, wo immer es sich niederließ, die eigene Identität bewahrte. Gleichviel, wie fremd der Boden, das jüdische Volk vermochte überall Wurzeln zu schlagen, zu blühen, zu gedeihen und sich von Generation zu Generation zu erneuern. Vielleicht hat eben die Zerstreuung, die die physische Gemeinschaft des jüdischen Volkes zerstörte, dieses Wunder seines Überlebens in der Diaspora ermöglicht.

Diaspora ist das griechische Wort für »Zerstreuung«. Das Schicksal, umgesiedelt und zerstreut zu werden, widerfuhr in der alten Welt vielen Völkern. Als *diaspore* bezeichnet man auch die vielsamige Kapsel der in Israel seit alter Zeit heimischen Wolfsmilch. Diese *diaspore* zerstreut ihre Samen mit dem Wind in alle Richtungen. Heute wächst und blüht die Wolfsmilch in einigen Unterarten fast überall auf der Welt.

Schon zur Zeit der Zerstörung Jerusalems lebte nur noch etwa die Hälfte des jüdischen Volkes in Judäa. Viele Juden hatten sich in Babylon niedergelassen, andere in anderen Gegenden Vorderasiens und in verschiedenen Provinzen des Römischen Reiches. Erst tausend Jahre später sollte offenbar werden, daß der Krieg gegen Rom, der mit ihrer Vertreibung aus ihrer Heimat endete, die Juden paradoxerweise vor dem Untergang bewahrt hatte, der anderen Kulturen bevorstand. Denn die Juden wurden in das Überleben verbannt. Nach dem Verlust ihrer Heimat konnte nur die Diaspora ihre Identität retten. Sie wurde die wesentliche Bedingung der Bewahrung der Identität und schöpferischen Kraft der Juden, die ein für allemal verloren gewesen wären, wären sie in Judäa geblieben und hätten sich niedermetzeln lassen. Wenn aber die Auswanderung den Juden die Gelegenheit gab, als Volk physisch zu überleben, so müssen sie selbst etwas besessen haben, kraft dessen sie schöpferisch überlebten und in der Auseinandersetzung mit anderen Kulturen ihre eigene zu entwickeln und fortzubilden vermochten. Was sie dazu befähigte, was ihnen schließlich einen zentralen und bleibenden Platz in der Weltgeschichte sicherte, hat man gelegentlich ihre Leidenschaft für Sinn genannt. Wie wir sehen werden, wurde diese Leidenschaft, den Sinn der Dinge und Ereignisse zu entdecken, genährt durch jenen Schatz von Gesetzen und Traditionen, den man den Talmud nennt.

Zu Beginn der christlichen Ära waren die Juden Palästinas nur eine Minderheit des Weltjudentums – wie heute. Eine Schätzung, die auf einem mittelalterlichen Bericht über eine von Kaiser Claudius im Jahre 48 n. Chr. angeordnete Volkszählung beruht, nimmt an, daß innerhalb der Grenzen des Römischen Reiches damals etwa sieben Millionen Juden lebten. Eine weitere Million mag außerhalb der römischen Reichsgrenzen gewohnt haben, die meisten von diesen in Mesopotamien unter der Herrschaft der Parther. Von den im Römischen Reich ansässigen Juden lebten in Palästina nicht mehr als zweieinhalb Millionen – etwa ein Drittel; je eine weitere Million lebte in Ägypten, Syrien und Kleinasien. Diese Angaben sind freilich das Ergebnis grober Schätzungen; vielleicht war die jüdische Bevölkerung Palästinas in Wirklichkeit viel kleiner. So behaupten einige Demographen, daß die gesamte Bevölkerung Palästinas – einschließlich der Heiden – zu jener Zeit nur etwa 800000 Seelen stark war.

Die geographische Zerstreuung zwang die Juden zu wirtschaftlicher Vielseitigkeit. Um 300 n. Chr. lesen wir von jüdischen Bäckern und Schiffern in Italien, von jüdischen Olivenpflanzern in Spanien, von jüdischen Sklavenhändlern in Deutschland, von jüdischen Bauern und Viehhirten in Mesopotamien. Zu dieser Zeit lebten schon viele Juden in Stadtgemeinden, kaum weniger aber auf dem Lande, und dort mitunter in isolierten, entlegenen Dörfern, so im Atlas-Gebirge und im Kaukasus. In Äthiopien hatten sich bereits die Vorfahren der Falaschas niedergelassen, und in den griechischen Kolonien am Schwarzen Meer lebten Juden an den Küsten des Landes, das später einmal Rußland werden sollte.

Doch spielten im Leben der jüdischen Gemeinden Judäa und insbesondere Jerusalem eine sehr viel wichtigere Rolle, als man bei Berücksichtigung allein der demographischen und ökonomischen Faktoren annehmen sollte. Solange der Tempel stand, waren die Gemeinden in der Diaspora verpflichtet, die Tempelopfer und die Priester, die sie zelebrierten, mit ihren Abgaben zu unterstützen. An Festtagen – während des Sukkot, Pessach und Schawuot – weilten Tausende von Pilgern aus Italien, Griechenland, aus der Cyrenaika, aus Ägypten, Syrien, Galiläa, Arabien und Mesopotamien in Jerusalem. Diese Pilgerzüge blieben nach der Zerstörung des Tempels aus, aber der besondere Platz in Herz und Sinn der Juden blieb der Heiligen Stadt erhalten. Die jüdische Tradition ist voller Erzählungen und Ausdrücke, die die besondere Bedeutung Jerusalems selbst nach der Zerstörung der Stadt sowohl bezeugen als auch erhalten sollten:

»In zehn Teilen kam die Schönheit in die Welt hinab. Jerusalem gewann neun und die übrige Welt einen.
Keine Weisheit ist wie diejenige des Landes Israel. Keine Schönheit ist wie die Schönheit von Jerusalem.«
Jerusalem ist das Licht der Welt... und wer ist das Licht Jerusalems? Gott.«

So düster im Jahre 73 n. Chr. ihre Aussichten waren, fanden die Juden doch noch Grund zur Hoffnung. Ihre verbannten Vorfahren hatten kaum fünfzig Jahre nach der babylonischen Eroberung aus dem Exil zurückkehren dürfen. Weshalb sollte dieses zweite Exil länger dauern als das erste? Die Worte des Deutero-Jesaja müssen die Juden in römischer Zeit ebenso getröstet haben wie ihre Vorfahren vor über 600 Jahren: »Ich habe dich einen kleinen Augenblick verlassen; aber mit großer Barmherzigkeit will ich dich sammeln« (Jesaja 54: 7).

Überdies blickten die Juden zu dieser Zeit bereits auf eine stolze Tradition siegreicher Waffentaten zurück. Welcher jüdische Patriot konnte König Davids Eroberungen vergessen, den glänzenden Triumph der Makkabäer über das Heer Antiochus IV., den lang anhaltenden Widerstand Judäas gegen die Legionen des Vespasian und des Titus? Vielleicht würde ihnen also binnen kurzem Gott wie einst zur Richterzeit einen neuen Kriegshelden als Führer senden. Oder vielleicht würde auch, wie die Propheten verkündigt hatten, ein »Gesalbter«, ein Messias, die Kinder Israel in das Gelobte Land zurückführen.

Tatsächlich erstand Israel nur sechzig Jahre nach dem Fall des Tempels ein neuer militärischer Führer, und die Stadt Jerusalem wurde noch einmal, wenngleich nur vorübergehend, die Hauptstadt eines jüdischen Staats. Der fragliche militärische Führer, Simeon ben Kosiba, der 135 n. Chr. starb, war und bleibt eine der umstrittensten Gestalten der jüdischen Geschichte. Seine Bewunderer nannten ihn Bar Kochba, »Sternensohn«, bei einem Namen also, der die in ihn gesetzte Hoffnung andeutet; seine Gegner aber nannten ihn Bar Koziba, »Sohn eines Lügners«. Unter denen, die Bar Kochba als den erwarteten Messias willkommen hießen, war Rabbi Akiba (um 50–135 n. Chr.), der führende Weise und Gelehrte seiner Zeit.

Bar Kochbas charismatische Ausstrahlung und seine rücksichtslose Kühnheit faszinierten die Rabbinen. Im Talmud liest man, daß er von seinen Soldaten verlangte, sie sollten sich zum Zeichen ihrer Tapferkeit und Treue mindestens einen ihrer Finger ohne Zögern abschneiden. Der Talmud berichtet auch, daß die Schriftgelehrten ihn baten, von dieser Forderung abzugehen: »Wie lange noch willst du die ganze Mannschaft Israels zu Krüppeln machen?«

Was letztlich den Bar-Kochba-Aufstand hervorrief, war die Entscheidung des von 117–138 n. Chr. regierenden römischen Kaisers Hadrian, auf den Ruinen Jerusalems, an der Stelle des Tempels des Herodes, sich selbst zu Ehren eine römische Stadt namens Aelia Capitolina zu bauen. Während sich Hadrian in Judäa und Ägypten aufhielt, in den Jahren 130–131 n. Chr., bereiteten die Juden ihren Aufstand vor, horteten Waffen und Vorräte und schickten Gesandte an die Gemeinden in der Diaspora mit der Bitte, während des bevorstehenden Kampfes die Brüder in der Heimat zu unterstützen. Einer dieser Gesandten war Akiba, der damals in westlicher Richtung bis nach Gallien reiste, in östlicher bis nach Babylonien. Als Ende 131 oder Anfang 132 der Aufstand begann, mußte die auf den plötzlichen Angriff unvorbereitete X. Legion ihr Lager bei Jerusalem aufgeben. Unter Bar Kochbas Führung setzten die Aufständischen eine Übergangsregierung ein, machten Pläne zum Wiederaufbau des Tempels und errichteten einstweilen an der Stelle des zerstörten Tempels einen provisorischen Altar, an dem sie wieder Opfer darbringen konnten. Auch proklamierten sie einen neuen Kalender und prägten neue Münzen. Auf einer dieser Münzen liest man »Schimeon [Bar Kochba] Fürst von Israel«. Die Rückseite trägt die Inschrift »Jahr 1 der Erlösung Israels«.

Bald freilich erhielten die Römer Verstärkung; unter dem Kommando des Statthalters von Britannien, Sextus Julius Severus, landeten frische Truppen in Palästina. Ende 134 oder zu Beginn des folgenden Jahres wurden die jüdischen Rebellen aus Jerusalem vertrieben. Bar Kochba und seine Getreuen verschanzten sich in der Festung Betar, etwa 12 Kilometer südwestlich der Hauptstadt. Aber im Spätsommer fiel Betar, Bar Kochba wurde erschlagen, Akiba gefangengenommen und zu Tode gefoltert. Danach kam es in den Bergen nur hier und da noch zu kleinen Gefechten. Der Bar-Kochba-Aufstand war niedergeschlagen. Nun ließ Hadrian die geplante römische Stadt Aelia Capitolina erbauen, die zu betreten den Juden unter Todesstrafe verboten war. Die Namen Judäa und Jerusalem wurden von den Landkarten des Reiches getilgt. Die Stadt und ihre Umgebung wurden von Heiden kolonisiert. Alle wesentlichen Praktiken der jüdischen Religionsausübung – die Beschneidung, das Begehen der großen Feste, die Wahrung des Sabbats, das Studium und Lehren der Tora, selbst der Besitz der Gesetzesrolle – wurden unter Todesstrafe gestellt.

Der Fall von Betar bezeichnet einen entscheidenden Einschnitt in der jüdischen Geschichte. Jetzt hatten die Juden keine Hoffnung mehr, die Heilige Stadt zurückerobern und den Tempel wiederaufbauen zu können. In Zukunft sollte es keine jüdischen Aufstände mehr geben. Selbstverteidigung gegen Massaker und Pogrome gab es immer wieder und überall, aber mehr als 1 800 Jahre sollten vergehen, ehe die Juden als Herren nach Jerusalem zurückkehrten. Während dieser achtzehn Jahrhunderte sollten die Juden, gleichviel wo sie lebten – selbst im Lande Israel, wo während des größten Teils dieser Zeit nicht mehr als 5 000 Juden wohnten –, stets eine Minderheit sein.

Das Ende des Tempelgottesdienstes und des Tempelopfers zwang die Juden zu einer Neugestaltung ihrer Religionsausübung. Auf diese Notwendigkeit waren sie indessen durch die im babylonischen Exil gemachten Erfahrungen und die daraus folgende Entwicklung des Synagogengottesdienstes und der autonomen Gemeindeorganisationen gut vorbereitet. Die Überlieferung schreibt einen wichtigen Anteil an der Neugestaltung des Judentums Johanan ben Zakkai zu, einem pharisäischen geistlichen Führer in der Nachfolge Hillels. Als im Jahre 68 n.Chr. die römischen Heere durch Judäa stürmten und in Jerusalem feindliche Parteien das Gemeinwesen zerrissen, ermahnte Ben Zakkai seine Mitbürger, sich Vespasian zu ergeben, da weiterer Widerstand nur unvermeidlich den Verlust der Stadt, des Tempels und des Lebens der Verteidiger zur Folge haben werde. Als er schließlich einsah, daß die Zeloten lieber sterben wollten als sich ergeben, und willens waren, ihn selbst und seine Anhänger zu töten, um zu verhindern, daß die Stadt dem Feind übergeben würde, ließ er sich von seinen Jüngern in einem Sarg aus der Stadt schmuggeln und begab sich als Bittsteller einer ganzen Generation von Weisen und Schriftgelehrten, der führenden Pharisäer seiner Zeit, zu Vespasian. Insbesondere ersuchte er den Römer um Erlaubnis – die er auch erhielt –, eine Akademie für das Studium des judäischen Rechts in Jabne einzurichten, einem zwischen Jerusalem und der Küste gelegenen Ort. Er gründete dort einen Gerichtshof für Religionsfragen (oder *bet din*, was wörtlich »Gerichtshaus« heißt), der Entscheidungen nicht nur in geistlichen, sondern auch in weltlichen Angelegenheiten fällte und für die Überwachung des Kalenders verantwortlich war. Mit der Gründung dieses *bet din*, das das Judentum pharisäischer Ausrichtung nicht allein in Palästina, sondern auch in der ganzen Diaspora verbreiten half, wie noch auf vielerlei andere Weise, durch praktische Maßnahmen und symbolische Gesten, sorgte Ben Zakkai dafür, daß ein großer Teil des kulturellen und politischen Einflusses der verlorenen Hauptstadt jetzt von Jabne ausging.

Der Nachfolger Ben Zakkais als Präsident des *bet din* und als Patriarch Judäas war Rabban Gamaliel II., ein Ururenkel Hillels. Während seiner Amtszeit wurde das *bet din* als der Große Sanhedrin reorganisiert, der von Rom als oberste politische, rechtliche und religiöse Instanz für alle Juden im Reich anerkannt wurde. Gamaliel entschied mit der Zustimmung des Sanhedrin, daß über alle Fragen des jüdischen Rechts (*halacha*) mit Stimmenmehrheit befunden werden müsse. In Jabne wurde unter Ben Zakkai und Gamaliel eine textkritische Ausgabe der Heiligen Schriften erarbeitet, die die Überlieferung eines unverfälschten Textes gewährleistete. Auch wurden während dieser Zeit die hebräische Bibel neuerlich ins Griechische übersetzt, durch die Einführung diakritischer Zeichen Aussprache und Bedeutung des hebräischen Textes festgelegt und der Kanon der Bibel revidiert, wobei das Buch Ekklesiastes, der Prediger Salomo, aufgenommen wurde.

Nichtsdestoweniger beendete die Niederwerfung des Bar-Kochba-Aufstandes den Vorrang der Institutionen Judäas vor denen der Diaspora. In den darauffolgenden Jahrhunderten sollten die Hauptorte jüdischer Gelehrsamkeit außerhalb von Judäa, in Galiläa und in Mesopotamien liegen. Dieser Zweiteilung entspricht die Tatsache, daß uns die Sammlung jüdischer Gesetze und Lehren nicht in einer, sondern in zwei Fassungen des Talmud überkommen ist. Der babylonische Talmud, von gewaltigem Umfang und umfassender Thematik – weshalb im Hebräischen auch von *Jam-ha-Talmud*, dem »Meer der Wissenschaft«, die Rede ist –, wurde zwischen 200 und 500 n. Chr. in Sura, Nehardea, Pumbeditha und an verschiedenen anderen rabbinischen Lehrhäusern Babylons verfaßt. Die zweite Fassung wird zwar häufig unzutreffend als der jerusalemische Talmud bezeichnet, entstand aber, wie schon gesagt, größtenteils in Galiläa, in Caesarea, Tiberias und Sepphoris. Sie hat nur ein Viertel des Umfangs der babylonischen Sammlung und ist mithin weniger vollständig; auch genießt sie eine viel geringere Autorität. Beide Fassungen haben indessen den gleichen Ansatz: Beide sind Kommentare der Mischna, die unter Leitung des Rabbi Juda ha-Nasi um das Jahr 200 n. Chr. in Galiläa kodifiziert wurde.

Juda selbst hatte in Uscha studiert, wo sich nach dem Niedergang Jabnes der Sanhedrin zu versammeln pflegte. Später ließ er sich in Bet Sche'arim nieder. Während seiner Amtszeit stand das Patriarchat von Palästina, das bereits erblich und mit fast königlicher Würde ausgestattet war, auf der Höhe seines Prestiges und Einflusses, nicht allein bei den Juden Palästinas und der Diaspora, sondern selbst bei den Herrschern Roms. Nach dem Tode Judas jedoch sank es bald zu politischer Bedeutungslosigkeit hinab, und seine fernere Geschichte beschrieb ein Historiker als »monotone Abfolge von Gamaliels, Judas und Hillels«. Doch in Galiläa und besonders in Babylonien hielt die Blüte der jüdischen Gesetzeswissenschaft an. Mit den in Babylonien tätigen Gelehrten hatte Juda freundschaftliche Beziehungen unterhalten und dem Führer der dortigen Judenheit, dem Exilarchen, die gebührende Achtung erwiesen. Die von Juda angeleiteten Herausgeber der Mischna bewahrten der Nachwelt nicht nur das mündliche Gesetz (*halacha*), wie es sich bis zur Zeit Hillels entwickelt hatte, sondern auch die Lehren der Rabbinen (*tannaim*) der ersten beiden Jahrhunderte der christlichen Ära, in denen die zweimalige Verwüstung Judäas durch die Römer stattgefunden hatte. Die Schüler Judas und deren Schüler (die *amoraim*) unternahmen es nun, die Arbeit ihrer Vorgänger ausführlich zu erläutern. Diese Erläuterung, *gemara*, umfaßt nicht allein die *halacha*, sondern ebenfalls die *haggada* – die Sprichwörter, Parabeln, Anekdoten und kurzen historischen und biographischen Abrisse, denen hauptsächlich der Talmud seinen literarischen Reiz verdankt.

Wie das jüdische Leben der letzten fünfzehn Jahrhunderte ohne den Talmud ausgesehen hätte, kann man sich nur schwer vorstellen. Die Bedeutung des Talmuds für die Juden ist von ganz anderer Art als diejenige der Bibel. Der universale Anspruch der Bibel fehlt dem Talmud. Nichtjuden haben selten Verständnis und empfinden gewiß keine Zuneigung für ihn. Der Talmud geht die Juden an, und ihnen liegt er am Herzen. In der Bibel geht es um die Idee der Ewigkeit, aber der Talmud war ein Gefährte des Alltags, ein Ratgeber in alltäglichen, kleinen, konkreten Angelegenheiten. Für Generationen von Juden in den Ghettos war er ein treuer Spiegel des Lebens, das ihre Ahnen in Babylon und Judäa geführt hatten. Jahrhundertelang lebten die Juden in Übereinstimmung mit den Mustern, die der Talmud ihnen bot, und prüften ihre geistigen Leistungen an seinen Vorschriften. Der Talmud öffnete das Tor zu einem reichen, bunten und bewegten jüdischen Leben, das denen, die ihn studierten, noch Jahrhunderte später oft wirklicher zu sein schien als das ihrer eigenen gegenwärtigen Erfahrung. Man kann sich kaum eine Sammlung von Schriften vorstellen, die so nachhaltig über ihren eigenen Ort und ihre eigene Zeit hinaus gewirkt hat.

Das Studium des Talmud gibt Aufschluß über die Eigentümlichkeit des rabbinischen Denkens, und je länger man ihn studiert, desto vertrauter werden jene Weisen und Schriftgelehrten, die gemeinsam mit ihren Familien und Zeitgenossen in Bet Sche'arim begraben liegen. Die Rabbinen waren zugleich rational und poetisch. Neben scharfsinnigen juristischen Erörterungen findet man alle möglichen volkstümlichen und abergläubischen Geschichten. Stets aber war es das einzige Anliegen dieser Lehrer, die Tora auszulegen. Sie wollten ihren Schülern Einsicht in den göttlichen Heilsplan eröffnen. Der einzige Weg zu dieser Einsicht aber war das Studium: Nur auf diesem Wege konnten endlich die Gestalt und die Dimensionen der kosmischen Ordnung und die Stellung der Juden innerhalb dieser Ordnung erkannt werden.

Die sehr originelle und unsystematische Didaktik des Talmud findet man in einem der Kommentare zum 1. Buche Mose mit einem Bild charakterisiert: »Das Ganze ist wie ein undurchdringliches Röhricht. Was macht da der kluge Mann? Er schneidet sich eine Schneise und dringt ein. Und dann schneidet er weiter und dringt tiefer ein. Am Ende hat er eine Lichtung gemacht, und seinem Pfade folgend beginnen alle einzudringen.«

Ein wichtiges Anliegen der Rabbinen war der hebräische Kalender. Eine lange Erörterung in der Mischna behandelt die Frage, wie mit Sicherheit festgestellt werden kann, daß der neue Mond gesehen worden ist, was auch die Frage einschließt, welche diesbezüglichen Zeugenaussagen man gelten lassen darf. Das Leben der jüdischen Gemeinden hat sich stets nach dem hebräischen Kalender gerichtet. Dieser Kalender ist ein Mond-Kalender, und eine genaue Kenntnis der Mondzyklen ist erforderlich für die richtige Festsetzung der von der Heiligen Schrift vorgeschriebenen Feste. In alten Zeiten wurde das Erscheinen des neuen Mondes von Jerusalem aus den Gemeinden in der Diaspora auf die damals schnellste denkbare Weise durch Signalfeuer gemeldet. Auf Bergen oder Hügeln entzündete Feuer verkündeten so, ausgehend vom Ölberg in Jerusalem, quer durch die große Wüste bis nach Babylon den Beginn eines neuen Monats. Im 4. Jahrhundert verboten die römischen Behörden diese Signalfeuer, und in der Diaspora mußten nun die Monatsanfänge auf andere Weise festgesetzt werden. Doch wenn auch die Leuchtfeuer auf den Bergen erloschen, das Feuer des Glaubens, gespeist von einer Leidenschaft fürs Lernen und für Sinn, sollte nie erlöschen. Wo immer Juden lebten, in allen Ländern der Diaspora, befanden sie sich in dem Dilemma, den Gesellschaften, in deren Mitte sie lebten, einerseits anzugehören, andererseits fremd zu sein. Der Talmud war das Leuchtfeuer, dessen Licht noch in den entlegensten Gegenden die über die ganze Welt verstreuten Juden leitete und über die großen Entfernungen, die sie trennten, miteinander vereinigte.

Christen und Juden

Von einigen vorübergehenden Verfolgungen während des 5. Jahrhunderts abgesehen, scheint die jüdische Gemeinde in Babylonien sich jahrhundertelang geordneter Verhältnisse erfreut zu haben und geistig rege und fruchtbar gewesen zu sein. Die Zustände im Westen waren weniger stabil. Hier ist bisher nur von den Unruhen im Innern des Römischen Reiches die Rede gewesen – namentlich von den jüdischen Aufständen der Jahre 66 bis 70 und 131 bis 135 –, doch wuchs mit der Zeit auch die Bedrohung des Reiches durch äußere Feinde. Als es unter Hadrian seine größte Ausdehnung erreicht hatte, begannen die Römer in Britannien und Germanien Wälle zu errichten, um sich der barbarischen Invasoren zu erwehren. Aber diese Wälle hielten der Völkerwanderung nicht stand, und das Reich zerfiel: Vier Jahrhunderte später war Rom wiederholt von Barbaren geplündert worden, und Barbaren beherrschten den größten Teil Europas.

Diese Ereignisse hatten schwerwiegende Folgen nicht zuletzt auch für die Juden, die zu dieser Zeit schon vielerorts am Rhein – vielleicht bis zu dessen Mündung in die Nordsee – siedelten. Dennoch wurde die Lage der Juden durch die ungeheuren politischen Umwälzungen der Völkerwanderung weniger gründlich verändert als durch die von Jesus von Nazareth in Gang gesetzte geistige und theologische Revolution. Es heißt, daß Jesus zu Kapernaum am Ufer des Sees Genezareth predigte. Die dortige Synagoge wurde etwa 200 Jahre später gebaut, vielleicht auf den Trümmern derjenigen, in der Jesus den Juden von Galiläa in Gleichnissen sprach.

Daß das Christentum als eine Sekte des Judentums begann, wird von niemandem bestritten. Was unterschied jene ersten in Synagogen sich versammelnden Christen von den in Synagogen sich versammelnden Juden – außer dem Glauben, daß Jesus der verheißene Messias sei? Nichts. Für jene ersten Christen war wie für die Juden der Tempel in Jerusalem noch immer der Mittelpunkt ihres Gottesdienstes. Christen wie Juden fühlten sich der jüdischen Ethik verpflichtet, folgten jüdischen Führern und erhofften sich Erlösung durch einen jüdischen Messias. Um so erstaunlicher ist die Tatsache, daß binnen eines Jahrhunderts das Christentum sich zu einer besonderen Religion entwickeln und nicht einmal zwei Jahrhunderte später Staatsreligion des Römischen Reiches werden sollte.

Im Anfang war Jesus, ein jüdischer Lehrer, der viele Anhänger um sich sammelte, sich damit den Römern verdächtig machte und das Mißtrauen auch mancher jüdischer Führer erregte, die fürchteten, daß seine Lehren das Land in politisches Chaos stürzen könnten, und die seinen Anspruch, der Messias zu sein, nicht gelten lassen konnten. Denn der erwartete Gesalbte sollte zwar ein Gottgesandter sein, ein Erlöser mit göttlichen Attributen, doch nichtsdestoweniger ein Mensch. Daß Jesus sich als Gottes Sohn bezeichnete, mußte jene Juden entsetzen, die stolz waren, die abstrakte Natur der Gottheit zu erkennen. Denn das war ja der Kern der jüdischen Lehre, daß Gott keine Gestalt hat, allgegenwärtig, aber unsichtbar ist.

Im historischen Rückblick scheint die ethische Affinität des Christentums mit dem Judentum bedeutsamer als die Differenzen, an denen der historische Konflikt der beiden Religionen entbrannte. Aber auch aus historischem Abstand sollte man nicht verkennen und leugnen, daß dem Konflikt eine ernste Meinungsverschiedenheit zugrunde lag, die Lehren betraf, die für viele von höchster Bedeutung waren.

Als Jesus mit großem Anhang in Jerusalem einzog und Reformen forderte, sahen die Römer darin die Vorzeichen eines jüdischen Aufstands, wie sie deren schon mehrere hatten unterdrücken müssen. Die Einzelheiten der Verhaftung und Verurteilung Jesu sind nicht mehr zu rekonstruieren, gewiß ist aber, daß er schließlich von den Römern gekreuzigt wurde. Dennoch hat fast 2000 Jahre lang die Christenheit an der Überzeugung festgehalten, daß die Juden eine Kollektivschuld am Tod Jesu trügen. 1965 erst suchte das 2. Vatikanische Konzil diese Überzeugung mit der Erklärung zu berichtigen, daß eine Schuld an der Kreuzigung nur diejenigen auf sich geladen hätten, die damals direkt seinen Tod forderten, und beklagte bei dieser Gelegenheit den Haß und die Verfolgungen, denen die Juden als angeblich Schuldige an Jesu Tod seitens der Christen immer wieder ausgesetzt waren.

Von der Zeit Jesu bis in die Gegenwart sind die Juden von christlichen Mächten überall in der Welt fast unaufhörlich verfolgt worden – aus Gründen, die so kompliziert sind, daß sie bis heute nicht einleuchtend analysiert worden sind. Doch zugleich hat sich das Christentum in diesen 2000 Jahren über die ganze Welt ausgebreitet und viele Grundsätze des jüdischen Glaubens, aus dem Jesus seine Lehre schöpfte, überall zur Geltung gebracht.

In seinen Anfängen gewann das Christentum eine große Anhängerschaft, obwohl die Römer die Anhänger dieser neuen jüdischen Sekte ebenso rücksichtslos verfolgten wie schon des öfteren in der Vergangenheit die rechtgläubigen Juden. In den Annalen des Tacitus liest man, daß die Schuld an dem Feuer, durch das im Jahre 64 n. Chr. ein großer Teil der Stadt Rom niederbrannte, offiziell den Christen gegeben wurde, obwohl der Kaiser selbst verdächtigt wurde, das Feuer gelegt zu haben, um die Stadt nach seinen eigenen Plänen wiederaufbauen lassen zu können.

Doch begnügte sich das Römische Reich nicht mit dem Martyrium einzelner Christen. Das Christentum sollte insgesamt ausgerottet werden. Der christlichen Überlieferung zufolge sind die meisten der ursprünglichen Jünger Jesu den Märtyrertod gestorben. Der philosophierende Kaiser Marcus Aurelius, der von den Juden, deren Patriarchen Juda ha-Nasi er allerdings hochschätzte, insgemein nicht viel hielt, ließ sich die Verfolgung der Christen besonders angelegen sein. Schon gegen Ende seiner Regierungszeit – er starb im Jahre 180 – war die Verehrung der Märtyrer ein wichtiger Bestandteil der volkstümlichen christlichen Religion. Im Jahre 250 veranlaßte Kaiser Decius (201–251) die erste allgemeine, systematische Christenverfolgung, bei der die Christen durch Terror und Folter gezwungen werden sollten, den heidnischen Göttern zu opfern. Häufig wurden die christlichen Märtyrer auf jüdischen Friedhöfen bestattet, und manche Christen fanden Zuflucht in den Synagogen der Juden. Noch im Jahre 303 befahl Kaiser Diokletian (245–313) die Zerstörung der Kirchen, die Beschlagnahme der christlichen Schriften, die Verhaftung und Folterung der christlichen Geistlichkeit – Maßnahmen, die bei den damaligen Juden beängstigende Erinnerungen geweckt haben müssen und in den Herzen der heutigen ein unheilvolles Echo auslösen.

Und doch endete der Krieg gegen die Christen plötzlich und überraschend, nur zehn Jahre später, während der Regierungszeit (306–337) des Kaisers Flavius Valerius Aurelius Constantinus, der als Konstantin der Große in die Geschichte eingegangen ist. Er ist gewiß eine der großen Gestalten in der Geschichte des Christentums. Bei seinem Regierungsantritt war das Christentum die einzige in seinem Reich offiziell verbotene Religion. Seine Bekehrung und Taufe ebneten den Weg zu einer Verschmelzung des römischen Staats und der christlichen Kirche. Es war, als würde heute der König von Saudi-Arabien plötzlich zum Judentum übertreten. Von einem Tag zum anderen war eine verbotene und verfolgte Sekte zur Staatsreligion des größten Reichs der Welt geworden.

Die Juden hatten keinen Anlaß, sich dieses Sieges des Christentums durch Konstantins Bekehrung zu freuen. Bis dahin waren sie eines der vielen Völker gewesen, aus denen sich das bunte Mosaik des Römischen Reiches zusammensetzte. Im Jahre 212 war ihnen das Bürgerrecht gewährt worden. Doch als ein Jahrhundert später das Christentum römische Staatsreligion wurde, begann man die Rechte der Juden allenthalben zu beschneiden. Zwar wurde die jüdische Religion nicht wie die heidnischen Kulte verboten. Aber Konstantin und seine Nachfolger erließen eine lange Reihe von Gesetzen, die die rechtliche Stellung der Juden verschlechterten. Der Übertritt zum Judentum wurde bei Todesstrafe verboten, desgleichen Ehen zwischen Juden und Christen. Überdies hatten Juden nicht wie die Christen das Recht, Sklaven zu besitzen.

Gerechterweise sei darauf hingewiesen, daß diese Einschränkungen nicht allein die Juden trafen; man liest, daß sie auch auf Samariter und andere Sekten angewandt wurden. Ihr Zweck war nicht die Unterdrückung anderer Sekten und Minderheiten, sondern der Schutz des Christentums vor dem geistigen und geistlichen Wettbewerb anderer Religionen. Noch hatte es um seinen Platz in den Herzen und Sinnen der Völker des Reiches zu kämpfen, und die Christen waren nicht gewillt, ihren Sieg in diesem Kampf im Wettstreit mit den Verfechtern von Irrlehren (als welche ihnen alle nicht-christlichen Lehren erschienen) aufs Spiel zu setzen. Aber was auch die Gründe dieser Beschränkungen waren, sie hatten unheilkündende Auswirkungen und gaben ein schlimmes Beispiel. Als die Juden über Nacht, nachdem sie eine Minderheit in einem heidnischen Reich gewesen waren, eine Minderheit in einem christlichen Reich wurden, hatten sie allen Grund, sich Sorgen zu machen – um so größere, als seit Jesu Tagen die Feindseligkeit der beiden Religionen gegeneinander immer größer geworden war.

Wenngleich die christliche Ethik in der Nachfolge der pharisäischen steht und die katholische Kirche auf dem 2. Vatikanischen Konzil ausdrücklich anerkannt hat, daß sie »die Offenbarung des Alten Testaments durch das Volk empfangen hat, mit dem Gott in seiner unaussprechlichen Gnade« den Alten Bund schloß«, bestanden und bestehen zwischen Christen und Juden unleugbar Meinungsverschiedenheiten über Fragen von höchster Bedeutung. War Jesus der Messias? War Jesus der Sohn Gottes? Hat der Glaube an Jesus die Gebote des Mosaischen Gesetzes außer Kraft gesetzt? Sind als Gottes auserwähltes Volk die Christen an die Stelle der Juden getreten? So fragten die Juden. Die Kirchenväter waren sich einig in der Überzeugung, daß die Bekehrung der Juden das wichtigste Anliegen der Christen sein müsse. Einige meinten, daß jeder an Jesus als den Christus – den Messias – glauben und somit zum Christen werden konnte. Paulus war anderer Meinung. Für die Heiden könne man dieses Kriterium gelten lassen, fand er – sie konnten Christen werden, indem sie Jesus als den Messias annahmen und in Gott ihren Herrn erkannten. Doch den Juden stellte er strengere Bedingungen. Sie mußten ihrem Judentum entsagen.

Jahrhundertelang sind die Beziehungen zwischen Judentum und Christentum zutiefst tragisch gewesen. Einerseits sind die beiden Religionen durch engste Verwandtschaft verbunden, wie Mutter und Tochter. Tiefe und vielfältige Gemeinsamkeiten des Ursprungs, der Begriffe und moralischen Werte ziehen sie zueinander. Aber trotz oder vielleicht gerade wegen ihrer gemeinsamen Abstammung sind sie einander entfremdet durch die hartherzige Intoleranz der Tochter gegen die Mutter – und durch die Hartnäckigkeit, mit der die Mutter auf ihrer älteren und ursprünglicheren Wahrheit beharrt. Dabei stehen die wirklich trennenden Schranken nicht zwischen Judentum und Christentum, sondern zwischen denen, die an Gott glauben, und denen, die ihn leugnen. Aber erst in diesem Jahrhundert hat man begonnen, die Konsequenzen aus dieser Einsicht zu ziehen, erst neuerdings wird die Besinnung auf den beiden Religionen gemeinsamen Grund dem Streit über das Trennende vorangestellt. Und noch stört die Erinnerung an erlittene Qualen die Verständigung.

Die längste Zeit haben die Christen den Juden die Weigerung verübelt, das Christentum als Fortschritt gegenüber der mosaischen Religion anzuerkennen, und sich ihrerseits geweigert, in der mosaischen Religion die Mutter zu achten, der sie das Christentum verdanken. Der Glaube, daß als Gottes auserwähltes Volk die Christen an die Stelle der Juden getreten sind, ist noch heute Bestandteil der christlichen Lehre. Das 2. Vatikanische Konzil hat den Satz, daß »die Kirche das neue Volk Gottes« ist, bestätigt, wenn es auch die Lehre verworfen hat, derzufolge die Verstoßung oder Verfluchung der Juden aus der Heiligen Schrift selbst gefolgert werden könne. Tatsächlich aber war die Asche des niedergebrannten Tempels noch kaum erkaltet, als schon christliche Bekehrer die Zerstörung Jerusalems als Zeichen dafür deuteten, daß Gott den Juden seine Gnade entzogen habe. Als Strafe Gottes faßten die Juden selbst dieses Unglück auf, und die Rabbinen erklärten die Zerstörung des zweiten Tempels wie einst die des ersten als Gottes Antwort auf Israels Versäumnis, den Geboten der Tora entsprechend zu leben:

»Der erste Tempel wurde um der Sünden der Götzenanbetung, der Hurerei und des Mordes willen zerstört. Der zweite fiel, obwohl während seines Bestehens die Tora studiert wurde und Gebote und Taten der Nächstenliebe befolgt und vollbracht wurden, grundlosen Hasses wegen, und das lehrt uns, daß grundloser Haß so schwer wiegt wie Götzenanbetung, Hurerei und Mord.«

Je weiter sich die Lehre und Praxis der Kirche befestigten, desto entschiedener suchten die Christen, Abstand vom Judentum und von den Juden zu nehmen. Im Jahre 306 verbot das Konzil von Elvira in Spanien katholischen Eltern, in Ehen ihrer Töchter mit Juden oder Ketzern einzuwilligen – bei Strafe einer fünfjährigen Exkommunikation. Auch geselliger Umgang mit Juden wurde verboten: »Wenn irgend jemand, ein Kleriker oder einfacher Gläubiger, mit den Juden ißt, soll er unserer Kommunion fernbleiben, daß er lerne, sich zu bessern.« Doch obwohl die Kirche mit solchen Maßnahmen bemüht war, das Christentum scharf vom Judentum zu trennen und jüdischen Einfluß von den Christen fernzuhalten, hat sie nie geleugnet, was sie ihrer jüdischen Vergangenheit verdankt und daß ihr Ursprung in der jüdischen Geschichte liegt.

Zur Rechtfertigung ihrer eigenen Religion und zur Bestimmung der eigenen Identität entwickelten die frühen Christen eine Theologie, die das Judentum als Vorstufe des Christentums erklärte. Die hebräischen heiligen Schriften wurden beibehalten, und zwar als Altes Testament – schon weil die spezifisch christlichen heiligen Schriften des sogenannten Neuen Testaments ständig auf sie Bezug nahmen. So nahmen jetzt die christlichen Theologen die jüdischen Patriarchen und Propheten für die christliche Geschichte in Anspruch. Wie konnten die Kirchenväter gleichzeitig die Juden verdammen und die jüdischen Patriarchen und Propheten feiern? Indem sie die alte jüdische Geschichte als christliche Geschichte deuteten und die jüdischen Propheten als Verkünder christlicher Wahrheit verstanden. So konnte Eusebius (260–339), Bischof von Caesarea, Biograph Konstantins und der bedeutendste Historiker der frühen Kirche, ausdrücklich bekennen, daß er die »Hebräer« liebte, die »Juden« aber haßte. Daß das jüdische Erbe des Christentums sich für die fernere Geistes- und Kulturgeschichte der Menschheit als höchst segensreich erwies, war kein Trost für die Juden, als im christlich gewordenen Europa die ganze Macht von Kirche und Staat sich gegen sie wendete.

Der Zusammenbruch Roms

Der Zusammenbruch eines Reiches ist selten ein einzelnes Ereignis. Reiche brechen nicht plötzlich zusammen. Vielmehr wird allmählich ihr Zusammenhang lockerer, schwindet die Macht, die einst im ganzen Reich ihren Willen durchsetzte. Das Gemeinwesen geht aus den Nähten. Jedenfalls ist es das, was dem Römischen Reich widerfuhr.

Der Niedergang des Römischen Reiches dauerte vier Jahrhunderte. Zu Beginn des 2. Jahrhunderts der christlichen Ära hatte es seine größte Ausdehnung erreicht. Seine militärische Macht begann zu erlahmen. Es wurde immer schwieriger, Aufstände niederzuwerfen. Im 3. Jahrhundert zeigten sich Verfallserscheinungen innerhalb der römischen Gesellschaft. Die Bevölkerung Italiens begann abzunehmen. Ackerland wurde liegengelassen und verödete. Die Menschen wurden faul und korrupt. Römischer Stolz und römische Disziplin gingen verloren. Immer weniger Römer waren zum Kriegsdienst bereit. Soldaten mußten in den äußeren Provinzen des Reichs angeworben werden. So in Gallien. Die zentralen Institutionen der Regierung konnten ihre Autorität nur unter immer größeren Schwierigkeiten geltend machen. Anarchie, Dekadenz und Chaos bemächtigten sich der höchsten Regierungskreise. Ein Kaiser nach dem anderen wurde geköpft, einer nach dem anderen von den Soldaten proklamiert. In 35 Jahren hatte Rom 37 verschiedene Kaiser.

Um die Wende vom 3. zum 4. Jahrhundert gelang es drei starken Herrschern, den weiteren Verfall des Reiches hinauszuzögern – den Kaisern Aurelius, Probus und Diokletian. Diokletian suchte mit einschneidenden Maßnahmen zu retten, was noch zu retten war. Er verlegte die Hauptstadt von Rom nach Konstantinopel, vorgeblich aus militärischen Erwägungen. Er entschloß sich zu dem drastischen Schritt, das Römische Reich in zwei Teile, einen östlichen und einen westlichen, zu teilen, und ernannte Regenten für beide Teile, je einen Augustus und, als dessen Stellvertreter, einen Caesar. Doch solche Gewaltkuren konnten den Verfall nicht aufhalten, nur hinauszögern. Nach der Abdankung Diokletians kam es zu einem wilden Nachfolgestreit. Sieger in diesem Streit blieb Konstantin, der Rom der christlichen Kirche zuführen sollte. Die römische Herrschaft im

Mittelmeerraum ging zu Ende. Das Zeitalter des Christentums begann.

Im Rückblick auf den Untergang des weströmischen Reiches ist festzustellen, daß die inneren Kräfte des Reiches dem äußeren Druck, dem es ausgesetzt war, nicht standhalten konnten. Eine Kultur, die weder ihre Manufakturproduktion steigern noch ihre Landwirtschaft rationalisieren kann, vermag Wohlstand bei starkem Bevölkerungswachstum nur aufrechtzuerhalten, wenn sie ihren Außenhandel intensiviert oder die auswärtigen Eroberungen erweitert. Rom, im Osten erst von den Parthern, dann von den Sassaniden, im Norden von den Barbaren bedrängt, konnte weder das eine noch das andere.

Als während des 3. Jahrhunderts ein Soldat nach dem anderen zum Kaiser proklamiert und binnen kurzem wieder gestürzt wurde, belastete das über 400 000 Mann starke Heer den römischen Haushalt in einem Maße, das in keinem Verhältnis zu dem Nutzen stand, den der Staat von ihm hatte. Jedesmal, wenn ein neuer General auf den Thron gelangt war, belohnte er die Legionen mit einer Erhöhung ihres Solds. War das dafür erforderliche Geld nicht vorhanden, streckte der Kaiser das vorhandene, was unvermeidlich Inflation und Währungsverfall zur Folge hatte. Während der Militärapparat ständig wuchs, schrumpften die demographischen und ökonomischen Grundlagen des Reichs, teils wegen des fast unaufhörlich wütenden Bürgerkriegs, teils infolge einer Reihe von Seuchen, die zu jener Zeit die römische Welt verheerten, teils, weil infolge der genannten Ursachen die Römer den Angriffen der Barbaren auf die Reichsgrenzen nicht mehr standhalten konnten.

Die von Attila geführten »schwarzen Hunnen« drangen 452 in Italien ein, bedrohten Rom und hätten es in Schutt und Asche gelegt, hätte nicht Papst Leo I. mit hohen Geldsummen den Frieden von ihnen erkauft. Der teuer erkaufte Frieden sollte nicht lange dauern. 455 segelten die Wandalen ungehindert den Tiber hinauf, verwüsteten die Stadt und kehrten zwei Wochen später mit Schätzen beladen – und einen bei allen europäischen Kulturvölkern bis heute andauernden schlechten Ruf zurücklassend – in ihre damaligen afrikanischen Wohnsitze zurück. 21 Jahre später wurde der letzte weströmische

Kaiser, der von 475–476 regierende Romulus Augustulus, von einem General barbarischer Abstammung namens Odoaker abgesetzt. Damit war der lange Todeskampf des weströmischen Reiches beendet.

· Im historischen Rückblick sieht man den Niedergang und Fall des Römischen Reiches im wesentlichen als Ergebnis großer Bevölkerungsverschiebungen, gegen die auch die weiseste Staatskunst nicht viel ausgerichtet hätte. Die Römer freilich waren nicht in der Lage, das so distanziert zu sehen. Manche von ihnen erblickten in der Christianisierung des Reiches, vor allem seit der Bekehrung Konstantins, die Ursache ihres Unglücks. Wie konnte die Kirche diesem Vorwurf begegnen und dem Verdacht, daß die Barbaren ihre Siege der Einführung des Christentums in Rom verdankten, den Boden entziehen? Die Frage beschäftigte einen der bedeutendsten Kirchenväter.

Eines Tages im Jahre 387 ging in Ostia, dem Hafen der Stadt Rom, ein junger Mann namens Augustinus an Bord eines nach Afrika bestimmten Schiffes. Er war damals 33 Jahre alt, vor kurzem war Monika, seine Mutter, gestorben. Allein kehrte er in die afrikanische Heimat zurück. Der Sohn der frommen Monika sollte durch sein Wirken als Bischof von Hippo und mehr noch durch seine Schriften entscheidenden Einfluß auf das Denken der abendländischen Christenheit nehmen.

Nach der Plünderung Roms im Jahre 410 verteidigte Augustinus in seinem großen Werk über den »Gottesstaat« das Christentum gegen den Vorwurf, das gegenwärtige Unglück des Reiches verschuldet, den Zorn der Götter entzündet und diese zur Bestrafung der Römer gereizt zu haben. Zur gleichen Zeit beschäftigten die gleichen Probleme die Begründer der jüdischen rabbinischen Tradition: Wie Augustinus – und die anderen großen Lehrer der Kirche – grübelten auch die Lehrer des Judentums über die Zusammenhänge von Sünde und Buße, Gott und Welt, biblischer Verheißung und messianischer Erfüllung nach.

Judentum und Christentum dachten von den gleichen Voraussetzungen her – den hebräischen heiligen Schriften und der griechischen Philosophie. Die Ergebnisse, zu denen einerseits die christlichen, andererseits die jüdischen Denker gelangten, waren gleichwohl häufig ganz unvereinbar. Aus diesem parallelen Wirken, der gegenseitigen

Beeinflussung der beiden Traditionen, sollte sich in den folgenden Generationen eine höchst komplexe Beziehung zwischen Judentum und Christentum entwickeln.

Mit der Ausdehnung des Christentums aus seinem Ursprungsgebiet am Mittelmeer über Kleinasien, Persien und das barbarische Europa, war die Einheit der Kirche und ihrer Lehre nicht länger aufrechtzuerhalten. Die von Paulus und dem Evangelisten Johannes formulierte Lehre wurde schon bald durch eine ganze Reihe von Häresien in Frage gestellt und gefährdet. Augustinus selbst war in seiner Jugend Anhänger einer dieser Irrlehren, derjenigen des (276 n. Chr. verstorbenen) Persers Mani oder Manes, dessen Lehre vom Kampf der lichten Gotteswelt gegen die vom Teufel geschaffene irdische und fleischliche Welt der Dunkelheit damals viele überzeugte, namentlich unter den Intellektuellen.

Doch war der Manichäismus keineswegs die ausdauerndste unter den zahlreichen Lehren, die der Kirche Konkurrenz machten. Die Kirche verdammte diese Lehren sämtlich und suchte sie zu unterdrücken, manchmal sehr gewaltsam. Doch immer wieder zogen die Häresien neue Anhänger an und tauchten, kaum unterdrückt, nicht selten unter neuem Namen wieder auf. Die Bischöfe von Rom, die Päpste, mußten kämpfen, um ihre Autorität zu wahren. Sie leiteten ihre Autorität von Petrus her, dem ersten Bischof von Rom und Jünger Jesu, zu dem Jesus, dem Evangelium des Matthäus zufolge, gesagt hatte: »Du bist Petrus, und auf diesem Felsen will ich bauen meine Gemeinde...« (Matthäus 16: 18).

Heute beherrscht die große Kuppel des Petersdoms den Himmel der Stadt Rom, aber mehr als tausend Jahre, in denen die Bischöfe von Rom chaotischen und turbulenten Zeitläufen immer wieder standgehalten hatten, waren schon vergangen, als er erbaut wurde. Ein barbarisches Heer nach dem anderen zog durch Italien, die Bischöfe von Rom aber hielten aus. Lange nachdem die Kaiser aus Rom geflohen waren, lange nachdem der römische Senat zu bestehen aufgehört hatte, lange nachdem die letzte bürgerliche Regierung zusammengebrochen war, bestand allein die Institution der Kirche fort, und mit ihr die Idee der Stadt Rom als Hauptstadt eines Reiches. In gewisser Hinsicht waren die Bischöfe von Rom die geistigen Erben der Reichstradition. Die westliche Christenheit orientierte sich zunehmend nach Rom, und der Einfluß der Kirche der fernen östlichen Hauptstadt Konstantinopel auf die abendländischen Angelegenheiten nahm ab.

Damals wie heute besaß das Papsttum eine große symbolische Macht und strahlte Autorität aus, ohne Machtmittel zu besitzen. Doch seit dem Jahre 590 wuchsen ihm auch unmittelbar weltliche Machtmittel zu. In diesem Jahr wurde Papst Gregor I. geweiht, der, als er vierzehn Jahre später starb, als Gregor der Große in die Geschichte einging; er war einer der einflußreichsten Männer des Mittelalters. Vor seiner Wahl zum Papst hatte er in Rom ein hohes politisches Amt innegehabt, und als Bischof von Rom wußte er kraft seines Geschicks und seiner Erfahrung die Autorität dieses Amts bedeutend zu steigern. Wie viele seiner politischen Entscheidungen war auch die Entscheidung Gregors I., den Juden die Religionsausübung innerhalb gewisser Grenzen zu gestatten, richtungweisend für die spätere Politik der Kirche den Juden gegenüber. Gregor formulierte diese Politik ausdrücklich in einem Schreiben, das er im Juni 598 an Victor, den Bischof von Palermo, richtete, nachdem dieser ohne päpstliche Vollmacht eine Synagoge beschlagnahmt hatte: »Ebenso wie man den Juden in ihren Synagogen keine Freiheiten über die ihnen gesetzlich zugebilligten hinaus zugestehen sollte, sollten die Juden keineswegs eine Minderung der ihnen zugebilligten Rechte leiden.«

Gregors legalistische Formulierung wurde von vielen späteren Päpsten zitiert, und so konnten die Juden, wo immer im christlichen Europa sie Opfer antijüdischer Gewalttaten wurden, sich stets bei den Päpsten auf gewisse ihnen zugebilligte Rechte berufen. Richtungweisend war aber nicht allein die Politik Gregors hinsichtlich der Juden. Ihm werden auch die Erneuerung der lateinischen Liturgie und eine Reform der Kirchenmusik zugeschrieben – der gregorianische Gesang führt seinen Namen –, er versah die Lehren des Augustinus mit dem Stempel der Orthodoxie, und er war der erste Papst, der das Fegefeuer zum Glaubensartikel der abendländischen Christenheit machte. Es gelang ihm, die päpstliche Autorität in Spanien durchzusetzen, und er regte die Missionsbewegung an, der schließlich Britanniens Bekehrung zum Christentum gelang. In Italien verhandelte er erfolgreich mit den Langobarden, die ihm gegen die päpstliche Anerkennung ihrer oberitalienischen Eroberungen, die Unabhängigkeit der Stadt Rom und ihrer Umgebung konzedierten. Als führender Verwalter des ausgedehnten Landbesitzes der Kirche in Italien, Sizilien, Nordafrika und Südfrankreich verfügte er über einen großen Teil der Lebensmittelversorgung des westlichen Mittelmeerraums. Die Einkünfte, die er aus diesem Landbesitz zog, verwendete er auf die Verteidigung Roms, den Unterhalt der Geistlichkeit, die Aufrechterhaltung des öffentlichen Gottesdienstes und auf die Armenpflege.

Zu den folgenschwersten Entscheidungen Gregors gehört sein Bestehen auf der Ehelosigkeit der Priester. Seit Beginn der Abfassung des Talmud galt dem Judentum die Abstinenz von ehelichen Beziehungen nicht als sonderlich tugendhaft oder gottgefällig – diesbezüglich hielten die Juden sich an das biblische Gebot: »Seid fruchtbar und mehret euch.« Die frühen Christen dagegen wollten gegen das sündige Fleisch unmißverständlich die Partei des Geistes nehmen und betrachteten deshalb die asketisch den Ansprüchen des Fleisches trotzende Lebensführung als die gottgefälligste. Der heilige Antonius, der von etwa 250 bis 350 lebte und als Vater des christlichen Mönchstums gilt, ein koptischer Christ ägyptischer Herkunft, verschenkte, als er zwanzig Jahre alt war, seinen Besitz an die Armen und zog später als Einsiedler in die Wüste. Eine Anzahl von Gleichgesinnten folgte ihm in die Einöde, um dort, fastend und betend wie er, doch jeder auf seine Weise, mit den eigenen Dämonen zu ringen.

Bedeutender für die europäische Geschichte war die etwa gleichzeitig erfolgende Gründung der ersten Klöster. Das erste Kloster gründete um das Jahr 318 ein Zeitgenosse und Landsmann des Antonius, der Mönch Pachomius, am Ostufer des Nils, nördlich von Theben. Die Mitglieder der Klostergemeinschaft mußten sich verpflichten, ihr Leben nach einer für alle gleich verbindlichen Regel zu führen. Das Ideal des gemeinsamen Lebens unter der Führung eines Abtes gelangte jedoch erst etwa anderthalb Jahrhunderte später in Italien mit der Gründung des Benediktinerordens zu vollkommener Ausbildung. Der wie Antonius und Pachomius später heiliggesprochene Benedikt von Nursia hatte sich im Alter von zwanzig Jahren nach dem Beispiel des heiligen Antonius als Einsiedler zurückgezogen. Doch als etwa fünfzigjähriger Mann gründete er auf dem Monte Cassino, halbwegs zwischen Rom und Neapel, ein Kloster, dem er seine berühmt gewordene Mönchs- und Klosterregel *Regula Monachorum* gab. Jeder Mönch mußte Armut, Keuschheit und Gehorsam geloben. Doch die wahren Prinzipien des Benediktinerklosters waren Mäßigung, Fleiß und Ordnung. Jede Tätigkeit – Schlafen, Essen, Arbeiten, Lesen, Beten – hatte zu einer festgesetzten Zeit zu geschehen, denn Benedikt sagte: »Müßiggang ist der Feind der Seele.« So wurden die derart disziplinierten Mönche bald als die besten Landwirte Europas und als vortreffliche Handwerker, Weber, Glasmacher und Brauer bekannt. Überdies boten während der unruhigen Jahrhunderte, in denen das städtische Leben darniederlag und auf dem Lande von einer geordneten Staatsverwaltung wenig zu sehen war, die Klöster den Armen, Kranken und Reisenden Unterkunft, Schutz und Fürsorge – eine Zuflucht, wie sie den Juden, die sich um Hilfe natürlich nicht an christliche Klöster wendeten, ihre Synagogen gewährten. Wie die Synagogen waren auch die Klöster Horte der höheren Bildung; unterhielten Bibliotheken und beherbergten Gelehrte, die die heiligen Schriften des jüdisch-christlichen Erbes zu bewahren und zu überliefern bestrebt waren.

Ehe er zum Papst gewählt wurde, hatte Gregor I. das Amt des Stadtpräfekten von Rom niedergelegt, seinen Besitz verschenkt und war als Mönch in das Kloster des heiligen Andreas eingetreten; zur Zeit seiner Wahl war er Abt dieses Klosters, das die benediktinische Regel angenommen hatte. So wurde Gregor der erste Benediktiner, der das höchste Amt der Kirche innehatte.

Während des 7. und 8. Jahrhunderts verstreute die sich ausdehnende Diaspora die Samen des Judentums über das gesamte fränkische Reich, nach Gallien und Spanien und über Teile des heutigen Italien und Deutschland. Wie wir sehen werden, war Karl der Große (742–814) sowohl ein großer Eroberer als auch ein genialer Politiker. Sein Einfluß auf das Leben seiner Zeit war bemerkenswert. Doch obwohl er selbst vielen Juden seine Unterstützung gewährte, begegnete schon während seiner Regierungszeit eine militante Priesterschaft den Juden zunehmend argwöhnischer und feindseliger. Die Bevölkerung blieb von diesem antijüdischen Ressentiment der Geistlichkeit vorläufig noch fast unberührt. In Städten und Dörfern wohnten die jüdischen Minderheiten im allgemeinen gutnachbarlich unter der nichtjüdischen Mehrheit. Die Masse der Bevölkerung nahm das Christentum erst allmählich an. Viele Christen praktizierten ihre Religion ziemlich eklektisch. So folgten sie bei Gelegenheit gern auch dem jüdischen Beispiel und feierten den Sabbat und die jüdischen Feste mit ihren jüdischen Nachbarn.

In dieser Zeit hatte die Kirche ihre Auseinandersetzung mit den häretischen religiösen Bewegungen – mit jenen Bewegungen also, die sich weigerten, die Lehre und die Autorität der Kirche anzuerkennen – im wesentlichen erfolgreich abgeschlossen. In den Augen der eifernden Priester – nicht alle Priester waren Eiferer – waren demnach die Juden die letzte größere Religionsgemeinschaft im christlichen Abendland, die noch nicht zu christlicher Rechtgläubigkeit bekehrt war. Die Vorstellung, daß den Juden als Volk in gewisser Weise die Schuld am Tode Jesu anzulasten sei, war inzwischen als historische Tatsache der christlichen Tradition einverleibt worden. Darüber war die Tatsache in Vergessenheit geraten, daß die ersten Christen Juden waren, daß Jesus selbst Jude war, wie man auch nicht mehr wissen wollte, daß die Römer Jesus gekreuzigt hatten, weil sie durch sein Lehren ihre Autorität bedroht glaubten. Dennoch ging die judenfeindliche Geistlichkeit einstweilen über rein rhetorische Angriffe gegen das Judentum noch nicht hinaus. Und so war zur Regierungszeit Karls des Großen und seiner unmittelbaren Nachfolger das Los der Juden zwar nicht beneidenswert, aber doch im großen ganzen erträglich.

Welchen Maßstab man auch immer anlegt, wird man Karl den Großen als die größte Herrschergestalt des frühen Mittelalters und einen der großen Herrscher der Weltgeschichte anerkennen müssen. Dennoch war seinen Errungenschaften keine lange Dauer beschieden. Als er Herrscher der Franken wurde, umfaßte sein Reich bereits den größten Teil des heutigen Frankreichs, Westdeutschlands, der Niederlande und Österreichs. Zu diesen Gebieten gewann er Bayern, das langobardische Königreich in Oberitalien, die spanische

Mark – das Land an der Grenze zum islamischen Spanien – sowie – nach langem, erbittertem Kampf – das Land der Sachsen, die mit Gewalt und rücksichtslos zum Christentum bekehrt wurden. Aber schon dreißig Jahre nach Karls Tod war sein Reich aufgeteilt, und zwar ohne große Rücksicht auf natürliche Grenzen und nationale Unterschiede. An den Spätfolgen dieser Zerstückelung des Frankenreichs laboriert Westeuropa noch heute. Am Weihnachtstag des Jahres 800 hatte Papst Leo III. Karl zum Kaiser des Westens gekrönt und dem Konstantin seiner Zeit die Pflicht zur Verteidigung der Christenheit feierlich übertragen. Aber was war dieser Titel wirklich wert? Voltaire hat gelegentlich bemerkt, das Heilige Römische Reich sei weder heilig noch römisch und auch kein Reich gewesen. Die Wahrheit trifft diese spöttische Bemerkung jedenfalls insofern, als das Heilige Römische Reich niemals ein wirklich funktionierendes Staatswesen gewesen ist.

Wie verhält es sich mit der sogenannten karolingischen Renaissance, dem Wiederaufflackern der antiken Aufklärung zu Karls Zeit? Ohne Zweifel erwies sich Karl der Große mit der Erkenntnis, daß zur Verbreitung des Glaubens, zur Erhaltung der Rechtgläubigkeit und zur Wahrung seines Reiches höhere Bildung erforderlich sei, als weiser und weitsichtiger Herrscher. Er selbst war gelehrten Studien sehr geneigt und widmete sich ihnen, wenn er nicht zu Pferde in seinen Eroberungs- und Regierungsgeschäften unterwegs war. Er liebte die erbaulichen Schriften des Augustinus, und die Astronomie fesselte ihn. Doch obwohl er lateinische Bücher las und ein wenig Griechisch verstand, hat er die Schrift, deren Ausbildung eine der schönsten Leistungen seiner Zeit ist – die karolingische Minuskel –, nie selbst schreiben gelernt; tatsächlich konnte er kaum seinen Namen schreiben. Insgesamt halten die Leistungen der karolingischen Kultur den Vergleich mit denen der hebräischen, griechischen und römischen nicht aus und sollten bald in den Schatten gestellt werden durch diejenigen der arabischen, die von manchen Historikern als die wahre Erbin der griechischen Kultur bezeichnet worden ist.

Freilich waren Schlachten zu schlagen, mußten Menschen gewonnen werden. Karl sicherte die Herrschaft seiner Religion und verschaffte – durch Predigt und Überzeugung oder mit dem Schwert –

dem Wort seines Gottes Gehör. Er brauchte die Juden und behandelte sie anständig. Vieles setzte er durch in der Welt. Aber plötzlich war Karl ein alter Mann von 72 Jahren. Widerstrebend und offensichtlich in Sorge, daß das Reich, das er hinterließ, keinen Bestand haben würde, machte er seinen Sohn Ludwig zum Kaiser. Ludwig sollte später den Beinamen »der Fromme« erhalten. Kurz darauf starb Karl. Er wurde in Aachen begraben, in dem Dom, den er selbst erbaut hatte. Seine Grabinschrift erzählt seine Geschichte:

> »Unter diesem Stein liegt die Leiche Karls, des großen und rechtgläubigen Kaisers, der auf so edle Weise das Reich der Franken mehrte und glücklich 47 Jahre lang regierte. Er starb über 70 Jahre alt, in der siebenten Indiction am fünften Tag vor den Kalenden des Februar.«

Die Juden der europäischen Diaspora wanden bald einen Legendenkranz um diesen Kaiser, erzählten, wie er ihr Volk begünstigt hatte, etwa als er die Treue der Juden von Narbonne mit der Einsetzung eines jüdischen »Königs« als Regenten dieser Stadt belohnte. Solche Legenden enthalten mehr als ein Körnchen Wahrheit. Doch ist die Realität sehr viel komplexer und wird erst ganz verständlich sein, wenn wir die damalige Lage der Juden in Frankreich und Deutschland sowie unter islamischer Herrschaft in Betracht gezogen haben.

Auf deutschem Boden bildete sich ein besonderer Zweig der jüdischen Kultur bereits im 8. Jahrhundert aus. Unter Karl dem Großen und dessen Sohn Ludwig dem Frommen genossen die Juden Schutz wegen der Dienste, die sie im Handel und im Finanzwesen leisteten. Die Juden des nördlichen Frankreichs und westlichen Deutschlands nannten diese Gegend aus irgendeinem Grunde bei dem biblischen Namen Aschkenas. Später bezeichnete man als *aschkenasische* Juden (Aschkenasim) alle, die der hier ausgebildeten besonderen jüdischen Kultur angehörten, während man Juden, deren Kultur die Eigentümlichkeiten der am Mittelmeer und namentlich in Spanien entstandenen Tradition bewahrte, nach diesem in der jüdischen Literatur »Zarphat« (oder »Sefarad«) genannten Gebiet als *sephardische* Juden (Sephardim) von den aschkenasischen unterschied.

Die ersten aschkenasischen Juden waren Wirtschaftspioniere, Männer mit großem merkantilen Unternehmungsgeist. Andererseits waren sie gelehrten Studien sehr ergeben, größtenteils den Talmud betreffend, während die Juden im Süden Europas sich damals vorzüglich nicht mit theologischen, sondern mit profanen Wissenschaften beschäftigten. Während des ganzen Mittelalters sollten die aschkenasischen Juden große Bedrängnis und Verfolgung erleiden, doch schufen, entwickelten und überlieferten sie eine Kultur, die den ferneren Verlauf der jüdischen Geschichte bis in unsere Tage hinein entscheidend beeinflussen sollte.

In der jüdischen Überlieferung ranken sich wie um die Gestalt Karls des Großen auch um den Anfang des aschkenasischen Judentums Legenden. Juden siedelten am Rhein schon zu römischen Zeiten. Doch die Begründung der Tradition talmudischer Studien im Lande Aschkenas wird der Familie des Rabbi Kalonymus von Lucca, der einem Ruf Karls des Großen nach Mainz gefolgt sein soll, zugeschrieben.

Karl der Große wußte die Weltkenntnis der Juden zu schätzen und bediente sich ihrer ausgedehnten Handelsbeziehungen für seinen beschränkten diplomatischen Verkehr mit den nicht-christlichen Staaten des Südens und Ostens. Der Dolmetscher der 797 an den Hof Harun al Raschids nach Bagdad reisenden Gesandtschaft Karls des Großen war ein Jude namens Isaak; als einziger der Gesandten kehrte Isaak lebend aus dem Morgenland zurück und überbrachte Karl als Geschenk des Kalifen einen Elefanten, ein am Rhein bis dahin nicht gesehenes Tier. Ein anderer Jude importierte exotische Nahrungsmittel aus dem heiligen Lande für den Kaiser.

Während der Herrschaft Karls des Großen, zu Beginn des 9. Jahrhunderts, waren die Juden in Karls Reich nicht allein als tüchtige Kaufleute bekannt, sondern auch als zuverlässige und kenntnisreiche Mitbürger geachtet. Gewisse Kaufleute bezeichnete man als »Radhaniten«, ein Begriff, den manche Gelehrten auf eine persische Wurzel zurückführen und mit der Bedeutung »Sie wissen den Weg« versehen. Tatsächlich sind schon 500 Jahre vor dem berühmten Marco Polo jüdische Kaufleute Tausende von Meilen weit bis an die Enden der Erde gereist, auf Handelswegen, die sie selbst eröffnet hatten.

Als Karl der Große im Jahre 800 zum römischen Kaiser gekrönt wurde, hatten die europäischen Juden bereits über Nordafrika und die Länder des östlichen Mittelmeers regelmäßige Handelsverbindungen mit Indien, China und Rußland angeknüpft.

Die Diaspora der Juden hatte schon 1400 Jahre vor Karl dem Großen begonnen. Als etwa 700 Jahre später die Römer Jerusalem zerstörten, zerstreuten sich die Juden vollends in alle Welt. Jetzt aber, 700 Jahre nach der Zerstörung des Tempels, zu Beginn des 9. Jahrhunderts, begann das jüdische Volk, als ahnte es die ihm in naher Zukunft drohenden Gefahren, sich noch weiter bis in die entlegensten und unbekanntesten Winkel der Welt zu zerstreuen.

Die zunehmende Bedeutung der Juden für den französischen und deutschen Handel während der Regierungszeit Ludwigs des Frommen ist dokumentarisch belegt. So trug man in Lyon mit der Verlegung des Markttages vom Sonnabend – dem jüdischen Sabbat – auf den Mittwoch den Wünschen der jüdischen Kaufmannschaft Rechnung. Andererseits provozierte das steigende Ansehen und der zunehmende Einfluß der Juden den Zorn zweier Prälaten der Stadt, des Erzbischofs Agobard (779–840) und seines Nachfolgers Amulo. Beide ereiferten sich so lebhaft gegen die Juden, daß man sie mit einigem Recht als die »Väter des mittelalterlichen Antisemitismus« bezeichnet hat. So beklagte sich etwa Agobard bei seinem weltlichen Herrn über die durch die Gunstbeweise des Kaisers ermutigte Arroganz der Juden:

»Die Juden mißbrauchen die Einfältigkeit der Christen und täuschen stolz vor, daß sie Eurem Herzen teuer seien wegen der Patriarchen, von denen sie abstammen... Sie zeigen Befehle und Vollmachten, die Euer Siegel tragen und Worte enthalten, an deren Wahrheit ich nicht glauben kann. Sie prunken mit den Kleidern, die ihre Frauen angeblich von Eurer Familie und von den Damen Eures Hofes erhalten haben; sie rühmen sich, von Euch, gegen Recht und Gesetz, die Genehmigung, neue Synagogen zu bauen, erhalten zu haben.«

Nichts weist darauf hin, daß Ludwig der Fromme durch diese Polemik zu antisemitischen Maßnahmen zu bewegen war. Als Agobard es unternahm, die Juden zu zwingen, in ihren eigenen Synagogen christlichen Missionspredigten zuzuhören und jüdische Kinder ohne Einwilligung ihrer Eltern zu taufen, befahl Ludwig ihn an den Kaiserhof und forderte von ihm Rechenschaft über sein gesetzwidriges Verhalten.

Doch Amulo setzte die antijüdische Polemik seines Amtsvorgängers in noch schrilleren Tönen fort:

»Die Untreue der Juden verfluchend und bestrebt, das christliche Volk vor der Ansteckung zu schützen, habe ich dreimal die Gläubigen öffentlich aufgefordert, jede Berührung mit jenen zu meiden, daß ihnen kein Christ diene, weder in Städten noch in Dörfern, so daß sie ihre Arbeiten allein mit ihren heidnischen Sklaven verrichten müssen; ich habe den Christen gleichfalls verboten, von den Speisen der Juden zu essen oder deren Getränke zu trinken. Und ich habe verschiedene andere strenge Verfügungen veröffentlicht, um dieses Übel an der Wurzel auszurotten und dem Beispiel unseres frommen Herrn, Hirten und Vorgängers Agobard zu folgen.«

Eine von diesem Geiste inspirierte Sammlung antijüdischer Vorschriften wurde 845–846 König Karl dem Kahlen von Frankreich (Karl I., 823–877) zur Bestätigung vorgelegt. Karl weigerte sich aber, sie zu ratifizieren. Vielleicht war er wie Karl der Große und Ludwig der Fromme in religiöser Hinsicht zur Toleranz geneigt. Dafür spricht, daß er einem Juden namens Juda das hohe Amt eines kaiserlichen Botschafters anvertraute. Vielleicht sah er aber auch nur ein, daß die Juden für die Wirtschaft des Reiches zu wichtig waren, als daß er es sich hätte leisten können, sie zu beleidigen; denn die Versorgung des Reichs mit Waren aus der islamischen Welt und mit Sklaven aus Osteuropa – die noch nicht christianisierten Slawen (Sklaven) durften von Juden wie von Christen gehandelt und gehalten werden – wurde im wesentlichen von jüdischen Fernhändlern besorgt. Denkbar ist allerdings auch, daß angesichts der verworrenen Verhältnisse, die nach dem Auseinanderbrechen des karolingischen Reiches in dem neugeschaffenen Königreich Frankreich einstweilen noch herrschten, Karl der Meinung war, derartige antijüdische Verordnungen seien, ob er sie nun billige oder nicht, gar nicht durchzusetzen.

Aus welchen Gründen auch immer: jedenfalls blieben die Juden unter Karl dem Kahlen verhältnismäßig ungeschoren und erfreuten sich in Aschkenas nach seinem Tode noch 125 Jahre lang ziemlichen Wohlstands. Unterdessen gelangten die Juden der Diaspora in Spanien, Nordafrika und Vorderasien unter der Herrschaft des neuen und energischen Reichs des Islam wieder einmal in den Umkreis einer zu ihrer Zeit in der Welt führenden Großmacht und Hochkultur.

Schlußbetrachtung: Das neue Zeitalter

Schon zu Beginn des 7. Jahrhunderts war die Welt der Juden durch ihre Zerstreuung sehr groß geworden. Überall zwischen Persien und Marokko oder Spanien, zwischen Mitteleuropa und der Sahara gab es jüdische Gemeinden. Das Christentum war jetzt die Religion der römischen Welt, aber die Juden waren noch immer eine verfolgte Minderheit. Und doch hatte der zentrale Gedanke der Juden triumphiert: der Gedanke der Einheit Gottes und folglich des Zusammenhangs zwischen Natur und Menschenschicksal. Diese Idee lebte fort in den biblischen Schriften und im Talmud der Juden und sollte durch die Christen zum normativen Prinzip der mediterranen Welt erhoben werden. Zwischen Juden und Christen gab es Unversöhnlichkeit, aber zwischen Judentum und Christentum bestand eine grundlegende Übereinstimmung. Der Boden dieser Übereinstimmung im Grundsätzlichen sollte jetzt noch erweitert werden. Denn in diesem Grundsätzlichen erklärte sich auch die neue Religion, die sich in der ersten Hälfte des 7. Jahrhunderts der christlichen Ära aus Arabien mächtig zu verbreiten begann, einig mit dem Christentum und dem Judentum.

In diesem Zusammenhang ist daran zu erinnern, daß nach der Zerstörung Jerusalems durch Titus im Jahre 70 die Juden in alle Himmelsrichtungen aus dem Heiligen Lande flohen, und so auch in Arabien sich viele dieser Heimatvertriebenen ansiedelten. Dort pflanzten sie Dattelpalmen, arbeiteten als Gold- und Silberschmiede. Die Beduinen-Stämme, unter denen sie lebten, hatten eine hochentwikkelte dichterische Überlieferung. Aber die Dichtungen der Araber sprachen von Liebe und Haß, von Krieg, Heldentum und Jagd – Gedanken über die höhere Bestimmung des Menschen waren ihnen fremd. Was sie nun von den Juden über Abraham und Moses und die Propheten, die ihnen folgten, erfuhren, fesselte die in der Wüste wandernden Beduinen. Die Einfachheit, die Reinheit, der transzendente Schwung der Idee des einen lebenden Gottes, die ihnen die Juden zugänglich machten, sagten ihnen zu. Sie nannten die Juden das »Volk des Buches«.

Ein energischer junger Mann namens Mohammed dachte über alles, was er von Juden und Christen – denn auch Christen lebten damals in den Städten Arabiens – aus der biblischen Geschichte und von dem Bund des einen Gottes mit den Menschen hatte erzählen hören, tief und lange nach und gelangte zu der Überzeugung, daß er zur Fortsetzung der von Jesus über Moses auf Abraham zurückgehenden prophetischen Tradition göttlich berufen sei. Doch überzeugten seine Prophezeiungen seine Nachbarn, die Mekka beherrschenden Beduinen vom Stamme der Koraisch, zunächst nicht. Im Jahre 622 der christlichen Ära floh er vor den Verfolgungen und dem Spott der Mekkaner nach Medina. Die Muslims datieren von diesem Ereignis – der Hidschra, oder Flucht, des Mohammed – die in der islamischen Welt gebräuchliche mohammedanische Ära, derzufolge das Jahr 1984 der christlichen Ära als Jahr 1404 der Hidschra gerechnet wird.

Mohammed hatte Anlaß zu der Hoffnung, daß er bei den Juden Medinas leichter als in seiner Heimatstadt Gehör finden würde. Doch auch sie lehnten seine Botschaft ab. Wie so oft in der jüdischen Geschichte zogen sich auch bei dieser Gelegenheit die Juden durch die Weigerung, sich bekehren zu lassen, neue Feindschaft zu. Mohammed aber ließ sich durch den Mißerfolg nicht entmutigen. Schließlich folgten ihm 10000 Mann nach Mekka, und die Stadt wurde erobert. Was dann geschah, ist kaum zu glauben: Die Heere Mohammeds und seiner Nachfolger, der Kalifen, eroberten Damaskus, Jerusalem, Ägypten, Bagdad, Persien – ein reiches und kultiviertes Land nach dem anderen. Hundert Jahre nach Mohammeds Tod beherrschte der Glaube, den er gepredigt hatte, der Islam (die »Unterwerfung unter Gott«), riesige Gebiete zwischen Indien und Spanien. Erst im Jahre 732 gelang es Karl Martell, den Vormarsch der arabischen Heere bei Tours und Poitiers in Frankreich aufzuhalten.

Von nun an waren im religiösen Leben der Menschheit drei Religionen vorherrschend, die das Bekenntnis zu dem einen Gott forderten: das Judentum, das Christentum und der Islam. Mit der neuen Religion des Islam entstanden eine neue Kultur und Gesellschaft. Die Muslime – wie die Bekenner des Islam sich selbst nennen – sollten in Literatur, Philosophie, Kunst, Architektur und Mathematik Erstaunliches leisten. Mit der Ausbreitung des Islam begann ein arabisches Zeitalter. Die wesentlichen Erkenntnisse der jüdischen Überlieferung wurden auf neuem Boden fruchtbar, und die Ernte sollte über die kühnsten Träume hinaus reich sein.

Das Zeitalter des Glaubens

Dramatisch und bunt sollte die Auseinandersetzung der Juden mit den beiden aus dem mosaischen Gesetz abgeleiteten großen Religionen, dem Christentum und dem Islam, sich gestalten. Der Islam war eine Religion, die nicht etwa nur während des Freitagsgebets in den Moscheen praktiziert werden konnte. Er stiftete vielmehr eine das ganze Leben der Gläubigen umfassende Kultur. Und anders als das frühe Judentum oder Christentum verfügte der Islam von Anfang an über große weltliche Macht. Moses und Jesus haben nie Armeen befehligt oder Gebiete regiert, Mohammed und seine Nachfolger aber taten beides.

Welchen Bedingungen sahen sich die Juden unter arabischer Herrschaft gegenüber? Die meisten Juden lebten im Osten, in Babylonien, aber die Erfahrungen, die sie mit den neuen arabischen Herren machten, können als typisch gelten für das, was später ihren Brüdern in Ägypten und Spanien widerfuhr. Gleichheit vor dem Gesetz billigten die Muslime den Juden nicht zu. Zwar waren sie das »Volk des Buchs«, aber rechtgläubig waren sie nicht, und mithin zu den höchsten politischen und militärischen Ämtern nicht zugelassen. Zeitweilig waren sie Verfolgungen ausgesetzt. Sich stabiler Lebensverhältnisse und der Sicherheit ihres Eigentums über längere Perioden zu erfreuen, gaben ihnen die Muslime keine Gelegenheit. Doch ließ es sich gleichwohl leben unter muslimischen Herrschern. In die inneren Angelegenheiten der jüdischen Gemeinden mischten sich diese kaum ein. Die Juden genossen ein hohes Maß von Autonomie. Die Häupter der Diaspora, die sogenannten »Exilarchen« (»Herrscher in der Verbannung«), die ihre Autorität von ihrer Herkunft aus dem Hause Davids ableiteten, herrschten unbeschränkt über ihre Anhänger. Die Araber gewährten den Juden freie Wahl des Wohnsitzes und des Berufs. Und obwohl ihnen die höchsten Ränge verschlossen waren, stiegen doch viele in Wirtschaft und Staatsverwaltung zu hohen Stellungen auf.

Vor allem aber fanden die Juden unter arabischer Herrschaft reichlich Gelegenheit zur Entfaltung ihrer schöpferischen Begabung. Die vollkommenen Werke der spanischen jüdischen Schriftsteller des 11. und 12. Jahrhunderts – des Salomon ibn Gabirol, Moses ibn Esra und Juda Halevi oder des gleichfalls aus Spanien stammenden, aber in Ägypten wirkenden Moses ben Maimon, des berühmten Maimonides – legen beredtes Zeugnis davon ab. An einigen Orten des arabischen Reiches erhoben sich die Juden zu geistigen Höhen, die sie erst nach der Emanzipation des europäischen Judentums im 19. Jahrhundert und der Ausbildung des amerikanischen Judentums im 20. Jahrhundert wieder erreichen sollten.

Allen Meinungsverschiedenheiten und Vorurteilen, die Juden und Muslime voneinander trennten, lag die einigende Überzeugung von der Allmacht des einzigen Gottes zugrunde. Was den Juden im zweiten der zehn Gebote befohlen war: »Du sollst keine anderen Götter neben mir haben« (2. Mose 20: 3), war täglich zu den Gebetszeiten von den Türmen aller Moscheen zu hören: »Es gibt keinen Gott außer Gott . . .« Und im ersten Kapitel des Koran ist von Gott in durchaus hebräischen Begriffen die Rede: »Gelobt sei Gott, der der Herr der Welten ist« (Rab-al-Alimin), »der Herrscher des Tages des Jüngsten Gerichts« (Yom al Din). Die zitierten Begriffe ebenso wie die von ihnen bezeichneten Ideen sind hebräischen Ursprungs.

So kam es also in der mittelalterlichen Welt zu einer Auseinandersetzung dreier großer Religionen. Aber unter welch unterschiedlichen Bedingungen traten die drei Religionen in diese Auseinandersetzung ein! Christentum und Islam waren Staatsreligionen mächtiger Reiche. Das Judentum, von dem die anderen beiden abstammten, aber konnte seine Identität allein mit geistiger Kraft zu behaupten hoffen.

Als »Mittelalter« bezeichnet man die ungefähr vom 5. bis zum
15. Jahrhundert dauernde Epoche der europäischen Geschichte,
seitdem die Humanisten der Renaissance die zwischen ihrem eigenen
Zeitalter und dem klassischen Altertum gelegene Epoche als igno-
rantes, abergläubisches und »finsteres Mittelalter«, eine durch nichts
anderes als die Mittellage zwischen zwei gebildeten Epochen ausge-
zeichnete kulturlose Wüste sozusagen, charakterisierten. Wer die
Dichtungen Dantes und Chaucers kennt, die Motetten und die Lieb-
frauen-Messe des Guillaume de Machant, die gotischen Kathedralen
von Chartres, Amiens, Reims und Paris – um nur einige hervorragende Werke mittelalterlicher Kultur zu nennen –, der wird sich
heute zu der Meinung jener Neuerer nicht mehr bekennen wollen.
Insbesondere, wenn man die Zeit von etwa 1150 bis etwa 1450 ins
Auge faßt, erweist sich die Vorstellung des Mittelalters als einer bloßen Übergangsgesellschaft als keineswegs den kulturellen Leistungen der abendländischen Christenheit dieses Zeitalters gerecht
werdend.

Als Bezeichnung einer Periode der Weltgeschichte ist der Begriff
»Mittelalter« noch in anderer Hinsicht irreführend. Er gibt nämlich
zu verstehen, daß nicht allein in Europa zu jener Zeit die Kultur darniederlag und ihrer Erneuerung oder Renaissance harrte. Das aber
entspricht keineswegs der historischen Wahrheit. Während der in
Europa als »Mittelalter« bezeichneten Jahrhunderte fand in der westlichen Hemisphäre bei den Inkas, Mayas und Azteken die Entwicklung städtischer Gesellschaften statt, die sich zwei bis drei Jahrtausende zuvor in Mesopotamien ereignet hatte. Die vom Hochland des
heutigen Guatemala ausstrahlende klassische Maya-Kultur errichtete großartige Tempelstädte, verfügte über eine Hieroglyphenschrift und über ein System der Zeitrechnung, dessen Kompliziert-
heit und Exaktheit genaue astronomische Beobachtung und weit
fortgeschrittene mathematische Kenntnisse voraussetzten. Am Ende
des 15. Jahrhunderts, kurz vor der europäischen Entdeckung und Eroberung dieser westlichen Welt, waren dort zwei Völker bestim-
mend. In Mexiko herrschten die Azteken über zahlreiche unterwor-

fene Völker und unterhielten weitreichende Handelsbeziehungen über die Grenzen ihres Reichs hinaus. Ihre wichtigste Gottheit forderte Menschenopfer, von denen alljährlich an die 10000 darzubringen waren. Über das Andengebiet – nördlich bis zum Territorium des heutigen Ecuadors, südlich bis an die Grenzen des heutigen Chiles – herrschten die Inkas, die wie die Azteken viele Völker unterworfen hatten und straff verwalteten. Die Inkas legten Straßen, Terrassenkulturen, Wasserleitungen und künstliche Bewässerung an, waren geschickte Metallarbeiter und verblüffend fähige Chirurgen.

In der gleichen Epoche entstanden die ersten afrikanischen Reiche, zum Teil unter Einfluß der über das Rote Meer und von den Mittelmeerküsten ins Innere des Kontinents vordringenden islamischen Expansion. Dem westafrikanischen Reich Ghana, das vom 8. bis zum 11. Jahrhundert der christlichen Ära blühte, folgte das vom Atlantik bis über den Niger-Bogen sich erstreckende Reich Mali. Der Saharahandel führte Luxusgüter und Salz ins Innere Afrikas und exportierte afrikanische Sklaven, Lederwaren und afrikanisches Gold in den Mittelmeerraum und darüber hinaus.

Das im späteren Mittelalter in China erfundene Papiergeld ging aus zwei anderen chinesischen Erfindungen hervor. Ein aus Maulbeerbaumrinde hergestelltes Papier kannte man in China bereits im 2. Jahrhundert der christlichen Ära; bereits im 8. oder 9. Jahrhundert verstanden die Chinesen, von Holzstöcken zu drucken; im 11. Jahrhundert erfanden sie den Druck mit beweglichen Lettern, also etwa 400 Jahre, bevor ein deutscher Drucker namens Johann Gutenberg seine erste Bibel druckte. Desgleichen werden zwei andere wichtige Erfindungen den Chinesen zugeschrieben, nämlich der magnetische Kompaß und das Schießpulver, welch letzteres in China allerdings nur als Ladung von Feuerwerkskörpern, nicht von Feuerwaffen, Verwendung fand. Alle diese Erfindungen gelangten vermutlich durch die Vermittlung arabischer Kaufleute nach Europa. Zwischen 600 und 1200 n. Chr. wuchs die Bevölkerung Chinas schätzungsweise von 45 Millionen auf 115 Millionen, um mehr als das Doppelte also, während sich in der gleichen Zeit die Bevölkerung Europas nur von 26 Millionen auf 58 Millionen vermehrte. Während der fraglichen sechs Jahrhunderte machte die Bevölkerung Europas nur 15 Prozent der Menschheit aus, diejenige Asiens dagegen insgesamt 70 Prozent.

Wenn wir also die Entwicklung der Kultur im globalen Zusammenhang betrachten, zeigt sich, daß während des frühen Mittelalters das christliche Europa vergleichsweise rückständig war. Kein Bauwerk der Christenheit hält den Vergleich mit dem Schiwa-Tempel von Prambanan oder den großen Moscheen von Cordoba oder Damaskus aus. Während chinesische Kartographen detaillierte Pläne der sie umgebenden Welt zeichneten, stellten europäische Kartenzeichner ohne Rücksicht auf die geographischen Realitäten, aber getreu den Angaben der Heiligen Schrift, Jerusalem noch in die Mitte der Welt und ließen Nil, Ganges, Euphrat und Tigris miteinander im Garten Eden entspringen.

Doch gab es weder in China noch in Europa eine Stadt wie diejenige, die im Jahre 814, im Todesjahr Karls des Großen also, vermutlich die volkreichste der Welt war. Diese Stadt lag im Herzen des muslimischen Reichs, am Westufer des Tigris, nicht weit von den Ruinen der alten persischen Hauptstadt Ktesiphon in einer Gegend, die seit dem Ende der Talmudischen Periode das wichtigste politische und geistige Zentrum der Juden war. Abu Dscha'far Abdullah Almansor, der Kalif, der sie 762 als seine Reichshauptstadt gründete, nannte sie Madinat al-Salam, Stadt des Friedens. Im 9. Jahrhundert wohnten in Bagdad und seinen Vorstädten vielleicht mehr als zwei Millionen Menschen.

Während der ersten sechs Jahrhunderte der christlichen Ära wuchs die Bevölkerung der arabischen Halbinsel schätzungsweise von zwei auf mindestens fünf Millionen. Insbesondere nimmt man an, daß sich während dieser Zeit die Bevölkerung des unwirtlichen Innerarabien von etwa einer auf annähernd zweieinhalb Millionen Menschen vermehrte – in einem Maße also, das bis in unser Jahrhundert nicht wieder erreicht wurde. Man darf annehmen, daß dort die Lebensmittel knapp und kampflustige Krieger im Überfluß vorhanden waren. Doch was die Araber zu ihren Eroberungen begeisterte, war schließlich die Botschaft Mohammeds.

Wie erklärt sich die revolutionäre Kraft des Islam, der größere Gebiete in kürzerer Frist sich unterwarf als jede andere Massenbewegung der Menschheitsgeschichte, und der noch heute seine Anhänger zu leidenschaftlicher Hingabe hinzureißen vermag? Da ist zunächst Mohammeds kompromißlose Forderung nach Unterwerfung unter den Willen Allahs, wie ihn seine Propheten offenbarten. Unter diese rechnete Mohammed die prophetischen Gestalten des Alten wie des Neuen Testaments, von Moses bis Jesus. Aber als der letzte und größte aller Propheten – als *der* Prophet, wie die Muslime sagen – ist Mohammed zu achten. Gottes Mohammed gegebene Offenbarungen sind im Koran gesammelt, der Heiligen Schrift des Islam, deren 114 Kapitel oder Suren Vorschriften für alle erdenklichen religiösen, politischen, kommerziellen und militärischen Aktivitäten enthalten. In dieser Hinsicht gleicht der Koran der Tora. Wie diese hat er Kommentare zu Tausenden angeregt und ist durch ein Geflecht von Traditionen (*Hadith*) und verbürgte Überlieferungen (*Sunna*) ergänzt worden, die, auf verschiedene Weise kodifiziert, den Islam befähigt haben, seine Glaubenssätze unter verschiedensten historischen und geographischen Umständen zur Geltung zu bringen.

Neben diesen allgemeinen Eigenschaften des Islam trugen zu seiner unerhörten Verbreitung verschiedene besondere Umstände bei. So war er nicht wie das Christentum anfänglich der Glauben einer jüdischen Sekte, sondern von Anfang an eine unabhängige religiöse Bewegung. Unbehindert durch Bindungen an das Judentum, das politische Beziehungen zu den damaligen Herren eines großen Teils von Arabien, den sassanidischen Königen Persiens, unterhielt, oder an das Christentum, dessen politisches Zentrum sich in Byzanz befand, konnte der Islam die steigende Flut des arabischen Nationalismus bestärken und Kraft aus ihr ziehen. Obwohl der Koran feststellt, daß nur der Vergeltungs-, nicht aber der Angriffskrieg gerecht ist, läßt er doch durch wiederholte Ermahnungen keinen Zweifel daran, daß der Islam ein kämpferischer Glauben ist:

»Kämpft . . . bis die Verfolgung ein Ende nimmt und alle Religion für Allah ist.
Ermüdet nicht in der Verfolgung des Feindes. Wenn ihr leidet, seht, sie leiden wie ihr leidet, und ihr erhofft von Allah, was sie nicht hoffen können.«

Die arabischen Eroberer, die über Vorderasien und Nordafrika ausschwärmten und die Götzenanbeter zwangen, »den Islam oder den Tod« zu wählen, haben die Grenze zwischen Verteidigungs– und Angriffskrieg nach freiem Ermessen gezogen. Wenn sie im Kampf für den wahren Glauben fielen, harrten ihrer die Freuden des Paradieses, das versicherte ihnen der Koran.

Mohammed verkündete den Arabern eine Botschaft, die nicht nur eine politische, sondern auch eine soziale Revolution anstiftete und die von den Lehren der hebräischen Propheten inspiriert war. Eine einzigartige Rolle spielte dabei das Buch, das Mohammeds Botschaft verbreitete, der Koran. Der Prophet selbst konnte weder lesen noch schreiben. Die Offenbarungen, die er empfing, wurden von Sekretären aufgezeichnet. Der aus diesen Aufzeichnungen kurz nach Mohammeds Tod kompilierte Koran war das erste arabische Buch und gewann so über den religiösen hinaus unermeßlichen sozialen, kulturellen und erzieherischen Einfluß. In der Entwicklung der arabischen Schrift und des arabischen Prosa-Stils kommt dem Koran eine ähnlich maßgebliche und richtungweisende Funktion zu, wie sie später die Bibelübersetzungen Martin Luthers (1483–1546) und der von König Jakob I. beauftragten Gelehrten für die Entwicklung des deutschen und englischen Denkens und literarischen Ausdrucks haben sollten.

Man darf die Verbreitung des Judentums und des Christentums in Arabien zu Lebzeiten Mohammeds nicht unterschätzen. Spätestens seit Beginn des römischen Zeitalters lebten Juden im Norden Arabiens, und nach der Zerstörung des zweiten Tempels und der Niederschlagung des Bar-Kochba-Aufstandes wird sicherlich deren Zahl noch zugenommen haben. Im frühen 6. Jahrhundert bekannte sich für einige Zeit das Königshaus des jemenitischen Reichs Himyar zum Judentum. Mohammed wird in Mekka, seiner Geburtsstadt, die an der Karawanenstraße nach Jemen lag, vielen Christen und Juden begegnet sein; und da er, der muslimischen Überlieferung zufolge, Karawanen, die von Mekka nach Syrien gingen, begleitete, hat er auch während solcher Reisen nach Norden zweifellos viel Gelegenheit zu Kontakten mit dem »Volk des Buchs« gehabt.

Man begegnet hier und da der Meinung, der Koran billige den heiligen Krieg (Dschihad) nur gegen Götzenanbeter, doch das stimmt nicht ganz:

> »Bekämpft diejenigen der Schriftbesitzer, welche nicht an Allah und den jüngsten Tag glauben und die das nicht verbieten, was Allah und sein Gesandter verboten haben, und sich nicht zur wahren Religion bekennen, so lange, bis sie ihren Tribut in Demut entrichten (und sich unterwerfen).« (Koran, 9. Sure, 29).

Im Jahre 632, kurz vor seinem Tod, wies Mohammed seinen Statthalter im Jemen an, daß dieser Tribut in Form einer Kopfsteuer erhoben werden sollte. Das bedeutete praktisch, daß Juden und Christen (wie übrigens auch die Zoroastrier) nicht wie die Heiden zur Annahme des Islam gezwungen wurden, aber die politische Oberhoheit der Muslime anzuerkennen hatten – in ganz ähnlicher Weise, wie das andere Eroberer von unterworfenen Völkern verlangten. Krieg gegen Juden war deshalb statthaft und sogar geboten, solange diese Widerstand leisteten; unterwarfen sie sich aber, wie es die arabischen Juden taten, noch ehe Mohammed und sein Heer Mekka eroberten, gebot der Koran den Gläubigen, die gottesdienstlichen Gebräuche und Gemeindeinstitutionen der Juden zu achten.

Erwartete Mohammed, als er am 22. September 622 in Medina anlangte, wirklich, daß die Juden ihn als Propheten anerkennen oder wenigstens seiner Sendung, die heidnischen Araber zu dem einen wahren Gott zu bekehren, mit Wohlwollen begegnen würden? Betete er nach Jerusalem gewandt und fastete am Versöhnungsfest Jom Kippur, weil er jüdischer Frömmigkeit nacheifern wollte, oder versuchte er auf diese Weise nur opportunistisch, die Unterstützung der Juden zu gewinnen? Was immer die Erwartungen und Motive Mohammeds tatsächlich waren – unter den Gelehrten herrscht diesbezüglich keine Einstimmigkeit –, die Juden von Medina begegneten anfänglich seinen Ansprüchen teils gleichgültig, teils feindselig, und die jüdischen Gelehrten scheuten sich nicht, den arabischen Propheten öffentlich lächerlich zu machen. Diese Demütigungen zu vergeben, war Mohammed nicht geneigt. Innerhalb von fünf Jahren waren die Juden Medinas größtenteils entweder erschlagen oder aus der

Stadt verbannt. Einige der Vertriebenen siedelten sich in Haybar, gut hundert Kilometer nördlich von Medina, an. Die Bedingungen, zu denen sie 628 nach längerer Belagerung kapitulierten, wurden dann auch den übrigen jüdischen Oasen in Nordarabien nach und nach aufgenötigt.

Die Bestimmungen, nach denen Juden und Christen als Schützlinge *(dhimmis)* Allahs zu behandeln waren, werden üblicherweise als Erlaß des Omar bezeichnet und dem Kalifen Omar I. zugeschrieben, in dessen von 634 bis 644 währender Regierungszeit die muslimischen Heere die Sassaniden schlugen und Persien, Syrien und Ägypten eroberten. Der Erlaß des Omar verlangte von den Juden die Anerkennung der Oberhoheit der Muslime, verbot ihnen, deren Sitten nachzuahmen, und schrieb ihnen verschiedene unterwürfige und achtungsvolle Formen des Umgangs mit den Rechtgläubigen vor. Schon im 8. Jahrhundert mußten Juden und Christen unter muslimischer Herrschaft an ihren Kleidern erkenntlich sein. Im 14. Jahrhundert war es üblich geworden, den Juden gelbe, den Christen blaue und den Samaritern rote Kleider vorzuschreiben. Auch Abzeichen gehörten inzwischen zur Tracht solcher nicht rechtgläubigen Minderheiten. Nichtmuslimische Frauen mußten Schuhe verschiedener Farbe tragen, den einen schwarz, den anderen weiß oder rot.

Verallgemeinerungen über das Leben der Juden im Islam sind gefährlich angesichts der großen Ausdehnung des arabischen Reichs, seiner langen Dauer und der Schwäche vieler der Nachfolger des Propheten, der Kalifen. Tatsächlich wurden die Bestimmungen des Erlasses zu verschiedenen Zeiten und an verschiedenen Orten ganz unterschiedlich angewandt und befolgt. Die Kleiderordnungen wurden von den Führern der jüdischen Gemeinden oft sogar gern gesehen, weil die besondere Kleidung die Juden vor der Versuchung schützte, sich den Muslimen zu assimilieren, und so den Bestand der jüdischen Gemeinde sicherte. Nicht alle muslimischen Herrscher bestanden auf allen für die Juden demütigenden Bedingungen des Erlasses. Dennoch blieb er geltendes Recht, und jeder muslimische Herrscher, der aus religiösen, politischen oder wirtschaftlichen Gründen eine neuerliche Demütigung seiner christlichen oder jüdischen Untertanen für angebracht hielt, konnte darauf zurückgreifen.

In allen neu eroberten Gebieten fanden die Muslime jüdische Gemeinden vor. In Palästina, Persien, Syrien, Ägypten, Nordafrika und Spanien gab es diese an einigen Orten schon seit 2000, an anderen immerhin seit 500 Jahren. Doch die lernbegierigen Araber fanden in den großen Ländern und Reichen, die sie gewannen, außer der jüdischen auch andere Kulturen, von denen sie lernen konnten. Alexandria, die Hauptstadt des hellenistischen Ägypten, die die Muslime 638 und abermals 646 einnahmen, war seit Jahrhunderten eine Hochburg griechischer Gelehrsamkeit, wo die verschiedensten Wissenschaften geblüht hatten. Mesopotamien bot den Eroberern nicht allein die Schätze der persischen und der jüdischen Überlieferung, sondern auch eine noch lebenskräftige syrische Kultur.

Überdies vermittelten muslimische Händler und Diplomaten Kontakte der Araber auch zu den Kulturen jener Länder, die dem Beherrscher der Gläubigen nicht untertan waren. 798 schlossen Gesandte Harun al-Raschids ein Bündnis mit dem Kaiser von China. Von den Chinesen lernten die Araber, Papier zu machen. In Indien lernten sie die heute in der ganzen Welt gebräuchlichen »arabischen« Zahlen. Die Mosaiktechnik, in der sie so Großartiges leisten sollten, eigneten sie sich in Byzanz und Persien an (Einlegearbeiten mit Email, Glas und Stein auf Möbeln und in Innenräumen gab es freilich bereits im alten Ägypten und Mesopotamien).

Daß dann ihrerseits die Araber der abendländischen Christenheit viele Kenntnisse vermittelten, beweisen nicht zuletzt die in allen europäischen Sprachen noch heute gebräuchlichen Bezeichnungen verschiedener Wissenschaften, Künste und Stoffe; arabischer Herkunft sind die Wörter Algebra, Alchemie, Alkohol, Damast, Musselin und viele andere. Aus Elementen unterschiedlicher Herkunft schufen die Muslime einen dem Islam ganz eigentümlichen Baustil, dessen Werke mit ihren Kuppeln und Hufeisenbögen, ihren Wanddekorationen, farbigen geometrischen Ornamenten und ornamentalen Inschriftenbändern, den Geist des Islam für uns vielleicht am deutlichsten ausstrahlen. Die spanisch-arabische Dichtung und Musik andererseits hat unverkennbar die Kunst der provenzalischen Troubadours stark beeinflußt, was bei Aufführungen mittelalterlicher europäischer Musik heute zunehmend anerkannt wird.

Die Zeit vom 10. bis 12. Jahrhundert wird von einigen Gelehrten als die »Renaissance des Islam« bezeichnet. Es ist kein Zufall, daß diese Epoche, in der in den Reichen des Islam Wissenschaften und Künste in schönster Blüte standen, zugleich eine Epoche kommerzieller Expansion war, zu der neben den Muslimen auch die Juden viel beitrugen.

Das »Goldene Zeitalter«

Der Aufstieg des Islam schuf in Jerusalem, wo seit dem 2. Jahrhundert der christlichen Ära nur noch wenige Juden lebten, wieder günstigere Bedingungen für diese. Von der Regierungszeit Hadrians bis zu derjenigen Konstantins war Jerusalem oder, wie die Stadt nun amtlich hieß, Aelia Capitolina eine römische Provinzstadt, die Juden unter gewissen Einschränkungen als Pilger besuchen durften und wo mit den Jahren eine starke christliche Gemeinde entstand. Nachdem im Jahre 326 Konstantins Mutter Helena die Stadt besucht hatte, wurden die Christen tonangebend in Jerusalem. Nach christlicher Überlieferung wurde anläßlich der Wallfahrt Helenas in einer Krypta unter dem eingestürzten Tempel der Venus das »echte Kreuz« entdeckt. An dieser Stelle, die als Jesu Grabstätte galt, errichtete dann Konstantin die erste Grabeskirche, die seitdem mehrere Male die Gestalt gewandelt hat.

Einen großen Teil unserer Kenntnisse das Goldene Zeitalter betreffend verdanken wir der Entdeckung einer Fülle von Briefen, Rechtsurkunden, literarischen Schriften, Geschäftsunterlagen und anderen öffentlichen und privaten Dokumenten, die von den ägyptischen Juden in der *geniza* (Rumpelkammer) der Synagoge von Fostat – der Altstadt von Kairo – abgelegt worden waren. Die Existenz dieser *geniza* war zwar im westlichen Europa schon spätestens 1753 bekannt, doch erst im späten 19. Jahrhundert begannen europäische und amerikanische jüdische Gelehrte mit der systematischen Ordnung und Entzifferung der dort angehäuften Dokumente.

Solange die Kalifen in Damaskus residierten, erfreute sich die jüdische Gemeinde in Jerusalem einiger Sicherheit. Es war den Juden gestattet, in der Nähe des Orts, wo einst der Tempel stand, zu beten und eine neue Synagoge und Schule zu errichten. Höchstwahrscheinlich fällt die Übersiedelung der talmudischen Akademie von Tiberias in die Stadt Davids in diese Zeit. Doch nachdem im Jahre 750 dem Haus der Omaijaden – den Nachkommen der Karawanenhändler-Aristo-kratie der Omaija – das Kalifat von den Abbassiden entrissen wurde (einer bunt zusammengewürfelten Gruppe von Mißvergnügten, deren Führer sich der Abstammung von Mohammeds Onkel väterlicherseits, dem 652 verstorbenen Abbas, rühmten), brachen für das jüdische Jerusalem wieder schlechtere Zeiten an. Als nämlich die Abbassiden ihre Hauptstadt von Damaskus nach Bagdad verlegten, rückte Jerusalem plötzlich an den Rand der islamischen Welt; damit schwand der Einfluß und die Sicherheit der jüdischen Gemeinde der Stadt. Noch vor Ende des Jahrhunderts wurde Jerusalem die Beute der Fatimiden, eines nordafrikanischen Fürstengeschlechts, das seinen gegen die Abbassiden erhobenen Anspruch auf das Kalifat aus seiner Abstammung von Mohammeds Tochter Fatima herleitete. Dann eroberten die Seldschuken die Stadt – deren Eroberungen in Kleinasien die Grundlagen für das spätere türkische Reich schufen –, und endlich im Jahre 1099 kamen die Kreuzfahrer.

Diese dauernden Kämpfe zogen zwar alle Bewohner der Stadt in Mitleidenschaft, doch litten die auch während jener bösen Zeiten nicht von ihren besonderen Steuern und Abgaben befreiten Nicht-Muslime zweifellos besonders schwer. Wie bei so vielen anderen Gelegenheiten, wendeten sich auch jetzt die verarmten Juden von Jerusalem hilfesuchend an ihre wohlhabenderen Brüder in der Diaspora. In der Kairoer *geniza* fand sich ein im 11. Jahrhundert geschriebener Brief des Leiters der Jerusalemer Schule »Jakobs Stolz«, eines gewissen Salomon der Jüngere, der den Häuptern der jüdischen Gemeinde von Fostat für ihre großzügige Unterstützung in einer Weise dankt, die noch heute die Juden in der Diaspora vertraut anmuten wird:

»Ein Brief unseres Gesandten berichtet uns, wie Ihr ihm geholfen und beigestanden habt. Wie Ihr das Volk ermahntet, ein über das andere Mal, ihren armen Brüdern zu helfen; und den Leuten mit

rührenden Worten das Elend, die Hilflosigkeit und die schwere
Bürde begreiflich machtet, die wie ein Joch auf den Einwohnern
Jerusalems lastet...

...es ist eine Pflicht für ganz Israel, diejenigen zu unterstützen, die
in Jerusalem leben, und ihnen in Zeiten der Not als Zeltpflock zu
dienen. Jeder, der ihre gute Sache unterstützt, verdient damit das
Anrecht, an ihrer Freude teilzuhaben.«

Doch auch die großzügigste Unterstützung aus der Diaspora konnte
die Juden vor dem Schicksal nicht bewahren, das ihnen die Kreuzfahrer bereiteten, als sie nach sechswöchiger Belagerung in der Nacht
des 14. Juli 1099 in Jerusalem einzogen. Juden, die dem von den Eroberern verübten allgemeinen Massaker entgingen, wurden später
als Sklaven verkauft oder für Lösegeld gefangengehalten. Da nach
der Ermordung ihrer muslimischen und jüdischen Bewohner die
Stadt fast entvölkert war, wurden in den ehemals von Juden bewohnten Vierteln christliche Araber einquartiert.

Doch blieb Jerusalem nicht auf die Dauer in der Hand der Christen. Im November 1187 brachen die Heere Saladins, des ägyptischen
Sultans, der die Dynastie der Fatimiden gestürzt und den großen Moses Maimonides als Leibarzt an seinen Hof geholt hatte, den Widerstand der Verteidiger des christlichen Königreichs Jerusalem; die
abendländischen Christen wurden aus der Stadt vertrieben, und die
Juden kehrten dorthin zurück. Doch kehrte auch diesmal der Frieden
nur vorübergehend in Jerusalem ein. In den folgenden vierzig Jahren
wurden aus dem Abendland vier weitere Kreuzzüge in Marsch gesetzt. Schlimmer noch als diese wütete 1244, als die Stadt abermals an
die Muslime fiel, eine Horde kwarizimischer Türken, und nur sechzehn Jahre später wurde Jerusalem von den Mongolen gebrand-
schatzt. Als der spanische jüdische Gelehrte Nahmanides (Moses ben
Nahman oder Ramban, 1194–1270) die Stadt im Jahre 1267 besuchte, fand er nur Ruinen:

»Groß ist die Einöde und groß die Verwüstung und, kurz gesagt, je
heiliger die Orte, desto größer die Verwüstung. Jerusalem ist wüster als das übrige Land; Judäa wüster als Galiläa. Doch ist es selbst

in dieser Zerstörung noch ein gesegnetes Land. Es hat etwa 2000 Einwohner. Etwa 300 Christen wohnen dort, die dem Schwert des Sultans entgingen. Juden gibt es nicht. Nur zwei Brüder, Färber ihres Zeichens, die ihre Materialien von der Regierung kaufen müssen.«

Zweieinhalb Jahrhunderte sollten vergehen, ehe wieder Juden in Jerusalem ansässig wurden.

Was Jerusalem an Macht, Wohlstand und Ruhm verlor, gewann Babylonien. Zur Zeit der muslimischen Eroberung lebten dort schon seit über tausend Jahren Juden. Hier, am Ufer des Euphrat, standen zwei große Talmud-Akademien, Sura und Pumbedita, die ein moderner Gelehrter als »Oxford und Cambridge« der mesopotamischen Juden bezeichnet hat. Die Sura-Akademie war im frühen 3. Jahrhundert von Abba Arika gegründet worden. Abba, der auch unter dem Beinamen »Raw« (der Lehrer) bekannt ist, stammte aus Babylonien und hatte die Tora in Palästina bei Juda ha-Nasi studiert. Er starb 249. Einige Jahrzehnte nach der Sura-Akademie wurde die Pumbedita-Akademie von Juda bar Hesekiel gegründet, über den man im Talmud als Hinweis auf die Kontinuität der jüdischen Tradition angegeben findet, daß er an dem Tag geboren wurde, an dem Juda ha-Nasi starb. Juda bar Hesekiel starb fünfzig Jahre nach Abba Arika, im Jahre 299. Während der talmudischen Epoche wurden die Häupter dieser Akademien stets von den Rabbinen gewählt. Doch als im 7. Jahrhundert die Leiter beider Schulen den Titel eines *Gaon* (Herrlichkeit, Zierde, Exzellenz) zu führen begannen, übernahm gewöhnlich der Exilarch die Ernennung.

Während der sassanidischen Herrschaft war der Exilarch als Herrscher der persischen Juden anerkannt, doch reichte sein Einfluß tatsächlich viel weiter, insbesondere nach der Abschaffung des jüdischen Patriarchats von Palästina durch den von 379 bis 395 regierenden oströmischen Kaiser Theodosius. Mit Beginn des Kalifats konnte der Exilarch die Herrschaft über alle Juden im Einflußgebiet des Islam in Anspruch nehmen, wenn auch seine Befugnisse weiterhin auf die Juden Persiens und des Irak beschränkt blieben. Das Ansehen des Amts des Exilarchen bei den Muslimen war höher als zuvor bei den Persern, da die Bekenner des Islam David als einen ihrer Propheten verehrten und die Exilarchen aus dem Hause Davids stammten. Als die Muslime Babylonien eroberten, hatte Bustanai ben Haninai (um 618–670) das Amt des Exilarchen inne; alle späteren Exilarchen unter arabischer Oberhoheit führten ihre Abstammung auf ihn zurück und durch ihn auf König David, den er als seinen Ahn bezeichnete. Das Exilarchat hatte den größten Einfluß während des ersten halben Jahrhunderts abbassidischer Herrschaft. Mit dem Niedergang des Kalifats von Bagdad schwand auch die Macht der Exilarchen.

Die Vertreter des Exilarchats in religiösen Angelegenheiten waren die Leiter der beiden Gelehrtenschulen, die *Geonim*, die während dieser Zeit offiziell als geistige Oberhäupter der Juden in der Diaspora galten. Die Akademien, denen sie vorstanden, dienten als oberste geistliche Gerichte des Judentums, dort wurde über alle strittigen rechtlichen Fragen im Lichte der Tora und des Talmuds befunden. Alljährlich reisten Tausende von Juden nach Sura und Pumbedita, wo Vorlesungen gehalten und Urteile gefällt wurden. Die *Geonim* gaben auch schriftliche Rechtsgutachten – in der lateinischen Literatur als *responsa*, in der hebräischen als *teschuwot* bezeichnet – auf aus der Ferne eingereichte Anfragen zur Halacha.

Trotz des hohen Ansehens, dessen sich vom 7. bis zum 11. Jahrhundert das babylonische *Geonat* erfreute, haben aber nur verhältnismäßig wenige Inhaber des Titels so Ausgezeichnetes geleistet, daß die jüdische Geschichte ihrer besonders zu gedenken Anlaß hätte. Dies mag zum Teil daraus zu erklären sein, daß die Exilarchen, die die *Geonim* ernannten, dieses Amt gewöhnlich nach politischen Erwägungen besetzten, also die Kandidaten nicht ausschließlich nach deren wissenschaftlicher Qualifikation auswählten. Überdies wurde das Amt mit der Zeit erblich, so daß die *Geonim* der beiden Akademien von nur einem halben Dutzend Familien gestellt wurden.

Über die Fülle der mittelmäßigen *Geonim* erhebt sich aber der *Gaon* Saadja ben Joseph, der als Saadja Gaon in die Geschichte eingegangen ist. Saadja wurde 882 in Fayum in Ägypten geboren und war bereits geschult in der Tora und in verschiedenen weltlichen Wissenschaften, als er die Heimat verließ, um seine Studien an der Talmud-Akademie von Tiberias in Palästina fortzusetzen. 922 kam er nach Babylonien, wo er alsbald in die Pumbedita-Akademie eintrat. Sechs Jahre später wurde er zum *Gaon* von Sura ernannt. Saadja war ein Meister des Hebräischen, schrieb drei Abhandlungen über diese Sprache und übersetzte zum ersten Mal die hebräischen Heiligen Schriften ins Arabische. Gewöhnlich bediente er sich für seine eigenen Arbeiten, obwohl diese sämtlich jüdische Themen betrafen, der arabischen Sprache — woraus erhellt, wie sehr die Juden nach drei Jahrhunderten arabischer Herrschaft sich der islamischen Welt in gesellschaftlicher und wirtschaftlicher Hinsicht angepaßt hatten.

Saadjas »Buch der Lehrmeinungen und Glaubenswahrheiten« versuchte den Beweis zu führen, daß zwischen den Befunden der Vernunft und den Lehren des Judentums kein unaufhebbarer Widerspruch besteht. Saadja nahm mit diesem Versuch eines der beunruhigendsten geistigen Probleme seiner Zeit in Angriff. Denn wie nie zuvor in ihrer Geschichte wandten sich in dieser Epoche die Juden den weltlichen Wissenschaften zu, nicht allein der Medizin, sondern auch der Mathematik, Geographie, Astronomie und Navigation. Konnte aber ein Jude sich diesen Wissenschaften widmen, ohne die Glaubenswahrheiten und Überlieferungen zu verleugnen, denen er sein Judentum verdankte? Saadja glaubte, jeden Zweifel daran beseitigen zu können. Er war der Überzeugung, daß zuverlässige Überlieferung – und darunter war im rabbinischen Judentum die mündlich wie schriftlich überlieferte Tora zu verstehen – eine ebenso unentbehrliche Voraussetzung richtiger Erkenntnis sei wie es Sinneseindrücke, Erfahrungsgrundsätze und Syllogismen seien. So behauptete Saadja, daß sich als Quellen der Erkenntnis Vernunft und Offenbarung keineswegs ausschlössen, sondern im Gegenteil ergänzten. Der *Gaon* von Sura war mithin ein großer Vermittler, der die Ansprüche von Wissenschaft und Religion, arabischer Kultur und jüdischem Glauben gegeneinander abwog und miteinander zu harmonisieren bestrebt war.

Saadjas entschiedenste Widersacher waren die Karäer, wie im 9. Jahrhundert eine Reihe von heterodoxen jüdischen Sekten genannt wurden, die sich einig waren in der Ablehnung jeder mündlichen Überlieferung und nur das schriftliche Gesetz buchstäblich angewandt sehen wollten. Die Karäer forderten etwa die strenge Einhaltung der den Sabbat betreffenden Verbote der Bibel. Das im Talmud kodifizierte, aber sich in dieser Kodifizierung keineswegs erschöpfende mündliche Gesetz bestimmte etwa, daß zwar am Sabbat kein Feuer angezündet werden durfte, daß aber ein am Vorabend des Sabbat entzündetes Feuer am Sabbat weiterbrennen dürfe. Dies leugneten die Karäer, weshalb – wie deren Gegner, die Anhänger der mündlichen Überlieferung oder rabbinischen Tradition, nicht ohne Schadenfreude feststellten – ihre Häuser dunkel, kalt und freudlos waren.

Die längste Zeit galt der Streit zwischen rabbinischen und karäischen Juden als innerjüdische Angelegenheit und wurde so auch von außen angesehen. Doch im 19. Jahrhundert genossen in Rußland die Karäer die besondere Gunst der Behörden und erhielten soziale und rechtliche Privilegien, die sie zum Nachteil ihrer orthodoxen Brüder ausbeuteten. Heute hat das Karäertum nur mehr einige tausend Anhänger in Israel und anderswo.

Die Juden in Spanien

Die spanische Epoche der jüdischen Geschichte ist eines ihrer merkwürdigsten Kapitel. Eine große Gestalt steht am Anfang dieser Epoche. Zu Lebzeiten Saadjas und während der drei auf seinen Tod im Jahre 942 folgenden Jahrzehnte schuf ein Jude in Cordoba, Hasdai ibn Schaprut (um 915–975), im muslimischen Spanien die Voraussetzungen für eine Blütezeit der jüdischen Kultur, die die babylonische weit übertreffen sollte.

Seit römischen Zeiten lebten Juden in Spanien, häufig religiösen Verfolgungen und sozialer Ächtung ausgesetzt. Die westgotischen Landesherrn, die sie dort seit dem 4. Jahrhundert hatten, wünschten, da sie Christen waren, die Bekehrung der Juden zum Christentum und suchten dieselben auf verschiedene Weise dazu zu bewegen – teils durch diskriminierende Besteuerung, teils durch gewaltsame Maßnahmen, die von der Zwangstaufe bis zur Vertreibung reichten. Dann begannen die Heere der Muslime ihren Vormarsch durch

160

Nordafrika nach Westen, und ihre Flotten fingen an, das Mittelmeer unsicher zu machen. Seit der Eroberung von Alexandria arbeiteten die dortigen großen Werften für die Araber, und schon gegen 680 brandschatzten arabische Piraten die spanische Küste. Während so die Bedrohung durch die Muslime in Spanien immer beängstigender wurde, verbreitete sich dort das Gerücht, daß die spanischen Juden planten, die Araber ins Land zu rufen, um endlich der Unterdrükkung durch die Christen ledig zu sein. Auf einem 694 von dem westgotischen König Egica einberufenen Konzil wurden die Juden insgesamt des Landesverrats schuldig befunden. Plötzlich waren sie alle Sklaven. Wer nicht rechtzeitig fliehen konnte, verlor seinen Besitz und seine Freiheit. Es ist deshalb durchaus nicht verwunderlich, daß die Juden, als dann im Jahre 711 die Muslime tatsächlich in Spanien einfielen, die Eroberer nicht nur willkommen hießen, sondern auch gegen ihre bisherigen Unterdrücker gemeinsame Sache mit ihnen machten und die Verwaltung der eroberten Städte für sie in die Hand nahmen.

Ehe die Muslime allerdings nach Spanien übersetzen konnten, mußten sie den Maghreb unterwerfen. Zwischen dem Fall von Tripoli (644) und der Eroberung von Tanger (709) vergingen 65 Jahre, während derer die Araber allmählich den erbitterten Widerstand der Berber überwanden. Schließlich traten viele dieser Eingeborenen Nordafrikas zum Islam über und schlossen sich in Scharen den arabischen Heeren an, die dann Spanien eroberten. Dies war bereits 718 eine fast vollendete Tatsache; und von nun an sollten viele Jahrhunderte lang die Muslime den größten Teil der iberischen Halbinsel beherrschen.

Nachhaltigen Eindruck hinterließen die Muslime in den Ländern Süd- und Mittelspaniens, die sie nun in Besitz nahmen, nicht durch ihre numerische Stärke, sondern durch die überlegene Kultur, die sie mitbrachten. Während der ersten drei Jahrhunderte islamischer Herrschaft ging vermutlich die Bevölkerung ganz Spaniens nicht über 4,5 Millionen hinaus. Die arabischen Eroberer und deren Nachkommen waren nur eine Minderheit – etwa zwei Zehntel der Gesamtzahl – dieser insgesamt nicht sehr kopfreichen, dafür aber bunt zusammengesetzten Bevölkerung: Neben den arabischen Muslimen gab es dort, wie schon erwähnt, solche, die aus Nordafrika und bald natürlich auch schon von spanischen und westgotischen Ahnen stammten, außerdem Christen und Sklaven slawischer oder schwarzafrikanischer Herkunft. Der Anteil der Juden an dieser Mischung von Völkern und Religionen wird auf sechs bis zehn Prozent geschätzt. In den Städten des südlichen Spaniens, wo auch der größte Teil des arabischen Bevölkerungsanteils konzentriert war, scheinen die Juden aber etwa doppelt so stark wie im übrigen Land vertreten gewesen zu sein. Unzweifelhaft ging es ihnen unter der Herrschaft muslimischer Kalifen auf die Dauer besser als unter den christlichen Königen. Während der ersten dreihundert Jahre islamischer Herrschaft, während derer die Kämpfe zwischen Muslimen und Christen auf den Norden der Halbinsel beschränkt blieben, brachten muslimische Landwirtschaft, muslimische Technik und muslimischer Handel dem südlichen Spanien Wohlstand und die Voraussetzungen zur Entfaltung einer glänzenden Kultur.

Politisch war Spanien eine isolierte Enklave am äußersten westlichen Flügel des islamischen Reiches. Der abbassidische Aufstand des Jahres 750, der für die Geschichte Bagdads und der babylonischen Juden so folgenreich war, wirkte sich in Spanien nur mittelbar aus: Um der Verfolgung durch die siegreichen Abbassiden zu entgehen, floh ein Angehöriger des vordem regierenden Hauses der Omaijaden namens Abd-er-Rahman aus Damaskus nach Spanien, wo er 755 anlangte und kurz darauf als Emir (Befehlshaber) in Cordoba das Regiment übernahm. Dieser spanische Zweig der omaijadischen Dynastie setzte sich indessen erst unter der Regierung Abd-er-Rahmans III. (891–961) gegenüber seinen lokalen Rivalen durch. Nachdem er die aufsässigen Häuptlinge der Araber und Berber unterdrückt hatte, nahm Abd-er-Rahman III., Emir seit 912, im Jahre 929 den Titel des Kalifen für sich in Anspruch. Die Gründung dieses Kalifats von Cordoba eröffnete das Goldene Zeitalter des muslimischen Spaniens und sollte sich auch in der jüdischen Geschichte als höchst folgenreich erweisen.

Abd-er-Rahmans Leistungen während seines Kalifats werden mit Recht hochgerühmt. Er schlug die Heere der christlichen nordspanischen Königreiche von Leon und Navarra. Er erhob Cordoba zum

Hauptsitz der Wissenschaften in Europa. Im Zusammenhang mit der jüdischen Geschichte freilich war sicherlich seine folgenschwerste Entscheidung diejenige, seinen Leibarzt Hasdai Ibn Schaprut mit dem Amt des Leiters der Zollbehörde zu betrauen und als seinen persönlichen Ratgeber und Gesandten zu verwenden. Hasdai leitete auf muslimischer Seite die Verhandlungen, die Ende der fünfziger Jahre des 10. Jahrhunderts zum Abschluß der Friedensverträge mit Leon und Navarra führten.

Wie Abd-er-Rahman, indem er sich den Kalifen von Damaskus und Ägypten gleichstellte, die politische Autonomie des muslimischen Spanien begründete, war Hasdai Ibn Schaprut als Füher der jüdischen Gemeinde im muslimischen Spanien bestrebt, die Unabhängigkeit der spanischen Juden von den im fernen Babylon residierenden Autoritäten durchzusetzen. Als Rabbi von Cordoba ernannte er den gelehrten Moses ben Hanokh, der einer *Jeschiwa* (rabbinischen Akademie) vorstand und *responsa* schrieb, so daß die spanischen Juden sich mit ihren halachischen Problemen jetzt nicht länger nach Sura oder Pumbedita in Babylonien wenden mußten. Hasdai war ein Freund der Dichter und Gelehrten. Er selbst praktizierte die Medizin, war aber ein Förderer aller Wissenschaften und Künste.

Zwar strebte Hasdai die geistige Unabhängigkeit der Juden Spaniens an, doch lag ihm sehr am Austausch mit den Gelehrten Babyloniens, deren Verdienste er keineswegs geringschätzte. So bedachte er die Akademien von Sura und Pumbedita mit Stiftungen und stand im Briefwechsel mit dem Sohn Saadja Gaons, der ihm eine Lebensbeschreibung seines berühmten Vaters zusandte. Hasdai nahm reges Interesse an allem, was Juden betraf, gleich in welchen Winkel der Erde die Diaspora sie verschlagen hatte. Eines der berühmtesten aus jenem Goldenen Zeitalter erhaltenen Dokumente ist der Brief, den er seinem Sekretär Jakob ibn Saruk an Joseph, den König der Chasaren, diktierte. Hasdai beginnt sein Schreiben mit einer Schilderung seiner eigenen Heimat Sefarad, berichtet von dem König, der sie regierte, und von den Vorkehrungen, die er selbst getroffen hatte für die Zustellung seines (irgendwann zwischen 950 und 960 verfaßten) Schreibens. Darauf folgt eine Reihe von Fragen, die Hasdai den König der Chasaren zu beantworten bittet:

»Was ist Euer Staat? Wie ist der Name Eures Landes? Welche Stämme bewohnen es? Wie wird es regiert, auf welche Weise folgen die Könige einander, werden sie aus einem bestimmten Stamm oder Geschlecht gewählt oder folgen die Söhne den Vätern auf den Thron, wie es bei unseren Ahnen gebräuchlich war, als sie noch in ihrem eigenen Lande wohnten?«

Wer waren die Chasaren, und wo kamen sie her? Heute wissen wir, daß sie ein Turkvolk waren, das auf seinen Wanderungen, aus Mittelasien kommend, spätestens im 6. Jahrhundert n. Chr. zwischen Wolga und Kaukasus anlangte. Dort gründeten sie ein Reich. Am Ende des 7. Jahrhunderts hatten sie bereits an dessen südlicher Grenze einen Krieg mit dem Reich des Islam ausgefochten. Inzwischen hatte sich das chasarische Reich westlich bis zur Krim ausgedehnt, wo es in Berührung mit der byzantinischen Kultur kam und hin und wieder Gelegenheit zur Einflußnahme auf die Politik des oströmischen Kaisers in Konstantinopel erhielt. Auf welche Weise aber waren die chasarischen Könige zum mosaischen Glauben gekommen? Sie stammten keineswegs, wie Hasdai vermutete, von den »Zehn verlorenen Stämmen« ab (den nach der assyrischen Eroberung von Samaria verschleppten und seitdem spurlos aus der Geschichte verschwundenen einstigen Bewohnern des nördlichen Königreichs Israel), noch waren sie diesen auf ihren Wanderungen begegnet. Ursprünglich waren, so erklärte der chasarische Fürst dem spanischen Gelehrten in seiner Antwort auf dessen Anfrage, die Chasaren Heiden gewesen – bis einer ihrer Könige namens Bulan »ein weiser, gottesfürchtiger Mann ... Zauberer und alle Götzenanbeter aus dem Lande vertrieb und allein Gott vertraute«. Wahrscheinlich im Jahre 965, sicherlich jedoch noch zu Lebzeiten Hasdais, marschierten (wie Joseph in seinem Brief an Hasdai schon befürchtet hatte) Russen aus dem Staate Kiew in das Chasarenreich ein und plünderten die Stadt Atil. Arabischen Quellen ist zu entnehmen, daß daraufhin die chasarischen Fürsten einen benachbarten islamischen Staat um Hilfe baten, diese ihnen aber nur unter der Bedingung zugesagt wurde, daß sie zum Islam konvertierten. So wurde, den muslimischen Historikern zufolge, das Königreich, das um 740 den mosaischen Glauben angenommen hatte, kaum 250 Jahre später dem Judentum wieder abtrünnig. Doch rettete diese Verleugnung des jüdischen Glaubens die Chasaren nicht. Die wilden Polotschanen vollendeten die von den Russen aus Kiew begonnene Zerstörung, und am Ende des 11. Jahrhunderts gehörte das Reich der Chasaren der Vergangenheit an.

So wichtig man auch die Rolle einschätzen mag, die das Chasarenreich für die jüdische Geschichte gespielt hat, seine symbolische Bedeutung für die Juden in der Diaspora war mit Sicherheit größer. Daß ein mächtiger König, der zwischen den drei großen Religionen frei wählen konnte, sich gegen den Islam und das Christentum seiner mächtigen Nachbarn und für das Judentum entschied, muß sehr ermutigend für das jüdische Volk gewesen sein, das das Wachstum seiner Religion durch Vorurteile und politische Umstände überall gehemmt und beschränkt sah. Aus dem lebhaften Interesse der gebildeten Juden in der Diaspora an Nachrichten aus dem Chasarenreich spricht ihre Unzufriedenheit mit den Bedingungen selbst jenes Goldenen Zeitalters. Diese Unzufriedenheit, die mit Hasdais Brief an König Joseph als Sehnsucht nach Befreiung von der Fremdherrschaft zum Ausdruck kommt, nimmt in einem Gedicht Juda Halevis (1085?–1140) bereits protozionistische Züge an:

»Mein Herz ist im Osten und ich bin im äußersten Westen –
Wie kann ich Geschmack an der Speise finden?
Wie soll Sie mir süß sein?
Wie soll ich meine Gelübde einhalten, da
Noch immer Zion liegt in Edoms Fesseln und ich in
Arabischen Ketten? Ein Leichtes schiene es mir
Hintan zu lassen
All die guten Dinge Spaniens –
Da so köstlich es wäre zu erblicken den Staub
Des verödeten Heiligtums.«

Halevi behandelte die Geschichte des Chasarenreichs in einem philosophischen Dialog, der ursprünglich mit einem arabischen Titel als *Kitáb al-Hujja wal-Dalil fi Nasr al-Din al-Dhali* (Buch des Arguments und Beweises zur Verteidigung eines verachteten Glaubens) in die Welt ging, inzwischen aber bekannter ist unter dem hebräischen Titel *Sefer al-Kuzari* (Buch der Chasaren). In dieser einflußreichen Streitschrift, in der die Gründe auseinandergesetzt werden, die die chasarischen Könige angeblich bewogen, sich zum mosaischen Glauben zu bekehren, verteidigt Halevi das rabbinische Judentum nicht allein gegen das Christentum und den Islam, sondern auch gegen das Karäertum und den aristotelischen Rationalismus. Bemerkenswert ist, daß auf den letzten Seiten des Buches, das Halevi kurz vor seiner Abreise ins Heilige Land – wo er nie angekommen zu sein scheint – vollendete, sein Wortführer, der Rabbi, der den König der Chasaren zum Judentum bekehrte, erklärt, nun das Chasarenreich verlassen und nach Jerusalem reisen zu wollen. Denn dort allein, erklärt der Rabbi und durch ihn Halevi, kann sich das Leben eines Juden ganz erfüllen.

Hinter solchen zionistischen Sehnsüchten stand das Bewußtsein der unsicheren Lage, in der sich die Juden in Spanien befanden. Nach dem Niedergang des Kalifats von Cordoba zerfiel das muslimische Spanien in eine Vielzahl arabischer und berberischer Fürstentümer, die miteinander um die kulturelle, kommerzielle und militärische Vormacht stritten. Kurzfristig erwuchsen gebildeten Juden aus diesen Verhältnissen manche Vorteile, denn die nun zahlreichen kleinen Landesherren boten vielen jüdischen Gelehrten, Ärzten, Sekretären, politischen und finanziellen Ratgebern Amt und Würden. Auf lange Sicht überwogen aber auch für die Juden die Nachteile dieser politischen Instabilität. Oft wurde eine ganze jüdische Gemeinde vertrieben, wenn ein Fürst durch eine auswärtige Macht oder eine Palastintrige gestürzt wurde.

Die politischen Umwälzungen des 11. und 12. Jahrhunderts werfen ihre Schatten über die Laufbahnen der meisten bedeutenden Juden des Goldenen Zeitalters. Als 1013 die Berber Cordoba eroberten, war unter den vielen Juden, die damals aus der Stadt fliehen mußten, ein junger Gelehrter namens Samuel ibn Naghrela (993–1056). Samuel, der jüdisches Recht bei Hanokh ben Moses studiert hatte und fließend hebräisch und arabisch sprach, ließ sich in Malaga nieder, wo er einen Gewürzladen eröffnete. Bald aber gelangte er an den Hof nach Granada und wurde dort zuerst Steuereinnehmer, dann Sekretär und schließlich Gehilfe des Wesirs des Berberkönigs Habbus. Nach dem Tode des Königs ernannte dessen Sohn Bádis den jüdischen Beamten, der ihm den Weg zum Thron hatte ebnen helfen, zu seinem Wesir und zum Oberbefehlshaber seines Heeres. Als Samuel 1038 zum ersten Male Bádis Truppen in die Schlacht führte, war er schon mehr als zehn Jahre Oberhaupt *(nagid)* der spanischen Juden. Er war in der Tat ein erstaunlicher Mann. Während der achtzehn Jahre, in denen er seine muslimischen Krieger in vielen Kämpfen führte, verfaßte er in seinen Mußestunden ein Handbuch des jüdischen Rechts, das den spanischen Juden die Unabhängigkeit von den *Geonim* in Babylon sichern sollte. Zudem schrieb er Gedichte; er ist einer der bedeutendsten hebräischen Dichter des Goldenen Zeitalters.

Samuel förderte auch andere Dichter, namentlich den großen Salomon ibn Gabirol (1020–1057?). Gabirol stammte wahrscheinlich aus Málaga, wuchs aber in Saragossa auf, als ein, wie er selbst sagt, häßlicher, kränklicher und schwacher Jüngling. Nach Granada kam er vielleicht im Jahre 1048, während Samuels Wesirat – seine Lobeshymnen auf diesen lassen kaum Zweifel daran, daß er Samuels Unterstützung genoß. Gabirol wandte mit erstaunlichem Geschick zahlreiche Motive, Versmaße und Versformen der arabischen Poesie auf die hebräische Dichtung an. Zwar gilt er als der bedeutendste religiöse Dichter des spanischen Judentums, doch zeichnen sich seine Gedichte durch eine in der hebräischen Dichtung seltene Einbeziehung der eigenen Person aus, die von Selbstmitleid bis zu hochmütigem Überschwang reicht.

Während des 11. Jahrhunderts wurden die Verhältnisse in Sefarad zunehmend unsicherer. Einer von Salomon ibn Gabirols ersten Gönnern, Jekuthiel ben Isaak ibn Hassan, ein Ratgeber des Fürsten von Saragossa, wurde 1039 unter geheimnisvollen Umständen abgesetzt und hingerichtet. Joseph ha-Nagid, Samuel ibn Naghrelas Sohn (1035–1066), der seinem Vater im Amt des Wesirs von Granada folgte, noch ehe er das 21. Lebensjahr vollendet hatte, wurde von den Muslimen beschuldigt, sein Amt zugunsten jüdischer Höflinge zu mißbrauchen. Joseph, der so hochmütig wie begabt war, wurde als Opfer einer Palastintrige am 30. Dezember 1066 ermordet.

In der englischsprechenden Welt erinnert man sich des Datums 1066 als des Jahres, in dem Wilhelm, Herzog der Normandie, berühmt als Wilhelm der Eroberer, an der Küste Englands landete und, nachdem er in der Schlacht von Hastings ein von dem sächsischen König Harald II. geführtes Heer besiegt hatte, am Weihnachtstag zum König von England gekrönt wurde. In der Geschichte der spanischen Juden bezeichnet das gleiche Datum den Beginn unheilvoller Zeiten. Am 31. Dezember dieses Jahres, einen Tag nach der Ermordung Joseph ha-Nagids, stürmte der muslimische Pöbel durch das jüdische Viertel von Granada. Es war dies der erste dokumentarisch festgehaltene Fall von Gewalttätigkeiten der Muslime gegen die spanischen Juden; leider blieb es nicht bei diesem einen. Der Dichter und Philosoph Moses ibn Esra (1070–1137?) mußte, als 1090 die Almoraviden Granada eroberten, aus der Stadt fliehen, der von ihm geförderte Juda Halevi desgleichen. Und als die Almohaden, nachdem sie 1148 Cordoba erobert hatten, den dortigen Juden das Leben schwermachten, floh aus dieser Stadt die Familie des damals dreizehnjährigen Moses Maimonides und ließ sich nach längerem Umherirren durch Spanien – und vielleicht die Provence – 1159 in Fes nieder. Sie sollte dort aber keine neue Heimat finden, denn 1165 wurden auch in Fes die Verhältnisse für Juden unerträglich. Diesmal floh die Familie zunächst nach Akko, wo sie fünf Monate verweilte, um dann südlich nach Jerusalem und Hebron und von dort endlich weiter nach Ägypten zu reisen. Hier kamen die Flüchtlinge nach einem kürzeren Aufenthalt in Alexandria für längere Zeit in Fostat, der Altstadt von Kairo, zur Ruhe.

Diese Stadt hatten die muslimischen Eroberer Ägyptens ein Jahrzehnt nach Mohammeds Tod gegründet, seit dem 10. Jahrhundert war sie die Hauptstadt des fatimidischen Kalifats. Wie die jüdischen Führer Babyloniens und Andalusiens mag Maimonides den Aufenthalt in unmittelbarer Nähe des Sitzes des islamischen Oberhaupts von Nordafrika vorteilhaft gefunden haben. Doch dürfte er sich Kairo wohl nicht zum Aufenthalt gewählt haben, um in der Nähe der Macht zu sein. Wahrscheinlicher ist, daß Rambam (wie der große Mann nach den hebräischen Anfangsbuchstaben seines Namens auch genannt wurde) Kairo, wo eine gut organisierte karäische Gemeinde bestand, als Herausforderung seiner talmudistischen Begabung empfand.

Die ersten Jahre des Aufenthalts in Fostat sind gewiß zu den fruchtbarsten und glücklichsten seines Lebens zu rechnen. Die Gewinne seines Bruders David im Edelsteinhandel gestatteten es ihm, sich ganz seinen gelehrten Studien, wissenschaftlichen Arbeiten und Gemeindepflichten zu widmen. 1168 vollendete er sein erstes größeres Werk, den arabisch geschriebenen, später ins Hebräische übersetzten Kommentar zur Mischna. Hierbei handelt es sich nicht allein um eine Geschichte des mündlich überlieferten Gesetzes, sondern auch um einen gelehrten Vergleich der rabbinischen Ethik mit der aristotelischen. Fünf Jahre später änderten sich die Verhältnisse des Philosophen aber durch den Tod seines Bruders in einer Weise, die ihm seine weitere wissenschaftliche Arbeit sehr erschwerte. Der damals 38jährige Maimonides scheint sich von diesem Schlag nie ganz erholt zu haben. Jetzt mußte er viel Zeit auf den Erwerb seines Lebensunterhalts verschwenden. Doch wollte er dies nicht als Lehrer der Tora tun. Lieber wolle er als Weber, Schneider oder Zimmermann arbeiten, schrieb er 1191, als den Exilarchen um Genehmigung bitten, die Tora lehren zu dürfen.

Maimonides entschloß sich, Medizin zu praktizieren. Viele der hervorragenden Geister des Goldenen Zeitalters waren Ärzte, so Hasdai und Juda Halevi. Als Arzt war nach seiner Flucht aus Granada nach Südfrankreich auch Juda ben Saul ibn Tibbon (um 1120–1190) tätig, der Übersetzer der ursprünglich arabisch geschriebenen Chasaren-Geschichte von Halevi ins Hebräische. Dessen Sohn Samuel ben Juda ibn Tibbon (um 1160–1230), der des Maimonides berühmtestes Werk, den »Führer der Schwankenden«, aus dem Arabischen ins Hebräische übertrug, hat verschiedene medizinische Werke übersetzt. Die Juden waren als Ärzte bei Muslimen und Christen sehr angesehen, und in diesem Zusammenhang sei darauf hingewiesen, daß zu dem Beruf des Arztes bei den Juden damals nicht nur Männer zugelassen waren. Die in der Kairoer *geniza* gefundenen Dokumente erwähnen auch Ärztinnen, wenn es sich auch bei diesen, da sie für die kostspielige Ausbildung nicht die Mittel hatten, meist wohl nur um Heilpraktikerinnen gehandelt haben wird.

Wie er es mit vielen anderen Wissenschaften und Künsten zuvor getan hatte, eignete sich Maimonides auch die medizinische Wissenschaft durch unermüdliches Studium an. 1185 war er bereits die führende medizinische Autorität an Saladins Hof und der Leibarzt des Wesirs al-Fadil.

Maimonides ist die bemerkenswerteste Gestalt der nachbiblischen jüdischen Geschichte. Ein Brief, den er 1199 als 64jähriger an Samuel ibn Tibbon schrieb, gibt einen Begriff von der Mannigfaltigkeit der Aufgaben, die er erfüllte. Um dem Empfänger zu erklären, daß er, wenn Samuel ihn wie angekündigt besuchen sollte, kaum viel Zeit für ihn haben würde, beschreibt Maimonides in diesem vielzitierten Dokument seinen Tagesablauf:

»Ich wohne in Misr [Fostat], und der Sultan residiert in Kahira [Kairo], diese beiden Orte sind zwei Sabbat-Tagesreisen [etwa zweieinhalb Kilometer] voneinander entfernt. Meine Pflichten beim Sultan sind schwer. Ich muß ihn täglich besuchen, früh am Morgen, und wenn er oder irgendeines seiner Kinder oder eine von den Angehörigen seines Harems unpäßlich ist, wage ich nicht, Kahira zu verlassen, sondern muß während des größten Teils des Tages im Palast bleiben. Es kommt gleichfalls häufig vor, daß ein oder zwei königliche Beamte erkranken, und ich muß deren Heilung besorgen. So begebe ich mich gewöhnlich sehr früh am Tage nach Kahira, und wenn nichts Ungewöhnliches anliegt, kehre ich doch erst am Nachmittag nach Misr zurück. Inzwischen sterbe ich fast vor Hunger. Ich finde das Vorzimmer voller Leute, Juden und Nichtjuden, Edelleute und einfache Leute, Richter und Büttel, Freunde und Feinde – eine bunte Menge, die meiner Rückkehr harrt.

Ich steige von meinem Reittier, wasche mir die Hände, gehe zu meinen Patienten und bitte sie, sich noch ein Weilchen zu gedulden, während ich eine kleine Stärkung zu mir nehme, die einzige Mahlzeit des ganzen Tages. Dann widme ich mich meinen Patienten und verschreibe ihnen Heilmittel für ihre verschiedenen Leiden.

Infolgedessen kann mich kein Israelit vertraulich sprechen, außer am Sabbat. An diesem Tag kommt nach dem Frühgottesdienst die ganze Gemeinde – oder doch jedenfalls die Mehrzahl der Mitglieder – zu mir, und ich rate ihnen, wie sie in der kommenden Woche verfahren sollen. Gemeinsam studieren wir dann ein wenig bis Mittag, dann gehen sie. Einige von ihnen kommen aber zurück und lesen nach dem Nachmittags-Gottesdienst mit mir bis zum Abendgebet. Auf diese Weise verbringe ich den Tag.«

Wahrhaft erstaunlich ist, daß Maimonides bei so starker Beanspruchung durch seinen ärztlichen Beruf und seine Pflichten als Haupt der jüdischen Gemeinde dennoch nicht allein für eine ausgedehnte Korrespondenz, sondern auch für wissenschaftliche Arbeiten Zeit fand, denn er verfaßte nebenher außer verschiedenen medizinischen Abhandlungen die Werke, mit denen er seinen unvergänglichen Ruhm verdiente – die 1180 vollendete »Mischne Tora« (Wiederholung des Gesetzes) und, zehn Jahre später, den »Führer der Schwankenden«. Mit der »Mischne Tora« setzte sich Maimonides ein keineswegs bescheidenes Ziel. Mit diesem hebräischen Meisterwerk wollte er, wie er selbst erklärte, den Talmud sowie sämtliche Entscheidungen und Kommentare der *Geonim* zusammenfassen und in Übereinstimmung bringen. Ohne falsche Scham erklärte er, daß sich durch die »Mischne Tora« das direkte Studium des Talmuds und der geonischen Schriften erübrigen werde. Tatsächlich war dann der Einfluß dieses Werks auf die jüdische Rechtspraxis und die halachische Wissenschaft unermeßlich. Hunderte von Kommentaren wurden verfaßt – was man freilich als ein etwas ironisches Kompliment verstehen kann angesichts der erklärten Absicht des Verfassers, »alles zur Feststellung jeglichen Gesetzes Israels irgend Erforderliche« in seinem Werk zusammenzufassen.

Mit dem arabisch geschriebenen »Führer der Schwankenden« verfolgte Rambam einen anderen Zweck. Der »Führer« sollte, wie schon der zwanzig Jahre zuvor verfaßte »Kommentar zur Mischna«, die Verträglichkeit der Offenbarung mit der Vernunft nachweisen. Er war dem religiösen Menschen zugedacht, »der in seiner Seele von der Gültigkeit unseres Gesetzes überzeugt ist und mit seinem Glauben daran, festhält«, der jedoch infolge philosophischer Studien durch gewisse »mißverständliche, abgeleitete und zweideutige Ausdrücke« der Heiligen Schrift beunruhigt ist.

Der »Führer« war das letzte große Werk Rambams. Nach seinem Tode am 13. Dezember 1204 wurde in Fostat drei Tage lang öffentlich um ihn getrauert, in Jerusalem ein allgemeines Fasten verordnet und überall in der jüdischen Welt der Verlust, den die Juden durch seinen Tod erlitten, beklagt. Maimonides liegt in Tiberias begraben, wo der Überlieferung zufolge auch Johanan ben Zakkai und Rabbi Akiba ihre letzte Ruhestätte fanden.

»Von Moses bis Moses gab es keinen wie Moses.« Diese volkstümliche Wendung wird der einzigartigen Stellung Rambams in der nachbiblischen jüdischen Geschichte gerecht. Sein Ruhm hat mit der Zeit weiter zugenommen und war groß genug, ihn vor dem Tadel zu bewahren, den er sich andernfalls durch einige seiner Meinungen wohl zugezogen hätte. Jüdische religiöse Autoritäten gestehen anderen Religionen ungern gute Seiten zu und sind wenig geneigt, einzuräumen, daß das Judentum auch Einflüssen aus anderen Kulturen der Gegenwart oder Vergangenheit zugänglich sein könnte. Maimonides machte keinen Hehl aus seiner Bewunderung für die philosophischen Prinzipien des Aristoteles. Er glaubte und erklärte ausdrücklich, daß sich im philosophischen Denken und im jüdischen Glauben neben manch Unvereinbarem auch viel Gemeinsames finde. Sein Name gehört daher sowohl in die Geschichte des orthodoxen wie in die des ökumenischen Denkens.

Hier zeigt sich das Paradox, daß Judentum und Hellenismus einander erst lange nach dem Untergang der hellenischen Welt am nächsten kamen. Die Muslime verdankten einen großen Teil ihrer Vertrautheit mit dem griechischen Kulturerbe der Tätigkeit jüdischer Übersetzer und Kommentatoren. Maimonides war nicht der einzige seines Glaubens, der damals an der Versöhnung von Vernunft und Glauben, Forschung und Offenbarung arbeitete. Will man die Auseinandersetzung zwischen biblischem und griechischem Erbe in der Glanzzeit der muslimischen Kultur im richtigen Zusammenhang erfassen, muß man die Tätigkeit dieser jüdischen Gelehrten in Betracht ziehen.

Nicht alle jüdischen Gelehrten freilich hatten so hochfliegende

Ziele wie Maimonides. Andere waren auf bescheidenere Weise um die Belehrung der Gemeinden bemüht. Der französische Schriftgelehrte Raschi (Rabbi Salomo ben Isak, 1040–1105) schrieb Kommentare zu Bibel und Talmud, in denen die schwierigsten Texte in Begriffen erklärt waren, die sie dem Verständnis auch einfacher und ungebildeter Leute erschlossen. Joseph Caro (1488–1575) verfaßte ein Handbuch des mosaischen und rabbinischen Gesetzes, den »Schulchan Aruch« (das heißt »gedeckter Tisch«), in dem die orthodoxen Gläubigen alles fanden, was sie wissen mußten, um das Gebotene zu tun und das Verbotene zu unterlassen, ohne sich über komplizierte Begründungen und Auslegungen des Gesetzes den Kopf zerbrechen zu müssen. Das äußerst nützliche Werk genoß großes Ansehen, was leider die unglückliche Nebenwirkung hatte, daß man es vielerorts als das letzte Wort ansah, so daß seine Autorität jeder möglichen Flexibilität entgegenstand.

Alles in allem war die Autonomie und ununterbrochene Entwicklung der jüdischen Kultur während der Jahrhunderte der muslimischen Herrschaft in Spanien erstaunlich. Die Toleranz der muslimischen Regierungen steht in scharfem Gegensatz zu der Intoleranz, mit der später die christlichen Regierungen die Religionsausübung der Juden behinderten und verfolgten. Der Islam war sich seiner Überlegenheit über alle anderen Religionen hochmütig bewußt. Die Muslime verachteten die christlichen Bewohner des nördlichen Europas, die der arabische Geograph Masudi als »ungehobelt, viehisch, dumm und schwerzüngig« beschrieb. Die Juden hielten sie für ungeeignet, der Erlösung teilhaftig zu werden, und für unwürdig, hohe politische Ämter zu bekleiden. Aber die islamischen Herrscher zeigten keine Neigung, die Juden in den Freistätten ihrer Wissenschaft und ihres Denkens, in die sie sich zurückzogen, zu belästigen, und die Juden wußten, daß die Überwältigung ihrer muslimischen Herren durch christliche Eroberer für sie keine Wende zum Besseren brachte.

Der Schmelztiegel Europa

Während des Goldenen Zeitalters der Juden in Spanien und Ägypten – das etwa von 900 bis 1200 dauerte, von der Geburt des Hasdai ibn Schaprut bis zum Tode des Maimonides – vollzog sich im christlichen Europa eine bedeutsame Wandlung. Man schätzt, daß zu Beginn des 11. Jahrhunderts die Bevölkerung Europas einschließlich der britischen Inseln, des europäischen Rußlands und der gesamten iberischen Halbinsel 36 Millionen Menschen zählte, mehr als je in der seit dem Untergang des Römischen Reichs vergangenen Zeit. Und diese Bevölkerung wuchs stetig. Man schätzt ihre Zahl auf 44 Millionen im Jahre 1100, auf 58 Millionen im Jahre 1200 und auf 79 Millionen im Jahre 1300. Damit stellten zu Beginn des 14. Jahrhunderts die Europäer fast ein Viertel der damaligen Menschheit, ein Anteil, der erst am Ende des 19. Jahrhunderts, als Europa auf dem Höhepunkt seiner imperialen Macht stand, übertroffen wurde. Zur damaligen Zeit zählte zahlenmäßige Stärke.

Während des 9. und 10. Jahrhunderts wurde Westeuropa von allen Seiten hart bedrängt. Aus dem Süden kamen die Sarazenen, die Flotten der muslimischen Eroberer Nordafrikas. Nachdem sie im Jahre 827 Sizilien erobert hatten, legten die Sarazenen Stützpunkte in Süditalien an und setzten sich an der Küste Südfrankreichs fest. Das Glück wendete sich – und zwar, wie sich zeigen sollte, auf Dauer – zugunsten der abendländischen Christenheit, als 927 die Sarazenen aus ihrem südfranzösischen Besitz vertrieben wurden. Die zunehmende Uneinigkeit des islamischen Reichs und das gleichzeitige Anwachsen der genuesischen, pisanischen, byzantinischen und venezianischen Seemacht beendeten die Vorherrschaft der Muslime auf dem Mittelmeer.

Die schwerste Gefahr aber drohte dem christlichen Europa während des 9. und 10. Jahrhunderts von den Wikingern. Wir wissen nicht genau, was diese kühnen Seefahrer aus dem Norden Europas zu ihren Raubzügen und Eroberungsfahrten anstiftete, doch mögen dabei viele wirtschaftliche und ideologische Ursachen zusammengewirkt haben: Übervölkerung, Mangel an Ackerland in der skandinavischen Heimat, die überlegene Schiffbautechnik, die jene weiten Fahrten ermöglichte, endlich ein Mythos, der Krieg und Abenteuer pries. Wir wissen, daß Wikinger aus Norwegen und Dänemark wiederholt über die britischen Inseln und das Frankenreich herfielen. Im Frankenreich, dessen Könige ihre Länder gegen diese Überfälle nicht zu schützen wußten, festigte sich angesichts der Erfahrung der Ohnmacht der Zentralgewalt das Lehnswesen, in dessen Rahmen der Lehnsherr dem Vasallen Schutz und Land lieh, wofür der Vasall Lehnstreue und Lehnsgehorsam, nämlich Kriegsdienst, zu leisten gelobte. Im Kriegsfall war der Vasall durch seinen Lehnseid verpflichtet, dem Lehnsherrn eine festgesetzte Anzahl von Rittern zu stellen – oder eine Summe Geldes, um eine gleiche Anzahl von Söldnern anzuwerben.

Die Wikinger beschränkten, zur Sorge der Westeuropäer, ihre Unternehmungen nicht auf gelegentliche Raubzüge, sondern sie sicherten sich auch Stützpunkte an den Küsten der von ihnen gebrandschatzten Länder – in Irland, Schottland, Wales, Nordostengland sowie an der Nordseeküste Deutschlands und an den nördlichen und westlichen Küsten Frankreichs. Um der Rolle, die sie in der europäischen Geschichte gespielt haben, gerecht zu werden, muß man berücksichtigen, daß sie nicht nur Räuber, sondern auch Händler waren. Sie brachten Felle, Häute und Walroß-Zähne auf die Märkte Europas, die sie von ihren Fahrten in den fernen Westen mitbrachten, auf denen sie um das Jahr 1000 schon über Island und Grönland nach Vinland (Neufundland), bis an die nordwestlichen Küsten Amerikas, vorgedrungen waren. Den Muslimen verkauften die Wikinger Pelze und Sklaven aus dem nördlichen Rußland. Über die Wasserstraßen Polens und Rußlands traten sie in Verkehr mit Byzanz, wo sie gegen Pelze, Schwerter und Sklaven Seide und Silber in Hülle und Fülle erhandelten.

Die Einbindung der Wikinger und der Magyaren in die europäische Christenheit war der um 950 beginnenden allgemeinen Erholung Westeuropas sehr förderlich. Das starke Bevölkerungswachstum, das diese Erholung begleitete, blieb jetzt nicht, wie in der klassischen Antike, auf das Mittelmeergebiet beschränkt, sondern war am stärksten im Nordwesten Europas. Die Trockenlegung von Sümpfen vergrößerte die Anbauflächen – so in Flandern und in der Po-Ebene –, doch die bedeutendste Erweiterung des Kulturlandes geschah durch das Roden der Wälder, die bis zum Jahr 1000 noch vier Fünftel des westlichen Europas nördlich der Pyrenäen und der Alpen bedeckten.

Seit dem 10. und 11. Jahrhundert bestanden in den meisten größeren Städten Deutschlands und Frankreichs jüdische Gemeinden. Die meisten Juden trieben Handel. Anfänglich lebten sie in weitgehendem Einvernehmen mit ihren andersgläubigen Nachbarn. Erst später, nach der Gründung der Nationalstaaten – in Deutschland unter Friedrich II., in Frankreich unter Philipp Augustus –, begegnete man ihnen zunehmend mit Intoleranz.

Während der Periode relativ friedlichen Zusammenlebens von Christen und Juden entfalteten die großen Talmud-Akademien Deutschlands und Frankreichs ein reges geistiges Leben. Eine repräsentative Gestalt dieser Zeit ist Raschi, der große Deuter der Bibel und des Talmuds, der in Troyes in Nordfrankreich lebte. Seine Enkel Samuel ben Meir und Rabbenu Tam führten die von ihm begründete Tradition fort. Nur wenige Jahrhunderte später wurde, wie in so vielen Gegenden Europas, auch in dieser Region Nordfrankreichs selbst das Studium des Talmud ausdrücklich von der Kirche verboten – 1240 wurden Wagenladungen von Talmud-Handschriften in Paris öffentlich verbrannt. Plötzlich waren die Zeiten, in denen die aschkenasischen Juden ziemlich unbehelligt hatten Handel treiben und gelehrten Studien nachgehen können, vorbei. Was reizte die Christen zu den mörderischen Ausschreitungen, zu Zwangstaufen, Vermögensbeschlagnahmungen und willkürlichen Vertreibungen, die den Juden während des späteren Mittelalters das Leben so schwer machten?

Natürlich läßt sich für einen so komplexen historischen Prozeß keine einfache Ursache angeben. Der Antagonismus zwischen Juden und Christen war zunächst das Ergebnis der Abspaltung des Christentums vom Judentum. Schon die ersten Konzile der christlichen Kirche faßten antijüdische Entschließungen. Die wiederholten Einfälle der heidnischen Wikinger und Magyaren und der Sarazenen bedrohten die Christenheit von außen. Die unsicheren Umstände nährten Gerüchte, die die Juden denunzierten, die Christenheit von innen zu bedrohen. Hatten sie nicht in Spanien gemeinsame Sache mit den Muslimen gemacht?

Während des 10. Jahrhunderts waren in der Christenheit apokalyptische Erwartungen weit verbreitet. Man erwartete das Kommen des Antichrist und das Ende der Welt im Jahre 1000, wenn sich, wie man meinte, der Geburtstag Jesu zum tausendsten Mal jähren würde, oder am tausendsten Jahrestag der Kreuzigung, mit dem man im Jahre 1033 rechnete. In diesem Klima christlichen Aberglaubens war kein Jude seines Lebens sicher.

Das weitverbreitete antijüdische Ressentiment loderte hell auf, als sich nach 1009 das Gerücht durch die abendländische Christenheit verbreitete, daß der fatimidische Kalif die Grabeskirche in Jerusalem auf Anstiftung der Juden von Orléans niedergebrannt habe. Es kam zu Ausschreitungen gegen die angeblichen geistigen Urheber dieser Untat, und die Juden wurden auf mehrere Jahre aus Orléans verbannt. 1010 mußten die Juden von Limoges sich taufen lassen oder die Stadt verlassen. Zwei Jahre später wurde – vielleicht im Sog der gleichen Verfolgungswelle – die Ausweisung der Juden aus Mainz verfügt. Im gleichen Jahr mußte der führende jüdische Gelehrte von Mainz, Gerschom ben Juda (ca. 960–1028), den man liebevoll auch Rabbenu Gerschom (»unser Rabbi Gerschom«) nannte, die Zwangstaufe seines Sohnes erleben. Gerschom kann durch seine Schüler als ein Lehrer des großen Raschi gelten, der seine Dankesschuld gegen ihn auch selbst bekannte: »Rabbenu Gerschom, möge uns das Andenken des Gerechten und Heiligen ein Segen sein, der die Augen der Verbannung aufklärte, und von dem wir alle abhängen, da wir aschkenasischen Juden alle die Schüler seiner Schüler sind...«

Die angebliche jüdisch-muslimische Verschwörung zur Zerstörung des christlichen Heiligtums von Jerusalem war Wasser auf die Mühle des antijüdischen Chronisten Rodulfus Glaber und paßte diesem gut in das Konzept seiner »Fünf Bücher der Geschichte«, die er um 1045 im Kloster Cluny vollendete und dem Abt desselben, Odilo (994–1048), widmete. Der Ton dieser fünf Bücher ist charakteristisch für die christliche Literatur der Zeit, die durchweg den Juden und dem Judentum feindlich war.

Diese Feindseligkeit reizte die Christen bei Beginn der Kreuzzüge zu gewalttätigen Ausschreitungen großen Umfangs. Die Kreuzzüge waren das historische Resultat einer Reihe ganz unterschiedlicher politischer, ökonomischer, sozialer und religiöser Faktoren. Die offenkundige Schwäche der muslimischen Staaten überzeugte die Staatsmänner der lateinischen Christenheit, daß Jerusalem mit Leichtigkeit einzunehmen sei. Jedem, der sich im Zeichen des Kreuzes verpflichtete, für die Befreiung des Heiligen Grabes zu kämpfen, versprach die Kirche vollkommenen Ablaß – den Erlaß also aller Bußstrafen, die er andernfalls im Fegefeuer oder schon vorher auf Erden zu verbüßen hatte. Doch war die Aussicht auf ewige Seligkeit nicht der einzige Lohn, den die Fahrt ins Heilige Land versprach. Für die Bauern, die sich den Kreuzfahrerheeren anschlossen, kam die Aussicht auf Nahrung, neues Land und orientalische Schätze dazu. Für den kleinen Adel bot das Unternehmen Gelegenheit, Beute zu machen und Ruhm zu erwerben, ein Lehen zu erlangen und Heldentaten nicht länger nur in kleinen Fehden gegen Nachbarn, sondern im großen Krieg gegen die Ungläubigen zu vollbringen; insofern stellte es auch (wie ein Historiker bemerkt hat) ein »Heilmittel gegen die Langeweile« dar. Den höheren Adel befreite somit der Krieg gegen die Ungläubigen von der Sorge, die ihm daheim die Streitsucht des niederen Adels bereitete. Und auch die Monarchie zog aus dem Zug des Lehnsadels ins Heilige Land den Gewinn, daß die Zustände im eigenen Land sich beruhigten und leichter beherrschbar wurden und der König in Abwesenheit des Adels seinen Landbesitz und seine Autorität mehren konnte.

Auch die Kirche gelüstete es nach dem Land, das durch die Abwesenheit der Kreuzfahrer verfügbar werden mochte, doch überdies verfolgte sie höhere Ziele: Zum einen war ihr daran gelegen, durch die Ablenkung des kriegerischen Ehrgeizes des europäischen Adels auf den heiligen Krieg gegen die Sarazenen den inneren Frieden in

Europa wiederherzustellen; zum zweiten wollte sie Jerusalem für das Christentum gewinnen; und schließlich wollte sie die christlichen Pilger vor den Belästigungen der Seldschuken schützen. Von den genannten Beweggründen waren insbesondere die Begeisterung für den Krieg gegen die Ungläubigen und die Gier nach Beute für die Juden nicht minder gefährlich als für die Muslime.

Als am 27. November 1095 auf dem Konzil zu Clermont Papst Urban II. (der die Kirche von 1088–1099 regierte) zum ersten Kreuzzug aufrief, predigte er nicht allein gegen die Juden. Aber mit dem Kreuzzug begann eine Schreckenszeit für diese. Die christlichen Chronisten erörterten ausdrücklich die Frage, was die Kreuzfahrer, die doch vorgeblich Palästina von den Sarazenen befreien wollten, bewog, ihre Wut an den aschkenasischen Juden Deutschlands und Frankreichs auszulassen? »Wir wollen hingehen und im Morgenland gegen Gottes Feinde kämpfen«, erklärten die Gläubigen, die sich im Frühjahr 1096 in Rouen versammelten: »Aber hier unter unseren Augen wohnen gewisse Juden, ein Geschlecht, daß Gott feindlicher ist als jedes andere.«

Die Juden von Rouen, das damals zur englischen Krone gehörte, waren die ersten Opfer der Kampfeslust der Kreuzfahrer. Sie wurden mit Gewalt in die Kirchen geschleppt, und wenn sie sich weigerten, die Taufe anzunehmen, ermordet. Etwa zu dieser Zeit baten die Juden Frankreichs Peter den Einsiedler, der nicht von besonderem Haß gegen Juden beseelt gewesen zu sein scheint, sich für sie zu verwenden; dafür versprachen sie, die Kreuzfahrer zu verköstigen. Doch anscheinend konnte Peter, der – angeblich im Besitz eines Briefes vom Himmel mit einem ausdrücklichen Erfolgsversprechen für das Unternehmen – überall in Mittel- und Nordfrankreich zum Kreuzzug aufrief, die Leidenschaften, die seine Predigten aufgepeitscht hatten, nicht zügeln. Richard von Poitiers, einer der Chronisten des ersten Kreuzzuges, erklärt, daß die Kreuzfahrer »in vielen Gemetzeln die Juden fast ganz Galliens ausrotteten mit Ausnahme derjenigen, die sich bekehren ließen«.

Inwieweit diese Erklärung den Tatsachen entspricht, ist nicht nachprüfbar, wir wissen aber, daß die französischen Juden ihren deutschen Glaubensbrüdern eine dringliche Warnung zukommen ließen. Die rheinischen Juden ließen sich durch diese Warnung jedoch nicht aus der Ruhe bringen, vielleicht, weil sie sich auf den Schutz verließen, den ihnen die deutschen Fürsten und Bischöfe versprochen hatten. Tatsächlich waren die kirchlichen Autoritäten nicht überall böswillig. Am 3. Mai 1096 rotteten sich in Speyer Kreuzfahrer und Bürger der Stadt zu einem Angriff auf die Synagoge zusammen, wo eben die Juden zum Sabbat-Gebet versammelt waren. Die Juden erfuhren rechtzeitig, was ihnen drohte, und zerstreuten sich. Zehn von ihnen fielen aber auf dem Heimweg dem Pöbel in die Hände und wurden ermordet, eine Frau beging Selbstmord. Johann, der Bischof von Speyer, ließ durch seine Soldaten die Ordnung in der Stadt wiederherstellen, bestrafte einige der Mörder und bot den Juden Zuflucht in seinem Palast. Diese Maßnahmen schoben zwar in Speyer der Willkür des Pöbels einen Riegel vor, konnten aber nicht ungeschehen machen, was schon geschehen war, und bewahrten die Juden in anderen deutschen Städten nicht vor schlimmeren Ausschreitungen. In Worms starben an die 800 Juden, die meisten von eigener Hand. In Mainz versuchte zwar der Bischof, wie sein Amtsbruder in Speyer, den Juden Schutz zu gewähren, wurde aber von der rasenden Menge vertrieben. In einer Stadt nach der anderen wiederholten sich die gleichen furchtbaren Szenen. Innerhalb weniger Monate fielen diesen Gemetzeln mindestens 5000 Juden zum Opfer, einer Schätzung zufolge mindestens ein Viertel der damaligen jüdischen Bevölkerung Deutschlands.

Damals, im Jahre 1096, hatten die Juden die Wahl zwischen Tod und Taufe. Einige ließen sich taufen. Viele dieser unter Todesdrohung zum Christentum bekehrten Juden fuhren fort, die Religion ihrer Väter im geheimen zu praktizieren, und kehrten offen zu ihr zurück, als ihnen dies 1103 durch einen Erlaß Heinrich IV. und des Reichsadels gestattet wurde. Wenn sie sich durch die zeitweilige Verleugnung ihres Glaubens vielleicht die Verachtung der jüdischen Gemeinde zuzogen, bestätigte doch die geltende rabbinische Meinung ihr Recht auf Wiederaufnahme in dieselbe.

Eingedenk der Lehren der Propheten verstanden viele aschkenasische Juden das Unheil, das die Kreuzfahrer über sie brachten, als Gottesgericht über ihre eigenen Sünden. »Die Sünden der Juden haben bewirkt, daß der Feind sie überwand und das Tor nahm«, schrieb Salomon bar Samson. »Die Hand des Herrn war schwer gegen sein Volk.« Manche jüdischen Gemeinden scheinen sich entschlossen zu haben, anstatt dem Feind Widerstand zu leisten und sich tätig zu wehren, Buße zu tun und zu beten – in der Hoffnung, daß der Herr Israels eingreifen und sie aus der Gefahr erretten möchte. Freilich ist auch fraglich, ob ihnen tätiger Widerstand Rettung gebracht hätte. Selbst die größten deutschen jüdischen Gemeinden dürften kaum mehr als tausend Mitglieder gehabt haben. Auf jeden Juden, der sich widersetzte, konnte Graf Emicho über ein Dutzend Kreuzfahrer und örtliche Anhänger hetzen.

Viele Juden leisteten geistigen Widerstand durch ihren Tod. Der hebräische Begriff *kiddusch ha-Schem* (»Heiligung des Heiligen Namens«) bezeichnet sowohl das Gebet als auch das gerechte Handeln zu Ehren Gottes – in Zeiten der Verfolgung aber kann auch der Märtyrertod geboten sein, um den Heiligen Namen zu heiligen. Seit Beginn der rabbinischen Epoche des Judentums war den Juden aufgetragen, wenn schwere Sünden wie Götzendienst, Unkeuschheit (Inzest oder Ehebruch) und Mord anders nicht zu vermeiden waren, den Tod zu suchen, nötigenfalls durch Selbstmord. Da ihnen so der Märtyrertod nicht allein nahegelegt, sondern unter gewissen Bedingungen sogar geboten war, galt den aschkenasischen Juden als leuchtendes Vorbild die fromme Rachel, die, als die Kreuzfahrer Mainz stürmten, die Kinder, die man ihr rauben, gewaltsam taufen und als Christen erziehen wollte, mit eigener Hand tötete. Drei ihrer Kinder – der Knabe Isaak und die beiden Mädchen Bella und Matrona – erlitten geduldig den Tod. Doch Aaron, das vierte Kind, lief der Mutter davon und schrie: »Mutter, Mutter, schlachte mich nicht!« Der Bericht über diese Tragödie fährt fort:

»Als diese gerechte Frau ihre drei Kinder ihrem Schöpfer geopfert hatte, erhob sie ihre Stimme und rief ihren Sohn Aaron: ›Aaron, wo bist du? Auch dich will ich nicht verschonen noch will ich dich begnadigen.‹ Dann zog sie ihn beim Fuß unter der Truhe hervor, unter der er sich versteckt hatte, und sie opferte ihn vor Gott, dem Hohen und Erhabenen.«

Solcher herzzerreißenden Beispiele der Selbstaufopferung gab es viele. Für die aschkenasischen Juden bestand die Pflicht der *kiddusch ha-Schem* für den einzelnen wie für die Gemeinde. Wenn die Verfolgung der Gemeinde drohte, verlangten jüdisches Gesetz und jüdische Sitte, daß sie wie ein Mann handelte, daß alle ihre Mitglieder in Notzeiten zusammenhielten und im äußersten Fall bereit waren, zusammen zu sterben, wenn das Leben nicht gesetzestreu bewahrt werden konnte.

Die aschkenasischen Juden Frankreichs und Deutschlands (und 1099 die Juden Jerusalems) waren nicht die einzigen jüdischen Opfer der Kreuzzüge. Auch in England, wo es kleinere jüdische Gemeinden mindestens seit der normannischen Eroberung gab, sammelten sich Kreuzfahrerheere. Dort wurde die jüdische Gemeinde der Stadt York in die bittere Notlage versetzt, durch gemeinsamen Tod den Heiligen Namen zu heiligen. Dies ereignete sich während des von dem englischen König Richard Löwenherz (1157–1199) angeführten dritten Kreuzzugs (1189–1192). Die neue Welle von Ausschreitungen begann mit der Verwüstung und Plünderung des jüdischen Viertels von London. Im März 1190 begannen die Gewalttätigkeiten gegen die Juden von York mit vereinzelten Plünderungen. Dann versuchte der Pöbel gewaltsam, die Juden zum Christentum zu bekehren. Diejenigen, die trotz ihrer Weigerung, sich taufen zu lassen, mit dem Leben davonkamen, baten den Kastellan der königlichen Burg um Schutz. Er gewährte ihnen Zuflucht, wandte sich aber dann, vielleicht infolge eines Mißverständnisses, an den Sheriff der Grafschaft, der sich von einigen niederträchtigen Adligen überreden ließ, die Bürger von York zur Belagerung der Juden in ihrer Zuflucht aufzuhetzen.

Die in dem königlichen Turm eingeschlossenen Juden leisteten anfänglich tapfer Widerstand und schleuderten von den Mauern Steine auf ihre Angreifer. Als diese aber Belagerungsmaschinen in Stellung brachten und das Ende abzusehen war, gab Rabbi Jom Tow ben Isaak aus Joigny seinen jüdischen Brüdern von York diesen geistlichen Rat:

»Es ist offensichtlich der Wille des Gottes unserer Väter, daß wir für sein heiliges Gesetz sterben... Da wir also einen glorreichen Tod einem Leben in tiefster Schande vorziehen sollen... da unser Schöpfer selbst nun dieses Leben, das er uns gab, von uns zurückfordert, laßt es uns ihm willig und fromm mit eigener Hand zurückgeben...«

Und die Juden von York folgten diesem Rat.

Um die Grausamkeit der Ausschreitungen der Christen gegen die Juden zu dieser Zeit zu verstehen, müssen wir uns die enge Verflechtung von Macht und Ideen vergegenwärtigen. Politische Legitimität stützte sich auf religiösen Glauben. Die religiöse Überzeugung eines Menschen bestimmte die soziale Identität. Die Christenheit hatte lange um das nackte Leben gegen heidnische Feinde gekämpft; sie wollte nun das Heilige Land den Ungläubigen entreißen. Die Christen brauchten die Gewißheit, daß der rechte Glaube mit ihnen, daß Gott auf ihrer Seite und nur auf ihrer Seite sei. Dessen konnten sie aber nie ganz sicher sein, solange nicht der Zweifel der Juden an ihren Ansprüchen zum Schweigen gebracht war. Die Unterwerfung der Juden allein gewährte ihnen die gewünschte Gewißheit nicht. Die Juden sollten vielmehr ihren Irrtum eingestehen und widerrufen. In den Beziehungen zwischen Christen und Juden herrschte deshalb eine Leidenschaft, für die während des Mittelalters in den nationalen Auseinandersetzungen innerhalb der Christenheit keinerlei Anlaß gegeben war.

Zu dieser Zeit gingen im Wirtschaftsleben Westeuropas Veränderungen vor, die sehr folgenreich, namentlich auch für die Juden, sein sollten. Die mittelalterliche Wirtschaft litt unter chronischer Geldknappheit. Die negative Handelsbilanz, die Importe orientalischer Luxuswaren und Gewürze, die allmählich die europäischen Geldreserven aufzehrten, verschärften dieses Leiden mit der Zeit immer mehr. Mit der Expansion der Bevölkerung, der Landwirtschaft und des Handels im 12. Jahrhundert übertraf die Nachfrage nach Geld bei weitem das Angebot, das mittelalterliche Kreditinstitute, wie Kirchen und Klöster, bereitstellen konnten. Wer eine Stadt bauen, eine Armee verpflegen, eine überseeische Handelsexpedition ausrüsten wollte, brauchte beträchtliches Kapital, und wenn er es sich leihen mußte, brauchte er einen Gläubiger, der sich längere Zeit gedulden konnte. Jede Person oder Institution, die für ein so unsicheres Unternehmen wie eine überseeische Handelsexpedition oder gar einen Kriegszug Geld lieh, hatte natürlich das Recht, aus dieser Investition irgendeinen Gewinn zu ziehen, und sei es nur als Entschädigung für das eingegangene Risiko. Heute ziehen die Banken diesen Gewinn aus ihren Geldgeschäften durch die Zinsen, die sie über die verliehene Summe hinaus zurückfordern. Doch die mittelalterliche Kirche verurteilte das Geldleihen gegen Zinsen als Wucher; 1179 verfügte sie, daß Wucher sowohl gegen das ausdrückliche Verbot der Heiligen Schrift als auch gegen das Naturrecht verstoße und mit der Exkommunikation des Wucherers zu bestrafen sei.

Thomas von Aquin (1225–1274) erklärte:

»Wucherzinsen für geliehenes Geld zu nehmen ist an sich ungerecht, denn damit wird verkauft, was nicht existiert, und das führt notgedrungen zu Ungleichheit, die gegen das Recht ist.
Die wird offenbar, wenn wir bemerken, daß es gewisse Dinge gibt, deren Nutzen in ihrem Verbrauch besteht: so verbrauchen wir Wein, wenn wir ihn als Getränk brauchen, und verbrauchen Weizen, wenn wir ihn für Brot brauchen... Also daß, wenn ein Mann den Wein und den Nutzen des Weins als zweierlei verschiedene Werte verkaufte, er den gleichen Wert zweimal oder etwas, das nicht existiert, verkaufen und also offenbar die Sünde der Ungerechtigkeit begehen würde...«

Die Juden verurteilten den Wucher ebenso wie die Christen, in Geschäften mit Nichtjuden ebenso wie in solchen mit Juden. So sagte Raschi kurz vor dem ersten Kreuzzug: »Wer einem Fremden Geld auf Zinsen leiht, wird vernichtet werden.«

Wie erklärt sich also die Entstehung der stereotypen Vorstellung vom jüdischen Wucherer, vom Wucher als dem ureigenen Geschäft der Juden? Es gab wirtschaftliche Zwänge, denen weder Christen noch Juden ausweichen konnten. Die Erfordernisse von Handel und Finanzwesen hatten schon zu babylonischen Zeiten jüdische Denker genötigt, auf juristische Fiktionen zu sinnen, die es frommen Juden gestatten würden, den Buchstaben des mosaischen Gesetzes zu erfüllen, ohne auf die Gelegenheit, zum Wohlstand der Gemeinde beizutragen, zu verzichten. Die Denker der abendländischen Christenheit folgten unter dem Druck der gleichen Notwendigkeit im 12. und 13. Jahrhundert ihrem Beispiel. In Genua etwa sah ein Seehandelsvertrag gewöhnlich eine Partnerschaft vor, in der nur einer der Partner die Handelsreise unternahm, während der andere daheim blieb, nachdem er die Reise finanziert hatte. Die Kirche verbot ihm zwar, für das Geld, das er seinem Partner geliehen hatte, Zinsen zu nehmen; doch wenn er sich einen Anteil am Gewinn des Unternehmens, in das er sein Geld gesteckt hatte, ausbedang, galt das nur als sein gutes Recht, nicht als Wucher. Die Christen investierten deshalb ihr Kapital in den Seehandel und andere gewinnbringende Unternehmungen. Es gab indessen eine andere Form des Kredits, für die juristische Fiktionen weniger leicht zu erdenken waren, so bei Darlehen für den unmittelbaren eigenen Bedarf des Schuldners, im Falle einer Krankheit etwa oder anderer unvorhergesehener Ausgaben. Die Anleihen in Geldnöte geratener Könige oder Fürsten waren oft von dieser Art.

Damals, wie auch vor kurzem noch (bis Kreditinstitute sich auch des kleinen Mannes annahmen), suchte, wer Schulden hatte, den Pfandleiher auf. Nicht selten versetzten selbst Könige ihre Kronjuwelen. Auch auf diesem Gebiet, wie im großen Bankgeschäft, waren anfänglich die Italiener führend. Die englische, die französische und die deutsche Sprache verstehen noch heute unter einem »Lombard« ein Kreditgeschäft, bei dem ein Darlehen durch Verpfändung beweglicher Sachen gesichert ist; die Lombarden, die solche Darlehensgeschäfte in Übung brachten, waren zumeist keine Juden, sondern Christen. Wenn dennoch die Juden schließlich in Geldgeschäften führend wurden, so nicht, weil ihr Glaube oder ihre Traditionen sie dafür prädisponierten, sondern weil ihnen andere Geschäfte zunehmend erschwert wurden. Die Gründung neuer Städte, der Aufstieg einer neuen Schicht von Kaufleuten in Westeuropa, die Entwicklung des italienischen und hanseatischen Handels – all dies schwächte die Position der jüdischen Händler.

Auch in ökonomischer, wie in so vieler anderer Hinsicht brachten die Erfahrungen des Jahres 1096 eine Wende für die Juden. Die mörderischen Ausschreitungen der Kreuzfahrer machten den aschkenasischen Juden klar, daß sie unter Christen nicht nur ihres Lebens, sondern auch ihres Besitzes nie sicher sein konnten. So legten sie hinfort, wo immer möglich, ihre Habe in Gold und Silber an, um sie, falls erforderlich, leichter verstecken oder außer Landes mitnehmen zu können. Es ist nicht verwunderlich, daß jüdische Kaufleute mit ihren derart flüssigen Mitteln und ihren Erfahrungen im Kreditwesen sich Geschäften zuwandten, bei denen buchstäblich Könige ihre Schuldner werden konnten. Zumal sie nicht durch kirchliche Verordnungen dabei behindert wurden: Da Juden nicht dem Kirchenrecht unterstanden, konnten sie theoretisch unbesorgt Christen auf Zinsen Geld leihen – wie auch Christen unbesorgt Geld auf Zinsen von Juden borgen konnten. Die Rabbinen wußten den Verstoß gegen ausdrückliche Verbote der Bibel und des Talmuds, dessen sich jüdische Geldleiher vor ihrem eigenen Gewissen schuldig machten, durch die ungewöhnliche historische Situation zu entschuldigen und sogar zu rechtfertigen: »Es sollen den Nichtjuden keine Darlehen auf Zinsen gegeben werden«, urteilten sie, »wenn der Lebensunterhalt auf andere Weise verdient werden kann.« Diese Möglichkeit sahen sie aber zum damaligen Zeitpunkt nicht gegeben: »Gegenwärtig, da ein Jude weder Felder noch Weinberge besitzen darf, von ihnen zu leben, ist es notwendig, Geld auf Zinsen an Nichtjuden zu verleihen, und infolgedessen gestattet.«

Die veränderte Stellung der Juden im Wirtschaftsleben findet man bereits angedeutet in den Berichten vom zweiten Kreuzzug (1147–1149), bei dessen Beginn es abermals zu Gewalttätigkeiten gegen Juden kam, darunter ein Enkel Raschis, nämlich Jakob ben Meir oder Rabbenu Tam, der in der Nähe der Stadt Troyes am 8. Mai 1147, während des Fests der Gesetzgebung am Berge Sinai (Schawuot), den Eiferern in die Hände fiel:

»Am zweiten Tag des Fests der Wochen rotteten sich die französischen Kreuzfahrer in Rameru zusammen, drangen in das Haus unseres Lehrers Jakob ein (lange möge er leben), nahmen alles, was er da hatte, und zerrissen sogar in seiner Gegenwart die Gesetzesrolle. Dann packten sie ihn, führten ihn hinaus auf die Felder, verdammten ihn wegen seiner Religion und verschworen sich, ihn zu töten. Fünfmal verwundeten sie ihn am Kopfe, und da sie das taten, sprachen sie zu ihm: ›Du bist der große Mann in Israel; deshalb nehmen wir Rache an dir wegen dessen, der gehängt ward, und werden dich gerade so verwunden, wie ihr Juden unseren Gott mit fünf Wunden verwundet habt.‹«

Mit Hilfe eines christlichen Ritters, den er bestach, gelang es Rabbenu Tam, diesen Mördern zu entfliehen. Hunderte von Juden in Böhmen, Halle und Kärnten hatten weniger Glück. Dennoch war bei dieser Gelegenheit das Blutvergießen nicht annähernd so verbreitet wie im Jahre 1096.

Das Verdienst für das fast gänzliche Ausbleiben von Gewalttätigkeiten insbesondere in Frankreich, aber auch im Rheinland (nur in Worms und Mainz wurden 1147 einige Juden ermordet), ist wohl dem geistigen Anführer des zweiten Kreuzzugs, dem heiligen Bernhard von Clairvaux (1091–1153), zuzuschreiben. Bernhard ließ in seinen Predigten keinen Zweifel daran, daß Ausschreitungen gegen Juden und die Plünderung ihres Eigentums nicht geduldet werden sollten, und als ein Mönch seines Ordens, ein gewisser Rudolf, gegen die Juden zu hetzen begann, reiste Bernhard persönlich ins Rheinland, um den Ordensbruder zur Ordnung zu rufen.

»Der Leiher ist der Knecht des Verleihers«, sagt das biblische Sprichwort. Für die Juden des Mittelalters erwies sich ihre Finanzkraft aber als ein zweischneidiges Schwert. Mittels ihres Kapitals konnten sie sich kurzfristig zwar Vorteile verschaffen – das Recht zur Niederlassung, Schutzbriefe von Königen und Fürsten –, doch angesichts ihrer wachsenden sozialen und religiösen Isolierung nach dem ersten Kreuzzug sahen sie sich zunehmend auf landesherrlichen Schutz angewiesen, und damit hatten die christlichen Fürsten sie in ihrer Gewalt. In dieser ungleichen Beziehung wurde die Stellung der Juden immer unsicherer, je mehr ein Souverän von ihnen borgte oder erpreßte.

Ein kurzer Überblick über die Ereignisse in Frankreich und England während des 12. und 13. Jahrhunderts macht das sehr deutlich.

Philipp II., der während seiner Herrschaft (1180–1223) auf Kosten König Johanns von England (Regierungszeit 1199–1216) und sehr zum Mißvergnügen Papst Innozenz III. (1198–1216) den modernen französischen Nationalstaat errichtete, befahl, als er die Regierung übernahm, die Einkerkerung aller in seinem Reich sich aufhaltenden Juden. Er scheint aber an deren tatsächlicher Inhaftierung viel weniger interessiert gewesen zu sein als an dem Lösegeld, mit dem die Juden schließlich ihre Freiheit erkauften. Im April 1182 befahl er die Vertreibung der Juden – hauptsächlich, so scheint es, um den Besitz der Vertriebenen konfiszieren zu können. Sechzehn Jahre später war Philipp abermals in Geldnöten, hob die Verbannung auf und bot jüdischen Wucherern seinen Schutz an. Er gewährte ihnen diesen Schutz dann auch, aber nicht, weil er etwa seine Meinung über die Juden geändert hatte – seine Abneigung gegen die Kinder Israel scheint er nie überwunden zu haben –, sondern weil die Krone Komplize der Wucherer geworden war und durch Steuern und Abgaben von deren Gewinnen profitierte.

Inzwischen hatte sich in England eine kleine, aber eng zusammenhaltende – nur etwa 4000 Mitglieder starke – jüdische Gemeinde gute Beziehungen zum Königshaus geschaffen. Aaron von Lincoln (um 1123–1186), der größte englische Kapitalist seiner Zeit, finanzierte königliche Niederlassungen in Schottland und England. Als er starb, wurde sein gesamter Nachlaß von der englischen Krone übernommen. Er lieh aber nicht allein dem König. Auch Bischöfen, Baronen und Grafen gab er Darlehen, und er half den Bau neuer Zisterzienserklöster, der Abtei von St. Albans und der Kathedralen von Lincoln und Peterborough finanzieren.

Die Ausschreitungen in York erzürnten Richard Löwenherz nicht so sehr, weil dabei so viel unschuldiges Blut vergossen worden war, als vielmehr, weil die von Adligen angestifteten Gewalttätigkeiten des Pöbels gegen die Juden letztlich ein Angriff auch gegen die königliche Autorität waren, in deren Schutz die Juden standen. Als Richard nach Abschluß eines wenig rühmlichen Friedens, der Jerusalem in Saladins Gewalt ließ, 1192 aus dem Heiligen Land zurückkehrte, mußte er unterwegs eine weitere Demütigung hinnehmen, denn der österreichische Herzog Leopold V. setzte ihn gefangen und lieferte ihn später nach Deutschland aus. Von dem hohen Lösegeld, gegen das er 1194 endlich freigelassen wurde, hatten die englischen Juden den Löwenanteil aufgebracht. Richard suchte nun eingedenk der Vorkommnisse in York, die Stellung der Juden im Staat durch eine zu diesem Zweck erlassene »Judenordnung« zu regeln. In den wichtigsten Städten sollten in besonderen Truhen Duplikate aller Finanzgeschäfte betreffenden Unterlagen archiviert werden. Auch wurde das Amt eines *Presbyter Judaeorum* (Judenältesten) geschaffen, der, von der Krone ernannt, verantwortlich dafür sein sollte, daß die jüdische Gemeinde den Interessen des Königreichs diene.

Unter diesen Umständen ist es nicht erstaunlich, daß die englischen Barone die Juden bald als Instrumente königlicher Unterdrückung verachteten. Eine Bestimmung der Magna Charta, zu deren Unterzeichnung König Johann 1215 von seinen Baronen gezwungen wurde, begrenzte die Ansprüche jüdischer Geldverleiher auf den Nachlaß von Grundbesitzern, die in ihrer Schuld verstorben waren. Als 1263 der Krieg der Barone ausbrach, eine Adelsrevolte gegen König Heinrich III. (1216–1272), kam es zu einer Welle von Gewalttätigkeiten gegen die Juden in London, Canterbury und anderen Städten. Anstatt von ihren vermeintlich guten Beziehungen zum Königshaus zu profitieren, verarmten die Juden von Jahr zu Jahr mehr, da eine drückende Sondersteuer nach der anderen von ihnen erhoben wurde.

Als Eduard I. 1272 den englischen Thron bestieg, war bei den Juden nichts mehr zu holen. Eduard versuchte, den Wucher gänzlich zu verbieten und aus den Juden Handwerker und Bauern zu machen. Der Versuch mißlang, weil den Juden die wirtschaftliche Freiheit und Sicherheit, die dafür Voraussetzung gewesen wären, nicht zugestanden wurden. So verfügte Eduard am 18. Juli 1290 – dem neunten Aw des jüdischen Kalenders – deren Ausweisung. Die Vertriebenen suchten Zuflucht in Flandern, Deutschland und in Frankreich, wo König Philipp IV. (Philipp der Schöne, der von 1285–1314 regierte) ihnen jedoch schon im folgenden Jahr die Niederlassung verbot. 1306 ordnete Philipp überdies die Einkerkerung aller vor 1291 in Frankreich ansässigen Juden an, beschlagnahmte ihren Besitz und ließ sie aus dem Lande weisen. Zu dieser Zeit lebten in Frankreich vielleicht

100 000 Juden. Um 1500, nachdem sie verschiedene Male wieder ins Land gelassen, verfolgt und von neuem vertrieben worden waren und der Schwarze Tod auch unter ihnen gewütet hatte, waren es nur noch wenige Tausend.

Keine rationale Untersuchung der mittelalterlichen Politik, wirtschaftlichen Verhältnisse und religiösen Lehren kann die Verteufelung, deren Opfer die Juden im christlichen Europa immer wieder gewesen sind, ganz hinreichend erklären. Diese irrationale Verteufelung spricht bereits aus der schrillen Polemik des Rodulfus Glaber. Sie setzt sich fort in den Anschuldigungen, die im späten Mittelalter von christlichen Fanatikern gegen die Juden vorgebracht wurden – Anschuldigungen, für die es nicht den Schatten eines Beweises gab, die dennoch Tausenden von Juden den Tod brachten. Man könnte sich mit dem Gedanken trösten, daß diese Verleumdungen das Ergebnis mittelalterlicher Angst, Unwissenheit und abergläubischer Vorstellungen gewesen seien, hätten nicht die gleichen Anschuldigungen später, in unserem eigenen Jahrhundert, im Nazireich und anderswo so fürchterliche Folgen gezeitigt.

Um die Mitte des 12. Jahrhunderts, während der Vorbereitungen zum zweiten Kreuzzug, begann sich durch das christliche Europa das Gerücht zu verbreiten, daß um die Zeit des Passah-Fests die Juden Christenkinder ermordeten, um deren Blut in ihre Mazzen, ihre ungesäuerten Brote, zu backen. Zum ersten Mal wurde diese Verleumdung um 1173 »dokumentarisch belegt« (obwohl sie vermutlich an Vorstellungen aus vorchristlicher Zeit anknüpft), und zwar in einer von dem Benediktinermönch Thomas von Monmouth verfaßten Beschreibung »Von des heiligen Wilhelms von Norwich Leben und Wundern«. Thomas berichtet, daß im Jahre 1144 der Knabe Wilhelm von den Juden entführt, gefoltert und schließlich in einer Verhöhnung der Kreuzigung getötet worden sei.

Die Behauptung, daß Juden auf Christenblut aus seien, versuchte man durch Verweise auf nichtexistente Texte der Tora und des Talmud zu erhärten. Es gibt weder in der Tora noch im Talmud auch nur einen einzigen Satz, der das Vergießen von nichtjüdischem Blut fordert. Aber die Wahrheit ist gegen Gerüchte nur schwer durchzusetzen. Die Blutverleumdung tauchte 1171 in Blois in Frankreich erstmals auf, elf Jahre später auch in Saragossa in Spanien. 1247 wies Papst Innozenz IV. (1243–1254) die Blutverleumdung zurück und stellte fest, daß »jedesmal, wenn irgendwo eine Leiche gefunden« werde, die Christen die Schuld am Tod des Betreffenden »böswillig« den Juden anlasteten.

Wenn diejenigen, die derartige Gerüchte in die Welt setzten und verbreiteten, beabsichtigten, die Juden religiös und sozial zu isolieren, so waren ihre Bemühungen zweifellos von Erfolg gekrönt. Christliche Ängste vor jüdischem Blutdurst und die leider viel besser begründeten jüdischen Ängste vor christlicher Verfolgung und Pöbelgewalt verstärkten die Mauer des Mißtrauens zwischen beiden Religionsgemeinschaften. Die beschränkten Erwerbsmöglichkeiten der Juden trugen gleichfalls zu diesem Mißtrauen bei, denn sie zwangen diese zu jener Spezialisierung auf Geldgeschäfte, die es mit sich brachte, daß Christen mit Juden geschäftlich fast nur noch verkehrten, wenn sie dringend Geld brauchten und dementsprechend verzweifelt – und zu Ressentiments geneigt – waren. Der jüdische Gläubiger, der bei dem zahlungsunfähigen Christen auf seinem Recht bestand, und der christliche Schuldner, der sich weigerte, jenem das ihm geschuldete Kapital mit den geschuldeten Zinsen zu zahlen, waren zu gegenseitiger Wertschätzung durch die Umstände ihrer Begegnung beide nicht disponiert.

Die Tendenz zur religiösen und sozialen Absonderung der Juden wurde durch das vierte Laterankonzil (1215) sowohl bestätigt als auch bestärkt. Im wesentlichen bekräftigte das Konzil nur die schon seit Jahrhunderten andauernde und in zahlreichen Gesetzen und Verordnungen festgeschriebene Diskriminierung, doch mit der Forderung einer Kleiderordnung ging es noch einen Schritt darüber hinaus:

»Wir verfügen, daß Juden und Sarazenen beiderlei Geschlechts in jeder christlichen Provinz und zu allen Zeiten in den Augen der Öffentlichkeit von anderen Völkern durch ihre Tracht unterschieden sein sollen. Insbesondere, da in den Schriften Mosis zu lesen, daß eben dieses Gesetz zu befolgen ihnen befohlen ist.«

In der Praxis lief diese Verfügung gewöhnlich darauf hinaus, daß von den Juden das Tragen eines Abzeichens verlangt wurde. Während des 13. und 14. Jahrhunderts wurden auf mindestens vierzig Konzilen an vielen Orten West- und Mitteleuropas diesbezügliche Bestimmungen bestätigt. Eduard I. verfügte, daß jeder über sieben Jahre alte Jude einen »Fleck aus gelbem Taft über dem Herzen« tragen müsse. In Sizilien wurde 1221 das Tragen eines blauen Abzeichens in Gestalt des griechischen Buchstabens *T* verlangt. Wie nicht anders zu erwarten, hatten diese Maßnahmen sowohl soziale als auch ökonomische Auswirkungen: Manchmal mußten die Juden die erforderlichen Abzeichen bei einer staatlichen Stelle kaufen; häufig war die Befreiung von der Pflicht, sie zu tragen, käuflich; und wurde ein Jude, der diese Befreiung nicht erworben hatte, ohne Abzeichen angetroffen, mußte er ein Bußgeld zahlen, und seine Kleider wurden beschlagnahmt.

Das vierte Laterankonzil schuf die Voraussetzung für einen gotteslästerlichen Frevel, dessen man alsbald die Juden mit besonderer Vorliebe verleumderisch beschuldigte. Denn auf diesem Konzil wurde die Lehre von der Transsubstantiation, das heißt von der Verwandlung der Substanz von Wein und Brot in die Substanz von Fleisch und Blut des verklärten Christus beim Sakrament des Abendmahls oder der heiligen Kommunion als Dogma der Kirche angenommen. 1243 wurden in Beelitz bei Berlin mehrere jüdische Männer und Frauen auf dem Scheiterhaufen verbrannt, weil man sie der »Entweihung der Hostie« schuldig gefunden haben wollte: Angeblich hatten sie die geweihte Oblate verletzt und verstümmelt, um in ihr den Leib Christi zu verletzen und zu verstümmeln. In Frankreich kam es in den vierziger Jahren des 13. Jahrhunderts, während der Regierungszeit des später heiliggesprochenen Königs Ludwig IX. (1226–1270), eines der Anführer des siebenten Kreuzzuges (1248–1254) und Anstifter des achten Kreuzzuges (1270), zu einer ganzen Reihe von antijüdischen Ausschreitungen. Die erste öffentliche »Disputation« zwischen Christen und Juden fand im Juni 1240 in Paris statt. In der gleichen Stadt wurden nach der Verdammung des Talmuds 1242 vierundzwanzig Wagenladungen jüdischer Bücher öffentlich verbrannt.

Luftansicht des Jordan zwischen See Genezareth und Totem Meer

Djebel Musa, der Gottesberg, im Sinai-Massiv

Ruinen der Pferdeställe des Königs Salomon in Megiddo

Ein die Mauer vermessender Semit (Mitte) unter den ausländischen Fronarbeitern beim Hausbau in Ägypten. Aus einem Wandgemälde im Grab des Rechmirē in Theben, um 1450 v. Chr.

Der gedemütigte König Jehu mit Tributen vor Salmanassar III. Relief vom Schwarzen Obelisken aus Kalasch, 828 v. Chr. London, British Museum

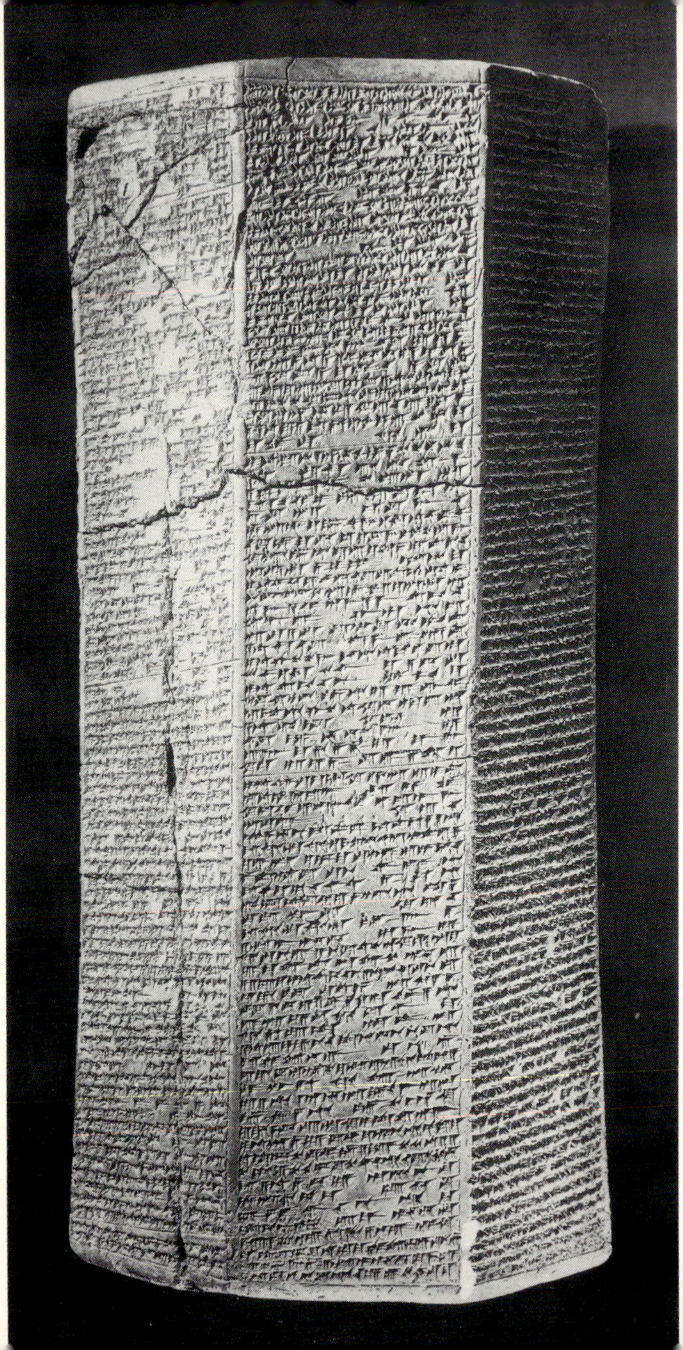

Einwohner der bedrohten Stadt Lachisch auf der Flucht vor Sanherib. Relief vom
Palast des Königs in Ninive, um 690 v. Chr. London, British Museum. – Linke Seite:
Bericht des Königs Sanherib über seine Taten und über die Unterwerfung Palästinas.
Tonprisma, um 700 v. Chr. Bagdad, Museum

Trauernde Juden als Symbol für die Niederwerfung des jüdischen Aufstands im Jahre
73. Rückseite einer Goldmünze des Kaisers Titus Flavius Vespasianus, geprägt in Rom
73 n. Chr. Hannover, Kestner-Museum. – Der Siebenarmige Leuchter, die kostbarste
Beute aus dem Tempel in Jerusalem, im Triumphzug des Titus 70 n. Chr. Relief am
Titus-Bogen in Rom. – Linke Seite: Reste des befestigten Nordpalastes von Herodes I. auf dem Felsmassiv von Masada am Westufer des Toten Meeres

König David mit Harfe und im Tanzschritt inmitten der Glorie (oder Mandorla);
rechts und links seine Leibwachen, die Kereter und Peleter, in spätrömischer Rüstung;
vier Hauptmusikanten des Königs: Asaph, Aeman, Aethan, Idithun; in den Ecken
Prudentia, Justitia, Fortitudo und Temperentia. Miniatur in der 845/846 in Tours entstandenen sogenannten Ersten Bibel Karls des Kahlen. Paris, Bibliothèque Nationale

Geostete Palästina-Karte mit Jerusalem im viergeteilten Kreisschema als Zentrum und
mit westlich der Stadt dargestellten Kreuzfahrern bei der Verfolgung muslimischer
Reiter. Miniatur in einer zwischen 1170 und 1180 vielleicht in St. Bertin entstandenen
Sammelhandschrift. Den Haag, Koninklijke Bibliotheek

Alttestamentarische Szenen aus der jüdischen Geschichte. Randillustrationen in einem im 13./14. Jahrhundert in Deutschland entstandenen Machsor. Leipzig, Universitätsbibliothek

ולא שקע צרינו בתוכו דיינו

אלו שקע צרינו בתוכו

ולא ספק צרכנו במדבר ארבעים שנה דיינו

אלו ספק צרכנו במדבר ארבעים שנה

ולא האכילנו את המן דיינו

אלו האכילנו את המן

ולא נתן לנו את השבת דיינו

אלו נתן לנו את השבת

ולא קרבנו לפני הר סיני דיינו

אלו קרבנו לפני הר סיני

ולא נתן לנו את התורה דיינו

אלו נתן לנו את התורה

Moses auf dem Berg Sinai. Gottes Spendung von Manna und Wachteln an die Israeliten. Randillustrationen in einer zu Anfang des 14. Jahrhunderts in Deutschland entstandenen Haggadah. Jerusalem, Bezalel Nationalmuseum

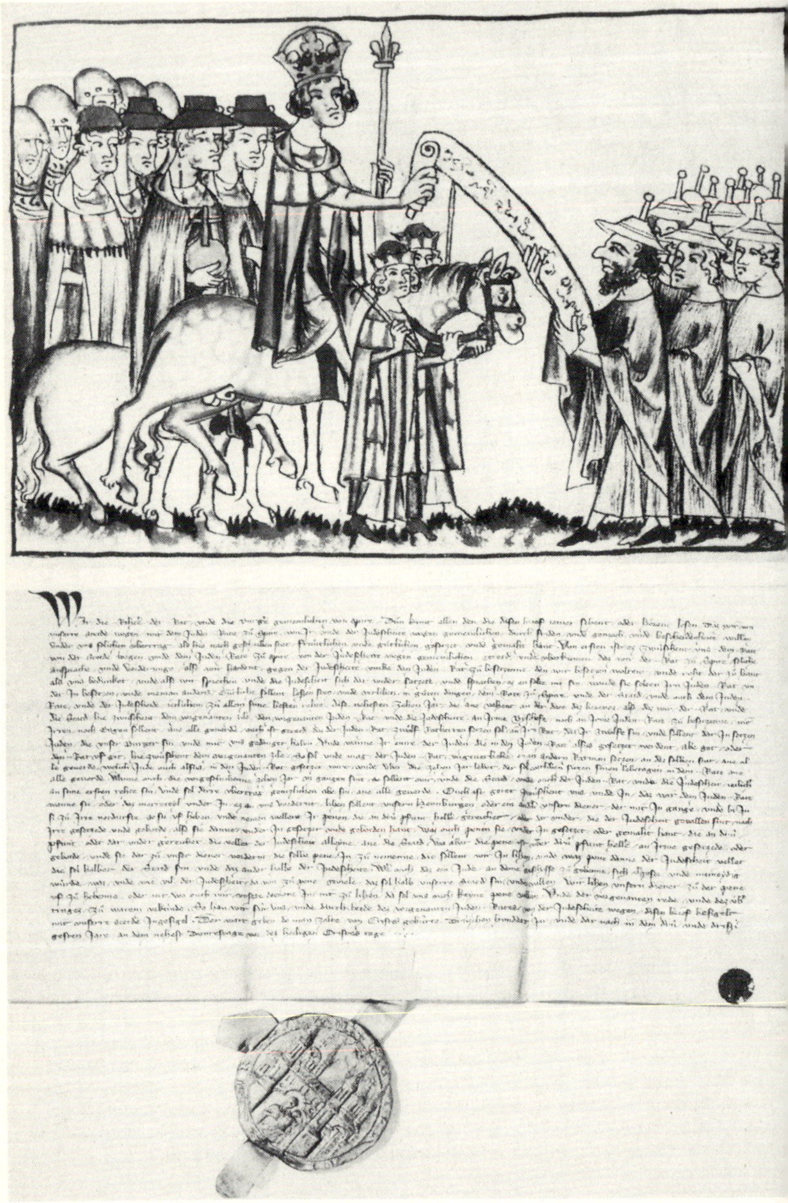

Juden auf dem Scheiterhaufen. Miniatur in den zwischen 1349 und 1353 in Tournai entstandenen »Antiquitates Flandriae« von Gilles li Muisis. Brüssel, Bibliothèque Royale. – Linke Seite: Die Bestätigung des Gesetzes für die Juden durch Kaiser Heinrich VII. in Begleitung von drei Kardinälen, dem Erzbischof von Trier und Bewaffneten. Miniatur in einer Handschrift aus der ersten Hälfte des 14. Jahrhunderts. Koblenz, Landeshauptarchiv. – Judenratsverfassung für Speyer, 1333. Speyer, Stadtarchiv

Feierliche Zeremonie der Beschneidung. Lavierte Federzeichnung nach einem Kupferstich von Bernard Picart, 1722. Amsterdam, Museum Fodor. – Vorhergehende Tafel: Ansicht von Jerusalem von West, vom Ölberg her. Detail der Tafel »Beweinung
Christi«, vielleicht von dem Meister des Hersbrucker Altars, aus der Kollegiatkirche
St. Jakob zu Bamberg für die 1482 verstorbene Adelheid Tucher, 1493. Nürnberg,
Germanisches Nationalmuseum

Sabbat in der Synagoge. Lavierte Federzeichnung von Johannes Bosboom, nach 1850. Amsterdam, Museum Fodor

Sabbat. Gemälde von Marc Chagall, 1909/1910. Köln, Wallraf-Richartz-Museum

Menschen im Lager. Lavierte Zeichnung von Max Busyn, 1944. New York, Leo Baeck Institute

Jüdische Einwanderung in Palästina. Landung des Küstenmotorschiffs »United States« an der Küste Palästinas mit siebenhundert jüdischen Auswanderern aus Europa, 1948

Gründung des Staates Israel. Verlesung der Unabhängigkeitserklärung durch David
Ben Gurion am Vorabend der Staatsgründung, 13. Mai 1948. – Folgende Seite: Auf
Wüstensand gebaut. Die neugegründete Stadt Netanya zwischen Tel Aviv und Haifa
an der Mittelmeerküste, 1965

Es steht außer Zweifel, daß vom 11. bis zum 13. Jahrhundert die
Geschicke der abendländischen Christenheit und der unter ihr lebenden jüdischen Minderheit einen entgegengesetzten Verlauf nahmen.
Die wachsende Macht der nationalen Monarchien und der mit diesen
oft im Kampf liegenden Kirche ebenso wie das zunehmende Gewicht
des christlichen Bürgertums bedrückten die Juden und drängten sie
in Armut und Isolierung. Im 14. Jahrhundert aber war das Unglück
der Christen das doppelte Unglück der Juden. Die Zeit nach 1300 sei
»für die ganze Menschheit schlimm« gewesen, fand ein Schweizer Historiker des vergangenen Jahrhunderts. Und kürzlich hat Barbara
Tuchmann diese Epoche »ein gewalttätiges, gequältes, verwirrtes,
leidendes, zerfallendes Zeitalter, eine, wie viele glaubten, vom Satan
beherrschte Zeit« genannt.

England lag im Krieg mit Frankreich (erst 1453 endete der seit 1337
andauernde Hundertjährige Krieg) und kämpfte während des ganzen
Jahrhunderts mit Schottland. In Spanien, wo die Mauren zu dieser
Zeit schon auf zwei Enklaven im Süden der Halbinsel, um Cadiz und
Granada, zurückgedrängt waren, verstrickten sich die christlichen
Königreiche Kastilien und Aragon in dynastische Streitigkeiten, anstatt die Wiedereroberung des Landes zu vollenden. In Deutschland
zerfiel angesichts der Ohnmacht der Kaiser das Reich in ein Puzzle
von Staatenbünden und Konföderationen. Eine Reihe von ungewöhnlich kalten Jahren ließ die Ernte hinter den Erwartungen zu-
rückbleiben, und zwischen 1315 und 1317 hatte Dauerregen in ganz
Europa Mißernten und Hungersnöte zur Folge. Die Textilproduk-
tion und der Seehandel der flämischen und italienischen Städte gingen zurück. Während der vierziger Jahre brachen, eins nach dem anderen, die größten florentinischen Bankhäuser zusammen. Und die
Einheit der Christenheit wurde erschüttert, als 1309 die »babylonische Gefangenschaft des Papsttums« begann, während der eine
Reihe französischer Päpste unter Aufsicht der französichen Könige
von Avignon aus die Kirche regierten, und es 1378 zu dem großen
Schisma kam, das bis 1417 andauerte und dazu führte, daß zwei Päpste gleichzeitig Anspruch auf die Nachfolge des heiligen Peter erhoben, der eine in Avignon, der andere in Rom.

Der Niedergang der päpstlichen Autorität und das erwachende

Nationalbewußtsein der Völker Europas riefen Bewegungen zur Kirchenreform hervor, etwa die von John Wycliffe (1320?–1384) und Johann Huss (1369?–1415) angeführten. Die politischen, ökonomischen und religiösen Spannungen entluden sich vielerorts auch in sozialen Unruhen. In Barcelona, Rouen, Lübeck, Braunschweig, Florenz und mehreren flämischen Städten kam es zu Aufständen. In England zwang das Volk in der berühmten »Großen Revolte« König Richard II., die verhaßte Kopfsteuer abzuschaffen, doch brach die Erhebung nach der Ermordung ihres Anführers Wat Tyler am 15. Juni 1381 zusammen.

Bevölkerungsdruck stand hinter allen Schrecken des 14. Jahrhunderts. Während der vorangegangenen Jahrhunderte hatte die Bevölkerung Westeuropas stärker zugenommen als die Kapazität der Landwirtschaft. Als das verfügbare Land urbar gemacht war, wuchs die landwirtschaftliche Produktion nur noch in dem bescheidenen Maße, das der damals sehr zögernd vorangehende technische Fortschritt und das ungünstige Klima gestatteten. Das Bevölkerungswachstum kam erst zum Stillstand und ging dann in einen rapiden Bevölkerungsrückgang über. Man schätzt, daß zwischen 1300 und 1400 die Bevölkerung Europas von 79 Millionen auf 60 Millionen Menschen sank. Hungersnot, Krieg und soziale Unruhen trugen zweifellos das ihre zu diesem Rückgang bei, doch nichts raffte so viele Menschen dahin wie der Schwarze Tod. Gerüchte von einer in Mittelasien, Indien, Vorderasien und Kleinasien wütenden Pestilenz erreichten Europa im Jahre 1346. Ins christliche Abendland scheint dann die Seuche durch den Hafen Kaffa am Schwarzen Meer eingedrungen zu sein (auf modernen Landkarten führt der Ort den Namen Feodosiga). Im Oktober 1347 hatte das Große Sterben schon Genua erreicht. Im Januar 1348 brach die Seuche in Marseille und Tunis aus; im Sommer des gleichen Jahres wütete sie schon in Südengland, in der Schweiz, in Ungarn und in weiten Teilen Italiens und Frankreichs. Gegen Ende des Jahres 1349 war kaum ein Winkel Europas mehr von ihr verschont geblieben. Schätzungsweise 20 Millionen Menschen starben den Schwarzen Tod, ein Viertel der damaligen Bevölkerung Europas. Millionen starben um die gleiche Zeit auch in Afrika und Asien.

Heute wissen wir, daß der Schwarze Tod, die Beulenpest, durch einen Bazillus verursacht wird, der im Magen von Flöhen und im Blut von Ratten lebt, bis er von seinen Wirten auf von diesen gebissene andere Tiere und so auch auf Menschen übertragen wird. Wir wissen, daß auf den von Ratten wimmelnden Handelsschiffen jener Zeit die Seuche in kürzester Frist alle größeren Hafenstädte des Mittelmeers erreichte und sich von diesen ausgehend langsam landeinwärts verbreitete, daß sie die dichtbevölkerten Gebiete am schnellsten und aufs Schlimmste heimsuchte. All das können wir uns erklären, aber die Europäer des 14. Jahrhunderts hatten die Kenntnisse nicht, die wir heute haben. Sie waren ratlos angesichts dieses Todes, der (wie eine walisische Klage jener Zeit sagt) unter die Menschen kam wie »ein schwarzer Rauch, ein unfaßbares, gnadenloses Gespenst«. Was war seine Ursache? Irgendein Ausbruch oder Sturm, der giftige Dämpfe aus dem Erdinneren freigesetzt hatte? Die verderbenbringende Konjunktion der Planeten Saturn, Jupiter und Mars? Die Bosheit Satans? Der Zorn Gottes?

Jede dieser Mutmaßungen hatte ihre Parteigänger. Leider aber bot auch eine noch näher liegende Erklärung des Unheils sich an:

»Während dieser Pestilenz wurden überall in der Welt die Juden verflucht und in allen Ländern beschuldigt, sie bewirkt zu haben durch das Gift, das sie angeblich in Wasser und Brunnen getan – dessen klagte man sie nämlich an –, und aus diesem Grunde wurden überall vom Mittelmeer bis nach Deutschland hinein Juden verbrannt...«

So berichtet Jacob von Königshofen (1346–1420), ein zeitgenössischer Straßburger Chronist, der allerdings darauf hinweist, daß diese Verdächtigungen in Avignon kein Gehör fanden. Tatsächlich suchte Papst Clemens VI. (1342–1352) von Avignon aus diesem Massenwahn Einhalt zu gebieten. In einer am 26. September 1348 gegebenen Bulle erklärt er:

»Da diese Pestilenz fast überall und allenthalben ist und durch Gottes geheimnisvollen Ratschluß die Juden ebenso wie viele andere Nationen in unterschiedlichen Weltgegenden, wo keine Juden leben, befallen hat und weiterhin befällt, ist die Behauptung, daß die Juden ein solches Verbrechen verursacht oder veranlaßt haben, ohne Wahrscheinlichkeit.«

Aber die geschwächte Autorität des exilierten Papsttums war machtlos gegen die furchtbare Gewalt abergläubischer Ängste. Noch zweieinhalb Jahrhunderte später war das Stereotyp des brunnenvergiftenden Juden den Dichtern geläufig. Christopher Marlowe (1564–1593) ließ den Helden seines Dramas »Der Jude von Malta« offen bekennen:

»Was mich betrifft, ich streife nachts umher
und töte kranke Menschen, die unter Mauern stöhnen:
Manchmal auch geh' ich aus und vergifte Brunnen.«

Daß die Juden das Wasser der Städte vergifteten, wurde allen Ernstes geglaubt. Woraus bestand das fürchterliche Gift, das so schlimme Wirkung tat? Ein Jude aus Chillon, ein armer Kerl namens Balavingus, offenbarte auf der Folter das Rezept: Frösche, Spinnen, Eidechsen, Menschenfleisch, namentlich Christenherzen und der Leib Christi selbst, nämlich geweihte Hostien, mußten miteinander verkocht und endlich zu Pulver gemahlen werden. Diese Phantasien wären nur lächerlich, wenn sie nicht so schreckliche Folgen gezeitigt hätten. Wenn man den Angaben der zeitgenössischen Chronisten trauen darf, starben allein in Straßburg 2 000 Juden durch Ausschreitungen des Pöbels und von eigener Hand, 6 000 in Mainz, 3 000 in Erfurt sowie Hunderte – vielleicht Tausende – in Worms, Köln, Frankfurt am Main, Freiburg und in Dutzenden von anderen Städten. Einem Bericht zufolge wurden damals 60 große jüdische Gemeinden und über 150 kleinere ausgerottet. Es dauerte Jahrhunderte, ehe sich die deutsche Judenheit von diesem Schlag erholte, der noch schwerer war als jener, der die aschkenasischen Juden 1096, bei Beginn des ersten Kreuzzuges, getroffen hatte.

Auch in Spanien und Portugal brachte das 14. Jahrhundert schlechte Zeiten für die Juden. Obwohl sie im christlichen Spanien die politischen und geistigen Leistungen ihrer Vorfahren während des Goldenen Zeitalters unter muslimischen Herrschern nicht in der gleichen Qualität fortsetzen konnten, hatten sie sich gleichwohl auch im Dienste der katholischen Könige – und ihrer eigenen Gemeinden – auf vielen Gebieten ausgezeichnet. Nachmanides, der 1194, zehn Jahre vor dem Tode des Moses ben Maimon, in Gerona geboren wurde, war dessen würdiger Nachfolger, der bedeutendste Halachist seiner Zeit. Es gab in Spanien noch immer hervorragende jüdische Ärzte, Astronomen, Geographen. Und der »Zohar«, ein grundlegendes Werk der jüdischen Mystik, wurde nach der Reconquista in Spanien verfaßt, höchstwahrscheinlich von Moses ben Schem Tov aus Leon (um 1240–1305) während dessen Aufenthalt in Guadalajara.

Doch die Vorkämpfer des militanten Christentums waren damals die Dominikaner, ein 1215 von dem spanischen Theologen und Prediger Domingo de Guzman (1170–1221) gegründeter Bettelorden. Die Dominikaner gerieten in Konflikt mit der päpstlichen Autorität, und Papst Innozenz III. rief sogar zu einem Kreuzzug gegen sie auf. Wenig später schuf das siegreiche Papsttum eine besondere Institution für die Aufgaben der Untersuchung, Überwachung und Bestrafung der »Ketzerei«, die so berüchtigte Inquisition.

Als 1348 auch in Aragonien der Schwarze Tod Einzug hielt, wurden in Saragossa, Barcelona und in anderen Städten Kataloniens viele Juden Opfer von Massakern, und in ganz Spanien mehrten sich von nun an die Gewalttätigkeiten gegen Juden. Am 6. Juni 1391 stürmte in Sevilla der Pöbel das jüdische Stadtviertel, tötete Tausende der Bewohner und verkaufte die Überlebenden, soweit sie sich nicht taufen ließen, als Sklaven an die Muslime. Innerhalb weniger Wochen griff dieser »heilige Krieg« auf Cordoba und Toledo über. Bei den Ausschreitungen des Jahres 1391 wurden insgesamt Zehntausende von Juden getötet; eine noch größere Zahl rettete das Leben nur durch die Verleugnung ihres Glaubens; diese Juden zogen die Taufe dem Tod vor und wurden *Conversos*. Aus der Sicht der Kirche und der Krone waren sie fortan Christen. Schließlich hatten sie sich, unter welchen Umständen auch immer, taufen lassen. Mithin waren sie fortan nicht mehr den mannigfachen Beschränkungen unterworfen, denen sich die Juden fügen mußten, sondern genossen alle Rechte der geborenen Christen.

So gelangte im zweiten Drittel des 15. Jahrhunderts eine neue Generation von *Conversos* oder *cristianos nuevos*, Neuen Christen, in die höchsten Schichten der spanischen Gesellschaft – in hohe Ämter am Hof, in der Kirche, an den Universitäten. Tausende von Juden verleugneten, den wirtschaftlichen und gesellschaftlichen Erfolg dieser Neuen Christen vor Augen, ihren Glauben auch ohne mit Gewalt dazu genötigt worden zu sein. Die Neuen Christen waren rechtlich den Alten Christen vollkommen gleichgestellt. Doch das Volk mißtraute ihrem Bekenntnis, verdächtigte sie, insgeheim ihrem jüdischen Herkommen treu geblieben zu sein. Weil nach Meinung des Volkes Neue Christen häufig eine verdächtige Abneigung gegen den Genuß von Schweinefleisch zu haben schienen, gewöhnte es sich daran, die neuen Religionsgenossen als *Marranos*, nämlich Schweine, zu bezeichnen, und da die Geschichte gewöhnlich von den Siegern geschrieben wird, werden noch heute jene getauften Juden in der Regel *Marranos* genannt.

Wie aufrichtig aber war das Bekenntnis der *Conversos* zum Christentum tatsächlich? Ein bedeutender jüdischer Historiker hat die Meinung geäußert, daß sie »Juden in allem waren, nur nicht dem Namen nach, und Christen in nichts als dem Namen«. Sie wahrten zwar die Formen ihrer neuen Religion, nahmen an den Sakramenten teil, ließen ihre Kinder taufen, gingen zur Beichte und zur Kommunion. Dennoch praktizierten sie, wo irgend möglich, insgeheim weiterhin die jüdische Religion, hielten den Sabbat, das Passah-Mahl, ja besuchten sogar die Synagogen und ließen ihre Kinder beschneiden.

Die nationalistisch, wirtschaftlich und religiös begründeten Vorurteile, denen die *Marranos* kaum weniger als die Juden ausgesetzt waren, wurden von höchster Stelle bestärkt nach der Heirat Königin Isabellas von Kastilien (1451–1504) mit König Ferdinand von Aragonien (1452–1516) im Jahre 1469 und der zehn Jahre darauf vollzogenen Vereinigung der beiden Königreiche. Der königliche Beichtvater, ein Dominikaner namens Tomás de Torquemada (1420?–1498), drängte die Monarchen zu hartem Durchgreifen gegen die Häresie in ihren Reichen. Die spanischen Könige hatten sich, weil sie um ihre

Souveränität fürchteten, den Bemühungen der radikalen Geistlichkeit, die Inquisition auch in Spanien einzuführen, lange widersetzt. Die »Katholischen Könige« jedoch gaben nun ihre Einwilligung dazu. Im September 1480 wurden zwei Dominikaner als Inquisitoren für das Königreich Kastilien ernannt. Im Januar des folgenden Jahres nahm ein Inquisitionsgericht in Sevilla seine Tätigkeit auf. 1483 ernannten Ferdinand und Isabella Torquemada zum Generalinquisitor aller spanischen Besitzungen. Schließlich verlieh 1487 Papst Innozenz VIII. (1484–1492) dem Dominikaner noch zusätzlich den Titel eines Großinquisitors. Nun lagen alle Machtmittel der Inquisition – und das Schicksal der spanischen Juden und *Marranos* – in seinen Händen.

Im allgemeinen war die erste Amtshandlung eines Inquisitionstribunals die Veröffentlichung eines »Gnadenerlasses«, mit dem Häretikern eine Frist von dreißig oder mehr Tagen gesetzt wurde, binnen welcher sie ihre Verfehlungen freiwillig bekennen und bereuen sollten, um in Gnaden wieder in den Schoß der Kirche aufgenommen zu werden. Nach Ablauf der Gnadenfrist wurden die Gläubigen aufgefordert, die Namen aller der Ketzerei verdächtigen Personen sowie die Einzelheiten der diesen anzulastenden Verbrechen zur Anzeige zu bringen. Die daraufhin Angezeigten wurden sodann verhaftet, gefangengesetzt und aufgefordert, ihr Verbrechen zu gestehen. Zeigten sie sich ungeneigt, dieser Aufforderung zu folgen, ließen die Inquisitoren sie foltern. Auf der Folter fanden sich die meisten zu dem geforderten Geständnis bereit, womit ihre Schuld als bewiesen galt. Die von der Inquisition verhängten Strafen reichten von verschiedenen geistlichen Bußübungen über öffentliche Demütigungen, Einzug des Vermögens, Auspeitschung und Zwangsarbeit bis zum Tode. Die Todesstrafe, die über alle verhängt wurde, die sich weigerten, ihre Verfehlungen zu bereuen, oder deren Geständnisse den Inquisitoren nicht umfassend und nicht aufrichtig genug schienen, wurde als *Autodafé* vollstreckt, der Hinrichtung ging bei einem solchen »Glaubensakt« eine Prozession der gewöhnlich dem Scheiterhaufen bestimmten Verbrecher voraus. Die Durchführung des *Autodafé* war Angelegenheit der weltlichen Behörden, da das geistliche Gericht sich mit dem Blut seiner Opfer nicht befleckt sehen wollte.

Einen Einblick in die Vernehmungspraxis dieser geistlichen Gerichte gibt das Protokoll des Prozesses gegen Elvira del Campo, eine Neue Christin jüdischer Herkunft, die angeklagt war, kein Schweinefleisch zu essen und die Bettwäsche sonnabends zu wechseln, was als Indiz geheimen Praktizierens der jüdischen Religion galt – jedenfalls ließen es die Inquisitoren von Toledo dafür gelten. Da die Frau zur Zeit ihrer Verhaftung im Juli 1567 schwanger war, wurde sie erst am 6. April des folgenden Jahres zum ersten Mal gefoltert.

»Sie wurde aufgefordert, im einzelnen und wahrheitsgemäß zu sagen, was sie getan hatte. Sie sagte: ›Was soll ich sagen? Ich habe alles getan – macht mich los, denn ich weiß nicht mehr, was ich sagen muß – seht ihr nicht, was für eine schwache Frau ich bin?‹ Man befahl, die Stricke noch enger zuzudrehen, und während das geschah, rief sie: ›Oh! Oh! Macht mich los, denn ich weiß nicht, was ich sagen muß – wenn ich's wüßte, würde ich es sagen.‹ Abermals wurde ein weiteres Anziehen der Stricke befohlen, und sie sagte: ›Señores, habt ihr kein Mitleid mit einer sündigen Frau?‹ Man bedeutete ihr, das habe man, wenn sie die Wahrheit sagen würde. Die Stricke wurden noch fester angezogen, und sie sagte: ›Ich habe schon gesagt, daß ich es getan habe.‹ Es wurde ihr befohlen, es im einzelnen zu sagen, woraufhin sie sagte: ›Ich weiß nicht, wie ich es sagen soll, Señor, ich weiß nicht.‹ Dann wurden die Stricke getrennt und gezählt, und sie waren sechzehn Mal fester gedreht worden, und bei der letzten Umdrehung war der Strick gerissen.«

Vier Tage später, nach einer weiteren Folterung, machte die arme Frau ihren Richtern das verlangte Geständnis. Einer der Richter stimmte für die Todesstrafe, doch die Mehrheit war gnädiger und begnügte sich damit, sie zum Verlust ihres Vermögens, zu öffentlicher Schande und zu dreijähriger Haft zu verurteilen.

Insgesamt wurden von 1481 bis 1808 über 300 000 Personen vor die Gerichte der spanischen Inquisition gebracht; mindestens 30 000 von diesen wurden öffentlich hingerichtet. Die Inquisition verfolgte Muslime, Protestanten und andere aus ihrer Sicht Irrgläubige. Die meisten ihrer Opfer aber waren *Marranos*. Wenige bekennende Juden hatten unmittelbar unter der Inquisition zu leiden, da die Zuständigkeit dieses Gerichts sich auf erklärte Nichtchristen nicht erstreckte. Dennoch waren Kirchenmännern wie dem Großinquisitor Torquemada die sich weiterhin offen zu ihrer Religion bekennenden Juden Spaniens natürlich ein Dorn im Auge. Mit Recht verdächtigten sie diese, die *Marranos* in ihrem geheimen Festhalten an jüdischen Bräuchen zu ermutigen und die Rechtgläubigkeit der Neuen Christen zu gefährden. So ist es kaum verwunderlich, daß schon 1483, nur zwei Jahre nachdem die Inquisition ihre Tätigkeit dort aufgenommen hatte, die Juden aus Andalusien vertrieben wurden. Als im Januar 1492 Granada, der letzte muslimische Staat auf spanischem Boden, von den Truppen der Katholischen Könige besetzt worden war, schienen nur die Juden noch imstande, die geistliche Einheit des nun ganz der katholischen Kirche wiedereroberten Spaniens zu stören. Auf Drängen Torquemadas unterzeichneten am 31. März 1492 Ferdinand und Isabella einen Erlaß, der die Vertreibung aller Juden (mit Ausnahme natürlich der *Conversos*) aus Spanien anordnete. Die Führer der jüdischen Gemeinden hofften, die Krone mit dem Angebot großer Geldsummen umzustimmen. Doch am 1. Mai wurde das Vertreibungsedikt veröffentlicht, und der Exodus von über 100 000 Juden begann. Ende Juli war kein einziger seine Religion offen bekennender Jude mehr in Spanien.

Juden im Westen:

Suche nach Erlösung

Kein Ereignis seit der damals bereits vierzehn Jahrhunderte zurückliegenden Zerstörung Jerusalems erschütterte das Vertrauen der Juden in aller Welt stärker als die Vertreibung aus Spanien. Vertreibungen waren den Juden zwar nichts Neues. Aus Frankreich, England und aus vielen Städten Deutschlands waren sie wiederholt vertrieben worden. Dennoch wirkte die so plötzlich angeordnete Vertreibung aus Spanien unvergleichlich traumatisch. Nirgends hatten die Juden je so schöpferisch und harmonisch mit nichtjüdischen Nachbarn zusammengelebt wie in Spanien. Hier hatten sie tätigen Anteil am Leben der Gesellschaft nehmen können, ohne auf die Pflege ihres eigenen besonderen Erbes verzichten oder gar ihr Herkommen verleugnen zu müssen – und dies für lange Zeit. Im Handel, in der Medizin, in der Literatur und den anderen Künsten hatten sie sich ausgezeichnet. Auch in Spanien waren sie eine Minderheit gewesen, aber eine bedeutende: Von zehn Spaniern war einer Jude oder doch jüdischer Abstammung gewesen. Und nun war diese blühende Gemeinde, die größte jüdische Gemeinde der Welt, mit einem Federstrich abgeschafft, von einem Tag auf den anderen ihrer Existenz beraubt worden. Überall wurden durch dieses Ereignis die Juden auf die Unsicherheit ihrer Existenz hingewiesen.

Von den über 100000 Juden, die während des Sommers 1492 Spanien verließen, gingen die meisten nach Portugal, wo gleichfalls eine bedeutende jüdische Gemeinde bestand, die eine wichtige Rolle im Wirtschaftsleben des Landes spielte. Johann II. von Portugal (1455–1495) ließ sich die Aufnahme der Vertriebenen gut bezahlen. Reiche Juden konnten das Recht auf dauernden Aufenthalt im Lande für die beträchtliche Summe von 100 Cruzados erwerben. Die

Ärmeren, das heißt die Mehrzahl der Vertriebenen, zahlten acht Cruzados pro Kopf für eine auf acht Monate befristete Aufenthaltsgenehmigung. Nach Ablauf dieser Frist mußten sie entweder das Land verlassen – was bei der geographischen Lage Portugals für die aus Spanien Ausgewiesenen nur auf dem Seewege möglich war – oder, wenn ihnen das nicht gelang (und vielen gelang es nicht), zum Christentum konvertieren. Doch hatten sich ihre wohlhabenderen Glaubensbrüder keine wesentlich dauerhaftere Zukunft in Portugal erkauft. 1496 vermählte sich aus dynastischen Erwägungen Johanns Thronfolger Emmanuel I. (1495–1521) mit Isabella, einer Tochter der »Katholischen Könige« von Spanien. Diese knüpften ihre Einwilligung in die Verbindung an die Bedingung, daß ihr zukünftiger Schwiegersohn sein Reich der Juden entledige, und gehorsam veröffentlichte Emmanuel am 4. Dezember 1496 einen Erlaß, der die Ausweisung aller Juden aus Portugal verfügte. Da aber Emmanuel sich die Wirtschaftskraft der Juden ungern entgehen ließ, bestand er nicht auf der sofortigen Durchführung der angeordneten Maßnahme und tat, was in seiner Macht stand, so viele Juden wie möglich als Christen im Lande zu behalten. Am 19. März 1497 wurden alle jüdischen Kinder zwangsweise getauft. Die Eltern wurden angewiesen, sich in Lissabon zu versammeln, wo sie festgehalten und gleichfalls mit großem Pomp konvertiert wurden. Den derart Konvertierten aber – insgesamt etwa 20 000 – wurde die Auswanderung ausdrücklich verboten.

Als sephardische Juden bezeichnet man heute alle, die als Juden oder *Conversos* Spanien und Portugal verließen, und deren Nachkommen. Im späten 15. und im 16. Jahrhundert gab es nicht viele Länder, wohin jüdische Auswanderer auf der Suche nach einer neuen Heimat sich wenden konnten. Weite Gebiete Westeuropas waren, als die Juden von der iberischen Halbinsel vertrieben wurden, den Vertriebenen schon verschlossen: Weder in England und Wales noch in Frankreich und der Provence, weder auf Sizilien noch auf Sardinien war Juden die ständige Niederlassung gestattet. Auch Deutschland berechtigte nicht zu großer Hoffnung, denn aus den meisten deutschen Städten hatte man schon früher die Juden vertrieben, und wo man sie noch duldete, waren ihnen die meisten Berufe verboten. In Österreich, Ungarn und Schlesien waren die Aussichten nicht besser. Einzig im Osmanischen Reich, in Italien und in Polen konnten damals Juden in größerer Zahl, und ohne ihre Identität zu verleugnen, sich niederlassen.

Das Osmanische Reich, das auf der Höhe seiner Macht im 16. Jahrhundert Nordafrika, die Ägäis, Anatolien, die Krim, Syrien, Palästina, Arabien, Mesopotamien und einen großen Teil Osteuropas umfaßte, führte den Namen des Führers der seldschukischen Türken, die um die Wende vom 13. zum 14. Jahrhundert dem Reich von Byzanz das nordwestliche Kleinasien entrissen, Osmans I., des Eroberers (1259–1326). Unter Osmans Nachfolgern befestigten die ottomanischen Türken ihre Herrschaft über Kleinasien und setzten zum Sturm auf das christliche Abendland an: Noch vor Ende des 14. Jahrhunderts hatten sie die Walachei (einen Teil des heutigen Rumänien), Rumelien (das heutige Bulgarien) und Serbien erobert. Die auf diese Weise eingekesselte byzantinische Hauptstadt Konstantinopel (das heutige Istanbul) wäre sicherlich bereits von Sultan Bajesid erobert worden, wäre damals nicht gerade der berüchtigte Mongolenführer Tamerlan den Türken in den Rücken gefallen.

Paradoxerweise bereitete die demütigende Niederlage, die Tamerlan (1336?–1405) den Türken beibrachte, den Boden für deren spätere Machtentfaltung. Denn Tamerlan war ein begabter Eroberer, doch kein Gründer eines dauerhaften Reiches. Von Samarkand aus unterwarf er Persien und Mesopotamien und griff dann die von seinen mongolischen Vorfahren in Mittelasien und Rußland errichteten Khanate sowie das Osmanische Reich an. Er starb auf einem Zug nach China. Während sich der osmanische Staat von der erlittenen Niederlage schnell erholte und unter der Herrschaft Mohammeds I. (1413–1421) vollkommen wiederhergestellt wurde, hatten Tamerlans Heere die benachbarten Khanate so nachhaltig geschwächt, daß die Türken leichtes Spiel mit ihnen hatten. Unter Sultan Murad II. (1421–1451) zogen die Türken gegen Mazedonien, Albanien, Ungarn und Griechenland. Am 29. Mai 1453 beendeten sie den langen Niedergang des Oströmischen Reiches: Nach der Eroberung Konstantinopels ritt Sultan Mohammed II. (1451–1481) in die Hagia Sophia, die Hauptkirche von Byzanz, die fortan als Hauptmoschee der neuen Hauptstadt des Osmanischen Reiches dienen sollte. Weitere

Eroberungen der Türken entrissen den Venezianern die beherrschende Stellung, die sie zuvor im Handelsverkehr mit der Levante hatten.

Die Türken waren Muslime und verstanden ihre Kriege gegen die Staaten der abendländischen Christenheit demgemäß als Glaubenskriege. Die türkischen Sultane waren sich der Pflicht bewußt, den Islam zu verteidigen und zu stärken; dies um so mehr, als sie nach der Eroberung Syriens und Palästinas 1516 und Ägyptens 1517 für die Sicherheit der muslimischen Heiligen Stätten in Mekka und Jerusalem verantwortlich waren. Andererseits sollte sich während der langen Regierungszeit Suleimans des Prächtigen (1520–1566) die Partnerschaft zwischen Islam und Judentum erneuern, die schon einst in Spanien so schöne Früchte getragen hatte. In fast allen Ländern, die die Türken mit der Zeit eroberten, gab es Gegenden, in denen schon seit Jahrhunderten Juden ansässig waren, in Algerien, Tunesien, Ägypten und Palästina wie auch in Mesopotamien, auf der Krim und auf dem Balkan. Viele dieser jüdischen Gemeinden lebten damals in nicht eben glänzenden Verhältnissen. Als Meschullam von Volterra 1481 Alexandria besuchte, fand er die ganze Stadt, auch das dortige jüdische Viertel, verarmt und verelendet:

»Zuguterletzt gibt es in Alexandria etwa sechzig jüdische Haushalte, sind dieselben alle rabbanitisch, weder Karäer noch Samariter unter ihnen. Sie kleiden sich wie die Ismailiten. Sie tragen keine Schuhe, sondern sitzen am Boden und betreten die Synagogen ohne Schuhe und ohne Hosen. Einige Juden dort erinnern sich, daß es zu ihrer Zeit an die 40 000 Familien gab, doch sind deren weniger und weniger geworden, wie die Opferstiere der Tabernakel.«

Ein anderer jüdischer Reisender, Obadia da Bertinoro, fand um 1490, daß sich die Verhältnisse der Juden in Jerusalem seit dem Besuch des Nachmanides in der Heiligen Stadt im Jahre 1267 nicht wesentlich gebessert hätten. Allerdings räumte er ein, »daß hierzulande die Juden von den Arabern nicht verfolgt werden«. Und ohne Zweifel besserten sich die Lebensverhältnisse der Juden in der Stadt Davids während der letzten Jahre der Mamelucken-Herrschaft entschieden. Einwanderer aus Spanien und Italien ließen die jüdische Bevölkerung der Stadt wieder anwachsen, so daß 1495 ein Schüler Obadias berichten konnte, daß neuerdings schon wieder 200 jüdische Familien in Jerusalem ansässig seien. Unter Suleiman dem Prächtigen wurden dann von 1537 bis 1541 auch die Befestigungen der Heiligen Stadt erneuert, Stadtmauern, Stadttore und Wasserleitungen wiederhergestellt.

Nirgends besserten sich die Verhältnisse für die Juden aber so merklich und gründlich wie in der neuen türkischen Hauptstadt Konstantinopel. Benjamin von Tudela, der die Stadt im 12. Jahrhundert besuchte, fand die dortigen Juden von der christlichen Gesellschaft isoliert und unterdrückt, obgleich sie am allgemeinen Wohlstand teilhatten:

»Reichtum wie den von Konstantinopel gibt es auf der ganzen Welt nicht noch einmal. Hier auch gibt es Männer, die in allen Büchern der Griechen gelehrt sind, und sie essen und trinken jeder unter seinem Weinstock und seinem Feigenbaum...

In der Stadt selbst wohnen keine Juden, denn man hat sie hinter einem Meeresarm angesiedelt. Dieser Arm des Marmara-Meeres schließt sie von einer Seite ein, und wenn sie Geschäfte mit den Bewohnern der Stadt haben, müssen sie über See fahren. Im jüdischen Viertel wohnen 2000 rabbanitische Juden und etwa 500 Karäer, getrennt durch einen Zaun... Kein Jude darf auf Pferden reiten. Einzig der Rabbi Salomon Hamitsri ist von dieser Bestimmung ausgenommen, der der Arzt des Königs ist, und kraft seines Einflusses erfreuen sich die Juden jetzt einer beträchtlichen Erleichterung ihrer Unterdrückung. Denn sie leben sehr gedrückt, und es gibt viel Haß gegen sie, der von den Gerbern bestärkt wird, die ihr schmutziges Wasser vor die jüdischen Häuser schütten und das jüdische Viertel besudeln... So hassen die Griechen alle Juden, gute wie schlechte gleichermaßen, und unterdrücken sie sehr und prügeln sie auf den Straßen und behandeln sie mit Härte auf jede Weise. Doch sind die Juden reich und gut, freundlich und mildtätig und ertragen gleichmütig ihr Schicksal...«

Kaum hatten die Türken Konstantinopel erobert, begannen sie die verödete Stadt wiederzubevölkern, indem sie Muslime, Christen und Juden aus anderen Teilen ihres Reiches dorthin umsiedelten. Unter den Juden in Konstantinopel gab es neben den Romanioten – Juden byzantinischer und griechischer Abkunft – aschkenasische Juden aus Mittel- und Osteuropa sowie sephardische aus Spanien und Portugal. Durch die starke Einwanderung sephardischer Juden in den neunziger Jahren des 15. Jahrhunderts – wahrscheinlich annähernd 40 000 – war bald diese Gruppe in der Mehrzahl. Dem damals (von 1481–1512) regierenden Sultan Bajesid II. waren diese Flüchtlinge höchst willkommen, und er fragte, den spanischen König Ferdinand betreffend: »Kann man einen solchen König klug und weise nennen? Er macht sein Land arm und bereichert mein Reich.« In der Mitte des 16. Jahrhunderts, während der Regierungszeit Süleimans, lebten in Konstantinopel etwa 50 000 Juden in etwa dreißig oder vierzig Gemeinden (oder *kahalim*), je nach ihrer Herkunft. Jede *kahal* war eine selbständige Einheit, verantwortlich für das geistliche und weltliche Wohlergehen ihrer Mitglieder, von denen sie andererseits auch die von den Türken geforderten Steuern erhob.

Kein Jude brachte es weiter am türkischen Hof und bediente sich seines Einflusses dort wirksamer zum Wohl seines Volkes als Joseph Nasi (oder Joao Micas, 1524–1579), ein portugiesischer *Marrano,* der 1537 als Dreizehnjähriger aus Portugal nach Antwerpen ausgewandert war. Seine diplomatischen Fähigkeiten und das in Bankgeschäften erworbene große Vermögen seiner Familie gestatteten ihm schon in Europa, sich in höchsten Adelskreisen zu bewegen, und so hatte er auch in Konstantinopel bald das Ohr des Sultans. Joseph wurde der wichtigste Berater der Pforte in allen die europäischen Staaten betreffenden außenpolitischen Fragen, und er hatte die angenehme Aufgabe, zu einer Politik zu raten, die zugleich die türkische Macht stärken und die Lage der Juden verbessern sollte. Er hatte überdies das Glück – oder die politische Einsicht –, im Kampf um die Nachfolge Sultan Süleimans die Partei des aus diesem Kampf siegreich hervorgehenden Prätendenten Selim zu ergreifen. Selim II. (der 1566–1574 regierte) belohnte ihn dafür mit dem Titel eines *muterferik* (Herrn des Großherrlichen Gefolges), mit Handelskonzessionen für Polen, einem Monopol für Weinimporte über den Bosporus und der Erhebung zum Herzog von Naxos und zum Grafen von Andros.

Anscheinend war es Joseph, der den Türken zum Angriff auf Zypern, damals eine venezianische Besitzung, geraten hatte; und es ist anzunehmen, daß dem jüdischen Berater der osmanischen Pforte die Niederlage der Türken bei Lepanto im folgenden Jahr große Verlegenheit bereitete. Doch ging nach der Schlacht bei Lepanto, wo die vereinten Flotten Spaniens, Venedigs und des Kirchenstaats am 7. Oktober 1571 die türkische Flotte vernichtend schlugen – während eine türkische Kugel die linke Hand des jungen Miguel de Cervantes (1547–1616) zerschmetterte –, die türkische Großmacht ebensowenig zugrunde wie die Verstümmelung seiner linken Hand die Entfaltung des Genies des jungen Cervantes behinderte: Er sollte 1605 Don Quixote und Sancho Pansa auf ihre abenteuerliche Reise in die Welt schicken, die Türken eroberten 1574 Tunis, und es sollten noch drei Jahrhunderte vergehen, ehe sie Zypern wieder herausgaben. Unter den spezifisch jüdischen Anliegen, deren Josephs Familie sich annahm, war der Versuch, einen Boykott des Hafens Ancona an der Adria zu organisieren. Auf unmittelbare Anordnung Papst Pauls IV. ging dort die Inquisiton gegen eine Gemeinde portugiesischer *Marranos* vor, die unter früheren Päpsten unbehelligt geblieben war. Der Boykott mißlang zwar, war indessen bedeutend als erster Versuch des Weltjudentums zur gemeinsamen Anwendung wirtschaftlicher Macht. Noch ehrgeiziger war die Gründung einer neuen jüdischen Kolonie in Tiberias, das Josephs Familie 1558 oder 1559 für die jährliche Zahlung einer Summe von 1 000 Dukaten von Süleiman als Lehen überlassen wurde.

Die geistliche Hauptstadt der Juden des Ottomanischen Reiches war während des 16. Jahrhunderts weder Konstantinopel noch Jerusalem, sondern Safed, ein Städtchen im nördlichen Galiläa. Die Bibel gedenkt keines Orts dieses Namens, aber für die Epoche der Abfassung des Talmud ist eine blühende jüdische Gemeinde in Safed nachzuweisen. Nach der Eroberung Safeds durch die Mamelucken im 13. Jahrhundert kehrten Juden an diesen Ort zurück, den wie so viele andere Orte im Heiligen Land ihre Ahnen einst hatten verlassen müssen. Im Jahre 1334 schrieb der spanische Kabbalist Isaak ben Joseph ibn Chelo in einem Brief aus dem Heiligen Land, Safed sei »bevölkert von Juden aus allen Teilen der Welt«. Gegen Ende des 15. Jahrhunderts lebten dort etwa 300 jüdische Familien; türkische Steuerlisten für das Jahr 1548 weisen 716 jüdische Haushaltungen aus. 1535 schilderte David dei Rossi, ein jüdischer Kaufmann, seinen italienischen Glaubensbrüdern die Stadt aus kaufmännischer Sicht:

> »Was soll ich euch sagen von diesem Lande, nachdem schon so viele Leute vor mir mündlich und schriftlich von dessen Besonderheit und Großartigkeit berichtet haben? Insgemein möchte ich euch sagen, daß sich hier wie in Italien die Verhältnisse bessern, daß neue Siedlungen gegründet werden, während täglich die Bevölkerung zunimmt. Wer Safed vor zehn Jahren gesehen hat, wird, wenn er es jetzt wiedersieht, an ein Wunder glauben wollen. Denn dauernd kommen noch Juden dort an, und das Schneiderhandwerk wächst täglich. Man hat mir erzählt, daß allein im Laufe dieses Jahres 15 000 Anzüge in Safed hergestellt worden sind – Festkleider nicht gerechnet. Jeder Mann und jede Frau, die Wollstoff verarbeiten, verdienen reichlich ihren Lebensunterhalt...«

Aus Rossis kaufmännischer Sicht scheinen die Anzeichen jener neuen Blüte jüdischer Gelehrsamkeit, die damals viele der gelehrtesten Männer seiner Generation nach Safed zog, nicht wahrnehmbar gewesen zu sein. Schon seit 1524 lebte dort Jakob Berab (um 1474–1546), ein Halachist und Gemeinde-Führer, der, als Achtzehnjähriger aus Spanien vertrieben, schon wenig später Rabbi von Fes geworden war, ehe er sich ins Heilige Land begab. 1536 gesellte sich in Safed Joseph ben Ephraim Karo (1488–1575) zu Berab, der ihn zwei Jahre später als Rabbi weihte und dessen Nachfolger er als Leiter der in Safed versammelten Gelehrtengemeinde wurde. Zu dieser Zeit arbeitete Karo bereits an seinem großen Werk »Beit Josef« (»Haus Josephs«), einer vergleichenden Würdigung halachischer Schriften von talmudischen Zeiten bis in seine eigene Gegenwart. In seinem Kommentar berief er sich auf die Arbeiten sowohl sephardischer als auch aschkenasischer Gelehrter und war bemüht, die Traditionen Raschis mit den Darlegungen des Maimonides (und anderer) in Einklang zu bringen, mit dem Ziel, »ein Gesetz und eine Tora« zu schaffen. Etwa zehn Jahre nach der Drucklegung des »Beit Josef« verfaßte Karo den 1565 veröffentlichten »Schulchan aruch« (»Gedeckten Tisch«), ein kurzgefaßtes und praktisches Handbuch, das gemeinsam mit einigen späteren Kommentaren noch heute als zuverlässiges Lehrbuch des orthodoxen Judentums gilt.

Ehe er nach Palästina kam, hatte Karo bei Salomo ben Moses halevi Alkabetz (1505–1584) die Kabbala und die in ihr beschlossene mystische Lehre studiert. Alkabetz ließ sich dann, vermutlich noch vor Karo, um 1535 ebenfalls in Safed nieder. Während Karo in Safed selbst eine Jeschiwa (jüdische Gelehrtenschule) leitete, übernahm Alkabetz die Leitung einer Jeschiwa an dem nahe gelegenen Ort Meron. Dieser Ort war Kabbalisten besonders teuer, denn einer Überlieferung zufolge befand sich dort das Grab des Simeon bar Johai, des talmudischen Weisen, dem Moses de Leon den »Zohar«, ein Haupt- und Schlüsselwerk des Kabbalismus, zugeschrieben hatte. Der »Zohar« unterschied sich von allen anderen heiligen Büchern des Judentums insofern, als er den Leser in eine Welt jenseits der Realität und Vernunft führt. Auch ein Schwager des Alkabetz, Moses ben Jakob Cordovero (1522–1570), der den Talmud bei Karo studiert hatte, spürte der »verborgenen Weisheit« des »Zohar« nach. In dem Bemühen um eine faßliche Erklärung des zentralen Problems der Kabbala – der Frage nach dem Verhältnis Gottes zu seiner Schöpfung – stellte Cordovero die Lehre von den zehn *Sephirot* oder Emanationen auf, die, wie die Schalen einer Zwiebel um den Kern des *Ein-Sof* – des reinen und grenzenlosen Wesens Gottes – gelagert, dessen Willen der äußeren Welt vermitteln. Die Kabbalisten stellten diese *Sephirot* graphisch gern wie die himmlischen Sphären des ptolomäischen Universums dar. Das war sicherlich nicht zufällig, denn der »Zohar« bezieht sich sowohl auf die Astrologie als auch auf die Astronomie, und letztere gehörte zu den Wissenschaften, denen sich während des Mittelalters die Juden am meisten zuwandten.

Allerdings hat nicht erst der »Zohar« die jüdische Mystik ins Leben gerufen. Mystische Einflüsse griechischer, persischer und anderer heidnischer Herkunft ziehen sich durch fast zwei Jahrtausende jüdischer und christlicher Geschichte, untergründig zumeist, doch immer wieder auch an die Oberfläche dringend. Diese Durchbrüche mystischer Tendenzen bei Juden und Christen geschahen manchmal gleichzeitig und wahrscheinlich sogar aus gemeinsamen Ursachen. So war der dominikanische Mystiker Meister Eckhart (um 1260–1328) ein etwas jüngerer Zeitgenosse des Moses de Leon, und obwohl er weder den Verfasser des »Zohar« noch das Werk selbst gekannt haben kann, scheint er ein ungewöhnliches Interesse an jüdischen Schriften genommen zu haben.

Das Wort »Kabbala« bedeutet »Offenbarung«. Während der Epoche unabhängiger Staatlichkeit in Palästina und in der Frühzeit des Exils genoß die Mystik beim Judentum kein hohes Ansehen. Die strenge Vernunft der Tora mit ihren sorgfältig erläuterten gottesdienstlichen Pflichten beherrschte das Feld. Die Tora gehörte allen Juden, während die Kabbala nur einer kleinen Schar von *Kedoschim* (Heiligen) zugänglich schien, die sie an auserwählte Schüler weitergaben. Dennoch nahm bei der Ausbildung der jüdischen Geisteskultur die Kabbala eine wichtige Aufgabe wahr. Sie gab Hinweise auf eine nur jenseits der Geschichte und der Vernunft in der Verzückung und Versenkung zugänglichen Welt. Zu diesem Zweck verweigerte sie den Wörtern ihre buchstäbliche Bedeutung und rechnete mit Buchstaben, die sie mit Zahlenwerten besetzte. Aus dem Elend und der Unsicherheit ihres Lebens in der realen, sichtbaren Welt hielten die Kabbalisten Ausschau nach Zeichen einer besseren Zukunft. Die Gewißheit, von der sie bei ihren Spekulationen ausgingen, war die Verheißung, daß einst der Messias kommen und alles ändern werde. Gelänge es ihnen nur, so meinten sie, etwas näher zum Verständnis Gottes vorzudringen, könnte vielleicht der Allmächtige bewogen werden, den Erlöser nicht erst »am Ende der Tage«, sondern schon eher zu schicken. Da die Erwägungen, Berechnungen und Schlüsse der Kabbalisten eine rationale Überprüfung nicht zuließen, verführte die Kabbala zweifellos nicht selten zu bloßem unwissenden Aberglauben. Doch in ihren höheren Formen stellte die Kabbala Erlösungssehnsucht und gläubige Zuversicht dar und fand beredten dichterischen Ausdruck.

Die Frage nach der Identität des Messias entzweite christliche und jüdische Denker aller Richtungen. Für die Christen war der Erlöser bereits gekommen, die Juden erwarteten ihn noch. Während des 16. Jahrhunderts wandten sich die Kabbalisten immer ernstlicher dem Studium der Eschatologie, der Lehre von den letzten Dingen und dem Ende der Zeiten, zu. Keiner spielte bei dieser Entwicklung eine größere Rolle als Isaak ben Salomo Luria (1534–1572), den man gern Ha'Ari (»den Löwen«) nannte, eine Kurzform von *Ha-Elohi Rabbi Jitzhak* (»der göttliche Rabbi«). Luria, Sohn eines aschkenasischen Vaters und einer sephardischen Mutter, kam 1569 nach Safed und war für kurze Zeit Schüler Cordoveros, ehe er seine eigene kabbalistische Lehre vorzutragen begann. Diese ist beseelt von leidenschaftlicher Sehnsucht nach dem Messias und von der Gewißheit, daß das jüdische Volk in seiner Gesamtheit die Pflicht hat, dessen Kommen durch seinen unerschütterlichen Glauben und seine praktische Frömmigkeit zu beschleunigen.

Es wird erzählt, daß Luria eines Freitags seine Schüler aus der Stadt Safed führte, den Sabbat feierlich willkommen zu heißen. Plötzlich unterbrach er seine Gebete und fragte seine Schüler, ob sie jetzt, in diesem Augenblick, gern in Jerusalem wären, um dort den Sabbat zu feiern. Die Schüler zögerten und sagten, sie müßten zuvor ihren Frauen Bescheid sagen. »Wehe uns!« rief der Rabbi verzweifelt. »Wir sind unwürdig; ich sah, daß der Messias sich gleich in Jerusalem zeigen würde, und wäret ihr bereit gewesen, gleich dorthin mitzukommen, wären wir aus unserer Verbannung in der Diaspora erlöst worden.«

Renaissance und Reformation

Wenden wir uns nun vom osmanischen Palästina zum christlichen Europa und betrachten nach den »letzten Dingen« der Kabbalisten das glänzende Diesseits der italienischen Renaissance, deren große Künstler – Leonardo, Michelangelo, Raffael und Tizian – das gemeinsame Kulturerbe des Abendlandes durch ihre Werke so unschätzbar bereichert haben. Die italienische Renaissance war eine Blütezeit der Künste, der Malerei, Skulptur, Architektur wie der Literatur und der Musik; manche Zeitgenossen sahen in ihr die wiederentdeckte und zuhöchst bewunderte klassische Antike wiederaufleben. Gleichzeitig blühten Handel und Wandel – die Kaufleute und Bankiers schufen im frühen 16. Jahrhundert den Wohlstand, auf dessen Boden die Schöpfungen der Künstler und Gelehrten erblühten.

In Rom, Florenz und den oberitalienischen Städten, namentlich in Venedig, nahmen die Juden regen Anteil am Wirtschafts- und Geistesleben der Renaissance. Viele der 1492 aus Spanien Vertriebenen hatten sich in den Städten Oberitaliens neu angesiedelt. Viele, denen die handwerklichen und kaufmännischen Berufe durch das geltende Recht verschlossen waren, hatten dort dank des lebhaften Wirtschaftswachstums jener Zeit eine neue Tätigkeit als Geldverleiher gefunden. Die Juden bildeten eine weitverstreute Gemeinschaft, doch hielten Verwandtschaftsbande die jüdischen Bankiers und Kaufleute von einem Ende der mittelmeerischen Welt zum anderen zusammen. In Venedig gingen Juden sogar Geschäftspartnerschaften mit Christen ein. Die jüdischen Gemeinden von Ferrara, Mantua, Padua und Venedig waren zwar nicht groß, aber wohlhabend.

Wie ihre wohlhabenden christlichen Nachbarn pflegten die in Italien ansässigen jüdischen Kaufleute und Bankiers die Künste und interessierten sich für Musik, Bildhauerei und Literatur. So gab es damals in Italien jüdische Komponisten wie Salomone de Rossi, der im Stil der Zeit Synagogenmusik schrieb, ebenso wie jüdische Gelehrte, die die Begeisterung der Zeit für die klassische Antike auf die jüdische Antike übertrugen und das Interesse an hellenistischen jüdischen Schriftstellern – an Josephus etwa und Philo – neu erweckten, so Asarja Rossi (1511–1578). Christliche Gelehrte nahmen die Hilfe jüdischer Schriftsteller in Anspruch, indem sie sich von diesen alte Texte übersetzen ließen, und nahmen selbst Interesse an hebräischer Philologie.

Zwar blieben auch im Italien der Renaissance die Juden nicht verschont von Beschränkungen und Unterdrückungen, doch verbreitete die Christen und Juden gemeinsame Begeisterung für ein gemeinsames Erbe, für das Vermächtnis der bildenden Kunst und der Literatur der klassischen Antike, ihren Glanz auch über das Leben der Juden. Namentlich an der Wiederentdeckung der griechischen Literatur zu jener Zeit hatten jüdische Gelehrte zweifellos einen bedeutenden Anteil. In allen christlichen Staaten des Mittelmeerraumes, besonders aber in Italien und Spanien, hatten zuerst jüdische Übersetzer die christlichen Gelehrten mit den Werken der griechischen Klassiker vertraut gemacht, die sie selbst nicht selten zuerst in arabischen Übersetzungen kennengelernt hatten. Für die Juden, deren geistige Welt während so langer Zeit streng religiös bestimmt – und beschränkt – gewesen war, eröffnete sich jetzt die Aussicht auf weite Felder intellektueller beruflicher Tätigkeit, die ihnen bisher die eigenen puritanischen Vorurteile verschlossen hatten. Denn nicht Gott, sondern der Mensch stand im Brennpunkt des Interesses der Zeit: Dem Menschengeist forderte die Renaissance die Verwirklichung seiner Begabung zu eigener Größe und Herrlichkeit ab. Die bildende Kunst der Renaissance behandelte häufig alttestamentarische Stoffe, doch schilderte sie die Patriarchen als italienische Edelleute, denen das rauhe Leben in den Wüsten des Morgenlandes schlecht bekommen wäre. Ebenso wurden die Frauen der Bibel in idealisierten Formen dargestellt, die dem beduinischen Typus, mit dem die Maler der historischen Wahrheit näher gekommen wären, nicht entfernt glichen.

Die rationalistische und liberale Tendenz des Geists der Renaissance stand der dogmatischen Strenge des Katholizismus entgegen. Der Streit zwischen Katholizismus und Protestantismus entzweite Europa im wesentlichen in einen katholischen Süden und einen protestantischen Norden. Im ältesten Machtbereich der katholischen Hegemonie griff die Kirche hart durch gegen ihre Widersacher. Und als ihre Widersacher betrachtete sie alle Andersgläubigen, insbesondere die Juden. Unter diesen Umständen erschien es ihr zunehmend wünschenswert, die Juden jeder Möglichkeit des Umgangs mit ihren christlichen Nachbarn zu berauben.

Am 12. Juli 1555 verfügte Papst Paul IV. per Dekret, daß die Juden in eigenen Stadtvierteln abzusondern seien, die sie nachts nicht verlassen durften, daß sie künftig nur noch mit den niedrigsten Tätigkeiten zu betrauen und überdies zu zwingen seien, zwecks Kennzeichnung gelbe Hüte zu tragen. Die elenden Quartiere, auf die die Juden hinfort beschränkt blieben, wurden zunächst in Italien, später allgemein als »Ghettos« bezeichnet; diese Bezeichnung ist zuerst 1516 für das venezianische Judenviertel dokumentarisch belegt. Der Begriff und die durch ihn bezeichnete Idee sollten die jüdische Geschichte während der auf jenes Dekret folgenden drei Jahrhunderte beherrschen. In späterer Zeit gab es unter den Juden die Tendenz, gewisse Vorteile in den Bedingungen des Ghettolebens zu sehen. Die Mauern, so sagte man, die die Opfer im Ghetto einschlossen, schlossen auch die Feinde aus. Hinter den Mauern des Ghettos entwickelten die Juden eine warme, vertraute Solidarität und einen stillen, aber nicht würdelosen Trotz gegen die Beleidigungen, die die christliche Gesellschaft ihnen zufügte.

Tatsächlich waren die Mauern der Ghettos nicht dick genug, um die Juden vor der Bosheit der Christen zu schützen. Von der Spaltung der Christen in jener Zeit hatten die Juden keine Vorteile. Der große protestantische Reformator Martin Luther eröffnete, enttäuscht durch die Weigerung der Juden, sich zu seinem Glauben zu bekehren, eine schlimme Hetzkampagne gegen sie, bei der er vor keiner der althergebrachten absurden Verleumdungen zurückschreckte und sich nicht scheute, den Demagogen der alten Kirche nachzubeten, daß die Juden Christenblut tränken und die Brunnen vergifteten. Während also die Katholiken die Juden beschuldigten, die Protestanten zu unterstützen, hatten die Protestanten nur Verachtung für diese.

Auch zogen die Juden aus ihrer strengen Absonderung von der übrigen Gesellschaft keinen nennenswerten geistigen Gewinn. Das Leben in den kleinen, abgeschlossenen Gemeinden von jeweils nur wenigen Tausend Seelen war eng und ohne Perspektiven. Viel scharfe Intelligenz lag brach. Es fehlte der befruchtende Verkehr mit anderen Kulturen. Es war ein Leben in der Gefangenschaft, beschränkt im übertragenen wie im wörtlichen Sinn auf einige elende und enge Gassen. Unter diesen Bedingungen verlernten die Juden sogar zeitweilig, zwischen trivialen und wichtigen Dingen angemessen zu unterscheiden: Alles, so schien es nun, war gleich wichtig. Die hebräische Gelehrsamkeit ging verloren und erhielt sich nur bei den wenig schöpferischen Aufgaben des Kopierens alter Texte und der Anfertigung von Übersetzungen. Über ein Jahrhundert sollte vergehen, ehe das geistig schöpferische Vermögen der Juden sich gegen die verdummenden Bedingungen der Ghetto-Existenz behauptete und sie überwand.

Das war die Realität. Man konnte ihr entrinnen, wenn man sich in die Welt mystischer Spekulation und Entrückung vertiefte, in die Welt der Kabbala und ihres großen Buches, des »Zohar« oder »Buch des Glanzes«. Man konnte sich auch einbilden, daß das Ende dieser Realität abzusehen, weil endlich der verheißene und ersehnte Messias erschienen sei. Verschiedene gaben sich für den Erwarteten aus, unter ihnen im 16. Jahrhundert David Reubeni und im 17. Jahrhundert Sabbatai Zevi, von dem noch zu reden sein wird.

Der Realität näher blieb die deshalb gesündere chassidische Bewegung. Auch die Chassidim verließen sich mehr auf Glauben und Gefühl als auf Realität und Vernunft, aber ihr Glaube und ihr Gefühl entfremdeten sie nicht dem Boden, auf dem sie standen. Ihre Gemeinden sammelten sich stets um einen verehrungswürdigen Rabbi, einen *Zaddik* (Gerechten), dessen Frömmigkeit und geistliche Begnadung zu erlangen jedes Mitglied trachtete. Auch die Gegner der Chassidim verehrten bestimmte große Lehrer, so den *Gaon* von Wilna, Elias ben Salomo Zalwan (1720–1797), der nicht nur ein bedeutender Talmudist, sondern auch in außerhalb der spezifisch jüdischen Gelehrsamkeit liegenden Disziplinen gebildet war.

In Deutschland, wo bis zum Ende des 18. Jahrhunderts etwa 300000 von den 400000 Juden Europas lebten, war es einigen wenigen Juden möglich, den Beschränkungen des Ghettos zu entrinnen, indem sie in den Dienst eines Fürsten traten. Aber diese sogenannten »Hofjuden« wurden von ihren in den Ghettos verbliebenen Glaubensgenossen weniger beneidet als verachtet.

So waren also die Juden in ihre Ghettos eingeschlossen, im Westen von den Kirchen verfolgt, im Osten von Kosaken malträtiert und gezwungen, ein Leben sozusagen in endloser Nacht zu führen. Und wenn es später, gegen Ende des 18. Jahrhunderts, den Juden gelang, ihre schöpferische Kraft wieder zur Geltung zu bringen und etwas von ihrer Würde wiederzugewinnen, so nicht zuletzt, weil inzwischen die Macht der Kirche derjenigen pragmatischerer, weltlicherer und toleranterer Institutionen zu weichen begonnen hatte. Nach der französischen Revolution befreiten sich dann die Europäer von mancher Knechtschaft und machten Anstalten, die Gesellschaft neu zu begründen auf Ideen, über die sich auch die Juden mit ihnen verständigen konnten.

Reste von Ghettos gibt es noch in vielen Gegenden Europas. Dem Ghetto war Landerwerb nicht gestattet. Es konnte sich deshalb nie horizontal ausdehnen, sondern nur in die Höhe wachsen, indem man Stockwerk auf Stockwerk türmte. So schien das Ghetto einer Stadt oft höher als seine Umgebung zu sein, doch dieser Schein trog in jeder Hinsicht, denn unter den Bedingungen des Ghettos war nur eine verkümmerte Existenz möglich. Daß es den Juden selbst unter diesen Bedingungen gelang, eine eigenständige religiöse und soziale Kultur zu bewahren und zu entwickeln, war eine große Leistung.

Das kulturelle Erblühen

Weshalb begann die Renaissance in Italien? Die Geschichte bietet keine einfache Erklärung, die dem plötzlichen Erscheinen von Scharen genialer Geister ausgerechnet in Italien während des 14., 15. und 16. Jahrhunderts das Erstaunliche nähme – ebensowenig wie sich zwingende Gründe für das plötzliche Auftreten von Scharen künstlerischer, philosophischer und politischer Neuerer 2000 Jahre früher in Athen nachweisen lassen. Doch kann der Historiker einige der Ursachen aufspüren, die während der Renaissance die reiche Begabung der Italiener sich mehr in Kunst und öffentlichem Leben als in Universität und Kloster entfalten ließen.

Da ist zunächst darauf hinzuweisen, daß zu fast allen Zeiten mit dem Wachstum der Städte auch die Kultur erblüht ist, und daß die Städte Italiens volkreicher und wohlhabender waren als fast alle anderen Städte Europas. Von den fünf europäischen Städten, deren Bevölkerung um 1500 schon 100 000 oder mehr Seelen zählte, lagen drei, nämlich Mailand, Neapel und Venedig, in Italien. Von 1200 bis 1500 war Venedig Europas führende Seemacht, als die es große Gewinne aus dem Handel mit dem Morgenland zog. In Florenz verdienten die Medici ihr sagenhaftes Vermögen anfänglich mit der Tuchweberei, später mit Geldgeschäften. Während des 15. und 16. Jahrhunderts regieren sie in Florenz, förderten die Künste, stellten Großherzöge der Toskana, Kardinäle, sogar Päpste – Leo X., der die Kirche von 1513–1521 regierte, und Clemens VII., der von 1523–1534 den Heiligen Stuhl innehatte, waren Medici – und zwei Königinnen von Frankreich, nämlich Katharina de Medici, die diese Würde von 1547–1559 innehatte, und Maria de Medici, die sie von 1600–1610 als Gemahlin Heinrichs IV. und von 1610–1617 als Regentin für ihren Sohn, Ludwig XIII., ausübte.

Der Aufstieg neuer Oligarchien in den Städten Italiens – denn ähnlich wie in Florenz die Medici gelangten die Malatesta in Rimini, die Visconti und Sforza in Mailand an die Macht – wurde erleichtert durch die Schwäche des alten Lehnsadels, die politische Zerrissenheit des Landes und das verminderte Ansehen der römischen Päpste. Da die Stadtstaaten Italiens vollkommen selbständig und keinem nationalen Monarchen untertan waren, lagen sie ständig miteinander im Wettstreit, den sie nicht nur auf dem Schlachtfeld und an der Börse austrugen, sondern auch, indem sie einander als Förderer der Künste und Wissenschaften gegenseitig zu überbieten suchten. Unter diesen Umständen blühten Unternehmungsgeist, Bürgersinn und Diesseitigkeit. Was das Papsttum angeht, so war es sicherlich nicht zufällig die Zeit des Exils der Päpste in Avignon, in der das Kirchenlatein zugunsten klassischer Vorbilder und vulgärsprachlicher Einflüsse aufgegeben und ein neuer Sinn für die Möglichkeiten der Menschheit entwickelt wurde. Auch nach der Beendigung des großen Schismas und der Rückkehr der Päpste nach Rom wurde die einstige Autorität des Papsttums nicht wiederhergestellt. Die Päpste der

Renaissance waren weder um das geistliche Wohl der Gläubigen besorgt, noch kümmerten sie sich um die Verwaltung der Kirche, sondern sie verwandten ihre ganze Energie auf das Bemühen, ihre persönliche Macht zu mehren und den politischen Vorteil des Kirchenstaates wahrzunehmen.

Von seiner expansivsten Seite zeigte sich das Papsttum der Renaissance während der Regierung Julius II. (1503–1513), der Raffael und Michelangelo beschäftigte und als Heerführer mehr in seinem Element war denn als Oberhirte der Christenheit. Der berüchtigte Borgia (Papst Alexander VI.), der Vorgänger Julius II., verkörperte die schlimmsten Möglichkeiten dieses ganz weltlich interessierten Papsttums:

»Er besaß im höchsten Maße alle Laster des Fleisches wie des Geistes; auch waren schlimmere Regeln zur Lenkung der Kirche nicht zu erdenken als die von ihm befolgten. Er war der Sinnenlust mit beiden Geschlechtern sehr ergeben, hielt öffentlich Frauen und Knaben, insbesondere liebte er freilich die Frauen.«

Bleibt zu erwähnen, daß während der Herrschaft dieses Papstes – er regierte von 1492 bis 1503 – die Juden aus Spanien, Portugal und Sizilien vertrieben wurden. Allerdings gestattete er *Marranos,* sich in Rom niederzulassen, wenn auch wohl mehr aus finanziellen als aus humanitären Beweggründen. Der jüdischen Gemeinde Roms erlegte er eine Sondersteuer zur Finanzierung des Türkenkriegs auf und befahl, offenbar um selbst dem Spektakel bequemer zusehen zu können, eine Änderung der Route, auf der alljährlich ein paar Juden nackt durch die Straßen der Stadt laufen mußten. Doch waren solche Demütigungen der Juden in Rom eher Ausnahmen als die Regel, und während der ersten Hälfte des 16. Jahrhunderts waren die meisten Päpste den Juden wohlgesinnter als Alexander.

Die jüdische Gemeinde Roms war die älteste Europas. Jahrhundertelang hatte zwischen ihr und der päpstlichen Regierung eine besondere Beziehung bestanden. Nach der Annahme des Christentums als offizieller Staatsreligion des Römischen Reiches versetzte eine antijüdische Gesetzgebung die Juden in den Stand von Bürgern minderen Rechts. Doch seit der Zeit Gregors des Großen genossen sie den besonderen Schutz der Päpste. Auf eine gewisse Achtung seitens der Christen konnten die Juden am ehesten wegen ihres biblischen Erbes, ihrer heiligen Literatur, hoffen.

Während der Renaissance begannen christliche Hebräisten in den Städten Oberitaliens ebenso wie einige Päpste die hebräischen Texte der Heiligen Schrift im Original zu studieren und sich in diesem Zusammenhang auch für die Arbeit der jüdischen Humanisten zu interessieren, die an der Hinwendung der Renaissance zu den Leistungen der Antike einen nicht unwesentlichen Anteil hatten. Die Helden der alten jüdischen Geschichte faszinierten die Männer der Renaissance. Ein Bild dieser Faszination hat man in dem großartigen »Moses« des Michelangelo (1475–1564). Diese ursprünglich für das Grabmal Papst Julius II. bestimmte und heute in der römischen Kirche San Pietro in Vincoli aufgestellte Skulptur wurde von Michelangelos christlichen und jüdischen Zeitgenossen gleichermaßen als Meisterwerk gepriesen, wie sie auch der erste Biograph des Künstlers, Giorgio Vasari (1511–1574), aufs höchste rühmt:

»Sodann vollendete er die fünf Ellen hohe Marmorstatue des Moses, deren Schönheit durch kein neueres Werk erreicht werden kann, dasselbe kann man auch von den Antiken sagen. Denn der Prophet sitzt in sehr würdevoller Stellung, den Arm auf die Tafel gestützt, die er in einer Hand hält, während er mit der anderen an den Bart faßt, der herabwallend und lang in Marmor so gearbeitet ist, daß die Haare, in der Bildhauerei so schwer ausführbar, hier wollig, weich und wie einzeln erscheinen, und man es fast für unglaublich hält, daß der Meißel zum Pinsel geworden sei...«

Fraglos waren die den Juden geneigtesten Kirchenfürsten die Medici-Päpste Leo X. und Clemens VII. Leo, der die Pracht liebte, das Papsttum im Streit um die Macht in Italien aufs Spiel setzte und die Gefahr nicht begriff, die der Autorität der Bischöfe von Rom aus dem Norden drohte, als Luther die Reformation der Kirche forderte, verpflichtete nichtsdestoweniger die Juden Roms zur Dankbarkeit, indem er gewisse diskriminierende Steuern abschaffte, nicht darauf bestand, daß die Juden, wie es das Gesetz bestimmte, sich durch weithin sichtbare Abzeichen als solche auswiesen, die Einrichtung einer hebräischen Druckerei in der Ewigen Stadt genehmigte und die Druckerlaubnis für die 1520–1523 in Venedig erschienene erste vollständige Ausgabe des Babylonischen Talmud erteilte.

Als noch besserer Freund der Juden zeigte sich Clemens, obwohl in fast jeder anderen Hinsicht seine Regierung nicht gerade segensreich genannt werden kann. Während seines elfjährigen Pontifikats brachen die Lutheraner endgültig mit Rom. Die Truppen Kaiser Karls V. stürmten und plünderten 1527 die Heilige Stadt und hielten den Papst sieben Monate lang praktisch gefangen. In England trotzte König Heinrich VIII. dem päpstlichen Verbot, sich von Katharina von Aragon scheiden zu lassen, und gründete 1534 die Anglikanische Kirche. Es mag angesichts der zahlreichen Katastrophen, die gerade über diesen Papst hereinbrachen, nicht ganz angemessen scheinen, ihn als »Beschützer Israels« vorzustellen, doch ist das herzliche Willkommen, das er dem Abenteurer David Reubeni bot, sicher der Erwähnung wert. Reubeni war eine der farbigsten jüdischen Gestalten der Renaissance. Mutmaßlich ein äthiopischer Jude oder »Falascha«, tauchte er 1523 in Venedig auf und gab sich als Heerführer eines von den zehn »Verlorenen Stämmen Israel« gegründeten morgenländischen Reiches aus. Im Februar 1524 ritt der zwergenhaft kleine, dunkelgesichtige Mann auf einem Schimmel in Rom ein und begab sich alsbald zum Vatikan, wo ihn der Kardinal Egidio da Viterbo in Empfang nahm, ein der hebräischen und griechischen Sprache kundiger und auch in der Kabbala belesener Humanist. Dann gewährte ihm auch Papst Clemens selbst eine Audienz, deren Ergebnis Reubeni als Versöhnung der herrschenden Kirche mit den Juden verstanden wissen wollte.

1525 reist Reubeni nach Portugal, wo er am Hof empfangen wurde. Seine Botschaft, daß die Stunde der Erlösung nahe und der Messias binnen kurzem zu erwarten sei, bemächtigte sich der Phantasie des damaligen Sekretärs des königlichen Rats, eines *Marrano* namens Diogo Pires, der daraufhin an sich selbst die Beschneidung vornahm, seinen Namen in »Salomon Molcho« änderte (in »Molcho« steckt *melekh,* das hebräische Wort für König) und, anscheinend auf Reubenis

Betreiben, aus Portugal ins Osmanische Reich floh. In Saloniki studierte er die Kabbala, lernte Joseph Karo kennen und überzeugte sich schließlich davon, daß der Messias, dessen Kommen Reubeni angekündigt hatte, kein anderer sei als er selbst. 1530 begab sich Diogo Pires alias Salomon Molcho nach Rom, wo er sowohl die Zerstörung der Stadt durch eine Überschwemmung als auch ein Erdbeben in Portugal prophezeite; nach diesen Ereignissen werde »der heilige Geist sich auf den königlichen Messias herabsenken und dieser [werde] ein großes Volk regieren«. Später im gleichen Jahr begegnete Molcho in Venedig seinem Erwecker Reubeni wieder. Dieser war in Portugal in Verdacht geraten, Aufruhr unter dem *Marranos* zu schüren, war zum Verlassen des Landes genötigt worden und war jetzt bemüht, einen jüdisch-christlichen Kreuzzug zu organisieren, um den Türken das Heilige Land zu entreißen. Als starke Regenfälle in Rom und die Nachricht von Erdstößen in Portugal Molchos Prophezeiungen zu bestätigen schienen, empfing ihn Clemens VII. in mehreren Audienzen, und als die Inquisition den Pseudo-Messias vorlud, garantierte der Papst diesem die Immunität.

1532 reisten Molcho und Reubeni nach Regensburg und wurden dort bei Kaiser Karl V. vorstellig, den ihre Kreuzzugspläne aber nicht beeindruckten: Er ließ sie verhaften. Diesmal war der Papst entweder nicht mehr willens oder nicht imstande, den falschen Heiland in Schutz zu nehmen. Molcho wurde in Mantua vor das Inquisitionsgericht gestellt und schließlich in einem *Autodafé* auf dem Scheiterhaufen verbrannt. Reubeni, der in Spanien ins Gefängnis gesteckt wurde, scheint dort sechs Jahre später gestorben zu sein. Unterdessen trat Jakob ben Samuel Mantino, ein Arzt spanischer Abstammung, der in der jüdischen Gemeinde gegen Molcho intrigiert hatte, in den Dienst Papst Pauls III. (1534–1549), dessen Leibarzt er wurde. Mit Paul III., der aus Portugal flüchtige *Marranos* zur Niederlassung in Ancona einlud, endete die Zeit einigermaßen wohlwollender Beziehungen zwischen Papsttum und Juden.

Es gab damals in Rom wahrscheinlich nicht mehr als 3 000 ihre Religion bekennende Juden. Die jüdische Gemeinde von Venedig war vielleicht noch kleiner, wenn auch wohl kaum weniger glänzend. Sie spiegelte die Vielfalt der Anschauungen und politischen Neigungen aller Teile Italiens und der Levante wider. Die ersten Juden waren aus Deutschland und aus der Levante nach Venedig eingewandert. Als dann 1492 die Juden aus Spanien vertrieben wurden, ließen sich viele von ihnen in Venedig nieder. Je nach Herkunft hatten die Juden Venedigs ihre eigenen Synagogen, Institutionen, Zeremonien und Traditionen. Diese Vielfalt stützte sich jedoch auf ein grundlegendes Gefühl der Zusammengehörigkeit. Wie die Juden zu allen Zeiten und überall zeichneten auch die venezianischen sich durch Selbsthilfe, Nächstenliebe und gute Werke aus.

Das Banco Rosso im jüdischen Ghetto von Venedig war weniger eine Bank als vielmehr ein Darlehensverein für arme Juden. Die Juden Venedigs hatten viele wohltätige Stiftungen für die unterschiedlichsten Zwecke, wie etwa die Erziehung der Jugend, Altenpflege, Unterstützung neu eingewanderter Gemeindemitglieder und so fort. Vom 16. bis zum Ende des 18. Jahrhunderts lebten die Juden Venedigs auf einer Insel in der Pfarrei von San Girolamo im Norden der Stadt. Diese später mit Mauern umgebene und nachts von Polizeibooten bewachte Insel war das sogenannte *ghetto nuovo*, dessen Name sich später, wie schon bemerkt, als Bezeichnung der abgesonderten Judenquartiere in der ganzen Christenheit einbürgerte. Die Bezeichnung geht auf das italienische *geto vecchio* (»alte Gießerei«) zurück – am Ort des venezianischen Judenviertels befand sich einst eine alte Eisengießerei. Hier nun erging im März 1516 ein Erlaß, daß die Juden der Stadt nur in diesem mit einer Mauer zu umgebenden Viertel siedeln durften. Allerdings entsprach dieses *ghetto nuovo* wenigstens anfänglich noch nicht den Vorstellungen, die wir heute von einem Ghetto haben. Es war kein Elendsviertel, das zu verlassen die Elenden mit Gewalt gehindert wurden.

Freilich war das Ghetto von Anfang an ein Ort rechtlicher Absonderung. Einige halten dafür, daß die Einrichtung des venezianischen Ghettos ursprünglich den Zweck verfolgte, den Juden Schutz gegen feindliche Nachbarn zu bieten. Andere weisen darauf hin, daß schon vor der räumlichen Absonderung der Juden in besonderen Judenquartieren oder Judengassen die Absonderung durch eine Vielzahl anderer Maßnahmen betrieben worden war: durch Sondersteuern, durch ein besonderes Gesetz, das den Juden Grundbesitz verbot, durch die Pflicht, ein besonderes Abzeichen an der Kleidung zu tragen, etwa einen gelben Flecken oder einen gelben – später einen roten – Hut. In dieser Sicht scheint die Absonderung der Juden im Ghetto nur die vorangegangenen Maßnahmen vervollständigt zu haben.

Es ist nicht leicht, die soziale und geistige Qualität des Lebens im Ghetto zu bestimmen. Zwar waren die Juden räumlich von ihren Nachbarn abgesondert, aber außerhalb der Sperrstunden verkehrten Juden und Christen auch weiterhin miteinander. Es gab Zeiten der Verfolgung, es gab aber auch Zeiten relativer Toleranz. Und wenn an vielen Orten die Bedingungen des Ghettolebens das geistige Leben der Juden zu ersticken drohten, gab es an anderen Orten – und namentlich in Venedig – ein kräftiges Blühen jüdischer Kultur. In seiner großen Zeit war das Ghetto von Venedig Hort eines intensiven geistigen Lebens – der Dichtung, der Philosophie, der Medizin – und Erscheinungsort der ersten gedruckten hebräischen Bücher, die zu den ältesten in Europa überhaupt gedruckten gehören.

Die Verbreitung der Kultur

Hier mögen einige Überlegungen zur Geschichte des Buchdrucks am Platze sein, dessen Beitrag zur geistigen Entwicklung der Renaissance kaum überschätzt werden kann. Die Einführung des Buchdrucks mit aus Metall gegossenen beweglichen Lettern wird herkömmlicherweise Johann Gutenberg zugeschrieben, doch scheinen eine Reihe von Druckern im Rheinland die technischen Schwierigkeiten dieses Verfahrens zwischen 1440 und 1450 fast gleichzeitig gemeistert zu haben. Während der folgenden fünfzig Jahre wurden Tausende von Werken gedruckt. Am Ende des 15. Jahrhunderts gab es in Italien 73 Pressen. Venedig, wo der erste Drucker sich 1469 niederließ, beschäftigte im Jahre 1500 deren bereits 400.

Der einflußreichste Buchdrucker und Verleger Venedigs war Aldo Manuzio (1450–1515), der seinen Namen in der latinisierten Form Aldus Manutius in ganz Europa berühmt machte. Die von ihm gegründete venezianische Akademie zog zahlreiche nach dem Fall von Konstantinopel aus ihrer Heimat geflohene griechische Gelehrte an. Von 1494 bis 1515 dienten sie ihm als Korrektoren und Lektoren einer Reihe von Ausgaben klassischer griechischer Texte. Mit seinen Bemühungen um die Verbreitung klassischer Werke gewann sich Aldus die Freundschaft und Achtung vieler der bedeutendsten Gelehrten Europas, so auch die des niederländischen Humanisten Desiderius Erasmus (Erasmus von Rotterdam, 1466?–1536), der zwar mit den Reformatoren nicht gemeinsame Sache machte, durch seine Schriften aber viel zur geistigen Vorbereitung der Reformation beitrug. Aldus war, was weniger bekannt ist als seine Verdienste um die Wiederbelebung des Studiums der klassischen griechischen Literatur, auch Hebräist, der im Jahre 1500 die erste hebräische Grammatik für christliche Leser druckte.

Die Pioniere des hebräischen Buchdrucks waren zwei deutsche Juden, die sich 1454 mit Genehmigung der Sforza von Mailand in Soncino niederließen und als Namen ihrer Familie und Firma denjenigen dieser Stadt annahmen. Schon 1488 konnten sie die erste vollständige gedruckte hebräische Bibel auf den Markt bringen. Nicht weniger beachtlich waren die Leistungen des christlichen Druckers Daniel Bomberg (er starb um 1550), der als junger Mann aus Antwerpen nach Venedig kam und dort fast 200 hebräische Bücher druckte, darunter die ersten vollständigen Ausgaben sowohl des babylonischen wie des palästinensischen Talmuds. Auch Leone da Modena (Juda Arge, 1571–1648) dilettierte als Buchdrucker und besorgte 1617–1618 eine neue Ausgabe der hebräischen Bibel, doch war dieser damals gefeiertste jüdische Literat Venedigs nach dem Urteil eines Historikers zwar in 26 Handwerken bewandert, ohne aber jemals eines gemeistert zu haben. Sein Nachfolger als Oberrabbiner der venezianischen Gemeinde, Simone ben Isaak Simhah Luzzatto (1583–1663), war wie er literarisch vielseitig tätig (er veröffentlichte 1638 einen *Discorso Circa il stato de gl'hebrei* – »Diskurs über den Zustand der Juden« – mit dem er für`Toleranz warb und auf die Bedeutung der Juden für die venezianische Wirtschaft hinwies). Eine Dichterin, Sara Coppio Sullam (1590–1641), gehörte ebenfalls zu diesem Kreis. Ihr widmete Leone da Modena seine italienische Bearbeitung von Salomon Usques Tragödie »Esther«. Unter all diesen schillernden Figuren war Leone da Modena derjenige, den die Christen mit etwas übertriebener Ehrfurcht als einen Ausbund jüdischer Weisheit und Gelehrsamkeit betrachteten.

Das Wiederaufleben der hebräischen Studien und die Verbreitung hebräischer Bücher während der Renaissance spielten sicherlich eine Rolle bei der Vorbereitung des deutschen Protestantismus, doch wohl kaum eine so bedeutende, wie die römische Kirche, die den Protestanten jüdische Neigungen vorwarf, zu unterstellen beliebte. Die bedeutendste geistige Auseinandersetzung in Deutschland während der Jugendjahre Martin Luthers wurde zwischen Reuchlinisten und Anti-Reuchlinisten ausgetragen – zwischen denen, die wie der humanistische Gelehrte Johannes Reuchlin (1455–1522) glaubten, daß man sehr wohl die klassischen hebräischen Texte lesen und dennoch gläubiger Christ bleiben konnte, und denen, die der Meinung waren, daß hebräische Bücher den rechten Christenglauben nur zu gefährden geeignet und deshalb zu vernichten seien. Dieser Streit begann, als ein aus Mähren gebürtiger Schlächter namens Johannes Pfefferkorn (1469–1524) vom Judentum zum Christentum übertrat. Pfefferkorn nämlich hielt es nun für seine Christenpflicht, antijüdische Pamphlete zu verfassen, und auf Fürsprache der Dominikaner erlangte er 1509 von Kaiser Maximilian I. die Vollmacht, alle jüdischen Bücher mit Ausnahme der Bibel zu beschlagnahmen. Als im Jahre 1510 Reuchlin in die Kommission berufen wurde, die zu entscheiden hatte, welche jüdischen Schriften vernichtungswürdig seien, stimmte er für die Verschonung des Talmuds und brachte mit dieser Entscheidung den rabiaten Pfefferkorn gegen sich auf. Der publizistische Krieg der beiden – und ihrer Anhänger – gab vielen Druckern Arbeit und Brot. Reuchlin wurde von dem Dominikaner Jakob Hoogstraaten (1460–1527), der als Professor der Theologie an der Universität Köln einer der mächtigsten Parteigänger Pfefferkorns war, der Häresie beschuldigt. Um zu erreichen, daß über diesen Vorwurf nicht in Köln verhandelt würde, wo die Anti-Reuchlinisten die Oberhand hatten, bat Reuchlin 1513 den Leibarzt von Papst Leo X., einen bekennenden Juden und Rabbiner namens Bonetto de Lattes, sich für ihn zu verwenden, und erreichte auch wirklich, daß er nicht in Köln, sondern in Speyer vor Gericht gestellt wurde, wo man ihn 1514 freisprach.

Natürlich konnte man diesen bitteren Streit aus verschiedener Sicht unterschiedlich beurteilen. Die Juden sahen ihn für sich gewonnen, als 1510 der Kaiser bewogen werden konnte, den Talmud nicht ohne vorherige Untersuchung verbrennen zu lassen und bis zu einer Entscheidung der Kommission alle beschlagnahmten Bücher ihren rechtmäßigen Eigentümern zurückzugeben. Die darauf folgende Kontroverse zwischen liberalen und reaktionären Elementen der Kirche – deren Protagonisten einerseits Reuchlin, andererseits Pfefferkorn und Hoogstraaten waren – berührte die Juden nur am Rande. Doch für die Christen ging es dabei um mehr als die anscheinend zur Debatte stehende Frage, ob der Talmud zu verdammen sei, weil darin Christus verhöhnt und die christliche Lehre bestritten würde; es ging zum einen um das Recht des einzelnen Christen, sich über diese und ähnliche Fragen sein Urteil nach Prüfung des Sachverhalts selbst zu bilden, zum andern um die Autorität der römischen Kirche. Die Intrigen, deren sich in dieser Auseinandersetzung die Dominikaner bedienten, die krasse Unwissenheit, die die Anti-Reuchlinisten zur Schau stellten, das Schwanken und die Unentschlossenheit des Papstes wie des Kaisers sowie der zur Schau gestellte Pomp und die Korruption Roms – all das war Wasser auf die Mühlen der Kirchenreformer.

In dem Streit zwischen Reuchlinisten und Anti-Reuchlinisten waren auch Beiklänge verletzten Nationalgefühls zu hören, die bei Luther und dessen Nachfolgern deutlich akzentuiert wurden: Welches Recht hatten römische Kirchenbeamte, die Angelegenheiten und das Gewissen eines deutschen Christen zu überwachen? Heutzutage mögen wir geneigt sein, die großartigen Werke der Malerei, Skulptur und Architektur, die die Päpste jener Zeit in Auftrag gaben, zu ihren Verdiensten zu rechnen. Luther war da anderer Ansicht. Als 1517 der Ablaßprediger Johann Tetzel, ein Dominikaner, in der Wittenberger Gegend verkündete, daß gegen entsprechende Zahlungen jede Seele aus dem Fegefeuer loszukaufen sei, dürfte Luthers gerechter Zorn gegen diesen gottlosen Handel durch die Tatsache, daß die Gewinne daraus zur Finanzierung eines in Rom zu errichtenden

Prachtbaus bestimmt waren, kaum besänftigt, sondern im Gegenteil noch angestachelt worden sein. Sollte man denn den Ablaßhandel damit rechtfertigen, daß die damit beschafften Gelder teilweise zum Bau einer Kirche verwendet wurden, die wir heute als Werk der bedeutendsten Künstler der Renaissance bewundern?

Die theologischen Fragen, um die es Luther und seinen Anhängern in ihren Auseinandersetzungen mit der römischen Kirche ging, konnten den Juden relativ gleichgültig sein. Doch in einem Punkt, in dem Luther auf die traditionelle Auffassung der Kirche über die Abstammung Jesu Christi zu sprechen kommt, waren sie selbst betroffen. Mit einem 1523 zuerst veröffentlichten Pamphlet erinnerte nämlich Luther seine Mitchristen daran, »daß Jesus Christus ein geborener Jude sei«:

»Unsere Narren, die Papisten, Bischöfe, Sophisten und Mönche, haben bisher also mit den Juden verfahren, daß, wer ein guter Christ gewesen, hätte wohl mögen ein Jude werden. Und wenn ich ein Jude gewesen wäre, und hätte solche Tölpel und Knebel den Christenglauben regieren und lehren gesehen, so wäre ich eher eine Sau geworden als ein Christ.«

Das Pamphlet zeigt alle bekannten Eigenarten Lutherscher Polemik: zunächst die volkstümlich derbe Sprache; sodann die kompromißlose Gegnerschaft gegen die die Autorität der römischen Kirche stützende Tradition unter Berufung auf die Heilige Schrift; endlich die naive Zuversicht, Althergebrachtes und scheinbar Unabänderliches sei von einem Tag auf den anderen zu ändern, wenn einer nur den rechten Glauben habe – in diesem Fall die Zuversicht, daß ihm gelingen möge, was die Kirche schon seit über 1000 Jahren vergeblich wünschte: die Bekehrung der Juden. Überraschen mag aber manch einen das Mitgefühl, das aus seiner im gleichen Pamphlet gegebenen Schilderung des bisherigen elenden Lebens der Juden unter den Christen spricht, und seine Forderung nach wirtschaftlicher und sozialer Emanzipation der Juden:

»Darum wäre mein Rat, daß man säuberlich mit ihnen umgehe;

aber nun wir mit Gewalt sie treiben und gehen mit Lügenteiding um und geben ihnen Schuld, die müßten Christenblut haben, daß sie nicht stinken und weiß nicht, was des Narrenkrams mehr ist, – auch daß man ihnen verbietet, unter uns zu arbeiten, hantieren und andere menschliche Gemeinschaft zu haben, damit man sie zu wuchern treibt, wie sollen sie zu uns kommen? Will man ihnen helfen, so muß man nicht des Papstes, sondern der christlichen Liebe Gesetz an ihnen üben und sie freundlich annehmen, mit lassen werken und arbeiten, damit sie Ursache und Raum zu gewinnen bei uns und um uns zu sein.«

Die kleine Schrift wurde binnen zwölf Monaten nach ihrem ersten Erscheinen neunmal nachgedruckt. Zwanzig Jahre später, 1543, hat sich dann aber Luther von neuem zur jüdischen Frage geäußert, und schon der Titel der Schrift, in der er es tat, gibt zu verstehen, daß die früher seinen Mitchristen anempfohlene christliche Geduld mit den »Blutsfreunden, Vettern und Brüdern unseres Herrn« ihm selbst inzwischen ausgegangen war: Diesmal handelte er nämlich »Von den Juden und ihren Lügen«.

»Was wollen wir Christen nu thun mit diesem verworffen, verdampten Volck der Jüden? Zu leiden ist's uns nicht, nach dem sie bey uns sind, und wir solch biegen, lestern und fluchen von jnen wissen, damit wir uns nicht teilhafftig machen aller jrer lügen, flüche und lesterung.«

Die Maßnahmen, die Luther gegen die halsstarrigen, hochmütigen Leugner des Gottessohnes zu ergreifen empfiehlt, zeigen, wie sehr sich die Juden geirrt hatten, die sich von diesem Rebellen gegen die Autorität der römischen Päpste mehr Toleranz als von jenen versprachen. Luther empfiehlt nämlich:

»Erstlich, das man ire Synagoga oder Schule mit feur anstecke und, was nicht verbrennen wil, mit erden uber heuffe und beschütte, das kein Mensch ein Stein oder Schlacke davon sehe ewiglich. Und solchs sol man thun, unserm Herrn und der Christenheit zu ehren damit Gott sehe, das wir Christen seien und solch öffentlich lügen, fluchen und lestern seines Sohnes und seiner Christen wissentlich nicht geduldet noch gewilliget haben...

Zum andern, das man auch ire Heuser des gleichen zerbreche und zerstöre, Denn sie treiben eben dasselbige drinnen, das sie in jren Schülen treiben. Dafur mag man sie etwa unter ein Dach oder Stal thun, wie die Zigeuner, auff das sie wissen, sie seien nicht Herrn in unserm Lande, wie sie rhümen, Sondern im Elend und gefangen, wie sie on unterlass fur Gott uber uns zeter schreien und klagen.

Zum dritten, das man jnen neme alle jre Betbüchlin und Thalmudisten, darin solche Abgötterey, lügen, fluch und lesterung geleret wird.

Zum vierden, das man jren Rabinen bey leib und leben verbiete, hünfort zu leren...

Zum fünfften, das man den Jüden das Geleid und Strasse gantz und gar auffhebe, Denn sie haben nichts auff dem Lande zu schaffen, weil sie nicht Herrn noch Amptleute noch Hendeler, oder desgleichen sind, Sie sollen da heime bleiben...

Zum sechsten, das man jnen den Wucher verbiete und neme jnen alle barschafft und Kleinot an silber und Gold, und lege es beiseit zu verwaren. Und dis ist die ursache: Alles, was sie haben..., haben sie uns gestolen und geraubt durch jren Wucher, weil sie sonst kein ander narung haben...

Zum siebenden, das man den jungen starken Jüden und Jüdin in die hand gebe flegel, axt, karst, spaten, rocken, spindel, und lasse sie ir brot verdienen im schweis der nasen, wie Adams Kindern auffgelegt ist...

Summa, lieben Fürsten und Herrn, so Jüden unter sich haben, ist euch solcher mein rat nicht eben, so trefft einen bessern, das ir und wir alle der unleidlichen, teuffelschen Last der Jüden entladen werden...«

Es ist kaum zu glauben, daß der Verfasser dieser wütenden Hetzschrift, die nicht nur im Ton, sondern auch in ihren sachlichen Empfehlungen weit über jede einschlägige Verlautbarung der Päpste hinausgeht, zwanzig Jahre zuvor noch gegen die Papisten die Partei der

Juden hat ergreifen wollen. Wie kam dieser von Seelenpein gequälte mutige Mann, der der europäischen Geschichte neue Bahnen wies, im Alter zu diesem blinden Judenhaß? Man könnte sagen, daß der Antisemitismus in der christlichen Gesellschaft so tief verwurzelt und so weit verbreitet war, daß nicht einmal die aufgeklärtesten Denker des 16. Jahrhunderts sich ganz frei davon wußten. »Wenn es zu einem guten Christen gehört, die Juden zu verabscheuen, sind wir alle gute Christen«, schrieb der Humanist Erasmus von Rotterdam. Wie soll es uns da wundern, daß der weit weniger weltgewandte Luther, als er merkte, daß es auch ihm nicht gelang, die Juden zu bekehren, sich dazu bequemte, sie auch seinerseits, wie schon so mancher christliche Eiferer vor ihm, im Lichte einer von alters her überlieferten Dämonologie zu sehen?

»Darumb wisse du, lieber Christ, und zweivel nichts daran, das du nehest dem Teufel keinen bittern, giftigern, hefftigern Feind habest, denn einen rechten Jüden, der mit ernst ein Jüde sein will.«

So argumentierte schon Rodulfus Glaber:

»...Und abermals begann der neidische Teufel den Anbetern des wahren Gottes sein Gift mitzuteilen durch das Geschlecht der Juden, seiner Vertrauten.«

Diese unheilvolle Vorstellung von den Juden als Verbündete des Teufels – die so viel schrecklichere Wirkung tat als jede spezifischere Anklage des jüdischen Wuchers oder selbst der angeblichen jüdischen Mitschuld am Tode Jesu – scheint tatsächlich tief in der Phantasie des deutschen Volkes begründet und von Generation zu Generation vererbt worden zu sein. Man begegnet ihr in Deutschland nämlich noch zu einer viel späteren Zeit, als der Antisemitismus längst von theologischen zu »wissenschaftlichen« Begründungen seiner selbst fortgeschritten war.

Schon zu Luthers Lebzeiten hatten die Juden in Deutschland unter den Auswirkungen der Reformation zu leiden. Eine Pflicht, die Juden zu schützen, bestand nach Auffassung Luthers für die Kirche, wie er sie verstand, nicht; und so beraubte die Reformation die Juden in vielen deutschen Fürstentümern des päpstlichen Schutzes. Wie schon früher oft in Zeiten der Unruhe erhoben sich allenthalben Klagen gegen die Juden, die angeblich Christenkinder ihres Blutes wegen schlachteten, Hostien entweihten und als Wucherer die Christen ungestraft ausraubten; wieder einmal mußte der Jude als Sündenbock herhalten, dem man die Schuld an den Umwälzungen, die der soziale, ökonomische und demographische Wandel mit sich brachte, aufbürden konnte. Hier allerdings ist der unermüdlichen Bemühungen des Joseph ben Gerschom aus Rosheim (1478–1554) zu gedenken, eines aus dem Elsaß gebürtigen Juden, der als Anwalt der Juden bei christlichen Würdenträgern und staatlichen Gremien auftrat. Joseph wurde bei den örtlichen Behörden vorstellig, wann immer antijüdische Ausschreitungen drohten; zudem berief er ein Treffen von Rabbinern und anderen jüdischen Notabeln ein, das Maßnahmen zur Abschaffung gewisser Mißbräuche, deren jüdische Geschäftsleute von den Christen beschuldigt wurden, beschloß und ein Programm zur Regelung finanzieller Transaktionen zwischen Juden und Christen entwarf. Nach Billigung dieses Programms durch die Versammlung begab sich Joseph 1530 auf den Reichstag zu Augsburg und gab das Ergebnis der Verhandlungen dort bekannt:

»Ich und meine Gefährten als Abgesandte der Juden versprechen und verpflichten uns, diesen Entschließungen entsprechend zu handeln, wenn nur ihrerseits die Beamten der Provinzen und Städte des Heiligen Römischen Reiches alles mögliche tun wollen, uns den Frieden unserer Häuser zu gewährleisten, ohne uns mit Ausweisung zu bedrohen: wenn sie uns Bewegungsfreiheit und Gelegenheit zusichern, ungehindert unsere Gewerbe auszuüben, und nicht in der Absicht, uns zu unterdrücken, Anklagen gegen uns verfertigen wollen. Denn auch wir sind Menschen, vom Allmächtigen geschaffen, mit Euch die Erde zu bewohnen.«

Wenn die Reformationszeit in Deutschland die Juden – nicht eben zu ihrem Vorteil – zwischen die streitenden Parteien geraten ließ, wie erging es den unter päpstlichem Schutz in Italien verbliebenen Juden? Die Reaktion der Kirche auf die protestantische Rebellion war unheilvoll für die Juden. Die Kirche war nämlich entschlossen, jetzt nicht allein die Protestanten, sondern Häretiker jedweder Überzeugung ihre Anmaßung büßen zu lassen, insbesondere auch die Juden, die katholischerseits als Bundesgenossen der Protestanten angesehen wurden. 1553 erteilte der Papst die Genehmigung zur Beschlagnahme und Verbrennung des Talmud.

Das schärfere Vorgehen des Papstes gegen die Juden – auch die römischen Juden wurden jetzt auf ein Ghetto beschränkt und aus allen anderen Orten des Kirchenstaats außer dem Hafen Ancona ausgewiesen – war nur ein Teil der Maßnahmen, mit denen eingeleitet wurde, was die Historiker als die katholische Gegenreformation bezeichnen. Mit einem der Werkzeuge dieser Gegenreformation waren viele Christen jüdischer Abstammung – oder Juden, die zeitweilig zum Scheinchristentum gezwungen worden waren – nur allzu vertraut: der Inquisition. Aber in der Tätigkeit der Inquisitionsgerichte erschöpfte die Gegenreformation sich nicht: Sie verfolgte nicht nur Ketzer, sondern war zugleich bemüht, die katholische Kirche von innen zu reformieren. Eingeleitet hatten diese Reformbewegung schon vor dem Auftreten Luthers Männer wie der gelehrte Kardinal Francisco Jimenez de Cisneros (1437–1517). Er war zeitweilig Beichtvater der Königin Isabella und Generalinquisitor von Kastilien gewesen; bleibenderen Ruhm als in diesen Ämtern verdiente er sich aber durch die Herausgabe der berühmten »Complutensischen Polyglotten Bibel« (1513–1517). In diesem Werk sind neben den griechischen und lateinischen Übersetzungen der Septuaginta und Vulgata die originalen hebräischen und aramäischen Texte des alten Testamentes veröffentlicht. Kardinal Jimenez de Cisneros war Franziskaner. Der Orden, der sich die Anliegen der Gegenreformation zu eigen machen sollte, wurde erst 23 Jahre nach seinem Tode gegründet – die Gesellschaft Jesu oder, wie ihr spanischer Gründer, Ignatius von Loyola, sagte: Compania de Jesus.

Der spätere schlechte Ruf der Jesuiten, denen oft politisches Intrigenspiel auf Kosten der Monarchen und des Klerus der Länder, in denen sie tätig waren, vorgeworfen wurde, sollte uns nicht blind gegen ihre beachtlichen Leistungen machen. Während fast zweier Jahrhunderte nach ihrer Gründung im Jahre 1534 war die Gesellschaft Jesu auf dem Gebiet der Erziehung, dem sie sich von Anfang an zugewandt hatte, führend, gründete Kollegien und Seminare und verkündete den Eingeborenen Indiens, Japans, Chinas, Afrikas und der Neuen Welt das christliche Evangelium in vielen Sprachen. Der Erfolg der Gegenreformation war nicht zuletzt ihr Verdienst. Waren 1570 noch 40 Prozent der europäischen Christen Protestanten gewesen, so machten diese 1620, zwei Jahre nach Beginn des Dreißigjährigen Krieges, nur noch 20 Prozent der abendländischen Christenheit aus. In Italien, Österreich, Polen und Frankreich wurde die protestantische Reformation zurückgedrängt. Noch heute, nach jahrhundertelangem Niedergang des Papsttums, kommen in Europa auf drei Katholiken nur zwei Protestanten. Auch weltweit bekennt sich die Mehrheit der Christen zur römischen Kirche, insbesondere in den Ländern spanischer Sprache.

Die Fürsten Europas ergriffen notgedrungen in den religiösen Auseinandersetzungen des 16. Jahrhunderts von Anfang an Partei und suchten in ihren Staaten entweder den neuen evangelischen Glauben herrschend zu machen oder ihre Untertanen zum Verbleiben in der römischen Kirche zu zwingen. In den Religionskriegen des 16. und 17. Jahrhunderts wurde die Spaltung der Kirche zum Gegenstand der internationalen Politik. Dabei war offensichtlich dem wahren Glauben, den ja jede der streitenden Parteien für sich in Anspruch nahm, zum Siege nur zu verhelfen, wenn dessen Verteidiger die dazu erforderlichen Mittel aufbringen konnten. Spanien mit seinen Besitzungen in der Neuen Welt schien diesbezüglich einen besonderen Vorteil zu genießen. Doch konnten Nationen, die keinen unmittelbaren Zugang zu den Silberbergwerken von Peru und anderen Ressourcen der Spanier hatten, sich durch Handel und Piraterie einen Anteil an diesem Reichtum abzweigen. So verfuhren die Engländer, und sie fuhren nicht schlecht dabei.

Die Dynamik der Renaissance erfaßte auch die Bewohner der Küsten des Atlantischen Ozeans. Die Eröffnung der Seewege nach West- und Ostindien hatte Spanien zum mächtigsten Reich in Europa gemacht, und für einige Zeit beherrschten Spanien und Portugal den Überseehandel allein. 1556 gelangten als Teil einer königlichen Erbschaft die Niederlande in den Besitz der spanischen Krone. Sie zählten zu den am entschiedensten protestantischen Ländern Europas. In den seit der Vertreibung der Juden verflossenen sechzig Jahren hatten die spanischen Könige einen blutigen Krieg zur Ausrottung aller Reste des jüdischen und muslimischen Glaubens bei ihren Untertanen geführt. Die spanische Inquisition hatte Tausende gefoltert und auf dem Scheiterhaufen verbrannt, nur weil sie verdächtigt wurden, von der katholischen Orthodoxie, und sei es auch nur in geringfügigen Einzelheiten, abzuweichen. Nun, da die Niederlande unter spanische Herrschaft gekommen waren, sollte sich die spanische Inquisition der Niederländer annehmen.

Die Niederländer erhoben sich. Das protestantische England, damals von der Königin Elisabeth I. regiert, kam ihnen zu Hilfe. So waren die Fronten klar. Auf der einen Seite Elisabeth und die protestantischen Staaten, auf der anderen der finstere und eifernde König Philipp II. von Spanien und die katholischen Staaten. Der Krieg blieb nicht lange auf die Niederlande beschränkt. Spanische Schiffe griffen britische Sklavenhändler an, und der englische Abenteurer Sir Francis Drake (1540?–1596) plünderte mit Billigung seiner Königin spanische Schiffe und Städte auf den westindischen Inseln und an den Küsten Südamerikas. Die unmittelbare Konfrontation Spaniens und Englands wurde unvermeidlich, als Königin Elisabeth 1585 ein englisches Expeditionskorps in die Niederlande entsandte. Die Spanier begannen, eine Flotte für die Invasion der britischen Inseln auszurüsten. Drakes Überfall auf den Hafen von Cadiz im Jahre 1587 konnte diese Vorbereitungen nur wenig verzögern.

Als die Spanier endlich angriffen, kamen sie mit der größten Flotte, die die Welt je gesehen hatte. Doch gelang es der von Drake befehligten englischen Flotte, die sich dem Kampf stellte, aufgrund der größeren Beweglichkeit der leichteren englischen Schiffe, die spanischen Schlachtschiffe auszumanövrieren – die große Armada wurde geschlagen, nicht zuletzt auch durch das Wetter, das bei dieser Gelegenheit auf seiten der Protestanten gewesen zu sein scheint.

Der Untergang der spanischen Armada beendete den Kampf zwischen Spanien und den protestantischen Mächten Europas zwar nicht, doch war er zweifellos ein Wendepunkt. Von nun an war der

Atlantik nicht länger ein spanisches Meer. Die protestantischen Niederlande erlangten ihre Unabhängigkeit und damit das Recht, 'das sie so stolz in Anspruch genommen hatten, als sie gegen die spanische Herrschaft rebellierten:

> »In Allem, was Fragen der Religion betrifft, werden Holland und Seeland verfahren, wie sie es für Recht halten, vorausgesetzt, daß ein Jeder in seiner Religion frei sei, und daß niemand über den Gegenstand des Gottesdienstes belästigt oder befragt werde.«

Als die Unabhängigkeit der Vereinigten Provinzen – wie sich die protestantischen Niederlande inzwischen nannten – bei Abschluß des Westfälischen Friedens 1648 offiziell international anerkannt wurde, war Amsterdam bereits einer der größten Handelsplätze der Welt. Der einst unbedeutende Hafen hieß nun alle Menschen, die die Heimat ihres Glaubens wegen hatten verlassen müssen, willkommen; sie kamen aus ganz Europa, Protestanten aus dem unter spanischer Herrschaft gebliebenen Flandern und aus Frankreich, Juden aus Spanien und Portugal. Die Stadt wuchs schnell zum Zentrum des nordeuropäischen Handels heran; Gewürze, Textilien, Güter aller Art füllten ihre Speicher. Kaufleute aus Amsterdam fuhren über die sieben Meere. Und die holländische Flagge wurde in Ländern des Fernen Ostens, Afrikas und der Neuen Welt gehißt. Die Stadt übte schon seit langem einen besonderen Reiz auf die Juden aus. Schon die ersten Flüchtlinge aus Spanien und Portugal, die sich gegen Ende des 16. Jahrhunderts dort niederließen, wußten bald die dort herrschende Atmosphäre religiöser Toleranz und die auch Fremden gebotene politische Sicherheit zu schätzen.

Amsterdam blickt heute zurück auf eine lange Tradition des Respekts vor der Vielfalt, der Achtung individueller Unterschiede, des Rechts jedes einzelnen. Deshalb ist diese Stadt den Juden in aller Welt besonders vertraut und teuer. Zumal sie dieser Tradition sogar während der deutschen Besatzung im Zweiten Weltkrieg treu blieb. Als 1940 die Nazis ihre Maßnahmen gegen die Juden auch in Amsterdam durchzuführen begannen, beteiligte sich fast die ganze nichtjüdische Bevölkerung der Stadt an einer Kundgebung entschiedenen

Protests – einem Streik aller öffentlichen Einrichtungen und Betriebe –, die offenbarte, daß die Amsterdamer sich mit ihren jüdischen Mitbürgern solidarisch fühlten. Kaum eine andere Stadt in Europa fällt einem ein, die den Juden durch ihre ganze Geschichte hindurch so zuverlässig Heimatrecht gewährt hat wie Amsterdam. Dies ist der Grund der besonderen Beziehung, die zwischen den Juden und dieser Stadt besteht.

Im 17. Jahrhundert lebte die Mehrheit der Juden der Welt in Osteuropa und im Osmanischen Reich. Doch in den toleranten Niederlanden und an einigen anderen Orten Westeuropas, so in Hamburg und später in London, spielten die dort niedergelassenen Juden, obwohl nicht zahlreich, eine wichtige Rolle im Wirtschaftsleben. Das 17. Jahrhundert war eine Zeit dynamischer Expansion des Handels, des Finanzwesens, der Warenproduktion und des Verkehrs; ein Weltmarkt begann sich abzuzeichnen. Die Einschränkungen, durch die die Juden stets von Landbesitz und Landwirtschaft ausgeschlossen waren, hatten sie nachgerade genötigt, sich auf das Bankwesen und auf Geldgeschäfte zu spezialisieren. In der Welt des internationalen Handels erwuchsen ihnen überdies gewisse Vorteile aus ihrer Zerstreuung, ihrem Diasporadasein. Jüdische Bankiers und Kaufleute gab es fast überall, und sie verbanden nicht nur die gemeinsame Religion, Sitte und Sprache, sondern nicht selten sogar Blutsverwandtschaft, mithin ein Vertrauen, das den Geschäften zweifellos förderlich war.

So waren die Juden in Amsterdam am rechten Ort. Zwar zählte noch im Jahre 1700 die dortige jüdische Gemeinde nur 10 000 Mitglieder, doch war sie damit zahlenmäßig die größte in Westeuropa. Und ihr Anteil am Wirtschaftsleben der Stadt war bedeutend. Die Juden handelten mit Zucker, Tabak und Diamanten. Es gab jüdische Banken, Manufakturen, Druckereien. In der Atmosphäre relativer religiöser Freiheit und politischer Sicherheit begannen die Juden Amsterdams, sich ihren nichtjüdischen Nachbarn mehr und mehr anzugleichen, Kleidung, Sprache, Denkweise und Gebräuche der Holländer anzunehmen. Ähnliche Anpassungsprozesse fanden während des folgenden Jahrhunderts in den jüdischen Gemeinden auch an anderen Orten statt: Die Juden nahmen ungehindert Anteil am Leben der

Gesellschaft, bewahrten sich aber dennoch die eigenen Traditionen und dachten nicht daran, zu vergessen, was sie ihrem jüdischen Erbe schuldeten. Es galt, das Gleichgewicht zwischen jüdischer Identität und Aufgeschlossenheit für die Vielfalt der nichtjüdischen Umgebung zu finden. Viele Juden – in Amsterdam wie später an anderen Orten – fanden dieses Gleichgewicht.

Der Austausch zwischen den Juden und den Gesellschaften, in denen sie lebten, hatte fast stets zwei Dimensionen. Da war einerseits der unmittelbare persönliche Verkehr der Nichtjuden mit den Juden, die, soweit ihnen das gestattet war, am jeweiligen örtlichen Gesellschafts- und Wirtschaftsleben teilnahmen. Andererseits vertraten die Juden, wo immer sie lebten, die jüdische Kultur, waren das Volk der monotheistischen Tradition, der Bibel, die so entscheidend mitwirkte an der Ausbildung der abendländischen Kultur.

Beide Dimensionen, die des jüdischen Lebens wie die des jüdischen Denkens, waren dem großen Maler Rembrandt van Rijn (1606–1669) auf das Lebhafteste gegenwärtig und haben viele seiner schönsten Werke inspiriert. Rembrandt lebte von 1639 bis 1660 mitten im Judenviertel von Amsterdam. Die Straße, in der sein Haus stand, heißt bis auf den heutigen Tag Jodenbreestraat, breite Judenstraße. Dort fand Rembrandt unter seinen jüdischen Nachbarn die Modelle für seine wunderbaren Darstellungen biblischer Geschichten. Die Liebe zu den Geschichten der Bibel hatte ihm die Mutter vererbt. Warum er mitten im jüdischen Viertel Quartier nahm, kann nicht mit Sicherheit gesagt werden. Es leidet aber keinen Zweifel, daß er ein tiefes und warmes menschliches Interesse nahm an den einfachen Leuten, die seine Nachbarn waren, und daß kaum etwas anderes seine Gedanken so beschäftigte wie die Geschichten und Lehren der Bibel. So lieferten ihm das Buch und das Volk des Buches die Themen seiner Meisterwerke. Ob bewußt oder intuitiv, jedenfalls scheint er verstanden zu haben, daß sowohl die Juden als auch das jüdische Vermächtnis Teil des gemeinsamen Erbes der abendländischen Kultur sind.

Eine der prachtvollsten Darstellungen jüdischen Lebens in Amsterdam verdanken wir indessen nicht dem Pinsel Rembrandts, sondern demjenigen des Emanuel de Witte (1617?–1692), die Darstellung nämlich des Innern der Spanisch-Portugiesischen Synagoge der Stadt. Das Bild entstand um 1680. Als fünf Jahre zuvor jene Synagoge geweiht worden war, wirkten an der Feier ein Orchester und ein Chor mit. Es überrascht, von musikalischen Darbietungen bei jüdischen religiösen Zeremonien zu lesen – und so kann man aus dieser Mitteilung auf den Geschmack, die Kultur und das Temperament der spanischen und portugiesischen Juden schließen, die diese Gemeinde gründeten und diese Synagoge stifteten. Sie waren *Marranos* gewesen, Juden, die in Spanien und Portugal die äußeren Formen des Christentums angenommen, aber innerlich dem jüdischen Glauben die Treue gehalten und weiterhin insgeheim die jüdischen Riten praktiziert hatten. Hier in Amsterdam konnten sie sich endlich wieder stolz und offen zu ihrem wahren Glauben bekennen. Dieser Stolz und diese Offenheit sprechen auch aus der Architektur und dem Interieur der Synagoge, die sie in Amsterdam errichteten.

Die 1492 aus Spanien vertriebenen Juden hatten sich über alle Länder längs der Küsten des Mittelmeeres zerstreut. Viele von ihnen hatten sich in Süditalien und Griechenland niedergelassen, andere waren weiter nach Osten gezogen auf den Balkan, in die Türkei, nach Bulgarien. Sephardische Juden lebten auch überall an den Küsten Nordafrikas. In Amsterdam nun begegneten Juden sephardischer Prägung Glaubensgenossen mit aschkenasischen Traditionen und Bräuchen, die von den ihrigen abwichen. Wie die sephardischen Juden aus Portugal und Spanien, so waren die aschkenasischen zumeist aus Polen und Litauen ins freie Holland geflohen.

Die Unterschiede zwischen sephardischen und aschkenasischen Juden sind eher solche der äußeren Form als der inneren Haltung. Es trennen die beiden großen Gruppen der Judenheit keinerlei theologische Differenzen, die denen der katholischen und protestantischen Christenheit vergleichbar wären. Sephardische und aschkenasische Juden sind der gleichen Tora treu und feiern die gleichen Feste, doch äußern sie ihre Treue und begehen ihren Gottesdienst auf verschiedene Weise. Beide sprechen während des Gottesdienstes Hebräisch, doch mit unterschiedlicher Aussprache: Die sephardische läßt den Akzent der im Mittelmeerraum so lange vorherrschenden arabischen Sprache erkennen, während die aschkenasischen Juden sich an den

Akzent der Sprachen gewöhnten, die in ihrer Umgebung gesprochen wurden, namentlich der deutschen. Im täglichen Umgang sprechen sephardische und aschkenasische Juden verschiedene Sprachen, die sie mit hebräischen Lettern schreiben, obwohl keine mit der hebräischen Sprache verwandt ist. Die *ladino* genannte Verkehrssprache der sephardischen Juden ist eigentlich nichts anderes als Spanisch; das Jiddisch der aschkenasischen Juden kann als deutscher Dialekt bezeichnet werden. Beide Gruppen haben ihre eigene rabbinische Tradition und ihre eigenen Oberrabbiner mit unterschiedlichem Ornat. (Der gegenwärtige Oberrabbiner von Israel ist sephardisch.) Auch Teile des Gebetbuchs und der gesungenen Liturgie unterscheiden sich.

Wenn jemand auf seiner Eigenart bestehen wollte, war er im 17. Jahrhundert nirgends besser aufgehoben als in der toleranten Atmosphäre Amsterdams. Und während ihrer ganzen Geschichte sind die Juden stets ein Volk gewesen, dessen Angehörige Wert auf Kontroversen und Meinungsvielfalt legten. Man erzählt, daß einmal zwei Juden auf einer einsamen Insel strandeten; als sie endlich gerettet wurden, hatten sie dort drei prächtige Synagogen gebaut, so daß jeder in einer anderen beten, eine aber auch in Übereinstimmung mit seinem Glaubensgenossen prinzipiell meiden konnte.

Ein jüdischer Individualist, dessen Beharren auf seinem Recht zu eigener Erkenntnis sich nicht auf solche eher erheiternde Rechthaberei beschränkte, war einer der bedeutendsten Philosophen des 17. Jahrhunderts, Baruch Spinoza (1632–1677). Spinoza gehörte (lange ehe die Spanisch-Portugiesische Synagoge gebaut wurde) der sephardischen Gemeinde in Amsterdam an. Er geriet, weil er nach Meinung des Vorstands dieser Gemeinde mit seinen Lehren gegen den rechten Glauben verstieß, mit diesem in Konflikt und wurde schließlich in aller Form verstoßen. Bedenkt man die Bescheidenheit, Nüchternheit und Rechtschaffenheit dieses Mannes, der seinen Lebensunterhalt als Brillenschleifer verdiente und allem Anschein nach nur in Frieden seinen stillen – und manchmal einsamen – Betrachtungen der Wahrheit leben wollte, scheint einem der am 27. Juli 1656 von den Ältesten der sephardischen Gemeinde gegen ihn ausgesprochene Bann sehr hart:

»Verflucht sei er am Tage, und verflucht sei er in der Nacht. Verflucht sei er, wenn er sich niederlegt, und verflucht sei er, wenn er aufsteht. Verflucht sei er, wenn er ausgeht, und verflucht sei er, wenn er zurückkehrt. Der Herr wolle ihm nicht verzeihen. Der Zorn und der Grimm des Herrn wird gegen diesen Menschen entbrennen und auf ihn werfen alle Flüche, die im Buch des Gesetzes geschrieben sind. Der Herr wird seinen Namen unter dem Himmel auslöschen, und der Herr wird ihn zum Bösen ausscheiden von allen Stämmen Israels mit allen Flüchen des Himmels, die im Buche des Gesetzes geschrieben sind...

Wir verordnen, daß niemand mit ihm mündlich oder schriftlich verkehre, niemand ihm irgendeine Gunst erweise, niemand unter einem Dach oder innerhalb vier Ellen bei ihm verweile, niemand eine von ihm verfaßte oder geschriebene Schrift lese.«

Spinoza war kein irreligiöser und erst recht kein antireligiöser Jude. Die Historiker der Philosophie haben ihn einen »Gott-trunkenen Mann« genannt. Er glaubte, daß Wissenschaftler und Philosophen die Freiheit haben sollten, ihren Untersuchungen und Spekulationen über das Wesen und den Zusammenhang der Natur zu folgen, wohin immer ihre Entdeckungen und Schlüsse sie führen mochten, ohne sich dabei von vornherein durch ein religiöses Dogma unüberschreitbare Grenzen zu setzen. Er glaubte, daß das eigentliche Wesen und der wirkliche Wert der Religion deren ethischer und menschlicher Gehalt sei, der im Streben nach Gerechtigkeit, Wahrheit und Mitleid bestehe.

Weshalb wurde dieser »Gott-trunkene Mann« von den Juden exkommuniziert, von den Christen mit tiefem Mißtrauen betrachtet, von vielen zu seinen Lebzeiten und noch späterhin als »Atheist« denunziert? Unheimlich war denen, die seine Philosophie ablehnten, zweifellos sein Pantheismus, sein Reden von *Deus sive Natura,* von Gott oder Natur als identischen Begriffen. Denn ein Gott, der mit der Welt vollkommen identisch ist, mag zwar verehrungswürdig sein, doch wird man von ihm nicht erwarten können, daß er an ihn gerichtete Gebete erhöre. »Alles, was ist, ist in Gott, und nichts kann sein oder begriffen werden außer Gott«, sagte Spinoza. Doch dieser Gott hat keinen Plan und keine Absicht, er handelt »nur nach den Gesetzen seiner eigenen Natur«. Daraus folgt für Spinoza ein strenger, durchgehender Determinismus. »In der Natur gibt es keinen Zufall, vielmehr sind alle Dinge vorherbestimmt aus der Notwendigkeit der Göttlichen Natur, in gewisser Weise zu sein und zu handeln.« Wenige Menschen haben wohl die Wechselfälle des menschlichen Lebens und die grenzenlose Mannigfaltigkeit und Wandelbarkeit der Natur von so hoher philosophischer Warte aus betrachtet.

Spinozas Hauptwerk wird gewöhnlich als seine »Ethik« zitiert; doch deutet der vollständige Titel, unter dem das Werk 1674 im Manuskript von den Freunden des Philosophen (die es nach dessen Tod, 1677, veröffentlichten) zuerst gelesen wurde, überdies an, wie Spinoza diese Ethik begründete: »Ethik nach geometrischer Methode dargestellt«, lautet der vollständige Titel nämlich. Dabei schreitet der Philosoph bei seiner Darlegung nicht nur wie der Verfasser eines Lehrbuchs der Geometrie von Lehrsatz zu Beweis zu Lehrsatz fort, er zeigt auch, daß die von ihm dargestellten ethischen Wahrheiten für ihn die Evidenz von geometrischen Wahrheiten haben. So erklärt er:

> »Ich behaupte nicht, die beste Philosophie gefunden zu haben. Ich weiß, daß ich die wahre Philosophie begreife. Wenn Ihr mich fragt, wie ich das weiß, antworte ich: Auf die gleiche Weise, wie Ihr wißt, daß die drei Winkel eines Dreiecks gleich zwei rechten Winkeln sind.«

Den Anspruch, philosophische Sätze und naturwissenschaftliche Erkenntnisse »nach geometrischer Methode« zu demonstrieren, erhoben auch Spinozas große Zeitgenossen Descartes, Hobbes und Newton, und bei dem Versuch, Glaubensprobleme mit Hilfe wissenschaftlicher Methoden zu lösen, konnte Spinoza sich auf ähnliche Bemühungen bedeutender älterer jüdischer Denker – so die Arbeiten Saadja Gaons und Maimonides' – berufen. Freilich trennt eine mindestens zu seinen Lebzeiten und vielleicht noch heute nicht überbrückbare Kluft Spinozas geometrisch demonstrierte Ethik von der Ethik des Talmud, diesem eigentümlich jüdischen Amalgam von Gesetz und Legende, Erkenntnis und Überlieferung. Dennoch hätte dem Philosophen sein Versuch, Glauben und Vernunft in Übereinstimmung zu bringen, unter den heutigen Verhältnissen wohl kaum den Bannfluch seiner Gemeinde eingetragen. Aber während des 17. Jahrhunderts beunruhigte überall in Europa, bei Christen wie Juden, die Auseinandersetzung zwischen überlieferter Glaubensgewißheit und neuer Erkenntnis die Geister; und die Verteidiger der alten Wahrheiten waren geneigt, selbst den Versuch, diese im Lichte der neuen Erkenntnisse neu zu definieren, als Versuch ihrer Abschaffung anzusehen.

Die Auseinandersetzung zwischen überliefertem Glauben und neuem Wissen dauert noch heute an. Spinozas Anschauungen machten ihn seinen frommen Zeitgenossen verdächtig. Aber der Herausforderung seiner Philosophie hat sich seither das religiöse Denken nicht allein der Juden, sondern überhaupt des Abendlandes stellen müssen. Der Bannfluch gegen Spinoza gehört jedenfalls zu den unerfreulicheren Episoden der jüdischen Geistesgeschichte. Erfreulichere Ergebnisse hatten zwei Unternehmungen, bei denen um die gleiche Zeit gleichfalls holländische Juden eine Rolle spielten. 1654 gingen nicht ganz zwei Dutzend sephardische Familien in Neu Amsterdam an Land – die ersten jüdischen Siedler auf dem nordamerikanischen Festland und sozusagen die Gründer der heute größten und reichsten jüdischen Gemeinde der Welt. Am Rande mag hier erwähnt werden, daß von Holland aus um diese Zeit auch in anderen überseeischen Besitzungen der Holländer – so auf Curaçao, an der Küste Brasiliens und an verschiedenen Handelsplätzen des Fernen Ostens – jüdische Flüchtlinge für längere oder kürzere Zeit eine neue Heimat fanden. Im einzelnen soll aber von dem Schicksal der Juden in der Neuen Welt in einem späteren Kapitel die Rede sein.

Auch um die ebenfalls in der Mitte der fünfziger Jahre des 17. Jahrhunderts ihren Glaubensbrüdern gestattete Rückkehr nach England hatten holländische Juden Verdienste. Im Jahre 1290 waren alle Juden von den britischen Inseln verbannt worden. Während der folgenden zwei Jahrhunderte hatte kaum eine Handvoll Juden in England gelebt; und die kleine *Marranos*gemeinde, die sich dort im 16. Jahrhundert sammelte, hatte nach der Verhaftung und Hinrichtung eines ihrer Mitglieder, eines gewissen Roderigo Lopez, der beschuldigt wurde, die Vergiftung der Königin geplant zu haben, einen schweren Stand. Lopez, der der Leibarzt der Königin gewesen war, war des Verbrechens, dessen man ihn beschuldigte, wahrscheinlich nicht schuldig, aber er hatte ohne Zweifel intrigiert, und es bestand Grund, an seiner Loyalität zur britischen Krone zu zweifeln. Als 1596, zwei Jahre nach dieser Affäre, William Shakespeare sein Schauspiel »Der Kaufmann von Venedig« schrieb, waren seinem Publikum der verräterische Lopez und das durch eine vermeintliche oder wirkliche Missetat geschürte Mißtrauen gegen alle Juden noch sehr gegenwärtig. Shakespeares Shylock erscheint, obwohl der Dichter ihn und seinen Haß auf die Christen menschlich verständlich zu machen sucht, dennoch als Stereotyp des jüdischen Wucherers, kalt, grausam und unnachgiebig. So schildert ihn vor Gericht sein Schuldner Antonio:

> »Ich bitt' Euch, denkt, Ihr rechtet mit dem Juden,
> Ihr mögt so gut hintreten auf den Strand,
> Die Flut von ihrer Höh' sich senken heißen;
> Ihr mögt so gut den Wolf zur Rede stellen,
> Warum er nach dem Lamm das Schaf läßt blöken;
> Ihr mögt so gut den Bergestannen wehren,
> Ihr hohes Haupt zu schütteln und zu sausen,
> Wenn sie des Himmels Sturm in Aufruhr setzt;
> Ihr mögt so gut das Härteste bestehen,
> Als zu erweichen suchen – was wär härter? –
> Sein jüdisch Herz.«

1609 – inzwischen hatte Jakob I. den Thron bestiegen – gab es keine jüdische Gemeinde mehr in London. Aber um die Mitte des Jahrhunderts, unter dem Commonwealth, als der Puritaner Oliver Cromwell als »Lord Protector« regierte, waren die Aussichten für die Wiederzulassung der jüdischen Religion in England weit günstiger. Schon hatten sich einzelne *Marranos* wieder in London niedergelassen, als der holländische jüdische Führer Mannasse ben Israel (1604–1657), ein gebürtiger *Marrano* aus Madeira, seine berühmte Petition an den puritanischen Staatsmann richtete, in der er bat, die freie Ausübung der jüdischen Religion zu gestatten. Mannasse, dessen Züge Rembrandt in einer Radierung verewigt hat, kam 1655 nach England und verbrachte dort als Cromwells Pensionär seine beiden letzten Lebensjahre. Seiner Petition wurde zwar niemals formell stattgegeben, aber etwa vom Jahre 1656 an wurde Juden die Niederlassung in England und der Bau von Synagogen wieder gestattet. In der Folgezeit wuchs die britische Judenheit ständig sowohl an Zahl als auch an Wohlstand, wobei sie sich auf die Städte London, Manchester, Glasgow, Leeds und auf das damals noch englisch regierte Dublin konzentrierte. Im 19. und 20. Jahrhundert spielten englische Juden eine wichtige Rolle bei der Wiedergeburt des Zionismus und der Besiedlung Palästinas.

Bis zum 17. Jahrhundert war der Mittelmeerraum der Schauplatz des bedeutendsten Teils der jüdischen Geschichte. Nach dem Niedergang der spanischen Judenheit und mit Beginn der Emanzipation in Westeuropa fanden jüdische Gelehrsamkeit und Volkstradition im Osten Europas Unterkunft. In der Mitte des 18. Jahrhunderts lebten in Osteuropa anderthalb Millionen Juden, die meisten von ihnen in Polen. Ende des 18. Jahrhunderts wurde Polen von Rußland unterworfen und verlor seine Unabhängigkeit. Eine Million Juden gerieten dabei unter die Herrschaft der Zarin Katharina II. Alsbald mußten sie in besonderen Stadtvierteln Wohnung nehmen. Diese Absonderung wirkte sich hier ähnlich aus wie die schon Jahrhunderte früher in den Ghettos Italiens und anderer Länder vollzogene. Einerseits schnitt sie die Juden vom geistigen Leben ihrer nichtjüdischen Umwelt ab. Andererseits beförderte sie die Entwicklung einer einzig aus jüdischen Quellen gespeisten eigenständigen jüdischen Kultur. In der kurzen Spanne eines Jahrhunderts sollte die russische Judenheit zur größten einzelnen jüdischen Gemeinschaft heranwachsen, die die Welt bis zu dieser Zeit gesehen hatte.

Juden in Osteuropa: Taten und Leiden

Um die Zeit, da die Juden Amsterdams ihren Glaubensbrüdern den Weg in die überseeischen Besitzungen der Holländer und der Briten eröffneten, verlagerte sich in Europa das Hauptsiedlungsgebiet der Juden von Westen nach Osten. Während des für die Völker Westeuropas insgesamt so katastrophalen 14. Jahrhunderts erstanden im Osten die nationalen Monarchien Ungarns, Polens und Litauens und noch weiter östlich das moskowitische Fürstentum, die Keimzelle des modernen Rußland. Die Einrichtung dieser Monarchien brachte eine Epoche relativer politischer Stabilität, ökonomischer Prosperität und kultureller Integration, wie die Universitätsgründungen zu Prag, Krakau, Wien und Pécs zwischen 1348 und 1367 bezeugen. Diese politische, ökonomische und kulturelle Wandlung des Ostens wurde ermöglicht durch deutsche und flämische Kolonisten, die dort seit dem 12. Jahrhundert Sümpfe trockenlegten, Wälder rodeten und das Land urbar machten. Um das Jahr 1100 gab es mutmaßlich in ganz Osteuropa nicht mehr als zehn Millionen Menschen. Im Jahre 1625 lebten im gleichen Raum einer Schätzung zufolge nicht weniger als dreißig Millionen Einwohner; das waren zum ersten Mal in der Geschichte mehr, als zur gleichen Zeit im europäischen Mittelmeerraum siedelten.

Die Juden blieben von diesen gewaltigen Bevölkerungsverschiebungen nicht unberührt. Nach Ungarn wanderten Juden vermutlich zuerst nach dem Zusammenbruch des Chasaren-Reiches um 965 aus südöstlicher Richtung ein. Auch unter den im 12. Jahrhundert nach Polen einwandernden deutschen Kolonisten werden Juden gewesen sein: Bei Ausgrabungen in Polen sind Münzen mit hebräischen Inschriften aus dieser Zeit gefunden worden, was vielleicht den weiteren Schluß erlaubt, daß einige von diesen ersten polnischen Juden sich eines beträchtlichen Reichtums und Einflusses erfreuten. Eine zweite große Einwanderungsbewegung nach Polen setzte ein, nachdem 1240–1241 die Mongolen das Land überrannt hatten. Zweifellos kamen viele dieser sowohl christlichen als auch jüdischen Einwanderer ungerufen, doch 1264 erteilte der polnische König Boleslaw V. mit einem Schutzbrief den Juden ausdrücklich die Erlaubnis zur Niederlassung in seinem Reich und das Recht, sich als Geldleiher und Händler zu betätigen. Dieser Schutzbrief wurde wiederholt bestätigt und sogar noch erweitert von Kasimir III. (1333–1370), der als Kasimir der Große in die Geschichte eingegangen ist und bei den eingeborenen Bauern ebenso beliebt gewesen zu sein scheint wie bei den deutschen und jüdischen Neusiedlern. Für letztere soll er eine besondere Vorliebe gehabt haben, jedenfalls erzählte man, daß er eine jüdische Geliebte hatte und die Töchter, die sie ihm gebar, jüdisch erziehen ließ.

Polen war jedoch nicht das einzige jüdische Siedlungsland östlich der Elbe. Die Anwesenheit von Juden in Prag um das Jahr 970 ist dokumentarisch belegt. Noch vor Ende des 11. Jahrhunderts gab es dort schon eine jüdische Gemeinde, zu der Einwanderer sowohl aus dem Westen als auch aus dem Osten gehörten. In Prag sammelten sich die Fuhrleute und Händler, die in langen Karren-Trecks Industriewaren nach Rußland brachten. In Prag wurden auch die landwirtschaftlichen Produkte, die Rußland ausführte, Getreide, Holz, Vieh, zum Weitertransport in die Länder des Westens umgeladen. Jahrhundertelang wickelten auf den Marktplätzen der Stadt jüdische Händler mit christlichen Händlern ihre Geschäfte ab. Im 13. Jahrhundert errichteten die Juden Prags die als »Altneuschul« bekannte Synagoge. Sie ist heute die älteste noch erhaltene Synagoge in Europa.

Die Welt der aschkenasischen Juden unterschied sich in mancher Hinsicht beträchtlich von der ihrer sephardischen Glaubensbrüder. In Spanien hatten sich die Juden ebensosehr als Spanier wie als Juden gefühlt. Doch in anderen Ländern Europas hatten die seit dem 10. Jahrhundert kaum je nachlassenden Spannungen zwischen Juden und Christen die Juden zur Abkapselung von der feindlichen christlichen Umwelt getrieben. Die achkenasischen Gemeinden bemühten sich, möglichst in allem für sich selbst sorgen zu können, möglichst wenig auf die äußere Welt angewiesen zu sein. Das jüdische »Stetl« war tatsächlich weniger Stadtteil als vielmehr eine Stadt in der Stadt. Die Juden hatten ihre eigene Verwaltung, ihre eigenen Gerichte, Schulen, Zünfte und natürlich ihre eigene Armenpflege. Und obwohl auch die Juden des Ostens mit der Zeit sich in Kleidung, Sprache und Bräuchen bis zu einem gewissen Grad ihren christlichen Nachbarn anpaßten, blieben sie doch im Innersten ihrem Judentum treu.

Im späten 15. Jahrhundert wanderten abermals Juden aus Deutschland nach Polen ein, jetzt in großer Zahl. Noch immer war Polen in dieser Zeit in vieler Hinsicht ein Land an der Grenze der Kultur. Die landwirtschaftlichen Methoden der Polen waren im Vergleich mit den weiter westlich bereits üblichen rückständig. Die polnischen Edelleute wußten, daß sie größeren Gewinn aus ihren Ländereien ziehen konnten, wenn sie die Bodenkultur modernisierten. Sie beauftragten mit dieser Modernisierung Juden:

> »Hiermit verpachte ich dem werten Meister Abraham, Sohn des Samuel, unsere Liegenschaften, Dörfer und Städte, sowie die Steuern auf Getreide, Bienenstöcke, Fischteiche, Seen und Biberjagden, auf Felder, Wiesen, Wälder und Tennen. Wir bevollmächtigen ihn desgleichen, über unsere Untertanen zu Gericht zu sitzen, und die Schuldigen oder Ungehorsamen mit Geldbußen oder mit dem Tode zu bestrafen.«

Die jüdischen Pächter adliger Güter verwalteten diese mit Hilfe von Glaubensgenossen. Die Produkte ihrer Landwirtschaft überließen sie jüdischen Händlern zum Verkauf. So profitierten alle Juden. Bald gab es in diesem neuen Land der unbegrenzten Möglichkeiten jüdische Gastwirte, Händler, Handwerker und Finanzagenten. Polens jüdische Gemeinde wuchs rapide. Die jüdische Bevölkerung Polens und Litauens gegen Ende des 15. Jahrhunderts wird auf etwa 25 000 Menschen geschätzt. Bis zur Mitte des 17. Jahrhunderts vermehrte diese verhältnismäßig kleine Schar sich auf rund eine halbe Million. In Polen fanden diese Einwanderer aus Deutschland einerseits ein

Land an der Grenze zur Wildnis, andererseits eines, in dem das Abendland ans Morgenland grenzte. Manches, das sie hier kennenlernten, erinnerte sie an das eigene orientalische Erbe, und sie verarbeiteten diese Erinnerungen und Anregungen zu einer westöstlich oder ostwestlich zusammengesetzten Kultur ganz eigener Prägung.

Die Freude an der Epoche des größten Wohlstands der polnischen Juden wird dem, der sie heute in Erinnerung ruft, durch das Wissen um die später folgenden Ereignisse getrübt. 1569 annektierte Polen die Ukraine. Damit kamen weite Gegenden noch fast unkultivierter Wildnis unter polnische Herrschaft. Jüdische »Rendars« (wie die Pächter adliger Güter genannt wurden) und andere Juden wurden ausgesandt, diese Gebiete zu kolonisieren. Die Ukrainer gehörten der griechisch-orthodoxen Kirche an, ihre Sprache und ihre Sitten unterschieden sich von denen ihrer neuen polnischen Herren. Sie haßten die Polen mit ihren römisch-katholischen Priestern und ihren jüdischen »Rendars«.

Alle Voraussetzungen für den Ausbruch eines Aufstands waren gegeben, als ein ukrainischer Offizier namens Bogdan Chmielnicki (1595–1657), ein Angehöriger des niederen Adels, nach einem Streit mit einem polnischen Edelmann 1647 über den Dnjepr nach Zaporozje, einer kosakischen Feste, floh. Die Kosaken waren Feuer und Flamme für Chmielnickis Pläne, mit den verhaßten Polen und Juden abzurechnen. Es gelang dem Ukrainer überdies, sich die Unterstützung des Tatarenkhans der Krim zu sichern und die ukrainischen Bauern gegen ihre Herren aufzuhetzen. »Was der Bauer verdient, gibt der Edelmann aus, und der Jude hat den Gewinn davon«, sagt ein altes polnisches Sprichwort. Chmielnicki wird den Bauern also seinen Judenhaß nicht lange haben predigen müssen.

Die erste Aufwallung des Volkszorns zerstörte im Frühjahr 1648 die jüdischen Gemeinden östlich des Dnjepr. Tausende von Juden flohen nach Westen über den Fluß, von Kosaken und Bauern verfolgt. Das erste quellenmäßig belegte große Massaker fand bei Njemirow statt. Dieses Massaker, das im wesentlichen den im Jahre 1096 von den Kreuzfahrern veranstalteten glich – wie wenig hatte sich in den seitdem verflossenen fünfeinhalb Jahrhunderten geändert! –, war nur der Anfang eines zweieinhalb Jahre währenden Gemetzels, dem, wenn die Chronisten nicht irren, in etwa 300 jüdischen Gemeinden in Polen mindestens 100 000 Juden zum Opfer fielen; und hinzu kamen Zehntausende, die heimatlos wurden.

Im Zuge späterer Einfälle der Russen und der Schweden kam es zu weiteren Massakern unter den polnischen Juden; die jüdische Selbstverwaltung stand in dem Bemühen, die Wohnungslosen unterzubringen, die Waisen zu ernähren und der Steuerpflicht gegenüber den polnischen Behörden zu genügen, vor fast unlösbaren Aufgaben. Manche polnischen Juden suchten Zuflucht im Westen, andere in kabbalistischer Mystik und bei Hoffnungen auf das baldige Kommen des Messias.

Die Ereignisse in Polen erschütterten die Juden in aller Welt. Wieder einmal schienen die Leiden der Gerechten wie die Greueltaten der Ungerechten so hoch gesteigert, daß der Jüngste Tag unmittelbar bevorzustehen schien. Die jüdische Tradition verhieß Erlösung am Ende der Tage, doch verhieß sie auch das Kommen des Messias, der die Heiligkeit der Welt wiederherstellen und sein Volk erlösen würde.

Im Jahre 1665, als das Gemetzel in Polen allmählich aufhörte, gab Sabbatai Zewi (1626–1676), ein türkischer Jude, sich für den langerwarteten Messias aus. Die Gelehrten sind sich in der Beurteilung dieses falschen Messias und der von ihm erregten Bewegung nicht einig. Einige halten Sabbatai Zewi für einen bloßen Scharlatan und Abenteurer. Andere nehmen an, daß er geistesgestört war und sich selbst für den hielt, als den er sich ausgab. Möglicherweise hat er den Anspruch, der Messias zu sein, bereits 1648 erhoben, als die Nachricht von den polnischen Massakern nach Smyrna gelangte, wo er zu Hause war. 1663 lebte er in Jerusalem und zog dort durch seinen Enthusiasmus und seine asketische Lebensweise die Aufmerksamkeit eines Rabbiners und Kabbalisten auf sich, der in der Folge sein bedeutendster Jünger wurde. Dieser junge Gelehrte, Nathan von Gaza (um 1643–1680), wurde nämlich durch eine Vision von Sabbatais messianischer Sendung überzeugt und verkündete diese neben seinem Meister stehend am 31. Mai 1665 öffentlich in Gaza. In der Folgezeit verbreitete er, wie ein wiedererstandener Paulus, Sabbatais frohe Botschaft in glühenden Briefen über die ganze Diaspora.

In der Vergangenheit waren schon oft Prätendenten auf den Titel des Messias erschienen, doch nie zuvor war es einem gelungen, die Juden aller Länder in einer so von Begeisterung und Hoffnung beseelten Bewegung zu verbinden. Die Erklärung für diesen allgemeinen Enthusiasmus ist zweifellos nicht in der Person Sabbatais zu suchen. Die meisten Juden hatten ihn nie gesehen und wenig unmittelbare Kenntnis von seiner Person. Vielmehr erklärte sich wohl der Enthusiasmus für Sabbatai aus der damaligen Verfassung des jüdischen Volkes, aus der tiefen Sehnsucht, nach 1 600 Jahren des Exils und der Leiden endlich Heimat und Frieden zu finden.

Im September 1665 kehrte der über ein Jahrzehnt zuvor von den dortigen Rabbinern aus seiner Vaterstadt verbannte falsche Messias im Triumph nach Smyrna zurück. In einem langen Brief, der durch die gesamte Diaspora die Runde machte, verkündete Nathan aus Smyrna die frohe Botschaft:

»Und nun werde ich den Gang der Ereignisse offenbaren. In einem Jahr und wenigen Monaten vom heutigen Tage wird er die Regierungsgewalt vom türkischen König übernehmen ohne Krieg, denn durch die Lobgesänge und Lobsprüche, die er singen und sagen wird, werden alle Nationen genötigt werden, sich seiner Herrschaft zu unterwerfen. Er wird den türkischen König mitführen in die Länder, die er erobern wird, und alle Könige sollen ihm zinspflichtig werden, sein Diener aber nur der türkische...«

Von diesen Verheißungen ermutigt, begannen die Juden allenthalben in der Diaspora – in Mittel- und Osteuropa natürlich, aber auch in London und Amsterdam, Italien und Mazedonien, Marokko und Ägypten – sich zu läutern, um auf den Tag der Erlösung vorbereitet zu sein. Der jiddische Schriftsteller Glückel von Hameln (1645–1724) erzählt in seinen Lebenserinnerungen eine für die Stimmung jener Tage charakteristische Geschichte:

»Viele verkauften ihre Häuser und Ländereien und ihre ganze Habe, denn sie hofften, binnen kurzem erlöst zu werden. Mein guter Schwiegervater verließ sein Haus in Hameln, verließ sein Land und seine ganze Einrichtung und zog nach Hildesheim. Uns schickte er nach Hamburg zwei riesige Fässer voller Leinen und Erbsen, Bohnen, Dörrfleisch, Backpflaumen und dergleichen, aller Art haltbarer Nahrungsmittel. Denn der alte Mann erwartete, augenblicklich aus Hamburg nach dem Heiligen Lande abzusegeln...

Drei Jahre standen die Fässer für den erwarteten Augenblick bereit, und während dieser ganzen Zeit wartete mein Schwiegervater auf das Zeichen der Abfahrt. Doch hat es dem Höchsten anders gefallen.«

Viele waren ungeduldiger als Glückels Schwiegervater. Sie machten sich auf den Weg nach Palästina, ohne das Zeichen abzuwarten und noch ehe Sabbatai, wie angekündigt, die Nachfolge des türkischen Sultans angetreten hatte. Viele waren bereits unterwegs zum Ort des versprochenen »Einsammelns der Verbannten«, als Sabbatai endlich von Smyrna nach Konstantinopel reiste, um die Macht zu übernehmen. Inzwischen hatte das schicksalsschwangere Jahr 1666 begonnen, in dem die erwarteten großen Ereignisse sich zutragen sollten. Doch die Ereignisse nahmen nicht den erwarteten Verlauf. Daß die türkischen Behörden in der von Sabbatai erregten Unruhe Gefahr für den inneren Frieden sahen, kann man ihnen kaum verübeln; und so hätte es auch Sabbatai selbst nicht überraschen dürfen, daß er an Bord des Schiffes, auf dem er reiste, schon vor der Ankunft in Konstantinopel verhaftet, in Ketten an Land gesetzt und dann als Gefangener in die Hauptstadt gebracht wurde. Überraschender ist, daß der Pseudo-Messias nicht sofort hingerichtet wurde. Statt dessen wurde er zwar in Haft gehalten, durfte aber Besucher empfangen, denen er Mitteilung von den selbst im Gefängnis noch von ihm vollbrachten Wundern machte. Dankbar verbreiteten draußen die Sabbatainer diese Geschichten. Anscheinend hielten sie auch die Gefangenschaft ihres Messias nur für einen Teil von dessen großem Plan.

Doch schließlich war der Traum aus. Im September 1666 wurde Sabbatai vor ein türkisches Gericht gestellt und, in Gegenwart des Leibarztes des Sultans, eines abtrünnigen Juden namens Mustafa Hajatisadé, vor die Wahl gestellt: Islam oder Tod. Am 15. September

1666 wählte Sabbatai, ohne allzulange überlegt zu haben, den Islam. Als Muslim nannte er sich fortan Aziz Mehmed Effendi. Die Türken zeigten sich für seine Entscheidung erkenntlich. Der Sultan verlieh ihm den Titel eines *Capigi Baschi* (eines königlichen Türhüters) und bewilligte ihm dazu ein Gehalt von 150 Piastern täglich.

Einige Juden, darunter Sabbatais glühendste Anhänger, folgten seinem Beispiel und ergaben sich dem Islam. Andere klammerten sich, ohne ihren Glauben zu verleugnen, an die Hoffnung, daß sich auch Sabbatais anscheinender Abfall vom Judentum schließlich als Schritt zur Vollendung seines Heilsplans erweisen möchte. Aber tatsächlich blieb das angekündigte Wunder aus, und den von ihrem Wundermann Verratenen blieb nur Verzweiflung. In Polen folgte auf die physische Verwüstung jetzt die geistliche Enttäuschung, die seelische Verödung.

Unter diesen trostlosen Umständen entstand eine jüdische Erweckungsbewegung, die den Charakter des Judentums ändern sollte wie keine andere der seit römischen Zeiten im Judentum aufgekommenen sektiererischen Bewegungen. Dies war der Chassidismus – wörtlich »Pietismus« –, die Bewegung der Frommen. Vater dieser Bewegung war Israel ben Elieser (um 1700–1760), der als Baal Schem Tow (»Meister des Guten Namens«) berühmt wurde. Der Bescht (wie ihn seine Anhänger nannten) hat keine Texte herausgegeben, keine Erbauungsschriften verfaßt und keine Handbücher kompiliert. Von seinem Leben wissen wir im Grunde nur, was uns durch Generationen chassidischer Geschichtenerzähler überliefert ist.

Der chassidischen Überlieferung zufolge wurde der Bescht in Ckop geboren, einer kleinen Stadt in Podolien, das damals im südöstlichen Polen lag (es ist heute Teil der ukrainischen Sowjetrepublik). Nachdem jene Gegend alle Greuel des von Chmielnicki entfesselten Aufstands erduldet hatte, kam sie 1672 unter osmanische Herrschaft. Erst um die Zeit der Geburt Eliesers fiel Podolien 1699 wieder an die polnische Krone. Früh verwaist und arm, mußte der künftige Baal Schem Tow sich und später seine Familie durch allerlei Gelegenheitsarbeiten ernähren, war Synagogenwächter, Totengräber und Gastwirt. Die Legenden wissen viel von seiner Liebe zur Natur und einsamen Andacht, und als junger Mann soll er sich in die Karpaten zurückgezogen haben, um dort über Gott und die Welt zu meditieren. Aber erst an seinem sechsunddreißigsten Geburtstag gab er – wie die Chassidim erzählen – seine wahre Berufung als Heiler und Lehrer bekannt.

Im Gegensatz zu den Rabbinen seiner Zeit glaubte er, daß selbst ein einfacher, ungelehrter Mann sich mit seinen Gebeten und seinem Gottesdienst unmittelbar an Gott wenden könne. Ein Mensch, dem es gelang, sich Gott zu nähern, konnte, so lehrte der Bescht weiter, den göttlichen Einfluß, den er empfing, weiter in die Welt leiten. Die Chassidim wollten »Gott anhängen« und dem entzückten Zustand dieses Anhängens konnte man sich, wie sie glaubten, auf vielen Wegen nähern. Durch das Gebet, durch das Einhalten jeglicher Gebote, selbst durch eine so banale Tätigkeit wie das Binden der Schnürsenkel der Schuhe, die man eben anzog.

Über die Herkunft dieser Ideen herrscht unter den Gelehrten keine Einigkeit. Einige neuere Autoren haben auf den Einfluß polnischen bäuerlichen Brauchtums auf das Denken des Bescht hingewiesen. Andererseits wird von zahlreichen Historikern der Nachweis geführt, daß die Lehren des Vaters der chassidischen Bewegung in rein jüdischen Traditionen fest begründet sind. Israel ben Elieser war, so einfach er sich gab, doch kein unwissender Bauer. Unter seinen Freunden und Jüngern war Meir ben Zewi Hirsch Margolioth. Dieser Sproß einer berühmten rabbinischen Familie, der sich später als Deuter des Talmud und der Kabbala selbst einen berühmten Namen machte, hätte sich der chassidischen Bewegung kaum angeschlossen, wenn er Grund zu dem Verdacht gehabt hätte, daß die Lehren des Bescht nicht auf den Grundlagen jüdischer Gottesgelehrsamkeit beruhten oder diese gar in Frage stellten. Tatsächlich ist die Idee des »Gott Anhängens« – auf hebräisch *devekut* – mindestens so alt wie das 5. Buch Moses, wo es heißt:

»Denn wo ihr diese Gebote alle werdet halten, die ich euch gebiete, daß ihr darnach tut, daß ihr den Herrn, euren Gott, liebet und wandelt in allen seinen Wegen und ihm anhanget, so wird der Herr alle diese Völker vor euch herausstoßen, daß ihr größere und stärkere Völker vertreibet, denn ihr seid.« (5. Mose 11: 22–23)

Das Geheimnis des Einflusses, der von dem Bescht ausging, darf nicht in der Originalität seiner Ideen vermutet werden, sondern in der Intensität, mit der er diese Ideen praktizierte, und in seiner außerordentlichen Fähigkeit, die Kluft zwischen dem entrückten Zustand des religiös Verzückten und dem dörflichen Alltag, in dem seine Anhänger größtenteils daheim waren, zu überbrücken. Wenn die Chassidim in Lobpreisungen Gottes das Hauptanliegen ihres Gottesdienstes sahen, war das zu der Zeit, da die Bewegung entstand, zweifellos eine heilsame Korrektur zu der verbreiteten Auffassung, die Ausübung des jüdischen Glaubens erschöpfe sich im eifrigen Studium der heiligen Bücher. In vielem erinnert uns die chassidische Bewegung daran, daß das Volk des Buchs ursprünglich ein Volk von Geschichtenerzählern war – obwohl freilich inzwischen auch die chassidischen Legenden aufgeschrieben, kodifiziert und von keinem Geringeren als dem Philosophen Martin Buber analysiert worden sind.

Der Chassidismus ist nicht nur eine besondere Art und Weise der Anschauung Gottes und des Menschen. Seine Bedeutung für die jüdische Kulturgeschichte liegt nicht hauptsächlich in den Besonderheiten der chassidischen Theologie. Der Chassidismus stiftete vielmehr eine ganze wunderbare Welt für sich, reich an Geschichten und erbaulichen Fabeln über die Hofhaltungen und Dynastien der chassidischen Rabbinen, die im Mittelpunkt der chassidischen Weltsicht standen. Denn den wegen ihrer Wissenschaft und Frömmigkeit berühmten chassidischen Rabbinen galt die ganze Ehrfurcht ihrer Jünger. Sympathisch berührt wohl jeden, der den Zeugnissen dieser Verehrung begegnet, die daraus sprechende Intensität und Reinheit des Glaubens. Bedenklich stimmt die Unterwürfigkeit dieser Verehrung charismatischer Lehrer, die nichts von dem vernünftigen Skeptizismus erkennen läßt, mit dem gewöhnlich die Juden dem Anspruch von Mitmenschen auf übermenschliche Autorität begegnen.

Der Bescht hatte viele Anhänger, doch auch viele Gegner. Letztere nennen wir heute beim hebräischen Wort für »Gegner« – *Mitnagdim*. Diese der chassidischen Bewegung ablehnend gegenüberstehenden traditionstreuen Rabbinen sahen durch die Begeisterung der Chassidim für die *Zaddikim* (die »Gerechten«), wie jene charismatischen Führer genannt wurden, die die Chassidim mit monarchischer Autorität regierten, eine Bedrohung ihres eigenen Ansehens. Sie verurteilten deshalb diese in ihren Augen »religiösen Schwärmer« mit aller Strenge. Es wird erzählt, daß einst ein Gelehrter den Bescht fragte: »Was sagt Ihr von den Rabbinen, die Eure Lehren falsch nennen?« Der Bescht erwiderte: »Einst wurde in einem Hause eine Hochzeit gefeiert. Die Musikanten saßen in einer Ecke und spielten ihre Instrumente, die Gäste tanzten zur Musik und vergnügten sich, und das Haus war voller Freude. Doch ging draußen einer vorbei, der war taub; er sah zum Fenster hinein und sah Leute, die im Zimmer umherwirbelten, hüpften und die Arme ausstreckten. ›Seht Euch das an, wie die rasen‹, rief er. ›Ein Haus voll Verrückter!‹ Denn die Musik, nach der die Leute tanzten, konnte er nicht hören.«

Während sich in Osteuropa die Juden dem Chassidismus zuwandten, entwickelte sich das Judentum im Westen auf anderen Bahnen. In den Niederlanden, in England, Deutschland und in Frankreich – wo es seit dem 17. Jahrhundert wieder jüdische Gemeinden gab, obwohl das Gesetz, das die Ansiedlung von Juden verbot, nie ausdrücklich widerrufen worden war – nahmen im frühen 18. Jahrhundert Wirtschaft und Handel einen beispiellosen Aufschwung, mit dem eine neue Einschätzung der Juden seitens der Nichtjuden einherging. Im Jahre 1712 veröffentlichte *The Spectator*, eine angesehene englische Zeitschrift, die folgende Betrachtung:

> »Die Juden sind über alle handeltreibenden Teile der Welt so verbreitet, daß sie die Mittler geworden sind, durch die die entferntesten Nationen miteinander verkehren. Sie sind wie die Pflöcke und Nägel eines großen Gebäudes, die, obgleich an und für sich gering geschätzt, doch absolut erforderlich sind, den ganzen Bau zusammenzuhalten.«

Als 1701 die Spanisch-Portugiesische Synagoge in Bevis Marks geweiht wurde – sie steht heute unter Denkmalschutz –, konnte jeder sehen, daß die Londoner jüdische Gemeinde im Aufstreben begriffen war. Zwölf jüdische Finanzmänner, die »Jew brokers«, wurden während dieser Zeit zum Royal Exchange, zu der königlichen Börse, zugelassen, und es dauerte nicht lange, und Juden saßen in führenden Positionen bei Lloyd's of London und in der East India Company. Das Gewicht des jüdischen Einflusses auf das kulturelle Leben Londons zu dieser Zeit ist vielleicht auch maßgebend für die Vorliebe gewesen, die Georg Friedrich Händel (1685–1759) für alttestamentarische Stoffe bewies – schrieb er doch Opern und Oratorien über Esther, Deborah, Saul, Israel in Ägypten und Judas Makkabäus. Dennoch sollte man sich hinsichtlich der Sicherheit des jüdischen Lebens in England zu jener Zeit keine Illusionen machen. Die Engländer duldeten die Juden und wußten ihre Nützlichkeit zu schätzen – doch fuhren sie fort, wie der zitierte Artikel des *Spectator* verrät, sie »an und für sich gering zu schätzen«. So legte zwar im Jahre 1753 die Regierung dem Parlament ein Gesetz vor, die sogenannte »Jew Bill«, derzufolge auch den im Ausland geborenen Juden die ihren im Lande geborenen Kindern bereits bewilligten Rechte der Staatsbürgerschaft gewährt werden sollten:

> »Es sei deshalb verfügt, durch des Königs höchst vortreffliche Majestät, auf Anraten und mit Einwilligung der in diesem gegenwärtigen Parlament versammelten geistlichen und weltlichen Herren und Gemeinen, und mit derselben Autorität, daß Personen, welche die jüdische Religion bekennen, auf zu diesem Zweck gestellten Antrag, durch das Parlament naturalisiert werden können, ohne zuvor das Heilige Abendmahl empfangen zu haben...«

Doch das den Juden 1753 gegebene Recht wurde wegen des wütenden Protests christlicher Kaufleute ein Jahr später wieder zurückgenommen. Erst 1890 wurde in England auch den Juden vollkommene Emanzipation gewährt.

Unterdessen überließen die deutschen Fürsten ihre Finanzangelegenheiten nicht selten der Zuverlässigkeit und dem Sachverstand jüdischer Berater. Von solchen sogenannten »Hofjuden« stammen viele der großen Familien der europäischen Judenheit ab, so etwa die Familien Oppenheimer, Wertheim und Rothschild, um nur einige der berühmtesten zu nennen. Der Hof bot den Hofjuden Reichtum, Einfluß und Ansehen. Sie lebten auf großem Fuß, fuhren in Kutschen mit großem Gefolge, gaben Gesellschaften, auf denen zu erscheinen der christliche Adel nicht verschmähte. Aber wenn sie sich auch in ihrem äußeren Gebaren dem deutschen Adel anpaßten, blieben die Hofjuden doch in ihrem geistlichen und geistigen Innersten treue Juden. Wenn einer von ihnen – was manchmal vorkam – nicht nur Vertrauter seines Fürsten, sondern zugleich »*Stadlan*«, Anwalt der jüdischen Gemeinde war, konnte er nicht selten wirksam gegen die Unterdrückung seines Volkes einschreiten.

Doch erfreuten sich die Hofjuden einer Ausnahmestellung. Obwohl während des 18. Jahrhunderts die Juden in Deutschland weniger Massaker und Vertreibungen zu erdulden hatten als in früherer Zeit, waren sie doch noch zahlreichen rechtlichen Beschränkungen unterworfen. Eine Kleiderordnung schrieb noch immer vor, was Juden zu tragen hatten, andere Bestimmungen nannten die Straßen, zu denen ihnen der Zugang gestattet war (und beschränkten zugleich die Frist dieser Genehmigung durch Sperrstunden); gesetzlich festgelegt war auch die Zahl der Gäste bei jüdischen Hochzeiten und die Art der für Juden statthaften Nahrungsmittel. 1726 verfügte der Wiener Hof, daß die Eheschließungen nur der ältesten Söhne jüdischer Familien staatliche Anerkennung genießen sollten; jüngeren Söhnen wurde damit das Recht auf legitime Nachkommen abgesprochen.

Im Jahre 1750 wurden in Preußen die Juden durch Gesetz in verschiedene Klassen geschieden: Von den Juden, die bestimmte, durch das Gesetz genannte Privilegien genossen, konnte die Mehrzahl – sogenannte »außerordentliche« Juden – ihre Privilegien nicht vererben; dies war nur einer kleineren Anzahl von »ordentlichen« Juden gestattet, und auch sie konnten ihre Sonderrechte nur einem einzigen männlichen Erben weitergeben. Juden durften diesem Gesetz zufolge weder Landwirte noch Brauer oder Gastwirte sein; tatsächlich war ihnen der Zugang zu den meisten Berufen verschlossen, so war ihnen etwa auch der Handel mit landwirtschaftlichen Produkten verboten. Ein Passus des Gesetzes reglementierte auch das Familienleben der in Preußen ansässigen Juden. Um in Zukunft der geheimen und verbotenen Zunahme der Zahl ortsansässiger jüdischer Familien vorzubeugen, sollte Juden die Ehe nur noch nach sorgfältiger Untersuchung durch das Kriegs- und Domänen-Amt gestattet werden. Das

Gesetz trägt die Unterschrift Friedrichs des Großen, den alle Welt als Inbegriff des aufgeklärten Herrschers kennt, nicht zuletzt, weil schon die Aufklärer ihn als solchen feierten. Wie lange konnten die Aufklärer noch die Augen vor den sogar unter ihnen selbst noch mächtigen religiösen Vorurteilen verschließen?

Wissen, das man einst Gott allein vorbehalten geglaubt hatte, schien jetzt plötzlich in Reichweite des Menschengeists zu liegen. Die erstaunlichen Entdeckungen, die jüngst auf den Gebieten der Naturwissenschaften gelungen waren, die neuen Erkenntnisse in der Physik, Chemie und Mathematik lenkten das Denken in eine neue Richtung. Die Philosophen der Aufklärung, Voltaire, Rousseau, Locke und Hume, unternahmen es angesichts dieser Erfolge der Naturwissenschaft, die Gesellschaft mit den nämlichen Methoden zu untersuchen, mit denen die Natur zur Preisgabe so vieler nützlicher Geheimnisse veranlaßt worden war. Wenn sie es nicht schon vorher wußten, offenbarte ihnen diese Untersuchung, daß weder soziale Unterdrückung noch religiöse Intoleranz vernünftig zu rechtfertigen sind. Sie forderten deshalb, beidem ein Ende zu machen.

1754 wurde in Deutschland ein Theaterstück veröffentlicht, das sofort einen Sturm von Kontroversen entfesselte. Das Stück führte den Titel »Die Juden«; der Verfasser, Gotthold Ephraim Lessing (1729–1781), ein Christ, schien bemüht, den Nachweis zu führen, daß ein Jude weise, einsichtig und klug – mit einem Wort, aufgeklärt sein könne. Das Publikum war skeptisch. Einen Mann, wie Lessing ihn da auf die Bühne bringen wollte, konnte man sich unter den in ihrer Tradition verhafteten und abgesonderten Bewohnern der Ghettos nicht vorstellen. Man warf Lessing vor, den edelmütigen Helden seines Theaterstücks allzu frei erfunden zu haben – den jüdischen Reisenden, der einen Christen zu großem Dank verpflichtet, doch als Vergeltung für die jenem erwiesene Wohltat nichts erbittet, »als daß sie künftig von meinem Volk etwas gelinder und weniger allgemein urteilen«. Lessing wies einen seiner Kritiker, den gelehrten Theologen und Hebräisten Johann David Michaelis, am 16. Oktober 1754 brieflich auf das Beispiel eines jungen Mannes hin, dessen Freundschaft er kürzlich gewonnen habe – Moses Mendelssohn:

»Er ist wirklich Jude; ein Mensch von etlichen und zwanzig Jahren, welcher, ohne alle Anweisung, in Sprachen, in der Mathematik, in der Weltweisheit, in der Poesie, eine große Stärke erlangt hat. Ich sehe ihn im voraus als eine Ehre seiner Nation an...«

Mendelssohn (1729–1786) war als Sohn eines armen Toraschreibers in Dessau geboren. Ganz ohne alle Unterweisung war er nicht zu den umfassenden Kenntnissen gelangt, die Lessing an ihm bewunderte. Als Vierzehnjähriger war er nach Berlin gewandert, um dort bei dem neugewählten Rabbiner der Stadt, David ben Naphtali Hirsch Fränkel, den Talmud zu studieren. Während dieses Studiums machte er Bekanntschaft mit dem philosophischen Werk des Maimonides. Seinen Unterhalt in Berlin verdiente sich der junge Philosoph, der, verwachsen und kränklich, lebenslänglich an den Folgen in der Kindheit erlittener Entbehrungen trug, recht und schlecht als Hauslehrer, Kopist und schließlich Buchhalter. Doch wenn ihm Berlins »privilegierte Juden« auch nicht viel materielle Unterstützung bieten konnten, förderten sie doch seine geistige Entwicklung, indem sie ihm die Welt der deutschen Literatur eröffneten, ihm Unterricht in den modernen wie in der lateinischen Sprache gaben und ihm den Weg zum Studium der Metaphysik ebneten. Mendelssohn wurde schließlich als einer der führenden deutschen Denker seiner Zeit anerkannt. Die einem Juden von seinen hervorragendsten nichtjüdischen Zeitgenossen entgegengebrachte vollkommene Gleichachtung war ohne Beispiel. Mendelssohns Lebensweg gab eine Richtung an, in die ihm seine Glaubensgenossen folgen konnten:

»Nehmt die Sitten und die Verfassung des Landes an, in dem ihr euch befindet, haltet aber standhaft auch die Religion eurer Väter hoch. Tragt beide Bürden so gut ihr könnt.«

Mendelssohn vertrat die Überzeugung, daß den Juden der Ausbruch aus dem Ghetto nur gelingen konnte, wenn sie sich nicht der Wissenschaft ihrer nichtjüdischen Nachbarn verschlossen. Er wurde damit einer der ersten Vertreter der *Haskala*, der jüdischen Aufklärung. Die Anhänger der *Haskala* glaubten, daß sie, wenn sie deren Bildung teilten, schließlich von den Christen Europas als gleichberechtigte Mitmenschen anerkannt werden würden. Während des 18. Jahrhunderts öffnete sich manche Bresche in den Mauern des Ghettos; und während der drei ereignisreichen Jahrzehnte zwischen der Französischen Revolution und dem Sturz Napoleons schienen diese Mauern, wenigstens in Westeuropa, zum Einsturz bestimmt zu sein.

Schlußbetrachtung

Jahrhundertelang hatten die Juden in der Absonderung gelebt. Diese Absonderung hatte ihnen schwere Prüfungen auferlegt, aber sie hatten sie bestanden, ja, aus den ihnen auferlegten Bedingungen Kraft geschöpft. Gerade erst war in der Abgeschlossenheit der Ghettos des Ostens die chassidische Bewegung entstanden, die geistliche Erfüllung unter den Verhältnissen des Exils zu versprechen schien. Die Zumutung, sich ihrer nichtjüdischen Umgebung durch Preisgabe ihrer jüdischen Identität anzugleichen, mag viele Juden beängstigt haben. Einstweilen waren ja die von den Aufklärern verkündeten Prinzipien der Freiheit und Gleichheit aller Menschen nur Prinzipien, und das christliche Europa war mit einem schweren Erbe böswilliger Vorurteile gegen die Juden beladen. Doch am Ende des 18. Jahrhunderts wurden die Prinzipien der Aufklärer politisch wirksam:

> »Folgende Wahrheiten erachten wir als selbstverständlich: daß alle Menschen gleich geschaffen sind; daß sie von ihrem Schöpfer mit gewissen unveräußerlichen Rechten ausgestattet sind; daß dazu Leben, Freiheit und das Streben nach Glück gehören.«

Der Freiheitsdurst, der die amerikanischen Kolonisten zu ihrer Unabhängigkeitserklärung bewegt hatte, sollte bald auch in Europa verspürt werden. 1789 gab die revolutionäre Nationalversammlung in Frankreich, einem Land, aus dem die Juden seit Jahrhunderten gesetzlich verbannt waren, eine Erklärung der Menschen- und Bürgerrechte ab, in der es heißt:

261

»1. Menschen sind von Geburt an und bleiben stets frei und gleich vor dem Gesetz...

2. Der Zweck aller politischen Gesellschaften ist die Bewahrung der natürlichen und unveräußerlichen Menschenrechte; und diese Rechte sind Freiheit, Eigentum, Sicherheit und Widerstand gegen Unterdrückung...

4. Politische Freiheit besteht in der Freiheit zu tun, was immer einem anderen nicht schadet...

10. Kein Mensch sollte wegen seiner Meinungen belästigt werden, nicht einmal wegen seiner religiösen Meinungen, vorausgesetzt, daß sein Bekenntnis derselben nicht die gesetzlich gegründete öffentliche Ordnung stört...«

Zwei Jahre nach dieser Erklärung beseitigte die Nationalversammlung jeden Zweifel daran, daß auch die Juden als französische Bürger zu gelten hätten und alle sich aus der französischen Staatsbürgerschaft ergebenden Rechte genießen sollten:

»Die Nationalversammlung, in Betracht ziehend, daß die Bedingungen der französischen Staatsbürgerschaft durch die Verfassung festgestellt sind, und daß jeder Mensch, der diese Bedingungen erfüllt und den Bürgereid leistet, mit dem er sich verpflichtet, alle von der Verfassung erforderten Bürgerpflichten zu erfüllen, ein Recht auf alle Vorteile hat, welche die Staatsbürgerschaft gewährt; erklärt für nichtig alle in früheren Verordnungen gemachten Vertagungen, Beschränkungen und Ausnahmen in Betreff von Personen jüdischen Glaubens, die den Bürgereid zu leisten bereit sind...«

Ein neues Zeitalter schien vor der Tür zu stehen. In dem Staat der Zukunft, der den Revolutionären und Reformatoren des späten 18. Jahrhunderts vorschwebte, sollten religiöse Unterschiede nicht ins Gewicht fallen, sollten die Bürger vor dem Gesetz alle gleich sein. Irgendwie hatten ethische und moralische Traditionen, die vor Jahrtausenden begründet worden waren, und die von den hebräischen Propheten ausgesprochenen Hoffnungen auf Weltfrieden und soziale

Gerechtigkeit überlebt, um jetzt mit neuem Geist und neuer Begeisterung wiederaufgegriffen zu werden. Es schien, daß endlich eine Zeit gekommen sei, da dem jüdischen Volk gestattet werden sollte, im Verein mit allen anderen für das gemeine Wohl der Menschheit zu wirken.

Das 19. Jahrhundert sollte zeigen, wie übertrieben diese Zuversicht war.

Wege aus dem Ghetto

Die Epoche der europäischen Geschichte von 1789 bis 1848 wird oft das »Zeitalter der Revolutionen« genannt, zunächst, weil ja an politischen Revolutionen während dieser Jahre offensichtlich kein Mangel bestand: Revolution in Frankreich, 1789; in Griechenland, 1821; in Polen, Belgien und abermals in Frankreich, 1830; schließlich in Österreich-Ungarn, Deutschland, Italien und wiederum in Frankreich, 1848. Beziehen wir das ganze 19. Jahrhundert und den Anfang des gegenwärtigen in unsere Betrachtung ein, zeigt sich, daß schon 1848 die Bewegung begann, die in der russischen Revolution von 1917 kulminieren sollte, einer Umwälzung, die bekanntlich für das Leben unserer Generation nicht unerhebliche Folgen hatte. Denn schon 1848 veröffentlichten zwei junge deutsche Intellektuelle, Karl Marx (1818–1883) und Friedrich Engels (1820–1895), das »Kommunistische Manifest« als Herausforderung der europäischen Bourgeoisie: »Ein Gespenst geht um in Europa – das Gespenst des Kommunismus.« Das »Manifest der Kommunistischen Partei« erschien noch vor der Pariser Revolution von 1848 und erwähnt ausdrücklich die revolutionäre Gärung in Frankreich, in der Schweiz, in Polen und in Deutschland, doch beschränkt es seine Ansprüche nicht auf bestimmte Völker oder auch nur Erdteile:

> »Mit einem Wort, die Kommunisten unterstützen überall jede revolutionäre Bewegung gegen die bestehenden gesellschaftlichen und politischen Zustände... Mögen die herrschenden Klassen vor einer kommunistischen Revolution zittern. Die Proletarier haben nichts in ihr zu verlieren als ihre Ketten. Sie haben eine Welt zu gewinnen.«

Es wäre jedoch ein Irrtum, das 19. Jahrhundert für eines vornehmlich oder ausschließlich *politischer* Revolutionen zu halten. Nicht weniger revolutionär – und nicht weniger zukunftsträchtig – als die von der Französischen Revolution eingeleiteten politischen Veränderungen waren die Veränderungen, die im Wirtschaftsleben aus der Entwicklung neuer Produktionsmittel folgten. Die erste Phase dieser *industriellen* Revolution dauerte vom späten 18. bis in die Mitte des 19. Jahrhunderts; England hatte in ihr die Führung, ihre Kennzeichen waren Kohlenbergwerke, Eisengießereien, Baumwollspinnereien und Eisenbahnen. Während der zweiten Phase, die nach Ende des amerikanischen Bürgerkriegs und nach der Einigung Deutschlands in den siebziger Jahren des vergangenen Jahrhunderts begann, waren die führenden Mächte die USA und das kaiserliche Deutschland. Schlüsselindustrien waren nun die Stahlindustrie und die Energieerzeugung – zuerst die Elektrizität, schließlich das Erdöl. Symbole dieser zweiten Phase waren die elektrische Beleuchtung, Automobile und Flugzeuge.

In engem Zusammenhang mit dieser industriellen ereignete sich eine *demographische* Revolution, die von 1800 bis 1850 die Bevölkerung Europas um 85 Millionen Menschen vermehrte. (Während der zwei vorangegangenen Jahrhunderte hatte die Bevölkerung Europas insgesamt nur um 80 Millionen zugenommen.) Auf den britischen Inseln wuchs die Bevölkerung von 10 Millionen im Jahre 1750 auf 28 Millionen im Jahre 1850 – also um 180 Prozent. Im Jahre 1900 hatten Großbritannien und Irland 42 Millionen, Europa insgesamt 390 Millionen Einwohner. Nie zuvor – und seitdem niemals wieder – lebte ein so großer Teil der Weltbevölkerung in Europa.

Diese politischen, industriellen und demographischen Veränderungen brachten den modernen Nationalismus mit sich, eine Ideologie, die dem einzelnen, der unter so plötzlich veränderten Umständen nicht mehr recht wissen mochte, wo er hingehörte, sagte, wo sein Platz war und wem er Treue schuldete. Es war kein Zufall, daß die Führer der Französischen Revolution in der Erklärung ihrer demokratischen Prinzipien auf die Rechte des Menschen und des Bürgers zugleich zu sprechen kamen:

»Die Nation ist wesentlich die Quelle aller Autorität; auch kann kein Individuum und keine Körperschaft Autorität beanspruchen, die sich nicht ausdrücklich darauf berufen kann, von dieser Quelle hergeleitet zu sein.«

Die Revolutionäre hatten die Monarchie und die Aristokratie abgeschafft, die Privilegien des Klerus untergraben und die regionalen Besonderheiten für so nichtig erklärt wie die Standesunterschiede. Frankreich sollte in Zukunft eine Nation sein, wo jeder unter dem gleichen Gesetz stünde und in den gleichen Institutionen aufgehoben wäre. Der König hatte auf Treue kein Recht mehr – bald sollte er ja auch keinen Kopf mehr haben. Treue sollte der Franzose nach dem Willen der Revolutionäre statt dessen dem Vaterlande, der heiligen *patrie*, schulden, weshalb sich Revolutionäre hinfort vorzugsweise »Patrioten« nannten oder »Citoyens«, was den Gegenstand der Treue des Revolutionärs sachlich treffender bezeichnet: Nicht das Vaterland, sondern der Staat war es ja, der sie von ihm forderte.

Für die Juden Westeuropas eröffneten diese Veränderungen neue Aussichten, brachten aber auch ein neues Dilemma mit sich. Denn was war im Lichte der neuen nationalistischen Ideologie ein Jude? Blieb er ein Fremder in der Diaspora, der, unter Fremden wohnend, das Kommen des Messias erwartete, der ihn in seine wahre und ewige Heimat, nach Israel, zurückführen würde? Oder war er nunmehr ein gleichberechtigter Bürger eines modernen europäischen Staats, von seinen französischen, deutschen, holländischen oder britischen Mitbürgern nicht zu unterscheiden, abgesehen davon, daß er einige eigentümliche Speisevorschriften beachtete und statt einer Kirche einer Synagoge angehörte? Im späten 18. Jahrhundert, als es in Frankreich und Deutschland noch autonome jüdische Gemeindeinstitutionen gab, wurde offenbar, daß die Juden, wollten sie ihr Verhältnis zum modernen Staat und zu dessen Ansprüchen an die Staatsbürger klären, entscheiden mußten, wohin sie als Juden gehören wollten.

Die im frühen 19. Jahrhundert bei den Juden Westeuropas und Nordamerikas weitverbreitete Überzeugung, daß sie nur dann hoffen konnten, als gleichberechtigte Bürger eines modernen Staates anerkannt zu werden, wenn sie die eigenen nationalen Ansprüche aufgaben, geht zurück auf das im Januar 1782 von Kaiser Joseph II. erlassene Toleranz-Edikt. Joseph II., ein aufgeklärter Monarch, hoffte durch dieses Edikt, die Juden Österreichs zu befähigen, sich im Staate nützlicher zu machen. Das Edikt hob die Kleidervorschrift für Juden auf und schaffte den belastenden »Leibzoll« ab, den vordem Juden zu entrichten hatten, wenn sie einen Gerichtsbezirk betraten oder sich in einem solchen aufhielten, wo ihnen der Aufenthalt von Rechts wegen untersagt war. Joseph II. eröffnete den Juden überdies den Zugang zu staatlichen Bildungsinstituten und zu Berufen, die ihnen vordem verschlossen waren. Andererseits machte er sie militärdienstpflichtig, nötigte sie zur Annahme deutscher Vor- und Familiennamen, verbot den Gebrauch der jiddischen und hebräischen Sprachen bei der Abfassung von Geschäftsunterlagen und Gemeindeurkunden und beseitigte die letzten Reste der unabhängigen rabbinischen Gerichtsbarkeit. Eine Anzahl »geduldeter« Juden profitierte zweifellos von diesen Anordnungen, doch zerstörten sie andererseits das Gewebe der hergebrachten jüdischen Lebensweise. Emanzipation war nur um den Preis der Assimilation zu haben. Mehrere Generationen europäischer Juden waren willens, diesen Preis zu zahlen.

Napoleon Bonaparte (1769–1821), einer der wenigen Diktatoren, deren sich die Juden ohne Zorn erinnern, hat viel getan, ihnen diesen Preis nicht zu teuer scheinen zu lassen. Die atemberaubende Karriere des jungen Korsen aus verarmter Familie, der, nachdem er sich als General der revolutionären Armee ausgezeichnet hatte, 1799 die Macht im Staate ergriff, sich 1804 selbst als Napoleon I. zum Kaiser der Franzosen ausrief und innerhalb von sechs Jahren die unmittelbare oder mittelbare Herrschaft über Spanien, die Niederlande, die Schweiz, das westliche Deutschland, das nordöstliche Italien, das Königreich Neapel und das Großherzogtum Warschau errang, ist oft erzählt worden. Weniger bekannt ist das hohe Maß, in dem er durch seine Politik und seine Eroberungen den Platz der Juden in der modernen europäischen Gesellschaft mitbestimmte.

»Völker Italiens, die französische Armee kommt, eure Ketten zu zerbrechen!« verkündete Bonaparte 1796 zu Beginn seines glänzenden italienischen Feldzuges. Einem großen Teil Italiens brachte der französische Sieg das Ende der Kleinstaaterei und der Adelsprivilegien. Den Juden brachte er überdies die Abschaffung der Inquisition und die Öffnung der Ghettos. Wo immer in Italien Napoleon sich zeigte, jubelten ihm die Juden als Retter zu; und als er in Ancona einzog, führten jüdische Soldaten, französische Staatsbürger, den Marsch ins Ghetto an, rissen dessen Bewohnern die gelben Abzeichen ab und gaben ihnen statt dessen Rosetten in den französischen Nationalfarben, das Symbol der Revolution.

Napoleon sah sich selbst nicht als Gründer eines großfranzösischen Reiches, sondern als wahren Befreier, der aus den Ruinen der alten Regime die seit Jahrhunderten durch Fürstenwillkür auseinandergerissenen Nationen zusammenführen würde:

»Eine meiner größten Ideen war diejenige der Agglomeration, der Zusammenfassung von Völkern, die geographisch vereint, aber durch Revolutionen und Politik voneinander getrennt sind. Über ganz Europa verstreut gibt es 30 Millionen Franzosen, 15 Millionen Spanier, 15 Millionen Italiener und 30 Millionen Deutsche. Meine Absicht war, jedem dieser Völker seinen eigenen Nationalstaat zu schaffen.«

Wie aber stand es mit den Juden? Welche Nation war weiter zerstreut, weiter auseinandergerissen worden durch Revolutionen und Politik? Solche Fragen mag Napoleon erwogen haben (abgesehen von näherliegenden politischen Anliegen), als er am 20. April 1799, am zweiten Tag des Passah-Festes, während des Palästina-Feldzugs der französischen Armee die folgende Proklamation erließ:

»Rechtmäßige Erben Palästinas!
Die große Nation [Frankreich], die nicht mit Menschen und Ländern Schacher treibt wie diejenigen, die eure Vorfahren unter alle Völker verkauften (Joel 4:6), ruft euch hiermit auf, nicht etwa euer Erbe zu erobern, sondern nur zurückzunehmen, was erobert ward, und es mit Billigung und Unterstützung jener Nation gegen alle Welt zu verteidigen... Eilt herbei! Jetzt ist der Augenblick, der vielleicht in Tausenden von Jahren nicht wiederkehren wird, in dem ihr die Wiederherstellung eurer Rechte unter der Bevölke-

rung des Universums fordern könnt, die euch jahrtausendelang so
schändlich vorenthalten worden sind...«

Ein namhafter Historiker hat in dieser Proklamation das Symbol der
»Anerkennung des jüdischen Rechts auf Palästina durch Europa« sehen wollen. Und so kann man sie natürlich lesen. Viel ausgerichtet
hat seinerzeit Napoleon mit dieser Proklamation aber nicht; später
unterdrückte er den Text, der erst während der späten 1930er Jahre
wiederaufgefunden wurde. Datiert ist die Proklamation aus dem
»Allgemeinen Hauptquartier, Jerusalem«, was zweifellos der rechte
Ort für einen solchen Aufruf zu einer messianischen Erhebung gewesen wäre; doch hat die französische Armee Jerusalem nie erreicht.
Napoleon muß den Text in Erwartung des Falls von Acre (Akko) verfaßt haben, zuversichtlich, daß danach niemand die französische Armee würde hindern können, die Heilige Stadt zu nehmen. Doch hielten die Briten das belagerte Acre, und die von der Pest geschwächte
französische Armee mußte den Rückzug nach Ägypten antreten.

Da unter diesen Umständen an die Gründung eines jüdischen Nationalstaats einstweilen nicht zu denken war, mußte Napoleon den
Ort der emanzipierten Juden in der Völkergemeinschaft, die ihm vorschwebte, neu bestimmen. Zu diesem Zweck berief er den Sanhedrin
ein, eine jüdische Körperschaft mit zweiundsiebzig Mitgliedern, von
denen zwei Drittel Rabbinen, die übrigen Laien waren. Der Sanhedrin tagte von Februar bis März 1807 in Paris. Napoleon legte den
versammelten Vertretern der Juden zwölf Gruppen von Fragen vor,
darunter die folgenden: »Betrachten die Juden die Franzosen als ihre
Brüder – oder als Fremde? Betrachten in Frankreich geborene und
vor dem Gesetz als französische Staatsbürger geltende Juden Frankreich als ihr Vaterland? Fühlen sie sich verpflichtet, dieses Land zu
verteidigen? Sind sie bereit, dessen Gesetzen zu gehorchen und die
Bestimmungen des Bürgergesetzes einzuhalten?«

Man macht sich von den Kompetenzen des Pariser Sanhedrin allerdings einen falschen Begriff, wenn man diesen wie den großen Sanhedrin der römischen Epoche für ein beratendes und Entscheidungen
fällendes Gremium hält. Tatsächlich war der napoleonische Sanhedrin nur befugt, den Beschlüssen der Versammlung jüdischer No-

tabeln, der über hundert führende Persönlichkeiten aus der jüdischen Gemeinde angehörten und die vom 26. Juli 1806 bis zum 6. April 1807 tagte, die Billigung durch das Rabbinat auszusprechen. Was diese Beschlüsse angeht, ginge man mit der Behauptung, sie hätten von vornherein festgestanden, vielleicht zu weit, aber zweifellos wußten die Delegierten, was der Kaiser von ihnen erwartete, und waren geneigt, ihn zufriedenzustellen.

Die Frage, ob Juden Frankreich für ihr Vaterland hielten und sich verpflichtet fühlten, es zu verteidigen, beantwortete die Versammlung überschwenglich und unzweideutig:

>Die Vaterlandsliebe ist ein in jüdischen Herzen so natürliches und mächtiges Gefühl, und sie steht in so vollkommenem Einklang mit den religiösen Meinungen der Juden, daß ein französischer Jude sich in England als Fremder fühlte, ob er gleich unter Juden wäre; ebenso verhält es sich mit englischen Juden in Frankreich.
Dieses Gefühl beseelt sie in so hohem Maße, daß man während des letzten Krieges Juden erbittert gegen andere Juden hat kämpfen sehen, Untertanen der mit Frankreich im Kriege befindlichen Staaten.«

Die Ereignisse der nächsten Jahre lehrten die französischen Juden, daß es nicht ungefährlich ist, sich auf die Versprechungen von Fürsten zu verlassen. Am 17. März 1808 unterzeichnete Napoleon einen Erlaß, der als »Schanderlaß« berüchtigt wurde und sowohl die Geldgeschäfte wie die Freizügigkeit der Juden in Frankreich diskriminierend beschränkte. Diese beschränkenden Anordnungen blieben zehn Jahre lang in Kraft; als sie aufgehoben wurden, hatte Napoleon in Moskau, Leipzig und Waterloo seine Macht verspielt. Zwar behielten die Juden in Frankreich auch nach Napoleons Sturz volle Bürgerrechte, doch wurden in Rom, Venedig, Mainz und Frankfurt die von ihm aufgehobenen Ghettos wiederhergestellt.

Man schreibt das Jahr 1815. Beim Wiener Kongreß, der einberufen wurde, um eine neue internationale Ordnung zu schaffen, ist eine jüdische Delegation anwesend. Der große österreichische Staatsmann und Diplomat Fürst Metternich schätzt jüdische Gesellschaft. Er heißt die Juden willkommen, insbesondere seinen Freund, den Baron Salomon Rothschild. Zu dieser Zeit verbreitete sich in Europa das Bewußtsein, daß der überall erhobene Anspruch auf Freiheit schlecht zu vereinbaren war mit der althergebrachten grotesken, mißtrauischen, ängstlichen und repressiven Behandlung der doch augenscheinlich harmlosen und ohnmächtigen jüdischen Minderheit. Was jetzt bevorstand, könnte als ein zweiter Exodus beschrieben werden: diesmal nicht aus der Wildnis in das Gelobte Land, sondern aus den beengten Verhältnissen des Ghettos in eine weitläufige Welt, in der Emanzipation, Liberalismus, schöpferische Entfaltung und ästhetische Verfeinerung in Aussicht standen. Dieser Weg in eine weitläufige Welt war überall voller Gefahren für die Juden, insbesondere aber in Deutschland, wo antijüdische Ressentiments bis in die geistig führenden Schichten hinein noch weit verbreitet waren.

In Deutschland lebten 1820 etwa 223 000 Juden, kaum ein Prozent der Gesamtbevölkerung. Im großen ganzen hatten sich die deutschen Juden während der napoleonischen Kriege als gute Deutsche bewährt; deutsche Juden waren bei den Entscheidungsschlachten von Leipzig und Waterloo im Kampf gegen französische Juden gefallen. In Preußen wurde den Juden am 11. März 1812 die Emanzipation gewährt, aber obwohl das Emanzipationsedikt viele wirtschaftliche Beschränkungen aufhob, blieb den Juden der Zugang zu hohen Staatsämtern und zur höheren akademischen Laufbahn weiterhin verschlossen. Die Berufe, zu denen sie die höhere Bildung befähigte, die sie sich, dem Beispiel Moses Mendelssohns folgend, aneigneten, konnten mithin Juden nicht ergreifen.

Die Laufbahn des Dichters Heinrich Heine (1797–1856) läßt die Unsicherheit des Geländes erkennen, das die Juden betraten, als sie ihr Ghetto verließen. Heine blieb lebenslänglich ein Außenseiter. In Düsseldorf geboren, besuchte er dort zuerst eine jüdische Schule, dann eine katholische. Düsseldorf war von den Franzosen besetzt gewesen, und Heine schwärmte von ihnen, von ihrer Revolution und ihrem Napoleon. Daß er Jude war und für die Franzosen schwärmte, war schon geeignet, ihm den Eintritt in die deutsche Gesellschaft zu erschweren, und sein revolutionärer Internationalismus stieß deutsche Patrioten vor den Kopf. Die große Aufgabe seiner Zeit war seines Erachtens die Emanzipation – und zwar nicht bloß diejenige der Iren, Griechen, Frankfurter Juden, Westindischen Neger und anderer unterdrückter Völker, sondern die der ganzen Welt, namentlich aber diejenige Europas.

Heine ließ sich 1825 evangelisch taufen. Er ließ niemanden im Zweifel darüber, daß er sich nicht innerer Überzeugung folgend bekehrt, sondern das Christentum nur angenommen hatte, um zur Promotion zugelassen zu werden und sich für eine akademische Laufbahn zu qualifizieren. Den Taufschein bezeichnete er als »Entrée-Billet« zur europäischen Kultur. Anfang Oktober 1825 schrieb er an seinen jüdischen Freund Moses Moser, einen der führenden Geister des Berliner »Vereins für Kultur und Wissenschaft der Juden«:

> »Es wäre mir sehr leid, wenn mein eigenes Getauftseyn dir in einem günstigen Lichte erscheinen könnte. Ich versichere dich, wenn die Gesetze das Stehlen silberner Löffel erlaubt hätten, so würde ich mich nicht getauft haben.«

Tatsächlich hat dann das »Entrée-Billet« Heine keine akademische oder sonstige Karriere im Staatsdienst eröffnet. Gegen Ende seines Lebens versicherte er einem anderen Freund, er habe aus seinem Judentum nie ein Geheimnis gemacht, weil er es nie verlassen habe.

Es gab zu jener Zeit unter den Juden die Neigung, nicht dem Staat, der ihnen die vollen Bürgerrechte vorenthielt, die Schuld an ihrer gedrückten Stellung zu geben, sondern sich selbst oder ihrer Religion. So brachte die deutsche Aufklärung das Phänomen des »jüdischen Selbsthasses« hervor und damit den Juden, der sich die Vorurteile seiner christlichen Umgebung so sehr aneignete, daß er als Antisemit mit dem eigenen Judentum haderte. Einen extremen Fall solchen jüdischen Selbsthasses kann man bei dem Stifter des Kommunismus, bei Karl Marx (1818–1883) konstatieren. Marx freilich war dem Judentum äußerlich schon von Kindheit an entfremdet. Sein Vater, ein Rechtsanwalt, war 1817, ein Jahr vor Karls Geburt, zum Christentum übergetreten, um seine Karriere zu fördern, und hatte seine acht Kinder sämtlich taufen lassen. Dennoch gibt es Gründe zu der Annahme, daß Marx' seelische Bindung an das Judentum nichtsdestoweniger sehr eng blieb. Sein Großvater und sein Großonkel väterlicherseits ebenso wie der Vater seiner Mutter waren Rabbinen. In London, wo er die letzten dreißig Jahre seines Lebens verbrachte, wohnte Marx sechs Jahre lang im Hause eines jüdischen Spitzenhändlers. Überdies bezeichnete sich seine Tochter Eleanore als Jüdin, obwohl Marx seinen Widerwillen gegen das Judentum vor aller Welt unzweideutig ausgesprochen hatte. In dem Stereotyp des jüdischen Wucherers meinte Marx den Inbegriff der bürgerlichen Gesellschaftsordnung zu erkennen, von der er die Menschheit zu befreien trachtete. Zur Judenfrage schrieb er 1843:

»Welches ist der weltliche Grund des Judentums? Das *praktische* Bedürfnis, der *Eigennutz*.
Welches ist der weltliche Kultus der Juden? Der *Schacher*. Welches ist sein weltlicher Gott? Das *Geld*...
Wir erkennen also im Judentum ein allgemeines *gegenwärtiges antisoziales* Element, welches durch die geschichtliche Entwicklung, an welcher die Juden in dieser schlechten Beziehung eifrig mitgearbeitet, auf seine jetzige Höhe getrieben wurde, auf eine Höhe, auf welcher es sich notwendig auflösen muß.
Die *Judenemanzipation* in ihrer letzten Bedeutung ist die Emanzipation der Menschheit vom *Judentum*.«

Ein anderer deutscher jüdischer Sozialist, Moses Hess (1812–1875), gelangte zu einer anderen Einsicht. Hess war als Knabe von seinem orthodoxen Großvater jüdisch erzogen worden. Als junger Mann meinte er zu erkennen, daß die historische Sendung des Judentums erfüllt und das Judentum von der Entwicklung überholt sei. Dann aber, in den 1850er Jahren, gaben ihm die Kraft und fortschrittliche Richtung des italienischen Nationalismus zu denken. Gab es nicht auch für den jüdischen Nationalismus eine Zukunft? Lag die Zukunft des Judentums nicht vielleicht in dessen alter Heimat? Als Jahrzehnte später der Begründer des politischen Zionismus, Theodor Herzl, das Buch »Rom und Jerusalem« las, in dem Hess 1862 diese Gedanken ausgesprochen hatte, erkannte er in dem zum Judentum zurückgekehrten Sozialisten einen Vorläufer: Alles, worum er und seine Freunde sich bemühten, notierte er 1901 in seinem Tagebuch, sei in diesem Buch schon zu finden.

Unter den Zaren

Um die Mitte des 19. Jahrhunderts lebten auf der ganzen Erde 4 750 000 Juden – 72 Prozent von diesen in Osteuropa, 14 Prozent in Westeuropa, 1,5 Prozent in Amerika. So war nun die jüdische Geschichte zu einem Teil der europäischen geworden. In dieser Geschichte ereignete sich während des Jahres 1848 Entscheidendes. Von Frankreich aus wehte der Wind des revolutionären Liberalismus über Deutschland, Österreich und Italien. Den Juden bot sich jetzt eine Alternative. Sie waren nicht länger durch das Gesetz auf das vertraute, aber beengende Milieu des Ghettos und des »Stetl« beschränkt; die neue Zeit eröffnete ihnen die Möglichkeit, in der weiten Welt ihr Glück zu machen. Ein Jude konnte sein Judentum ablegen und, wie Benjamin Disraeli, Premierminister von England werden. Hunderttausende von Juden hatten nun die Möglichkeit, in die ihnen bisher verschlossenen Domänen der Parlamente und Universitäten einzudringen. Ein neuer Himmel und eine neue Erde! So wenigstens sah es damals in Westeuropa aus. Wenn der Preis dieser Emanzipation Assimilation war – nämlich die Lösung vom Judentum oder doch eine Art Doppelleben, in dem man sein Judentum zwar als Privatangelegenheit beibehielt, sich in der Öffentlichkeit aber gab wie jeder andere moderne Europäer – so waren, wie schon bemerkt, viele Juden bereit, diesen Preis zu zahlen.

In Osteuropa, unter der Herrschaft der russischen Zaren, waren andere Verhältnisse gegeben. In diesen nach westeuropäischen Begriffen noch rückständigen Ländern hatten einstweilen weder Liberalismus noch Säkularisierung nennenswerte Fortschritte gemacht, und Antisemitismus wurde dort noch mit einer Brutalität praktiziert, die man im Westen ein für allemal überwunden glauben durfte. Immer wieder kam es zu Verfolgungen und Pogromen so voller Blut und Angst, Elend und Demütigung, daß Hunderttausende von Juden außer Landes flohen und eine neue Heimat anderswo suchten – die meisten von ihnen in der vielversprechenden amerikanischen Neuen Welt, einige wenige aber auch schon in der ältesten eigentlichen Heimat, im Lande Israel, wo sie die ersten neuen jüdischen Siedlungen aufbauten.

Doch nicht nur aus Mangel an Gelegenheit ließen sich viele in Rußland und in Osteuropa lebende Juden auf die Aufklärung, die sich unter ihren westeuropäischen Glaubensgenossen ausbreitete, nicht ein. Das »Stetl« – oder Städtchen, wie die osteuropäischen Juden die Viertel nannten, in denen sie von ihren nichtjüdischen Nachbarn abgesondert lebten – mochte eng, ärmlich und schmutzig sein, aber es war ein Rahmen, der ihre Identität bestätigte, der sie nie vergessen ließ, wer sie waren und wer nicht. Ihr gegenwärtiges Leben mochte elend und voller Demütigungen sein, aber sie wußten, daß sie von Königen und Propheten abstammten, und sie bereicherten ihr elendes Leben mit den Bildern und Symbolen eines uralten Glaubens. Wie auch viele Juden andernorts wollten sie nicht als einzelne, sondern als Juden wie andere Menschen geachtet werden, träumten davon, nicht als einzelne Aufnahme in die nichtjüdische Gesellschaft zu finden, sondern als Nation anderen Nationen gleichgestellt zu werden. Sie träumten den Traum, dessen Verwirklichung Theodor Herzl in Angriff nahm, als er die revolutionäre Idee eines seines Territoriums und Erbes gewissen jüdischen Staates zum Ziel politischen Handelns machte.

Um zu verstehen, weshalb der von Wien ausgehende Zionismus den Träumen gerade der russischen Juden entgegenkam, und um die Lage der russischen Juden während des späteren 19. Jahrhunderts zu verstehen, müssen wir weit in die russische Geschichte zurückgehen. Nachdem 1480 das Großfürstentum Moskau das Joch der Mongolen abgeschüttelt hatte, dehnten die Moskowiter ihre Herrschaft in nur drei Jahrhunderten auf ein riesiges Reich aus, das östlich über den Ural nach Sibirien, südöstlich den Lauf der Wolga entlang, nördlich über das Nowgoroder Territorium, nordwestlich bis an die Ostseeküsten und westlich bis nach Litauen und Polen reichte. Das Streben nach Landgewinn motivierte die Politik der Zaren, seitdem sich der Großfürst von Moskau, Iwan III. Wassiljewitsch, der von 1462–1505 regierte, zum »Beherrscher aller Reußen« erklärt hatte. Die Sowjetunion hat geerbt, was die Zaren erwarben.

Aus dem binnenländischen Fürstentum der Moskowiter, das von der Hauptströmung der europäischen Kultur weit abgelegen war, ist im Laufe von nicht 500 Jahren die heutige Weltmacht hervorgegangen, eine große Handelsnation mit Häfen an sieben Meeren – an der Ostsee, der Barentssee, dem Weißen Meer, dem Bering-Meer, dem Kaspischen, dem Schwarzen und dem Japanischen Meer. Auf dem Territorium des Großfürstentums Moskau lebten im Jahre 1500 kaum sieben Millionen Menschen, hundert Jahre später mögen es zehn Millionen gewesen sein. Doch im Jahre 1800 hatte der Zar bereits dreißig Millionen Untertanen, und schon fünfzig Jahre später, 1850, mehr als doppelt so viele, nämlich siebzig Millionen. Über 268 Millionen Einwohner hatte die Sowjetunion 1982. Der territoriale Zuwachs dieses Reichs seit seiner Gründung ist aber noch erstaunlicher als die Bevölkerungszunahme. Moskau ist heute die Hauptstadt eines Landes von 22,4 Millionen Quadratkilometern Fläche, etwa eines Sechstels der bewohnten Erde. Dieses gewaltige Territorium aber haben die Sowjets fast in seiner ganzen Ausdehnung von den Zaren übernommen.

Von den Zaren haben die Sowjets noch etwas anderes übernommen – ihren Antisemitismus. Seit den Anfängen der russischen Geschichte wurden im Großfürstentum Moskau Juden nicht geduldet. Im Jahre 1504, gegen Ende der Herrschaft Iwans III., wurden in Nowgorod und Moskau Angehörige einer Sekte, die angeblich jüdische Tendenzen zeigte, auf dem Scheiterhaufen verbrannt. Als 1550 der polnische König Sigismund II. Augustus dem russischen Zaren Iwan IV. Wassiljewitsch nahelegte, einer Gruppe von jüdischen Kaufleuten die Einreise nach Moskau zu gestatten, wies der treffend »Iwan der Schreckliche« genannte Zar das Ansinnen entrüstet zurück. Typisch für die Haltung der Zaren in Hinsicht auf die Juden war eine Äußerung der Zarin Elisabeth Petrowna, die, kaum hatte sie den Thron bestiegen, 1742 alle Juden aus ihrem Reich verbannen wollte. Als man ihr erklärte, welche wirtschaftlichen Nachteile den russischen christlichen Kaufleuten aus einer solchen Maßnahme erwachsen würden, sagte sie nur: »Ich will keine Vorteile haben von den Feinden Christi.«

Ein »jüdisches Problem« größeren Umfangs stellte sich dem Zarenreich aber erst während der Regierungszeit Katharinas der Großen. Als Rußland, nachdem es schon vorher seinen westlichen Nachbarn zu seinem Satelliten gemacht hatte, 1772 begann, sich große Teile des polnischen Territoriums einzuverleiben, lebten in Polen mehr als eine Million Juden. Im Zuge der Aufteilung Polens unter Preußen, Österreich und Rußland – auf die erste Teilung von 1772 folgten 1793 und 1795 zwei weitere – wurde die Mehrzahl der polnischen Juden Untertanen der Zaren. Obwohl die Juden natürlich auch in Polen nur eine Minderheit waren, waren sie doch keineswegs eine verschwindende Minderheit. Es gab jüdische Handwerker, Händler, Steuereinnehmer, und es gab Juden in den freien Berufen. In manchen Städten waren die Einwohner sogar überwiegend Juden – bis zu siebzig Prozent und darüber hinaus. Insgesamt bildeten die Juden eine Mittelschicht zwischen den adligen Grundbesitzern und den unzufriedenen Bauern.

Von Anfang an behandelten die neuen russischen Landesherren ihre neuen jüdischen Untertanen diskriminierend. Schon 1772, im Jahre der ersten Teilung Polens, erließ Katharina eine Verordnung, die allen nichtjüdischen Einwohnern der neugewonnenen Gebiete den Anspruch auf ihre früheren Rechte innerhalb der Grenzen des gesamten russischen Reiches bestätigte. Den Juden hingegen wurden ihre früheren Rechte nur unter der Bedingung belassen, daß sie wohnen blieben, wo sie vor der Teilung gewohnt hatten. 1791 wurde die Verordnung bestätigt, hinsichtlich der Juden aber dahingehend modifiziert, daß ihnen nun gestattet sein sollte, sich auch in zwei östlich des Dnjepr gelegenen Provinzen und in gewissen erst kürzlich den Türken abgenommenen dünn besiedelten Gebieten niederzulassen. Diese Politik, die Juden auf Russisch-Polen und einige Grenzgebiete wie auf ein Ghetto zu beschränken, wurde während der Herrschaft Alexanders I. revidiert. Alexanders im Dezember 1804 veröffentlichten »Statuten, die Organisation der Juden betreffend« gehen davon aus, daß die Juden, unwissend und seit langem in der Absonderung lebend, als parasitäres Element der russischen Gesellschaft einzuschätzen seien (die seit den Tagen Peters des Großen sich der eigenen Fortschrittlichkeit stolz bewußt war). Der Verfasser der Statuten und der Zar, der sie unterzeichnete, glaubten aber zu wissen, wie man auch die Juden zu nützlichen Staatsbürgern machen könne: durch Anwendung des Allheilmittels der Aufklärer – Erziehung.

Der Zar wies damit den russischen Juden im wesentlichen den Weg, den Mendelssohn schon den deutschen empfohlen hatte: sich an die Sitten und die Verfassung des Landes, in dem sie lebten, anzupassen, ohne deshalb den Gott ihrer Väter zu verleugnen. So hatten es Juden schon lange vor der Aufklärung an vielen Orten getan, um zu überleben, getreu dem Rat Jeremias:

> »Suchet der Stadt Bestes, dahin ich euch habe wegführen lassen, und betet für sie zum Herrn; denn wenn's ihr wohl geht, so geht's euch auch wohl.« (Jeremia 29:7)

Mit unbewußter Ironie faßte einer der Führer der *Maskilim* (der »Aufgeklärten«) unter den russischen Juden des 19. Jahrhunderts diesen Rat in die Worte: »Sei ein Jude in deinem Zelt und ein Mensch draußen.« Die jüdische Identität sollte nicht aufgegeben werden, aber wie der harte Kern einer weichschaligen Frucht von außen unsichtbar bleiben.

Wie für Mendelssohn und später die Schriftsteller der russischen *Haskala* war auch nach Auffassung der Berater Alexanders I., die die 1804 veröffentlichten Statuten konzipierten, der Schlüssel zur Emanzipation die Sprache. Wenn die Juden am Leben der modernen Gesellschaft teilnehmen wollten, mußten sie auf ihr Jiddisch verzichten, die noch viele Züge des Mittelhochdeutschen bewahrende Mundart des Ghettos. Modernes Deutsch, Polnisch und Russisch sollten sie sprechen lernen, wenn sie moderne Menschen werden wollten. Gewalt war zur Lösung des jüdischen Problems nicht erforderlich, so jedenfalls urteilte das »Komitee für die Verbesserung der Juden«, dessen Erwägungen die Statuten von 1804 inspirierten. Statt dessen empfahl das Komitee, »die Juden zu befähigen, sich selbst zu vervollkommnen, und ihnen zu diesem Zweck die Wege zu öffnen, auf denen sie zu ihrem Glück fortschreiten können.«

Praktisch lief diese Empfehlung auf einen versteckten Zwang zur Assimilation hinaus. Seit dem Jahre 1807 wurde in Rußland kein amtliches jüdisches Dokument mehr anerkannt, das nicht in einer der drei Amtssprachen des Zarenreiches abgefaßt war. Juden, die nicht mindestens eine dieser Sprachen – Russisch, Polnisch oder Deutsch – in Wort und Schrift beherrschten, durften vom folgenden Jahr an auch keinem Stadtrat mehr angehören. 1812 wurde überdies verfügt, daß Angehörige der jüdischen Gemeindeverwaltungen – ja selbst des Rabbinats – eine der Amtssprachen zu beherrschen hätten. Wenn zu Heinrich Heines Zeiten in Deutschland die Taufe das »Entrée-Billet« zur europäischen Kultur war, so war in Rußland die Kenntnis zumeist der russischen Sprache erste Voraussetzung der Emanzipation. Die Sprachenfrage, bei der es schließlich auch darum ging, ob jüdische Kinder moderne russische Schulen besuchen sollten oder die herkömmlichen Judenschulen, in denen der Unterricht meist in jiddischer Sprache erteilt wurde, wurde zum Prüfstein jüdischer Identität. Im großen ganzen waren die »aufgeklärten« Juden mit den Bemühungen der zaristischen Regierung, das Jiddische zurückzudrängen und womöglich abzuschaffen, einverstanden, ja unterstützten diese sogar. So erklärte O. Rabinowitsch, der 1860 die erste jüdische Wochenschrift in russischer Sprache herausgab, die er zuversichtlich *Razsvet* (»Morgenröte«) nannte:

»Wir hier in Rußland reden... anstatt die herrliche russische Sprache zu lernen, hartnäckig weiter unseren verdorbenen Jargon, der den Ohren wehtut... Es ist unsere Pflicht, diese alten Lumpen fortzuwerfen, diese Hinterlassenschaft des finsteren Mittelalters... Wir glauben, daß die Zeit gekommen ist, da die russische Sprache die Führerin der Juden werden soll auf ihrem Weg zur Aufklärung und zur Erweiterung des Kreises ihres geistigen und materiellen Wirkens...«

Die Kontroverse dauerte jahrzehntelang. Ihr Ausgang war überraschend. Bei einer Volkszählung im Jahre 1897 zeigte sich, daß noch immer 96,7 Prozent der gezählten Juden Jiddisch als Muttersprache angaben, während gerade 1,3 Prozent als erste Sprache Russisch sprachen. Tatsächlich kann kein jüdischer Schriftsteller russischer Sprache einen demjenigen der großen russischen Autoren des 19. Jahrhunderts vergleichbaren Rang beanspruchen. Doch in der hebräischen Sprache – die eben zu jener Zeit kräftig wiederauflebte, nicht zuletzt, weil jüdische Schriftsteller das nach ihrer Meinung zur Literatursprache nicht taugende Jiddisch nicht durch das Russische ersetzt sehen wollten – leisteten jüdische Autoren der zweiten Hälfte des 19. und 20. Jahrhunderts Hervorragendes, so der große Dichter, Essayist und Übersetzer Chaim Nahman Bjalik (1873–1934) aus Wolhynien oder der Vater der modernen hebräischen Sprache, Elieser ben Jehuda (1858–1922), ein Schriftsteller und Lexikograph aus Litauen.

Nicht weniger beeindruckend sind indessen die Leistungen jener Schriftsteller, die sich ihrer jiddischen Muttersprache bedienten und diese bereicherten. Einer von ihnen war der in Belorußland 1836 als Schalom Jakob Abramowitz geborene Meister sowohl der jiddischen als auch der hebräischen Prosa, der unter dem Namen Mendele Mocher Seforim (»Mendele der Buchhändler«) bekannt wurde. Ein anderer war der beliebte Erzähler und Humorist Schalom Aleichem (1859–1916), der Schöpfer der Geschichten von Tewje, dem Milchmann, die den Stoff zu dem Musical »Fiddler on the Roof« lieferten, das unter dem Titel »Anatewka« auch auf deutschen Bühnen sehr erfolgreich war. Schließlich ist der 1904 in Polen geborene Isaac Bashevis Singer zu erwähnen, der 1935 in die USA auswanderte und dessen Kurzgeschichten und Romane aus dem Jiddischen in alle Kultursprachen übersetzt wurden.

Ein Publikum, das Singers Romane in der Originalfassung lesen könnte, ist heute kaum noch vorhanden. Die im vergangenen Jahrhundert in Rußland so heiß umkämpfte Frage nach dem Wert des Jiddischen hat sich erledigt. Bald wird Jiddisch eine tote Sprache sein, dafür haben der Holocaust und die Feindseligkeit der Sowjetführer gesorgt. Die Sprache des Staates Israel ist nicht Jiddisch, sondern

Hebräisch. Die größte jüdische Gemeinde der Welt, diejenige der USA, spricht fast ausschließlich Englisch, wenngleich heute eine ganze Reihe von jiddischen Ausdrücken das amerikanische Englisch bereichert. Nach der offiziellen sowjetischen Statistik sprechen mehr als 80 Prozent der heute noch in der UdSSR lebenden Juden Russisch als erste Sprache. Wenn demnach alles dafür spricht, daß die jiddische Sprache keine Zukunft mehr hat, seien hier doch die liebenswürdigen und hoffnungsvollen Worte zitiert, mit denen Isaac Bashevis Singer 1978 den Nobelpreis für Literatur entgegennahm:

»Die mir verliehene hohe Ehre ... ist auch eine Anerkennung der jiddischen Sprache – einer Sprache des Exils, ohne Land, ohne Grenzen, von keiner Regierung unterstützt, einer Sprache, die keine Worte für Waffen, Munition, militärische Manöver, kriegerische Operationen hat, einer sowohl von den Nichtjuden als auch von den emanzipierten Juden verachteten Sprache.
Die Wahrheit ist, daß, was die großen Religionen predigten, von den Jiddisch sprechenden Bewohnern der Ghettos tagein tagaus geübt worden ist. Sie waren das Volk des Buches im wahrsten Sinne des Wortes ...
Es gibt die Meinung, daß Jiddisch schon heute eine tote Sprache sei, aber ... das Jiddische hat sein letztes Wort noch nicht gesprochen. Es enthält Schätze, die den Augen der Welt noch nicht offenbart worden sind. Jiddisch war die Sprache von Märtyrern und Heiligen, von Träumern und Kabbalisten – diese Sprache ist reich an Humor und Erinnerungen, die die Menschheit nie vergessen möge. Im übertragenen Sinne ist Jiddisch unserer aller weise und bescheidene Sprache, die Rede der beängstigten und hoffnungsvollen Menschheit.«

In ihrem Unglück mußten die Juden in Rußland nicht nur der Versuchung widerstehen, um der Vorteile der Emanzipation willen ihrem Judentum zu entsagen; oft genug mußten sie ihre Standhaftigkeit auch unter höchst schmerzhaftem Druck beweisen. Nach dem Tode Alexanders I. im Jahre 1825 folgte diesem sein jüngerer Bruder Nikolai Pawlowitsch (1796–1855) auf den Thron. Als Zar Nikolaus I.

bewies dieser große Neigung zu Krieg und Unterdrückung, was bald einerseits die Perser und Türken zu fühlen bekamen, andererseits die Polen, Ungarn, Juden – und das russische Volk selbst. Im April 1835 erließ Nikolaus, dem die Juden persönlich zuwider waren, eine Verfügung, mit der den Juden bestimmte Siedlungsgebiete vorgeschrieben wurden; unterstanden sie sich, diese zu verlassen, sollten sie der russischen Staatsbürgerschaft verlustig gehen und mit dauernder Verbannung bestraft werden. Wie schon in den Statuten des Jahres 1804, wurden die Juden nach verschiedenen Klassen oder Ständen eingeteilt und mit einer Anklage wegen Vagabundierens bedroht (keiner Kleinigkeit nach damaligem Recht), wenn sie es unterließen, sich dieser Einteilung entsprechend zu identifizieren.

Schlimmer als diese Verfügung, die im wesentlichen nur bereits bestehende Praxis kodifizierte und verschärfte, war ein 1827 veröffentlichtes Gesetz, das alle jüdischen Männer zu einer 25jährigen Militärdienstzeit verpflichtete. Selbstverständlich wurde nicht erwartet, daß jeder Jude dieser Dienstpflicht nachkam. Es waren Ausnahmen zugelassen, deren Bedingungen aber, wie die Dienstpflicht selbst, geeignet waren, das Gewebe der jüdischen Gesellschaft zu zerstören. Für eine gewisse Summe Geldes konnte man Befreiung vom Militärdienst erlangen: Reiche Juden konnten also ihre Söhne loskaufen, die Söhne der Armen wurden eingezogen.

Es gab noch andere ungerechte Ausnahmeregelungen. So waren auch jüdische Jünglinge, die allgemeinbildende – das heißt nichtjüdische – Schulen besuchten, vom Militärdienst befreit; ebenso jüdische Lehrlinge nichtjüdischer Meister. Da die ganze jüdische Gemeinde von den Behörden für die alljährliche Stellung einer gewissen Zahl von Rekruten verantwortlich gemacht wurde, fiel deren Führern, die meist Rabbinen waren, die Entscheidung darüber zu, wer bleiben durfte und wer zum Militär mußte. In einigen Fällen scheinen bezahlte Kidnapper – *Khapers*, wie sie auf Jiddisch hießen – mit der Anwerbung der erforderlichen Zahl von jungen Männern betraut worden zu sein, die dann mitunter acht- oder neunjährige Kinder zu den Fahnen schleppten.

Das bitterste Los war dasjenige der sogenannten »Kantonisten«. Dies waren 12–18jährige Kinder und Jugendliche, die legal zum Militär eingezogen wurden und in den »Kantonnements« (Truppenquartieren) fern von ihren Familien, schlecht ernährt und brutal behandelt, Dienst tun mußten. Wenn sie diese Grundausbildung überlebten – und viele der 40000 Kantonisten überlebten sie nicht –, stand ihnen bei Vollendung des 18. Lebensjahrs noch eine 25jährige reguläre Dienstzeit bevor, da die vor Erreichen dieses Alters gediente Zeit nicht gezählt wurde.

Das Elend der Kantonisten und einige andere Leiden der Juden hatten ein Ende, als 1856 der Nachfolger Nikolaus' I., Zar Alexander II. (1818–1881), die die Militärdienstpflicht der Juden betreffenden besonderen Bestimmungen aufhob. Unter der 26jährigen Herrschaft dieses Zaren machte Rußland einige Fortschritte auf dem Wege von der Autokratie zu einem modernen Verfassungsstaat. 1861 verkündigte Alexander die Abschaffung der Leibeigenschaft und verteilte damit nicht nur etwa die Hälfte der landwirtschaftlichen Nutzungsfläche Rußlands an die Bauern, sondern machte auch die Bauern, die bisher Leibeigene der Grundherren gewesen waren, zu Untertanen des Staates. Diese neuen Untertanen brauchten rechtlichen Schutz, den ihre früheren Herren ihnen nun nicht mehr gewähren konnten. Alexander führte deshalb 1864 Friedens- und Geschworenengerichte ein, mit öffentlichen Verfahren und mündlicher Verhandlung. Zugleich wurden die Bestimmungen, die die Auslandsreisen von russischen Untertanen und den Zugang zu den Universitäten beschränkten, sowie auch die Pressezensur gelockert.

Neue Ideen blühten, von denen nicht wenige, wie Alexander mißfällig zu konstatieren Gelegenheit hatte, gegen seine Regierung gerichtet waren. Auch die Künste blühten. Dies war die Zeit, in der die großen russischen Schriftsteller des 19. Jahrhunderts ihre bedeutendsten Werke schufen. Fjodor Dostojewski (1821–1881), der unter der Regierung Nikolaus' I. als Staatsfeind verurteilt wurde und fast hingerichtet worden wäre, veröffentlichte 1866 den meisterhaften psychologischen Roman »Schuld und Sühne«, 1871 den das Milieu der revolutionären Zirkel beleuchtenden Roman »Die Dämonen« und drei Jahre später »Die Brüder Karamasoff«. Graf Leo Tolstoi (1828–1910) vollendete seine größten Romane, »Krieg und Frieden« und »Anna Karenina«, 1869 und 1877. Ein anderes Meisterwerk dieser Zeit ist der 1862 veröffentlichte Roman »Väter und Söhne« von Iwan Turgenjew (1818–1883), der darin, wie später Dostojewski in den »Dämonen«, die unter der Oberfläche der russischen Gesellschaft gärende revolutionäre Unruhe behandelte. Nicht weniger schöpferisch als in der Literatur war die Epoche Alexanders II. in der Musik. Die reifen Werke von Tschaikowski (1840–1893) und Alexander Borodin (1833–1897) sowie die Oper »Boris Godunow« von Modest Mussorgski wurden unter der Herrschaft dieses Zaren uraufgeführt.

Die Juden nahmen die Bewegung dieser Zeit wahr und wollten daran teilnehmen. Juda Leib Gordon (1831–1892), der führende Dichter der *Haskala*, rief seine Brüder auf, sich mit Leib und Seele dieser belebenden Bewegung anzuvertrauen:

> »Erwache, mein Volk! Wie lange willst du noch schlummern?
> Die Nacht ist vergangen, hell scheint die Sonne...
> Dieses Land Eden öffnet nun dir seine Pforten,
> ›Bruder‹ werden dich seine Söhne nun nennen.
> Wie lange willst du noch als bloßer Gast unter ihnen wohnen,
> Und warum trotzest du ihnen jetzt?«

Gute Dichter sind nicht immer gute Propheten, und die Geschichte hat die Hoffnungen der *Maskilim* besonders bitter enttäuscht. Gordon schrieb sein Gedicht »Erwache, mein Volk!« im Jahre 1863, als Rußland noch seine erste Freiheit genoß. Wie hätte er die grausamen Gesetze, Pogrome und den institutionalisierten Antisemitismus ahnen sollen, die die Juden während der bevorstehenden 120 Jahre von Zaren und Sowjets zu erdulden haben sollten? Gordon selbst aber kam von den Illusionen, die er in dem zitierten Gedicht aussprach, bald ab. Schon in den 1870er Jahren bedauerte er die übertriebene Assimilation der jungen Juden, durchschaute die Unfähigkeit der russischen Liberalen, erkannte deren Isoliertheit und spürte die zunehmend drückende Allgegenwart der Geheimpolizei.

Von der Geburt des Zionismus zur Balfour-Erklärung

Oft hat man in den Katastrophen, die in den achtziger und neunziger Jahren des 19. Jahrhunderts über die Juden in Rußland hereinbrachen, die historischen Voraussetzungen des Zionismus sehen wollen. Tatsächlich wurzelte aber der Anspruch der Juden auf die Wiederherstellung eines jüdischen Staates viel tiefer in der Geschichte. Das jüdische religiöse Leben ließ keinen Juden je die Zeit vergessen, da ruhmreiche hebräische Könige regierten, Propheten predigten und jüdische Priester in Salomons Tempel opferten und beteten. Die Bilder dieses vergangenen Zeitalters der Freiheit waren durch Jahrtausende dem jüdischen Bewußtsein stets gegenwärtig geblieben. Je tiefer die Erniedrigung und die Finsternis waren, die die Juden in der Gegenwart erdulden mußten, desto glänzender vergegenwärtigten sie sich ihre stolze Vergangenheit. Die täglichen Gebete beschworen diese Vergangenheit in majestätischer Sprache. Die Juden wurden es nie müde, über den Büchern ihrer ältesten Geschichte zu grübeln – nicht allein, weil sie dort religiöse Erleuchtung fanden, sondern auch, weil sie dort den Wurzelgrund ihrer nationalen Zukunft suchten. Denn sie gedachten der Vergangenheit um der Zukunft willen: »Ich werde deinen Samen bringen vom Osten und dich aus dem Westen einsammeln. Ich werde sagen zum Norden ›Gib her‹ und zum Süden ›Halte nicht zurück‹. Bringen werde ich meine Söhne aus der Ferne und meine Töchter von den Enden der Erde.«

Diese tagein, tagaus jahrhundertelang wiederholten Gebete hielten bei den über die Welt verstreuten Juden stets die Sehnsucht nach ihrer verlorenen Heimat lebendig – zu lebendig, als daß Juden je versucht gewesen wären, sich irgendwo anders ganz daheim zu fühlen. Anders als jede auf Jenseitiges gerichtete Sehnsucht hatte diese ja ihren bestimmten Ort hier auf Erden, und die Beziehungen der Juden zu diesem Ort rissen auch während der Zeitalter der Diaspora nie ganz ab. Kleine jüdische Gemeinden und Akademien in Jerusalem, Safed, Jaffa und Hebron erhielten den Anspruch der Juden auf diesen Ort fast ununterbrochen aufrecht. Und während die Juden in der Diaspora die verlassene Heimat nie vergaßen, wurde Palästina keinem anderen Volk zur Heimat. Die Eroberer, die dort einander folgten, waren sämtlich anderswo zu Hause. So wurde die Idee, daß Palästina das Land der Juden sei, nie in Frage gestellt. Dem Bewußtsein, ein auserwähltes Volk mit einem besonderen Schicksal zu sein, verdankten die Juden wohl mindestens teilweise die erstaunliche Fähigkeit, ein jüdisches Gemeindeleben zu organisieren, gleichviel, wo und unter wessen Gesetz sie lebten. Andererseits wurden sie zu dieser beharrlichen Eigenständigkeit natürlich auch durch die Weigerung der nichtjüdischen Gesellschaften, sie als Bürger gleichen Rechts anzuerkennen, gezwungen. So sahen sich die Juden überall auf sich selbst angewiesen, weil sie nichts anderes sein wollten, als sie waren, und weil niemand sie etwas anderes sein ließ. Im 19. Jahrhundert nun erfuhren die im jüdischen Nationalbewußtsein von alters her lebendigen Ansprüche und Hoffnungen Bestätigung und Verstärkung durch die nationalen Befreiungsbewegungen in Europa. Wenn Italiener, Polen, Iren, Serben, Griechen und andere sich erhoben und aus jahrhundertealter Knechtschaft befreiten, mochte die Zeit gekommen sein, in der auch die Juden daran denken konnten, von der Heimkehr nach Israel nicht länger nur zu träumen.

Aber die Juden träumten von dieser Heimkehr und der Wiederherstellung ihrer Unabhängigkeit schon zu lange, um noch daran zu glauben. Wie sie gewohnt waren, für die Wiederherstellung von Zion zu beten, so waren sie gewohnt, nichts selbst zu unternehmen, um sich diesen Wunsch zu erfüllen. Doch dann wurde innerhalb einer einzigen Generation, dank einer zunächst von Theodor Herzl und bald darauf von Chaim Weizmann angeführten politischen Bewegung, der Gegenstand dieser Träume und Gebete zum konkreten politischen Ziel. Herzl (1860–1904), der Begründer des politischen Zionismus, wurde in Budapest geboren, studierte an der Wiener Universität Rechtswissenschaften und war während der entscheidenden Phase seiner politischen Entwicklung Korrespondent verschiedener Zeitungen in Paris. Der hervorragende Führer des praktischen politischen Zionismus und spätere erste Präsident des Staates Israel, Chaim Weizmann (1874–1952), kam in einem russischen »Stetl« zur Welt, studierte an deutschen und schweizerischen Universitäten und war Professor für Biochemie in Manchester, ehe er an die Spitze der zionistischen Bewegung trat.

Herzl und Weizmann fanden die Juden auf ihre Botschaft vorbereitet. Schon ehe der politische Zionismus formuliert wurde, hatten Juden begonnen, dessen Ziele zu verfolgen, indem sie in das Land Israel einwanderten und sich dort ansiedelten. Diese Pioniere der jüdischen Rückwanderung – hebräisch spricht man von der *Jischuw* (»Ansiedlung«) – wurden von wohlhabenden Glaubensbrüdern in Westeuropa, wo es während des 18. und 19. Jahrhunderts einige jüdische Familien zu großem Reichtum gebracht hatten, mit gutem Rat und gutem Geld unterstützt. Sir Moses Montefiore (1784–1885), in Livorno geboren, von Königin Victoria geadelt, nachdem er zum Bürgermeister von London gewählt worden war, verwendete schließlich seine beachtliche Energie und sein großes Vermögen ganz für wohltätige Unternehmungen zugunsten der bedrückten Juden – namentlich auch in Palästina, wo er Landwirtschaft und Industrie zu fördern suchte. Siebenmal hat er im Laufe seines langen Lebens das Heilige Land besucht.

Durch seine Gattin stand Sir Moses in verwandtschaftlichen Beziehungen zu Nathan Mayer Rothschild (1777–1836), dem Haupt des Londoner Zweigs jener berühmten Familie. Über die Rothschilds ist viel geschrieben worden – so hat man in den weitverzweigten Unternehmungen dieser Familie das Muster der modernen »multinationalen Gesellschaften« finden wollen –, im gegenwärtigen Zusammenhang soll aber nur an den Ernst und die Treue erinnert werden, mit der die Rothschilds stets bemüht gewesen sind, das Los ihrer unglücklicheren Glaubensbrüder zu verbessern. Der Baron Edmond James de Rothschild (1845–1934) verdiente sich den Ehrentitel eines »Vater der *Jischuw*«, indem er die ersten jüdischen Siedlungen in Palästina vor dem Zusammenbruch rettete und durch seine finanzielle Unterstützung weitere Ansiedlungen von Juden im Heiligen Land nach der Jahrhundertwende ermöglichte.

Die bedeutendsten Förderer der *Jischuw* im 19. Jahrhundert dachten nicht daran, sich selbst in Palästina anzusiedeln, und vor dem Ersten Weltkrieg unterstützten sie die dortige Ansiedlung von Juden auch nicht bewußt als Voraussetzung für die Gründung eines jüdischen Staates. Sie verstanden sich als Bürger der fortschrittlichen modernen Staaten, und sie empfanden einfach die soziale und religiöse

Verpflichtung, ihren jüdischen Glaubensbrüdern überall in der Welt nach Kräften beizustehen. Der politische Zionismus hingegen setzte sich mit der Überzeugung, daß den Juden nur durch einen eigenen Staat geholfen werden könne, von Anfang an ein höheres Ziel. Die frühen Förderer der *Jischuw* verstanden die jüdische Ansiedlung in Palästina als Zuflucht für ihre Religionsgenossen, die entweder aus tiefer religiöser Überzeugung oder um anderswo Verfolgungen zu entgehen ins Heilige Land zurückzukehren wünschten.

Woher kamen nun diese ersten Siedler? Die erste wirkliche *Alijah* – so das hebräische Wort für die Einwanderung nach Israel, das soviel wie »Anstieg« oder »Aufstieg« bedeutet – begann in den achtziger Jahren des vergangenen Jahrhunderts, und die Einwanderer, die sie brachte, kamen nicht aus dem fortgeschrittenen Westen, sondern aus dem unterdrückten Osten, in der Mehrzahl aus Rußland, wo 1881 Zar Alexander II. einem Attentat nihilistischer Verschwörer zum Opfer gefallen war. Die reaktionäre und extrem russisch-nationalistische Politik seines Nachfolgers Alexander III., der von 1881 bis 1894 regierte, hätte zweifellos unter allen Umständen wie den anderen Minderheiten unter russischer Herrschaft – Armeniern, Esten, Finnen, Deutschen, Litauern und Polen – auch den Juden schlechte Zeiten gebracht. Doch richtete sich überdies gegen die Juden der besondere Widerwille des Innenministers, Polizeipräsidenten und Beraters des neuen Zaren, des Administrators der russischen orthodoxen Kirche Konstantin Petrowitsch Pobedonoszew. Antisemiten konnten auf die Tatsache verweisen, daß der nihilistischen Gruppe »Volkswillen«, die den Anschlag auf Alexander II. verübt hatte, eine Jüdin angehörte. Diese Frau, Hessia Meyerowna Helfmann, hatte zwar die tödliche Bombe nicht selbst geworfen, sich aber als Propagandistin der Revolutionäre betätigt; sie wurde wie fünf ihrer Genossen zum Tode verurteilt. Da sie zur Zeit der Urteilsverkündung schwanger war, wurde das Todesurteil nicht unverzüglich vollstreckt, sondern erst nach der Geburt ihres Kindes, und zwar im Gefängnis zu St. Petersburg. Die Antisemiten hatten alle Ursache, ihr für ihre angebliche Mitwirkung bei der Ermordung des Zaren dankbar zu sein, denn so konnten sie eine jüdische Schuld an diesem Verbrechen konstruieren, und die Regierung schien geneigt, ihnen darin zu folgen.

Alexander II. war im März ermordet worden. Im April kam es in Kiew zu ersten antijüdischen Ausschreitungen. Weitere folgten an anderen Orten während des Frühjahrs und Sommers. Einstweilen richtete sich die Gewalt des Pöbels hauptsächlich gegen Sachen, Eigentum wurde geplündert und beschädigt, aber Menschen kamen nur ausnahmsweise zu Schaden. Bald aber wurde die Unterdrückung systematischer. Die »Einstweiligen Anordnungen« vom Mai 1882 – oder, wie man sie heute nennt, die Maigesetze – verboten den Juden die Niederlassung in Dörfern auf dem Lande, sogar in Gebieten, wo ihnen der Aufenthalt nach früheren Bestimmungen gestattet war. Juden, die – und sei es nur kurzfristig – die Dörfer, in denen sie wohnten, verließen, um etwas in einer Stadt zu erledigen oder zu besorgen, konnten unter Umständen kraft der Maigesetze an der Rückkehr gehindert werden. Viele Kleinstädte wurden neu als Dörfer klassifiziert und so, mit einem Federstrich, den Juden verschlossen. An Sonntagen und christlichen Feiertagen durften von nun an Juden nicht mehr Handel treiben, und ihre Zulassung zu den Universitäten und akademischen Berufen wurde beschränkt. Ihnen war damit der Aufenthalt in den ohnehin übervölkerten Städten der Siedlungszone, auf die sie schon zuvor beschränkt waren, vorgeschrieben, und dort waren sie ständigen Belästigungen seitens der die Einhaltung der Maigesetze überwachenden Polizei ausgesetzt.

Hunderttausende von Juden, die ihre Häuser, Gemeinden und Gewerbe im ländlichen Rußland gegründet hatten, wurden so von einem Tag auf den anderen entwurzelt. Der Traum von der *Haskala*, der russischen Aufklärung, war ausgeträumt. Viele Juden blieben in Rußland – noch heute ist ihre Zahl in Sowjetrußland groß –, aber seit den Maigesetzen mußte ihnen klar sein, daß der Zar ihnen eine wirkliche Heimat nicht bieten wollte. Höchste Regierungsbeamte machten keinen Hehl daraus, daß die neue Politik das Ziel verfolgte, die Judenfrage ein für allemal zu erledigen. Pobedonoszew wird die Prognose zugeschrieben: »Ein Drittel wird aussterben, ein Drittel wird auswandern und ein Drittel wird sich spurlos in der übrigen Bevölkerung auflösen.«

Der Druck nahm mit jedem Jahr zu. Die Pressezensur wurde verschärft, und die antisemitische Propaganda wurde rabiater. Die Vertreibung des größeren Teils der 35000 Juden Moskaus begann 1891. Nach einigen Jahren verblieben nur mehr 5000 Juden in der Stadt. Und doch zeigt sich im Rückblick auf die repressive Politik jener Jahre, kaum ein Vierteljahrhundert vor der Oktoberrevolution, daß sie – welche kurzfristigen Vorteile sie den verantwortlichen Machthabern auch immer versprochen und vielleicht verschafft haben mag – auf lange Sicht genau das Gegenteil von dem bewirkt hat, was sie beabsichtigte. Fast immer und überall in der Diaspora waren die Juden treue Untertanen der jeweiligen Obrigkeit gewesen, solange diese ihnen die freie Religionsausübung garantierte und sie vor wirtschaftlicher Diskriminierung schützte. Die Verfolgungen der russischen Juden in jenen Jahren kurz vor der Jahrhundertwende aber gaben diesen zu verstehen, daß sie von der amtierenden russischen Regierung nur das Schlimmste zu befürchten hatten, und reizten viele jüdische Untertanen des Zaren, vor allem der jüngeren Generation, auf dessen Beseitigung zu sinnen. Das Gesetz, das den Zugang der Juden zu den Universitäten beschränkte, hatte die ganz unbeabsichtigte Wirkung, eine Generation von jüdischen Intellektuellen, die dadurch gezwungen wurde, an ausländischen Universitäten zu studieren, mit den revolutionären und fortschrittlichen Träumen des Westens vertraut zu machen. Insbesondere in Deutschland und in der Schweiz berauschten sich diese jüdischen Intellektuellen aus der russischen Provinz an westlichen freiheitlichen Idealen und schmiedeten im Verein mit nichtjüdischen russischen Studiengenossen Umsturzpläne.

Auch Chaim Weizmann und seine Freunde wollten Revolutionäre sein, doch die Ziele, die sie anstrebten, unterschieden sich von denen der meisten anderen insofern, als sie von vornherein als *jüdische* Ziele kenntlich waren – als die Ziele des Zionismus. In seiner Autobiographie sagt Chaim Weizmann hinsichtlich des Bildungsgangs seines politischen Bewußtseins:

»Wenn das russische Judentum die Wiege meines Zionismus war, so erhielt derselbe den letzten Schliff an den Universitäten Westeuropas. Zunächst in Berlin, wo es eine bedeutende russisch-jüdische Gesellschaft gab; dann in Bern und Genf in der Schweiz.«

Während Weizmann in Deutschland studierte, hielten sich in der Schweiz drei Männer auf, deren Namen bald der ganzen Welt bekannt werden sollten: der marxistische Philosoph und Führer der russischen sozialdemokratischen Exilbewegung, Georgi Walentinowitsch Plechanow (1857–1918), der nachmalige Führer der bolschewistischen Revolution, Wladimir Iljitsch Uljanow (1870–1924), der sich seit der Rückkehr aus der Verbannung an die Lena »Lenin« nannte, und dessen späterer Kriegskommissar, der Organisator der Roten Armee, Lew Davidowitsch Trotzkij (1879–1940), der eigentlich Leib Bronstein hieß und als Sohn eines jüdischen Bauern in der Ukraine geboren war. Weizmann erkannte, daß diese Männer die nationalen Ansprüche der Juden anzuerkennen nicht geneigter waren als die Zaren:

»Unsere Sympathien waren auf seiten der Revolutionäre; diese aber wollten weder von einer besonderen Verbundenheit der jüdischen Jugend mit ihrem, dem jüdischen Volke, noch überhaupt von einem besonderen Interesse an der jüdischen Frage etwas hören... Meine Abneigung gegen Lenin und Plechanow und den hochmütigen Trotzkij hatte ihre Ursache in der Verachtung, die sie jeden Juden fühlen ließen, den das Schicksal seines Volkes bewegte und der von der Liebe zu dessen Geschichte und Tradition beseelt war. Sie konnten nicht verstehen, weshalb ein russischer Jude noch etwas anderes sein wollte als ein Russe. Sie brandmarkten es als unwürdig, geistig zurückgeblieben, chauvinistisch und unmoralisch, wenn ein Jude den Wunsch verspürte, sich die Leiden und das Schicksal der Judenheit angelegen sein zu lassen.«

Diejenigen, die weder den Wunsch verspürten den Umsturz des zaristischen Regimes zu betreiben, noch die Geduld hatten, weitere Unterdrückung zu ertragen, hatten noch eine Wahl: Sie konnten auswandern. Doch wer diesen Ausweg aus dem russischen Elend wählte, mußte beherzt sein. Zunächst galt es eine lange Eisenbahnfahrt von zwanzig bis sechzig Stunden in einem überfüllten Waggon III. Klasse zu bestehen. Dann kam die Grenze, wo die aus der vertrauten Welt des »Stetl« herausgerissenen Auswanderer zum ersten Mal den

Lärm, das Durcheinander und die kalte Modernität einer geschäftigen Stadt erlebten. Dann folgten die belästigenden und anstrengenden Formalitäten der Grenzkontrolle, die nicht zu bestehen jeder fürchten mußte, der nicht ganz sicher war, ob seine Papiere vollkommen in Ordnung oder ob die richtigen Leute bestochen waren – und wer konnte das wissen? Schließlich, wenn alle diese Hürden genommen waren, folgte eine weitere lange Eisenbahnfahrt zu einem weiteren Ziel, das für die meisten nur der Ort der Einschiffung im Zwischendeck war. Zwischen 1881 und 1899 verließen jährlich fast 23 000 Juden Rußland. Der größte Teil dieser Auswanderer ließ sich schließlich in den USA nieder. Eine geringere Zahl blieb in Westeuropa. Einige wenige siedelten sich in Palästina an, zwischen 1882 und 1903 insgesamt nur 25 000.

Wir sollten die Schwierigkeiten, denen diese ersten Pioniere begegneten, nicht unterschätzen. Zunächst fehlte es ihnen natürlich schon an dem nötigen Geld. Die Pioniere der jüdischen Kolonisation Palästinas, die *Halutzim*, waren gewöhnlich arme Leute, und die Überweisungen jüdischer privater Förderer sowie russischer und rumänischer Zionisten – die als »Hibbat Zion« (»Liebende Zions«) einen losen Verband bildeten – ließen oft quälend lange auf sich warten. Überdies fanden die Einwanderer eine Vielzahl politischer Probleme vor, nicht zuletzt verursacht durch die Tatsache, daß die türkischen Behörden – Palästina war einstweilen noch Teil des Osmanischen Reichs – die Einwanderung von Juden nicht gern sahen. Das Land Israel war ja auch keineswegs unbewohnt. Hunderttausende von Arabern siedelten jetzt dort. Noch 1914 lebten einer Schätzung zufolge auf dem Gebiet, das nach Ende des Ersten Weltkriegs und der Zerstückelung des Osmanischen Reichs Großbritannien als Mandatsgebiet Palästina anvertraut wurde, neben 604 000 Nichtjuden nur etwa 85 000 Juden. Die frühen Einwanderer verstanden gewöhnlich nicht viel von der Landwirtschaft. Infolgedessen blieben sie meist in den Städten und ließen das Land von billigen arabischen Arbeitskräften bestellen.

Die Gefahren dieser Situation erkannte als einer der ersten der Schriftsteller Ascher Ginsberg (1856–1927), den seine Leser als Ahad Ha-Am (»Einer aus dem Volke«) kannten. Ahad Ha-Am war einer der Führer der Hibbat Zion und einer der großen Nonkonformisten der modernen hebräischen Literatur. Mit großer Skepsis sah er auf Herzls politische Ziele und bezweifelte die Klugheit und Zweckmäßigkeit der Aktivitäten des Baron de Rothschild und der Alliance Israelite Universelle, einer internationalen jüdischen Selbsthilfe-Organisation, die sich vornehmlich Erziehungsaufgaben widmete und stark französisch geprägt war. In seinem kritischen Aufsatz »Wahrheit aus dem Lande Israel« wies Ahad Ha-Am 1891 auf die den Juden dort drohenden Gefahren hellsichtig hin:

»Wir im Ausland sind der Meinung, daß Erez Israel [das Land Israel] gegenwärtig fast gänzlich menschenleer ist... aber in Wirklichkeit verhält es sich anders... Die Araber, besonders in den Städten, beobachten unsere Aktivitäten und verstehen, worauf diese abzielen, halten sich aber ruhig und geben vor, nichts von unseren Plänen zu wissen... sie versuchen auch, uns auszubeuten und Nutzen aus ihren neuen Gästen zu ziehen, während sie uns innerlich auslachen. Wenn aber einst unser Volk so weit kommt, die Bevölkerung dieses Landes zu verdrängen... werden sie sich das nicht ohne weiteres gefallen lassen.«

Diejenigen jüdischen Siedlungen, die aus ideologischen Erwägungen von Anfang an um landwirtschaftliche Selbstversorgung bemüht waren, mußten die Verwirklichung ihrer Pläne dem Boden in zähem Kampf abringen. Das fruchtbare, blühende Land, das der Besucher in Israel heute sieht, ist das Werk jahrzehntelanger Sumpfentwässerung, künstlicher Bewässerung, Aufforstung, jahrzehntelanger geduldiger Melioration. Der Boden, den die jüdischen Einwanderer in den achtziger Jahren des vergangenen Jahrhunderts im Heiligen Land vorfanden, war seit Jahrhunderten vernachlässigt. Die Erosion hatte das Land auf weiten Strecken steinig und unfruchtbar gemacht, große Gebiete andererseits hatten sich in Sümpfe verwandelt, wo die Malaria ihr Unwesen trieb.

Wenn wir auf die nun bald vierzig Jahre zurückliegende Gründung des Staates Israel zurückblicken, mag es scheinen, daß der Triumph des Zionismus letztlich unvermeidlich oder jedenfalls wahrscheinlich war. Dies war aber entschieden nicht der Fall. Landwirtschaftliche Genossenschaften mochten der Unterstützung durch philanthropische Juden wert scheinen, und religiöse Gemeinschaften, die in das Heilige Land zurückkehren wollten, konnten des Segens der *Tzedaka* gewiß sein, aber eine Masseneinwanderung in das Land Israel setzte ein politisches Programm voraus, und der *politische* Zionismus bedrohte tiefgründende Überzeugungen der orthodoxen Juden in Jerusalem, Hebron und Safed, die die Anstrengungen der Zionisten, einen jüdischen Nationalstaat in Palästina zu schaffen, nur als Versuch verstehen konnten, der Erfüllung der Verheißung der Heiligen Schrift und späterer prophetischer Offenbarungen vorzugreifen. Andererseits schien der Zionismus den historischen Kompromiß zu gefährden, den die westeuropäischen Juden zu Beginn des 19. Jahrhunderts eingegangen waren, als sie ihren Anspruch auf Besonderheit im Austausch gegen die Gewährung der Bürgerrechte der modernen Nationalstaaten fallenließen.

Im August 1897 erklärte der nach Basel einberufene Erste Zionistische Kongreß, Ziel des Zionismus sei es, »für das jüdische Volk in Palästina eine durch öffentliches Recht gesicherte Heimstätte zu schaffen«. Die Verwegenheit dieses Vorhabens ist noch im Rückblick atemberaubend: 197 Delegierte, die behaupteten, Millionen Juden zu vertreten, doch von keiner jüdischen Gemeindebehörde oder religiösen Körperschaft unterstützt wurden, Leute, die nicht einmal das Wohlwollen der wohlhabendsten und einflußreichsten westeuropäischen Juden genossen und keineswegs mit Billigung ihrer Pläne seitens irgendeiner europäischen Regierung rechnen konnten, erklärten da die Absicht, in einem Land, auf das die Juden schon seit annähernd 2000 Jahren keinen Rechtstitel mehr hatten und das jetzt Teil eines den Juden nicht gerade wohlgesinnten Großreichs war, einen jüdischen Staat zu gründen!

Der Spiritus rector dieses Kongresses war Theodor Herzl, ein Wiener Journalist, der sich seiner Zugehörigkeit zum jüdischen Volk eigentlich erst angesichts des rabiaten Antisemitismus bewußt wurde, dem er während der Dreyfus-Affäre (über die er für seine Zeitung berichtete) in Paris begegnete. Diese Erfahrung verwandelte den einstigen Wiener Lebenskünstler und Feuilletonisten in einen Propheten.

Er begann über die »Jüdische Frage« ein Tagebuch zu führen und veröffentlichte 1896 das Buch »Der Judenstaat«, in dem er dem jüdischen Volk eine wunderbare Erneuerung und glänzende Entwicklung in diesem neu zu gründenden Staat verhieß, durch dessen Freiheit, Reichtum und Größe überdies auch die ganze übrige Welt mit befreit, bereichert und erhoben werden würde. Ein Traum? Später schrieb er, daß Träume und Taten nicht so weit voneinander entfernt seien, wie gewöhnlich angenommen werde.

In den folgenden Jahren reiste Herzl von Land zu Land und bemühte sich vergeblich um internationale Unterstützung für seine Pläne. Als er 1904, nur 44 Jahre alt, von seinen ergebnislosen Mühen erschöpft und ausgezehrt starb, galt der Zionismus noch überall nur als romantischer Traum und utopische Vision, für die sich in der wirklichen Welt nie ein Ort finden würde. Doch hinterließ er eine Organisation, die seinen Kampf fortsetzen sollte, und eine Bewegung, die die Ziele, die er mit so feuriger Beredsamkeit beschworen hatte, hartnäckig weiterverfolgte. Nicht zuletzt hinterließ er seinen Anhängern aber das Bild seiner selbst, und dieses Vermächtnis, das Andenken seiner Persönlichkeit, war vielleicht das wertvollste, das er ihnen vermachte. Seine königliche Gestalt und düstere Miene bezauberten das jüdische Volk, dessen Führer zuvor meist wenig stattliche und weltfremde Rabbinen gewesen waren oder Männer, die es in der nichtjüdischen Welt zu Reichtum und Ansehen gebracht hatten und die für die jüdischen Belange nur einen kleinen Teil ihrer Zeit und Aufmerksamkeit erübrigten. »Eine wunderbare und erhabene Gestalt« sah ein Teilnehmer des Baseler Kongresses in Herzl, »einen Sohn des Hauses David, von den Toten erstanden, in Legenden, Phantasien und Schönheit gekleidet«. Der Zionismus hatte dafür gesorgt, daß Stil und Auftreten jüdischer Führer sich künftig deutlich abhoben von allem, was seit Beginn der Zerstreuung bei den Juden Brauch gewesen war.

Das Basler Programm wäre aber leere Rhetorik gewesen, wenn es nicht eine Erwiderung auf historische Herausforderungen gewesen wäre, denen sich die Juden um die Jahrhundertwende im Osten wie im Westen Europas zu stellen hatten. Die erste dieser Herausforderungen waren die bereits erwähnten Zwangsmaßnahmen der zaristischen Regierung gegen die russischen Juden. Die zweite kam aus Frankreich – aus jenem Land, in dem der Austausch des eigenen nationalen Anspruchs der Juden gegen die Gewährung der vollen Bürgerrechte im nichtjüdischen Staat zuerst stattgefunden hatte.

Frankreich hatte sich in den 1890er Jahren noch nicht von der 1871 erlittenen Niederlage erholt, haderte noch mit den ihm im Frankfurter Frieden von den siegreichen Deutschen auferlegten Bedingungen, hatte weder die an Deutschland zu entrichtende hohe Kriegsentschädigung noch gar den Verlust des Elsaß und Lothringens verschmerzt. Zudem war es sich über die eigene politische Zukunft nicht klar. Seit über zwei Jahrzehnten waren die Republikaner wieder an der Macht, doch war es ihnen nicht gelungen, die Monarchisten und die Bonapartisten mit der Republik zu versöhnen, auch stand dieser ein Teil des von den republikanischen Regierungen mancher Privilegien beraubten katholischen Klerus feindlich gegenüber.

Die Juden andererseits hatten keine Ursache, sich über den republikanischen Staat zu beklagen. Seit 1834 waren sie in der Deputiertenkammer vertreten. Zwei Juden, Jacques Halévy (1799–1862) und Jacques Offenbach (1819–1880) waren unter den erfolgreichsten Komponisten des Jahrhunderts. Zwei Jüdinnen, die Rachel (Eliza Felix) und Sarah Bernhardt (Rosine Bernard), waren Königinnen des Pariser Theaters. Von 1890 bis 1893 waren die Konservativen in Frankreich deutlich auf dem Rückzug, ein monarchistischer Putschversuch scheiterte, und der liberale Papst Leo XIII. ermahnte die französischen Katholiken, die republikanische Verfassung mitzutragen. Als aber 1892 eine vom Staat unterstützte Gesellschaft zum Bau eines Kanals durch die Landenge von Panama in Konkurs ging und das sehr zweifelhafte Geschäftsgebaren verschiedener an der Pleite mitschuldiger Geschäftsleute und Politiker ans Licht kam, hatte die französische Rechte ein nicht leicht zu verteidigendes Angriffsziel. Neben verschiedenen republikanischen Ministern waren auch mehrere jüdische Finanzmänner in den Panama-Skandal verwickelt. Diese nahm alsbald der antisemitische Publizist Edouard-Adolphe Drumont aufs Korn, dessen 1886 veröffentlichte zweibändige Hetzschrift »La France Juive« damals das angeblich in Frankreich meistgelesene Buch war. Bald brachte auch Drumonts Zeitung *La Libre*

Parole (»Das freie Wort«) »Enthüllungen«, denen zufolge jüdische Offiziere militärische Geheimnisse an Deutschland verraten hätten.

Vor diesem Hintergrund kam es zu der Dreyfus-Affäre, einem internationalen Skandal, der die Franzosen in zwei erbittert verfeindete Parteien zerriß. Wer auf der Seite des Fortschritts war, war fast unvermeidlich auch für Dreyfus, wer aber zur Armee und zur Kirche hielt, hatte kaum eine andere Wahl, als sich gegen Dreyfus zu erklären. Hauptmann Alfred Dreyfus (1859–1935) spielte, bei Lichte besehen, nur eine Nebenrolle in der unter seinem Namen notorisch gewordenen skandalösen Geschichte, bei der Klagen und Gegenklagen einander abwechselten, Meineide nachgewiesen und gefälschte Beweisstücke entlarvt werden mußten. Hauptmann Dreyfus, Sohn einer wohlsituierten elsässischen jüdischen Familie, wurde 1894 angeklagt und verurteilt, einem deutschen Militärattaché in Paris schriftlich die Übergabe eines französischen Artillerie-Handbuchs zugesagt zu haben. Nach seiner Verurteilung wurde er in die Strafkolonie auf der Teufelsinsel vor der Küste Französisch-Guayanas verschickt, während in Frankreich die Dreyfusards sich eifrig bemühten, die zahlreichen Unregelmäßigkeiten des Gerichtsverfahrens aufzudekken, während die Anti-Dreyfusards es sich angelegen sein ließen, dieselben mit einem Sturm nationalistischer und antisemitischer Propaganda zu vertuschen.

Herzl, der seit 1891 als Korrespondent der Wiener *Neuen Freien Presse* in Paris weilte, sah das alles mit an und berichtete darüber. Zunächst glaubte er an die Schuld des Hauptmanns. Doch als einige Wochen später bei dessen Verhaftung der Pöbel »Nieder mit den Juden!« schrie, begann er nicht nur an die Unschuld des Angeklagten zu glauben, sondern erkannte angesichts der Woge antijüdischer Erregung, die die Verdächtigung dieses einen Mannes provoziert hatte, auch zum ersten Mal die ständige Unsicherheit der Juden in der Diaspora. Die Erkenntnis war um so erschütternder für ihn, als sie sich ihm in Frankreich aufdrängte, im republikanischen, modernen, zivilisierten Frankreich, hundert Jahre nach der Erklärung der Menschenrechte.

Während der folgenden zehn Jahre überstürzten sich die Ereignisse in Ost- und Westeuropa. 1895 schrieb Herzl sein zionistisches

Manifest »Der Judenstaat«, das 1896 veröffentlicht wurde, im gleichen Jahr, in dem die Nachforschungen unabhängiger Personen und Beamten des französischen Nachrichtendienstes ergaben, daß den Verrat, dessentwegen Dreyfus auf die Teufelsinsel verbannt worden war, tatsächlich ein Infanterieoffizier ungarischer Herkunft, ein Major Marie-Charles Ferdinand Walsin Esterházy, verübt hatte. In den Jahren 1897 und 1898 fanden jeweils in Basel die beiden ersten zionistischen Kongresse statt, und am 13. Januar 1898 erschien unter dem Titel »J'accuse« (ich klage an!) der berühmt gewordene Offene Brief an den Präsidenten der Französischen Republik, mit dem der Romancier Emile Zola (1840–1902) die in dem Verfahren gegen Dreyfus beobachtete Verschleierung des wahren Sachverhalts anprangerte und die dafür Verantwortlichen namhaft machte. Dreyfus wurde 1899 von der Teufelsinsel zurückgeholt; sein Fall wurde neu verhandelt. Auch nach diesem zweiten Prozeß wurde er verurteilt, diesmal nicht, weil die Beweismittel gegen ihn sprachen, sondern weil die Richter glaubten, daß ein Freispruch des Angeklagten die französische Armee unerträglich demütigen würde. Als bald darauf eine liberalere Regierung ans Ruder kam, wurde das Urteil gegen Dreyfus aufgehoben, das Militär verlor viel Ansehen, und die antiklerikalen Kräfte triumphierten. Inzwischen war Herzl in Konstantinopel und Palästina gewesen und hatte wiederholt mit britischen Beamten über seine Pläne gesprochen.

1903, im Jahre des Pogroms zu Kischinew, bei dem mindestens 49 Juden das Leben verloren und über 500 verletzt wurden, bot die britische Regierung Herzl ein Gebiet in Ostafrika, nämlich Uganda, als neue Heimat für jüdische Ansiedler und damit als Boden eines zukünftigen Judenstaats an. Es scheint unglaublich, daß Herzl ein derartiges Angebot auch nur in Betracht gezogen hätte – tatsächlich aber empfahl er dem 6. Zionistischen Kongreß, eine Kommission zu berufen und zur Prüfung dieses Angebots nach Ostafrika zu entsenden. Vielleicht hoffte er, mit dem Uganda-Angebot im Rücken bei seinen Verhandlungen mit den Türken über Palästina besser voranzukommen, vielleicht auch glaubte er die russischen Juden in so unmittelbarer Gefahr, daß er fürs erste auf einen Zionismus ohne Zion sich einzulassen willens war, wenn es ihm dabei nur gelang, die Gefährdeten in Sicherheit zu bringen. Tatsächlich nahm der 6. Zionistische Kongreß Herzls Empfehlung gegen die Stimmen der russischen Juden an. Der Plan einer jüdischen Ansiedlung in Uganda wurde aber bald verworfen und beschäftigte in Zukunft den Zionismus nur mehr als Gegenstand unerfreulicher Erinnerungen.

Erschöpft nach einem Jahrzehnt ständigen Kampfes, währenddessen er seine journalistische Tätigkeit fortsetzte, da er zu stolz war, sich von der zionistischen Bewegung ein Gehalt aussetzen zu lassen, starb Herzl am 3. Juli 1904 an Herz-Sklerose. Drei Tage später schrieb der junge Chaim Weizmann an seine Braut Vera Chatzmann: »Ich fühle, daß eine schwere Bürde auf meine Schultern gefallen ist.« Zu jener Zeit war Weizmann ein unbekannter junger Chemiker in Genf. Später im gleichen Jahr ging er nach England. Dort, in Manchester, eröffnete ihm seine Tüchtigkeit eine glänzende akademische Laufbahn, die ihn jedoch nicht von dem Ziel ablenkte, auf das hinzuarbeiten ihn seine tiefste Überzeugung verpflichtete. Im wesentlichen durch eigene Initiative gelangte Weizmann an die Spitze der zionistischen Bewegung.

Bei Herzls Tod waren die Hauptorgane dieser Bewegung bereits ausgebildet: die Zionistische Organisation, die Jüdische Kolonialstiftung und der Jüdische Nationalfonds. Der Pogrom in Kischinew hatte die Auswanderung der russischen Juden wieder beschleunigt. Obwohl von diesen Auswanderern nur verhältnismäßig wenige nach Palästina gingen, stieg die Zahl der jüdischen Einwanderer dort von etwa 1 000 jährlich in den Jahren von 1882–1904 auf das Dreifache in den Jahren von 1904 bis zum Ausbruch des Ersten Weltkrieges. Doch fehlte der zionistischen Bewegung noch 1914 die Anerkennung ihrer Ziele durch eine Großmacht, die sie bei der Verwirklichung des zionistischen Traums tatkräftig zu unterstützen willens und imstande gewesen wäre.

Der Erste Weltkrieg, in dem das Osmanische Reich mit Deutschland, Österreich-Ungarn und Bulgarien gegen Großbritannien, Frankreich, Rußland, Italien und (zuletzt) die Vereinigten Staaten von Amerika verbündet war, führte schließlich die Gelegenheit dazu herbei. Weizmann begegnete dem britischen Politiker Arthur James Balfour (1848–1930) zuerst im Jahre 1906, nachdem dieser sowohl das Amt des Premierministers, das er von 1902–1905 bekleidete, hatte abgeben müssen als auch bei den allgemeinen Parlamentswahlen im Januar seinen Wahlkreis in Manchester verloren hatte. Weizmanns Autobiographie enthält einen packenden Bericht von dieser Begegnung, bei der der Zionist bemüht war, dem konservativen britischen Staatsmann klarzumachen, daß der in dessen Amtszeit als Premierminister vorgeschlagene Uganda-Plan von den Juden nicht in Betracht gezogen werden könne:

> »Dann sagte ich plötzlich: ›Mr. Balfour, wenn ich ihnen Paris statt London anböte, würden Sie es nehmen?‹ Er richtete sich auf, sah mich an und erwiderte: ›Aber, Dr. Weizmann, wir haben London.‹ ›Das ist wahr‹, sagte ich. ›Aber wir hatten Jerusalem, als London noch ein Sumpf war.‹«

Weizmann gewann den einflußreichen Herausgeber des *Manchester Guardian*, Charles Prestwich Scott, für die zionistische Sache, und dieser führte ihn bei Herbert Samuel ein, dem ersten jüdischen Minister einer britischen Regierung, der später auch erster Hoher Kommissar für Palästina war, sowie bei David Lloyd George (1863–1945), der 1915 Rüstungsminister und im folgenden Jahr Premierminister wurde. Der Zugang zu hohen Beamten der britischen Regierung wurde dem Chemiker Weizmann durch seine Wissenschaft erleichtert: Er entwickelte ein entscheidende Vorteile bringendes neues Verfahren zur Herstellung von Aceton, das bei der Herstellung des rauchlosen Pulvers Verwendung findet und daher kriegswichtig war. Von 1916 bis 1919 leitete er die Laboratorien der britischen Admiralität. Als Lord Balfour dann Außenminister der von Lloyd George geführten Koalitionsregierung wurde, besaß Weizmann Beziehungen, die er nutzen konnte, um die dem Zionismus so dringend erforderliche Billigung seiner Ziele durch die Regierung einer Großmacht zu erhalten.

Und so wurde nach allerlei politischen Manövern die erwünschte Billigung durch die britische Regierung ausgesprochen, und zwar in einem vom 2. November 1917 datierten Brief Lord Balfours an Lord Rothschild, den zwar nicht offiziellen, aber als solcher anerkannten

Führer der Juden Großbritanniens. Die Balfour-Erklärung (unter welcher Bezeichnung dieser in die Geschichte eingegangen ist) lautet:

> »Die Regierung seiner Majestät betrachtet die Gründung einer nationalen Heimstatt für das jüdische Volk in Palästina mit Wohlwollen und wird nach Kräften bemüht sein, die Verwirklichung der dahingehenden Absicht zu fördern, unter der Voraussetzung, daß nichts unternommen werden soll, das die bürgerlichen und religiösen Rechte in Palästina bereits existenter nichtjüdischer Gemeinden oder die von Juden in irgendeinem anderen Land genossenen Rechte und den politischen Status zu beeinträchtigen geeignet wäre.«

Die Gründe, die die Regierung seiner Majestät zu dieser Erklärung bewegten, sind Gegenstand der verschiedensten Erwägungen gewesen. Man sollte sicherlich Weizmanns Überzeugungskraft nicht zu gering veranschlagen und nicht bezweifeln, daß gewisse britische Beamte sich für den Zionismus aussprachen, weil sie ihn als gerechte Sache erkannten. Doch empfahl sich der britischen Regierung die Unterstützung der zionistischen Bewegung vielleicht auch aus strategischen Erwägungen. Vielleicht hoffte man in England, daß auf diese Erklärung hin die amerikanischen Juden ihre Regierung drängen würden, ihre Kriegsanstrengungen zu verstärken, vielleicht wollte man damit die russischen Juden für die Sache der Entente zurückgewinnen oder die deutschen Juden auf deren Seite ziehen. Vielleicht erwarteten die verantwortlichen Politiker, daß im Falle der Gründung eines jüdischen Staates in Palästina der britische Einfluß im Nahen Osten leichter geltend zu machen sein werde; vielleicht auch verfolgten sie mit der fraglichen Erklärung nur das näherliegende Ziel, die Türkei zu verunsichern und den Zusammenbruch des kranken Riesen zu beschleunigen.

Wie dem auch sei: Einen Wendepunkt in der jüdischen politischen Geschichte bezeichnete die Balfour-Erklärung jedenfalls. Vor der Veröffentlichung dieser Erklärung schien die Vorstellung, daß dereinst das Land Israel wieder jüdisches Hoheitsgebiet werden sollte, vollkommen realitätsfern. Nichts sprach auch nur für die Möglichkeit einer solchen Zukunft. Weizmann war als junger mittelloser und unbekannter Wissenschaftler nach London gekommen. Innerhalb eines Jahres war der Anspruch der jüdischen Nation auf einen eigenen Staat in ihrer alten Heimat ein anerkannter Gegenstand völkerrechtlicher Erörterungen und der internationalen Politik geworden. Die Woge dieses Erfolges hob Weizmann zu höchster Autorität und höchstem Ansehen bei den Juden der ganzen Welt. Die seinen hohen Zielen so unangemessen bescheidenen Mittel, über die er verfügte, machten seine Leistung noch erstaunlicher, als sie an sich schon war. Weizmann hatte überzeugt, ohne Machtmittel zu besitzen – sein Erfolg war vielleicht der letzte auf diese Weise errungene in der Geschichte der Diplomatie. In späteren Jahren sollte Israel große Siege erringen, doch diese entsprachen den Realitäten der machtpolitischen Verhältnisse im Nahen Osten. Weizmann und seine Gefährten betraten die Arena der internationalen politischen Auseinandersetzungen einzig mit einer Idee und ihrem Willen bewaffnet. Das jüdische Heimatland war durch die Balfour-Erklärung zwar noch nicht gewonnen, aber mit ihr war festgestellt, daß es sich doch um mehr als einen hoffnungslosen Traum handelte.

Die westeuropäischen Zionisten begrüßten die Erklärung denn auch enthusiastisch, wenn auch wohl vielen von ihnen die höchst unbestimmten Formulierungen derselben insgeheim zu denken gegeben haben werden. Wie stellte sich die Regierung Seiner Majestät diese »Heimstatt für das jüdische Volk« vor, von der da die Rede war? Wie groß sollte sie sein, wer sollte sie verwalten? Und – was sollte aus den Arabern werden?

Schlußbetrachtung

In den siebzig Jahren zwischen 1848 und 1917 waren die Juden in die moderne Welt eingedrungen, vor der das »Stetl« und das Ghetto sie lange abgeschottet hatten. Ihre Führer waren nun nicht länger nur die ehrwürdigen Rabbinen der Synagogen in den Ghettos. Jetzt gab es hervorragende jüdische Persönlichkeiten, die sich in der besten nichtjüdischen Gesellschaft sehen lassen konnten. In Großbritannien konnten jetzt Juden – ohne, wie noch Disraeli, ihren Glauben zu verleugnen – die höchsten Ämter innehaben, Vizekönig von Indien werden, Lord Oberrichter, Minister der Krone. In Amerika konnten Juden, die aus ihrer Religions- und Volkszugehörigkeit keinen Hehl machten, dem Obersten Gerichtshof der Vereinigten Staaten angehören. Anderswo war es ähnlich. Und im geistigen Bereich waren die Leistungen, mit denen die Juden zur Kultur der Länder, in denen sie lebten, beitrugen, womöglich noch glänzender: Sigmund Freud, Albert Einstein, Karl Marx, Jacques Offenbach, Arthur Schnitzler. Was wären Wissenschaft, Politik und die Künste dieser Zeit ohne die Juden gewesen?

Der größte Teil der schöpferischen Energie der Juden kam der allgemeinen Kultur zugute. Es gab aber auch jüdische Führer, die sich hauptsächlich der Sache ihres eigenen Volkes annahmen. Theodor Herzl hatte mit seinem Traum vom Judenstaat die Phantasie der jüdischen Massen in Rußland entzündet. Die unterdrückten, auf eng begrenzte Bezirke beschränkten jüdischen Untertanen des Zaren verehrten Herzl nicht zuletzt, weil er so ganz anders schien als sie selbst: Das herrscherliche Gebaren, die düstere Würde dieses Mannes, der offenbar Zugang zu den Herrschern der Welt hatte, verbreiteten ihren Glanz über die beengten und elenden Verhältnisse, in denen sie selbst lebten. Chaim Weizmanns Aufstieg an die Spitze der zionistischen Bewegung war in gewissem Sinne sogar noch eindrucksvoller, denn er stammte selbst aus diesen beengten und elenden Verhältnissen und blieb zeitlebens seinem Herkommen aus der ostjüdischen Welt treu und deren Werten verbunden; dennoch war er ins Zentrum der internationalen Diplomatie gesprungen und hatte dort den Juden einen Sieg errungen, dessen Größe zur Geringfügigkeit ihrer Kräfte in keinem Verhältnis stand.

In der nun folgenden Epoche sollten den Juden viele Möglichkeiten offenstehen. Sie konnten emanzipierte Bürger wohlhabender Staaten sein und in diesen zu den höchsten Stellungen aufsteigen. Oder sie konnten den zionistischen Traum nähren. Oder sie konnten helfen, in Amerika eine neue Kultur aufzubauen. Oder sie konnten all das zugleich betreiben. Für das seit einiger Zeit erörterte »jüdische Problem« schienen sich mehrere Lösungen anzubieten. Eine vielseitige und wachsende Diaspora und eine sich entwickelnde nationale Heimstätte konnten sehr wohl gemeinsam blühen und gedeihen, Seite an Seite.

Dies waren gegen Ende des Ersten Weltkriegs die Aussichten der Juden. Wie hätten sie wissen sollen – außer in der Besinnung auf ihre historische Erfahrung –, welche schlimmen Erfahrungen ihnen in nächster Zukunft bevorstanden?

Das Goldene Land

Noch zu Beginn des 20. Jahrhunderts war das erstaunliche Wachstum der amerikanischen Judenheit nicht vorauszusehen. Noch lebten nur relativ wenige Juden in den USA, und diese waren sich der eigenen Identität nicht gewiß, unsicher, bemüht um Stolz auf ihre Gemeinschaft, zerrissen zwischen Heimweh nach den Ländern, aus denen sie kamen, und Hoffnung auf eine glänzende Zukunft. Die großartigen Leistungen, durch die sie sich in wenigen Generationen auszeichnen sollten, hätten sie sich kaum zugetraut. Aber nach dem Umbruch der 1940er Jahre sollte die amerikanische Judenheit als erste in der Geschichte der Diaspora einen wirklich bedeutenden Einfluß auf die Gestaltung einer mächtigen, nicht ausschließlich jüdischen Gesellschaft nehmen. Eine Gelegenheit dazu hatte sich bisher den Juden im Exil nie geboten, weder im Altertum noch im Mittelalter. In vielen Ländern waren Juden geduldet oder abgewiesen worden, waren arm oder reich gewesen, schöpferisch oder unterdrückt; nie zuvor aber hatte man sie irgendwo von Anfang an und auf die Dauer als Partner bei der Gestaltung der Kultur, Gesellschaft und Politik einer Weltmacht in Betracht gezogen. Die Geschichte der amerikanischen Judenheit ist beispiellos.

Bei der Würdigung dieser Geschichte ist von Bedeutung, daß die USA zu keiner Zeit ein Land ganz ohne jüdische Bewohner waren. An der Geschichte der USA waren von Anfang an auch Juden beteiligt. Frankreich, Deutschland, England, Italien, Rußland, Spanien, Polen, Ägypten und Österreich hatten eine nationale Geschichte schon jahrhundertelang, ehe Juden dorthin kamen. Die Kulturen dieser Länder hatten sich schon vor Ankunft der Juden ausgebildet; und in keinem dieser Länder hat man die Juden auf die Dauer geduldet. In den USA aber waren schon bei der Gründung des Staats, und seitdem dauernd, Juden zugegen gewesen, und es gab keine Phase und keinen Teil der amerikanischen nationalen Geschichte, an denen nicht auch Juden mitgewirkt hätten. Zwar waren auch in den USA die Beziehungen der Juden zu ihrer nichtjüdischen Umwelt nicht immer frei von Spannungen und Unsicherheit, doch gewannen die Juden dort schließlich eine Vertrautheit mit ihrer Umgebung, ein Gefühl der Zugehörigkeit zur amerikanischen Gesellschaft, das ihnen nie zuvor in der Diaspora vergönnt gewesen war.

1880 lebten nur 230000 Juden in den USA. Fünfzig Jahre später war ihre Zahl auf fast fünf Millionen angewachsen. Offensichtlich hatten die Juden sehr zwingende Gründe, nach Amerika auszuwandern. Die osteuropäischen Juden fanden diese zum Teil in den zunehmend unerträglichen Verhältnissen, die ihre Nachbarn in der Alten Welt ihnen zumuteten, in deren elender Feindseligkeit, die sich oft in mörderischen Pogromen entlud. Andererseits zog die utopische Vision einer Neuen Welt jenseits des Atlantiks sie gewaltig an. In den »Stetls« und Ghettos Osteuropas gab es keine Aussicht auf eine das gegenwärtige Elend beendende glücklichere Zukunft. Doch im Westen zeigte sich ein Hoffnungsschimmer! Amerika versprach Freiheit, Gelegenheit zu gewinnbringender Tätigkeit, vielleicht bescheidenen Wohlstand und vor allem die Möglichkeit, in Würde zu leben.

Und so begann der große Zug über das Meer. Von zahllosen Schiffen gingen Scharen von bärtigen Männern, dunkel gekleideten Frauen und bleichen Kindern in New York an Land, um alsbald an der Lower East Side Manhattans, in ähnlichen Vierteln von Chicago, Philadelphia, Boston und Pittsburgh sowie in den Städten des amerikanischen mittleren Westens die in Osteuropa verlassenen »Stetls« wiederaufzubauen. Bei dieser Einwanderung handelte es sich nicht nur um die Übersiedlung einer großen Zahl von Individuen von einem Kontinent auf einen anderen. Die osteuropäischen Juden kamen als Volk und bereicherten das Gewebe der amerikanischen Kultur um eine neue Farbe und ein neues Muster.

Für die Amerikaner hatten diese Neuankömmlinge eine romantische Bewunderung. Amerika war in ihrer Vorstellung das zur Rettung der Menschheit aus der Knechtschaft berufene Land. »Gib mir deine gedrückten Massen, die sich sehnen, frei zu atmen!« sagt das von einer russischen Jüdin verfaßte Gedicht, das man am Sockel der Freiheitsstatue im New Yorker Hafen und neuerdings auch an einer Wand im Kennedy-Airport auf Long Island liest. Die osteuropäischen Juden hatten eine einfache, unkomplizierte, unschuldige Vorstellung von Amerika. Von George Washington oder Thomas Jefferson, von der Verfassung oder der Bill of Rights hatten sie nie gehört. Selbst die 230 000 bereits vor ihrer Ankunft in den USA ansässigen Juden waren ihnen ziemlich fremd, so die Nachkommen der zu Beginn des 17. Jahrhunderts aus Recife in Brasilien nach Neu Amsterdam gekommenen Juden oder die seit den Tagen der amerikanischen Revolution in Newport, Charleston und Savannah ansässigen jüdischen Familien. Und was hatten die Neuankömmlinge aus Rußland mit den seit den napoleonischen Kriegen in den USA niedergelassenen deutschen Juden zu schaffen, den Häuptern großer Bankhäuser und Träger großer Namen wie Speyer, Loeb, Kuhn, Warburg, Schiff und Lehmann?

Die alteingesessenen amerikanischen Juden hatten sich äußerlich vollkommen an ihre amerikanische Umgebung angepaßt. Den Einwanderern aus Osteuropa dagegen blieb zunächst nichts anderes übrig, als ihr Recht, anders zu sein, zu verteidigen. Sie sprachen Jiddisch. Ihre Religion war das traditionelle orthodoxe Judentum des russischen und polnischen Ghettos und »Stetls«. Alles an ihnen, alles zu ihnen Gehörige war anders – ihre Synagogen, ihre Schulen, ihre Lebensmittel, ihre Kleidung, ihre Rede. Die alteingesessenen amerikanischen Juden betrachteten die Neuankömmlinge mit einer Mischung aus Sorge, Verlegenheit, aber auch Solidarität. Schließlich würden sie für diese Leute verantwortlich sein. Sie hatten ein gemeinsames Schicksal.

Die Neuankömmlinge fanden in der Neuen Welt kein fertig eingerichtetes Paradies. Auch hier erwarteten sie Armut, Elend und die Bürde unaufhörlicher Mühen. Der Hochmut der Alteingesessenen und Etablierten war mitunter verletzend. Es gab Reibereien mit christlichen Neueinwanderern aus Italien, Irland, Skandinavien und Polen. Der Kongreß der Vereinigten Staaten erwog und erließ Gesetze, die die Einwanderung der sogenannten »ungelernten Immigranten« beschränkten. Mitunter, in Jahren der Rezession, der Arbeitslosigkeit oder der Kriegsgefahr, erinnerten gehässige Ausbrüche nichtjüdischer Mitbürger auch in den USA die Juden daran, daß Besorgnis eine Grundbedingung der jüdischen Existenz ist. Doch im großen ganzen ist die bisherige Geschichte der Juden in den USA die Geschichte eines Triumphes, die den Juden, die ihre Liebe und Hoffnung nach Amerika brachten, und Amerika, das sie aufnahm und seine eigene Kraft um ihre Vitalität bereicherte, gleichermaßen zur Ehre gereicht.

Seefahrer, Kaufleute, Siedler und Straßenhändler

Der Aufstieg der USA zur Weltmacht und die bedeutende Rolle, die dabei die amerikanischen Juden spielten, müssen in dem größeren Zusammenhang der Expansion Europas verstanden werden, bei der von Anfang an Juden in wichtigen Funktionen mitgewirkt haben. Die großen Kolonialreiche gehören inzwischen der Vergangenheit an. Nur wenige Gebiete in Südamerika und in der Karibik stehen heute noch unter europäischer Verwaltung. Die europäischen Kolonien in Afrika sind sämtlich unabhängige Staaten geworden. Oft findet man heute den Austausch der Alten mit der Neuen Welt als eine Geschichte von Raub- und Beutezügen erzählt, auf denen die gierigen Europäer sich die Bodenschätze und die Arbeitskraft der Bewohner ferner Landstriche allein durch das Recht des Stärkeren angeeignet hätten. Nicht zu leugnen ist, daß die Europäer in der Neuen Welt Schätze suchten und daß sie ausbeuteten, was sie fanden: Gold, Silber, Zinn, Pelze, Sklaven. Doch wie Alexander der Große in allen eroberten Ländern Städte gründete, die seinen Namen verewigen und die hellenistische Kultur über die ganze seinerzeit bekannte Welt verbreiten sollten, so verpflanzten auch die europäischen Eroberer und Siedler ihre Kultur in die Länder und Kontinente, die sie unterwarfen und kolonisierten.

Daß die Europäer die Neue Welt nicht nur auszurauben, sondern sich anzueignen gedachten, ist an den Namen abzulesen, die sie ihr gaben: Neu-Spanien, Neu-Frankreich, Neu-England. Den Anbau von Mais, Tabak und Kartoffeln lernten die europäischen Kolonisten von den Indianern. Doch Weizen, Reis, Zuckerrohr, Yams und Bananen wurden durch die europäischen Kolonisten in Amerika heimisch gemacht, und zweifellos war die von den europäischen Kolonisten importierte landwirtschaftliche Revolution die wichtigste Voraussetzung dafür, daß die Neue Welt, die um 1500 von etwa 14 Millionen Menschen bewohnt wurde und sich unmittelbar nach der europäischen Eroberung sogar gebietsweise entvölkerte (wobei auch aus Europa eingeschleppte Krankheiten mitwirkten), im Jahre 1984 über 650 Millionen Menschen ernährte: mehr, als gegen Ende des 17. Jahrhunderts auf der ganzen Erde lebten.

Die Europäer brachten das Rad, das Pferd, das Rindvieh mit in die Neue Welt, und sie brachten ihre Sprachen. Heute sprechen in Nordamerika mehr Menschen Englisch als in England, in Lateinamerika mehr Menschen Spanisch als in Spanien und in Brasilien mehr Menschen Portugiesisch als in Portugal. Und Millionen Nachkommen einstiger französischer Untertanen in der kanadischen Provinz Québec und in der Karibik haben Französisch als Muttersprache. Außer ihren landwirtschaftlichen Methoden, Kulturpflanzen, ihrem Vieh, ihren Zugtieren, technischen Hilfsmitteln, Waffen und Sprachen brachten die Europäer auch ihre Religion mit in die Neue Welt, das Christentum.

Die Christianisierung der Neuen Welt wurde nicht dem Zufall überlassen. Unter den ersten Erforschern des nachmals französischen Teils Nordamerikas waren Jesuiten-Missionare, und Missionare verschiedener katholischer Orden begleiteten die spanischen Conquistadoren auf ihren Zügen – nicht, um das Gold der Eingeborenen zu rauben, sondern um deren Seelen zu retten. Vor 1500 beschränkte sich das Christentum im wesentlichen auf Europa und auf den Nahen Osten, wo ihm, seine weitere Ausbreitung verhindernd, der Islam feindlich gegenüberstand. Heute ist fast die gesamte Bevölkerung der Neuen Welt christlich.

Die Juden, die in den Ländern, wo sie unter muslimischer Herrschaft lebten, wesentlich zur Weiterentwicklung der Astronomie beigetragen hatten, die ja Voraussetzung für die Wissenschaft der Navigation war, hatten von Anfang an auch an der Erforschung der Neuen Welt bedeutenden Anteil. Die von Juden und *Marranos* gezeichneten Karten wiesen den portugiesischen, spanischen und italienischen Seeleuten des Zeitalters der Entdeckungen den Weg. Ein Jude namens Maschallah von Basra verfaßte um 800 in arabischer Sprache die erste Beschreibung des Astrolabiums, eines Instruments, mit dessen Hilfe der Stand der Gestirne festgestellt und somit die Position eines Schiffs bestimmt werden konnte. Und als der portugiesische Kapitän Vasco da Gama 1497 in Lissabon die Segel setzte zu jener Reise, die ihn um das Kap der Guten Hoffnung nach Indien führen sollte, waren seine Schiffe mit dem besten seinerzeit verfügbaren Navigationsinstrument, einem erst kürzlich von dem jüdischen Astronomen Abraham ben Samuel Zacuto vervollkommneten Astrolabium, ausgerüstet.

Ob Christoph Columbus jüdischer Herkunft war oder nicht, ist eine noch heute bei den Historikern heiß umstrittene Frage. Doch haben wir des Admirals eigenes Zeugnis dafür, daß ihn schon auf seiner epochemachenden ersten Reise ein Mann jüdischer Herkunft begleitete. Als Columbus am Freitag, dem 2. November 1492, an einer Küste landete, die er für einen Teil des östlichen Indiens hielt, schickte er diesen Mann wegen seiner Bewandertheit in orientalischen Sprachen als Unterhändler zu den Eingeborenen.

»Der Admiral [Columbus] beschloß, zwei Spanier zu den Eingeborenen zu entsenden: Der eine hieß Rodrigo de Jerez und war in Ayamonte zu Hause, der andere war ein gewisser Luis de Torres, der schon in Murcia im Haushalt des Admirals gelebt hatte und Jude gewesen war und der dem Vernehmen nach Hebräisch und Chaldäisch und sogar etwas Arabisch verstand. Mit diesen schickte er zwei Inder ... Er gab ihnen Perlenschnüre, um damit Nahrungsmittel zu kaufen, wenn es ihnen daran fehlen sollte, und befahl ihnen spätestens nach sechs Tagen zurückzukehren ... Er befahl ihnen, nach dem König jenes Landes zu fragen ... sich nach seinem Wohlergehen zu erkundigen und seine Freundschaft zu gewinnen ...«

Leider sollte sich zeigen, daß dem sprachkundigen ehemaligen Hausgenossen des Admirals bei dieser Mission seine Sprachkenntnisse nichts nützten. Die Arawak, die damals die Insel Kuba bewohnten, verstanden weder Hebräisch noch Chaldäisch oder Arabisch. Auch fanden die Kundschafter von Gold keine Spur. Doch wurden Torres und seine Gefährten von den Eingeborenen freundlich aufgenommen und bewirtet; anscheinend glaubten diese nämlich, wie man im Tagebuch des Admirals liest, ihre fremden Besucher kämen vom Himmel. Weiter berichteten Rodrigo de Jerez und Luis de Torres, daß sie unterwegs viele Männer und Frauen »mit Feuerbränden in den Händen« gesehen hätten, das seien »Kräuter« gewesen, die sie brauchten »zu dem Räucherwerk, das zu nehmen sie gewöhnt sind«. Torres war also nicht nur der erste Jude, der den Boden der Neuen Welt betrat, sondern einer der beiden ersten Europäer, die jenes »Räucherwerk« – den Tabak – zu sehen bekamen, das die Arawaks so schätzten. Es scheint Torres auf Kuba gefallen zu haben, er siedelte sich später dort an, wurde Großgrundbesitzer und Sklavenhalter, schließlich Empfänger einer königlichen Pension.

Bekennende Juden begleiteten weder 1492 Columbus noch 1497 Vasco da Gama. Die Ausübung der jüdischen Religion war zu dieser Zeit sowohl in Spanien als auch in Portugal verboten. Mithin war auch in den neuen Ländern, auf die jetzt die Kronen Spaniens und Portugals Anspruch erhoben, Juden die Niederlassung streng verboten. Auch dort standen die »Neuen Christen«, die geneigt sein mochten, insgeheim zur Religion ihrer Väter zurückzukehren, unter der strengen Aufsicht der mißtrauischen Inquisition. Zwar sollten einst auch in den von Spaniern und Portugiesen kolonisierten Ländern Amerikas beachtliche jüdische Gemeinden entstehen – 1980 lebten allein in Argentinien annähernd 242 000 Juden, in Brasilien deren 110 000 und in Uruguay 40 000 –, doch sind Juden in größerer Zahl in diese Länder erst nach der Mitte des 19. Jahrhunderts eingewandert, als die spanische Kolonialherrschaft dort beendet war und die Inquisition ihre Tätigkeit eingestellt hatte. Auch Neu-Frankreich war den Juden lange Zeit verschlossen, da sie im Mutterland seit Jahrhunderten der Verbannung unterlagen. Verbannt schließlich waren sie auch aus England, noch zu der Zeit, als in den ersten beiden Jahrzehnten des 17. Jahrhunderts die ersten englischen Kolonien in Virginia gegründet wurden.

Tatsächlich gab es zu Beginn des 17. Jahrhunderts nur eine große seefahrende Nation, auf deren Schiffen Juden ungehindert fahren und handeln konnten, die freien Niederlande. Und in den überseeischen Kolonien und Stützpunkten der Niederlande siedelten schon zu Lebzeiten Spinozas und Manasse ben Israels in kleiner Zahl auch Juden. So in Westindien – dort namentlich auf Curaçao –, in Südafrika, in Kapstadt, in Indien und auf den Inseln Ceylon, Mauritius, Borneo und Formosa.

Als die wichtigste dieser jüdischen Gemeinden in den holländischen Kolonien sollte sich diejenige in Brasilien erweisen – nicht, weil sie dort eine große Zukunft, sondern weil sie keine Zukunft hatte. 1630 eroberten die mit Spanien im Kriege liegenden Holländer verschiedene Häfen im Nordosten des damals zum spanischen Weltreich gehörenden Landes und verpflichteten sich, die Freiheit aller Siedler, gleich welcher Nationalität oder Religion, zu respektieren. So wanderten mit der niederländischen West-Indien-Kompanie nicht nur viele Amsterdamer Juden nach Brasilien aus, es suchten dort auch viele portugiesische *Conversos* Zuflucht, um, ohne den Scheiterhaufen fürchten zu müssen, zur Religion ihrer Väter zurückzukehren. In den späten 1630er Jahren waren Juden in Brasilien im Export-Import-Geschäft tätig, handelten mit Sklaven und besaßen nicht anders als die anderen Europäer in den Kolonien Zuckerrohrplantagen, auf denen sie Sklaven arbeiten ließen. Als nach 1645 sich Portugals Anstrengungen, die verlorene Kolonie zurückzuerobern, verstärkten, lebten annähernd 1500 Juden in Holländisch-Brasilien, etwa die Hälfte aller dort lebenden Europäer. In den folgenden Jahren ging durch Kriegseinwirkungen und Auswanderung dieser starke jüdische Bevölkerungsanteil rapide zurück. Nur 650 Juden waren noch im Lande, als 1654 die Portugiesen den Widerstand der Holländer brachen. Die Sieger verfügten sofort, daß alle Juden umgehend das Land zu verlassen hätten. Viele holländische Juden kehrten nach Amsterdam zurück, einige aber wichen in andere holländische Besitzungen in der Neuen Welt aus. Eine von diesen war die nordamerikanische Hafenstadt Neu-Amsterdam, das spätere New York.

Die 23 sephardischen Juden, die Anfang September 1654 in Neu-Amsterdam an Land gingen, waren nicht die ersten Juden auf dem nordamerikanischen Kontinent, aber sie gründeten dort die erste jüdische Gemeinde, der Dauer beschieden war. Danach sah es freilich anfänglich keineswegs aus. Generaldirektor der Kolonie Neu-Amsterdam war seit 1647 Peter Stuyvesant (1610–1672). Er regierte mit so harter Hand, daß die niederländischen Kolonisten, als 1664 eine britische Flotte die Kolonie zur Übergabe aufforderte, sich widerstandslos den neuen englischen Herren ergaben, anstatt ihren Generaldirektor und die von diesem vertretene niederländische West-Indien-Kompanie zu verteidigen. Stuyvesant, der im Kampf gegen portugiesische Papisten in der Karibik ein Bein verloren hatte, war Andersgläubigen gegenüber nicht zur Toleranz geneigt, und so waren ihm die Juden aus Brasilien sehr unwillkommen, zumal sie auch noch so mittellos waren, daß sie nicht einmal zahlen konnten, was sie dem Kapitän der »Heiligen Katharina« für die Überfahrt schuldeten. So bat am 22. September 1654 Peter Stuyvesant seine Vorgesetzten in Amsterdam dringend um Genehmigung, die unwillkommenen Neuankömmlinge auszuweisen:

»Die Juden, die hier angekommen sind, würden fast alle gerne bleiben, da wir aber erfuhren, daß sie (wegen ihres Wuchers und ihrer beim Handel mit Christen betrügerischen Praktiken) den niederen Beamten sehr zuwider sind... und unsererseits fürchten, daß sie uns wegen ihrer gegenwärtigen Bedürftigkeit während des kommenden Winters zur Last fallen möchten, haben wir es, um der Wohlfahrt dieses schwachen und noch nicht fest gegründeten Platzes willen, für das beste gehalten, sie freundlich zur Abreise aufzufordern; wie wir bei dieser Gelegenheit für uns selbst und im Interesse Eurer Ehren insgemein erbitten möchten, daß dieser betrügerischen Rasse – diesen so hassenswerten Feinden und Lästerern des Namens Christi – zukünftig nicht mehr gestattet werden möge, diese neue Kolonie zu vergiften und zu stören...«

Die unwillige Antwort auf diese gehässige Anfrage wurde in einem auf den 26. April 1655 datierten Brief erteilt, nachdem die Juden

Amsterdams bei der Kompanie für ihre Brüder in der Neuen Welt interveniert hatten.

>Gern hätten wir Ihrem Wunsch und Antrag, daß hinfort den Angehörigen der jüdischen Nation nicht mehr erlaubt werden möge, die neuen Territorien zu infizieren, stattgegeben und entsprochen, da auch wir die von Ihnen befürchteten Schwierigkeiten voraussehen; wir stellen aber nach fernerer Erwägung und Würdigung der Angelegenheit fest, daß dies etwas unvernünftig und ungerecht wäre, zumal diese Nation wie andere bei der Wegnahme Brasiliens beträchtliche Verluste erlitten und noch immer große Summen in Anteile an dieser Kompanie investiert hat. Deshalb haben wir nach reiflicher Überlegung endlich beschlossen... daß diese Personen nach den Neuen Niederlanden und daselbst reisen und Handel treiben dürfen, auch dort wohnen und Aufenthalt nehmen, vorausgesetzt, daß ihre Armen nicht der Kompanie oder der Gemeinde zur Last fallen, sondern von ihrer eigenen Nation unterstützt werden. Sie werden also dementsprechend verfahren.«

Stuyvesant nahm das nicht einfach hin, sondern erhob Einwendungen. Sollte es den Juden gestattet sein, in der ganzen Kolonie Handel zu treiben? Sollte ihnen gestattet sein, an der Verteidigung der Kolonie teilzunehmen? Durften sie Land besitzen? Durften sie im Groß- und Einzelhandel tätig sein? Stuyvesant wollte ihnen nichts von alledem gestatten. Aber die Juden der Kolonie setzten sich unter Führung des Kaufmanns und Grundbesitzers Asser Levy und mit Unterstützung der Juden Amsterdams gegen jedes der Verbote Stuyvesants zur Wehr und erhielten bei ihren Beschwerden in jedem Fall Recht. Sie hatten auch weiterhin Glück. Als nämlich König Karl II. von England »alles Land von der Westseite des Connecticut-Flusses bis zur Ostseite der Delaware-Bucht« seinem Bruder, dem Herzog von York und zukünftigen König Jakob II. (Regierungszeit 1685–1688) schenkte, genossen die Juden in der ehemaligen holländischen Kolonie alle Rechte, die Stuyvesant ihnen hatte streitig machen wollen. Die Engländer hatten eingewilligt, das holländische Besitz- und Erbrecht zu respektieren und auch weiterhin Gewissensfrei-

314

heit zu gewähren. Und da kürzlich – in den 1650er Jahren – auf Betreiben Manasse ben Israels und auf Anordnung des seinerzeit regierenden Oliver Cromwells die freie Religionsausübung und also der Aufenthalt der Juden in England wieder gestattet worden war, galt diese Zusicherung auch für die Juden Nordamerikas.

Die in den späten 1650er Jahren den *Marranos* von London gegebene Garantie der freien Religionsausübung war 1664 durch die Krone bestätigt worden. Seitdem konnten Juden sich in England und in den englischen Kolonien niederlassen, ohne die Ausweisung befürchten zu müssen. So erweiterte sich mit der Ausdehnung des britischen Machtbereichs auf die Neue Welt auch der Horizont der Juden. 1763 verlor Frankreich seine Ansprüche nicht nur auf die Gebiete, deren europäische Bewohner wenig später den ersten von Europa unabhängigen Staat in der Neuen Welt gründeten, auch ganz Kanada fiel den Engländern zu und wurde damit auch den Juden zugänglich. Wir wissen heute, daß schon in den 1750er Jahren Juden in Halifax in Neu-Schottland lebten, aber die erste dauerhafte jüdische Niederlassung auf dem Boden Kanadas wurde erst am Ende jenes Jahrzehnts in der Nähe von Montreal gegründet.

Montreal hat noch heute eine bedeutende jüdische Gemeinde. Doch nicht in allen amerikanischen Städten, die sich heute durch einen besonders hohen jüdischen Bevölkerungsanteil auszeichnen, sind die Juden schon seit so langer Zeit zu Hause. New York allerdings ist mit seinen 1981 gezählten zwei Millionen jüdischen Einwohnern die größte und zugleich die älteste jüdische Ansiedlung in Nordamerika. Auch in Philadelphia, der Stadt mit der heute drittgrößten jüdischen Gemeinde der USA lebten Juden schon, ehe der große englische Quäker William Penn 1682 die Kolonie Pennsylvanien gründete; einige der illustren jüdischen Familien der Stadt blicken auf eine lange lokale Tradition zurück. Hingegen liegt die Gründung der nächstgrößten jüdischen Gemeinden in den USA – derjenigen von Los Angeles, Chicago und Miami – noch nicht weit zurück. Zu Beginn des 18. Jahrhunderts herrschte über die Gebiete des heutigen Los Angeles und Miamis noch das katholische Spanien. Und Chicago liegt in einer Gegend, in der es damals außer Indianern nur ein paar Trapper und Pelzhändler gab.

Neben New York und Philadelphia waren die Hauptzentren jüdischen Lebens in den 13 Kolonien Savannah, Charleston und Newport. Nach Savannah kamen die ersten Juden 1733 mit einem von der Londoner sephardischen Synagoge gecharterten Schiff. Es überrascht deshalb nicht, in den Akten der Kolonie Georgia einen Dr. Samuel Nunes erwähnt zu finden, der eine Seuche eindämmen half. Doch sprechen die Dokumente auch von jüdischen Landbesitzern, die Wein anbauten und Seidenraupen züchteten. Eine Kultusgemeinde wurde 1735 organisiert. In dieser Zeit waren in Savannah schon sowohl sephardische als auch aschkenasische Juden vertreten, und so dauerte es fast zwei Jahre, ehe sie ihre persönlichen und religiösen Meinungsverschiedenheiten soweit beigelegt hatten, daß sie 1738 ein *Mikweh* (Bad) für die rituelle Reinigung eröffnen konnten. 1820 erbaute die Gemeinde von Savannah ihre erste Synagoge.

Der klassizistische Tempel der Gemeinde von Charleston wurde 1840 erbaut, aber die dortige jüdische Gemeinde ist viel älter. Schon im späten 17. Jahrhundert, nicht lange nach der Gründung dieser Hafenstadt, kamen die ersten Juden nach Charleston. Die Stadt wurde bald der rettende Hafen nicht nur für viele Juden, sondern auch für Hugenotten, die in der französischen Heimat ihres Glaubens wegen verfolgt wurden. Im Dezember 1773 kam ein junger englischer Jude namens Francis Salvador nach Charleston, der, nachdem er den größten Teil seines Erbes verloren hatte, in Süd-Carolina 7000 Morgen Land pachtete und dort als Pflanzer und Sklavenhalter ein neues Leben anfing. Er teilte die Unzufriedenheit vieler seiner Nachbarn mit der britischen Regierung und machte bei Ausbruch der Revolution gemeinsame Sache mit den Patrioten, die die Unabhängigkeit forderten. Von 1774 bis 1776 saß er im revolutionären Provinzial-Kongreß von Süd-Carolina. Als die Kolonie 1776 ihre staatliche Souveränität erklärte, wurde Salvador der erste jüdische Inhaber eines Staatsamts – vielleicht war er der erste Jude in der neueren Geschichte überhaupt, der Mitglied einer Volksvertretung wurde. Aber die am Rathaus von Charleston angebrachte Gedenktafel gemahnt seiner nicht deshalb, sondern weil er sein Leben für die amerikanische Revolution opferte. Als die britischen Streitkräfte Charleston angriffen, geriet nämlich Salvador bei der Verteidigung der Stadt in einen Hinterhalt der indianischen Verbündeten der Briten, wurde erschossen und skalpiert; soweit bekannt ist, war er damit auch der erste Jude, der für die Sache der amerikanischen Unabhängigkeit starb.

In Newport trafen die ersten Juden, aus Barbados kommend, im Jahre 1677 ein, annähernd vierzig Jahre, nachdem Roger Williams die Kolonie Rhode Island als Freistatt für religiöse Dissidenten gegründet hatte. Williams war ein überzeugter Vertreter der Religionsfreiheit und sozialen Gerechtigkeit. Die beiden Streitpunkte, wegen derer er sich mit der Kolonie Massachusetts Bay überwarf, wo er 1631 eine Pastorenstelle angenommen hatte, betrafen die Fragen, ob die Regierung der Kolonie das Recht habe, allen Kolonisten ein bestimmtes Glaubensbekenntnis und eine bestimmte Form des Gottesdienstes vorzuschreiben, und ob die Behörden der Kolonie das Recht hätten, indianisches Land ohne angemessene Entschädigung zu enteignen.

1763 bezog die Newporter Kultusgemeinde »Yeshuat Israel« den kleinen, im georgianischen Stil der Zeit erbauten Tempel, die Touro-Synagoge, die als die älteste Synagoge auf dem Boden der USA seit 1946 Denkmalschutz genießt. Der Bau ähnelt den sephardischen Synagogen Londons und Amsterdams, weist aber eine architektonische Eigentümlichkeit auf, über die viel gerätselt worden ist. Unter dem Lesepult führt eine Öffnung zu einem unvollendeten unterirdischen Gang, der, vollendet, auf die Straße hinausgeführt hätte. Es mag sich dabei nur um eine Rumpelkammer zur Aufbewahrung alter Papiere gehandelt haben – wie diejenige der alten Synagoge von Kairo, die den Historikern so reiches Material lieferte –, doch sind die Juden von Newport größtenteils der Meinung, daß die Erbauer, denen die Verfolgungen der *Marranos* noch in lebhafter Erinnerung waren, sich mit diesem Tunnel einen Fluchtweg schaffen wollten für den Fall, daß sie auch aus der Synagoge in Newport einmal würden flüchten müssen.

Während der amerikanischen Revolution war Newport von 1776 bis 1779 von britischen Truppen besetzt, und die jüdische Bevölkerung suchte – wie überhaupt die Kaufmannschaft der Stadt – anderswo Zuflucht. 1780, nach Abzug der Briten, wurde das Gebäude der Synagoge Sitzungsort der Generalversammlung des Staates

Rhode Island, die – wie auch der höchste Gerichtshof des Staates – dort bis 1784 ihre Sitzungen abhielt. Als General George Washington (1732–1799) im Jahre 1781 Newport besuchte, hielt man auch die Versammlung der Bürger der Stadt in der Synagoge ab. Neun Jahre später – inzwischen war die Verfassung 1787 formuliert und 1788 ratifiziert und Washington zum ersten Präsidenten der Vereinigten Staaten gewählt worden – stattete er Newport und der jüdischen Gemeinde des Orts einen zweiten Besuch ab. Der Vorsitzende dieser Gemeinde und Gründer der Bank von Rhode Island, Moses Seixas, begrüßte Washington mit einer Ansprache, in der er dem hohen Gast einleitend zugestand: »Der gleiche Geist, der in der Brust unseres geliebten Daniel wohnte und ihn befähigte, Provinzen des Babylonischen Reiches vorzusitzen, wohnt in Ihnen und wird immer in Ihnen wohnen.« Dann kam er zur Sache:

»Wir, die wir hier zuvor der unschätzbaren Rechte freier Bürger beraubt gewesen, erblicken nunmehr (mit einem tiefen Gefühl der Dankbarkeit dem allmächtigen Spender aller Ereignisse gegenüber) eine von der Majestät des Volkes errichtete Regierung, eine Regierung, die den religiösen Fanatismus nicht sanktioniert und Verfolgung nicht unterstützt; sondern die großmütig allen Gewissensfreiheit und den Schutz der Bürgerrechte gewährt und jedweden, gleich welcher Nation, Zunge oder Sprache er sei, als gleichwertiges Rädchen der großen Regierungsmaschine achtet.«

Washingtons Antwort, die das von Seixas angeschlagene Thema aufgriff und entwickelte, ist uns als unauslöschliches Bekenntnis der grundlegenden Überzeugungen der amerikanischen Demokratie überkommen:

»Alle besitzen gleichermaßen Gewissensfreiheit und den Schutz der Bürgerrechte. Jetzt ist von Toleranz nicht mehr derart die Rede, als könnten nur durch die nachsichtige Duldung gewisser Personen andere sich des Gebrauchs ihrer angeborenen natürlichen Rechte erfreuen. Denn frohen Herzens fordert die Regierung der Vereinigten Staaten, die den religiösen Fanatismus nicht billigt und Verfolgung nicht unterstützt, von denen, die unter ihrem Schutz leben, einzig, daß sie sich als gute Bürger aufführen und sie bei jeder Gelegenheit wirksam unterstützen...

Mögen die Kinder aus Abrahams Stamm, die in diesem Lande wohnen, weiterhin das Wohlwollen der anderen Einwohner verdienen und genießen, während ein jeglicher unter seinem eigenen Weinstock und Feigenbaum wohne ohne Scheu.«

Washington zitierte am Schluß dieser Ansprache nicht nur ausnahmsweise – und weil er mit Juden sprach – einen hebräischen Propheten (Micha 4:4). Die Gründer der Amerikanischen Republik waren durchdrungen von den Ideen und dem großen Atem der hebräischen Bibel, und die allerersten englischen Kolonisten, die Puritaner, hatten ihre Gesellschaft nach dem Muster der Theokratie der alten Israeliten verfaßt. So sahen denn auch die Amerikaner in dem Aufbegehren der Juden gegen den Pharao und in dem Auszug aus Ägypten in das Gelobte Land ein Vorbild ihrer eigenen Revolution. Benjamin Franklin (1706–1790) schlug vor, auf dem Siegel der Vereinigten Staaten den Zug der von den Streitwagen des Pharao verfolgten Israeliten durch das Rote Meer abzubilden. Thomas Jefferson (1743–1826) wollte, daß die neue Nation den Satz »Rebellion gegen Tyrannen ist Gehorsam gegen Gott« als Wahlspruch annehme. Das war im wesentlichen die Botschaft der Propheten, Nathans Warnung an David. Es ist auch die Botschaft der amerikanischen Unabhängigkeitserklärung:

»Folgende Wahrheiten erachten wir als selbstverständlich: daß alle Menschen gleich geschaffen sind; daß sie von ihrem Schöpfer mit gewissen unveräußerlichen Rechten ausgestattet sind; daß dazu Leben, Freiheit und das Streben nach Glück gehören; daß zur Sicherung dieser Rechte Regierungen unter den Menschen eingesetzt werden, die ihre rechtmäßige Macht aus der Zustimmung der Regierten herleiten; daß, wann immer irgendeine Regierungsform sich als diesen Zielen abträglich erweist, es des Volkes Recht ist, sie zu ändern oder abzuschaffen...«

Die Gründer der USA wollten mit dieser Erklärung nicht allein das Verlangen der amerikanischen Kolonisten nach Unabhängigkeit von der britischen Krone rechtfertigen, sondern auch zu verstehen geben, daß in Amerika eine Nation ganz neuer Art gebildet werden sollte, eine Nation, die – im Gegensatz zu denjenigen der Vergangenheit – in ständiger Entwicklung begriffen bleiben, sich ständig an den eigenen sich entwickelnden Werten messen und, um diesen Werten gerecht zu werden, sich ständig wandeln sollte.

Bei der Ausführung dieses großartigen Plans und der Erfüllung dieses hochfliegenden amerikanischen Versprechens haben die Juden, obwohl nur eine kleine Minderheit der Bevölkerung, eine überraschend vielseitige und entscheidende Rolle gespielt. Zur Zeit der amerikanischen Revolution lebten in den 13 Kolonien nur 2500 Juden, und doch lesen wir von Juden, die bei Bunker Hill und Valley Forge und Savannah gegen die Briten kämpften, die amerikanischen Truppen mit Proviant versorgten, die Verwundeten pflegten. Jahrhundertelang hatten die Juden als Bankiers und Pfandleiher den europäischen Fürsten ihre Kriege führen helfen. Jetzt beschaffte ein angesehener jüdischer Bürger von Philadelphia, Chaim Salomon (1740–1785), das Geld zur Bezahlung der in amerikanischen Diensten gegen den König von England kämpfenden französischen Truppen und gab den Angehörigen des Kontinentalkongresses Kredite, ohne Zinsen zu fordern. Später hatte Salomon Gelegenheit, ein im Staat Pennsylvania geltendes Gesetz anzufechten, das von Inhabern öffentlicher Ämter einen Amtseid auf das Neue Testament verlangte, und sich der Tatsache zu erinnern, daß die Verfassung der USA zwar Gewissensfreiheit zusicherte, daß aber vielen Gesetzen einzelner Staaten und Orte die damals wie heute von manchen Amerikanern vertretene Überzeugung zugrunde lag, daß die Vereinigten Staaten ein ausschließlich »christliches Land« seien und bleiben sollten.

Vom Beginn des 19. Jahrhunderts bis zum Ausbruch des Bürgerkrieges wuchs die Bevölkerung der USA von fünf auf über dreißig Millionen Menschen. Während der gleichen Zeit stieg die Zahl der jüdischen Bürger des Landes von 10000 auf 100000. Die meisten jüdischen Einwanderer kamen zu dieser Zeit aus dem deutschen

Sprachraum, insbesondere nach der fehlgeschlagenen Revolution von 1848 und während der harten Jahre, die ihr folgten. Die Dokumente verzeichnen die Tätigkeit jüdischer Ärzte, Rechtsanwälte, Schlächter, Pioniere und Sklavenhalter – wie auch einiger Vorkämpfer der Sklavenbefreiung. Die allermeisten allerdings trieben Handel, und zwar größtenteils in sehr bescheidenem Maßstab, als Straßenhändler, die ihre Waren auf dem Rücken trugen.

Auf so bescheidene, aber fleißige Vorfahren blickten gegen Ende des Jahrhunderts die Familien der »Handelsfürsten« zurück. Die Gründer der Warenhauskette Gimbel Brothers waren die Söhne Adam Gimbels (1817–1896), der als Jüngling aus Bayern nach Amerika gekommen war und den Mississippi entlang mit Textilien hausierte, ehe er 1842 in Indiana seinen ersten eigenen Laden eröffnet hatte. Die Ladenkette Macy's and Abraham & Straus war eine Gründung der Söhne von Lazarus Straus (1809–1898), eines Einwanderers aus Deutschland, der sein Brot mit dem Import von Geschirr verdient hatte. Ein anderer deutscher Jude, Levi Strauss (1829–1902), kam 1848 in New York an und reiste gleich weiter nach Westen, wie damals viele Juden und andere auch, um in Kalifornien Gold zu finden. Seine reißfesten blauen Drillichhosen, die schließlich seinen Namen in der ganzen Welt berühmt machen sollten, die »Levi's«, fanden bei den Goldgräbern reißenden Absatz.

Im wesentlichen waren die Familien der prominentesten amerikanischen Juden dieser Zeit schon vor der Unabhängigkeit in Amerika ansässig gewesen. Vermutlich die einflußreichste, jedenfalls die schillerndste dieser Persönlichkeiten war Mordecai Manuel Noah (1785–1851), Sohn eines Kaufmanns, dessen abenteuerlicher Werdegang an denjenigen des Leo da Modena erinnert, wenn auch Noah kein Gelehrter war. Als Herausgeber des in New York erscheinenden *National Advocate* spielte er eine Rolle in der Demokratischen Partei und war bald eine Säule der berühmten Tammany Society. Nebenher war er jedoch noch manches andere: Theaterdichter, Richter, ein früher Anhänger der »Native American Party«, deren Agitation gegen Einwanderer und Katholiken den Ton der amerikanischen Politik in der Jahrhundertmitte bestimmte, ein rabiater Gegner der Sklavenbefreiung, dazu ein Utopist, der auf einer Insel im Niagara

River eine jüdische Kolonie, die er Ararat nannte, zu gründen versuchte. Nachdem er bei diesem Versuch gescheitert war, wollte er die Rückkehr der Juden nach Zion befördern.

Typischere Vertreter der amerikanischen Judenheit des späten 18. und frühen 19. Jahrhunderts waren zweifellos die Angehörigen der Familie Gratz, deren Ahnherr, der Kaufmann Michael Gratz (1740–1811), im Jahre 1754 aus London nach Philadelphia ausgewandert war. Die Familie unterstützte während des Unabhängigkeitskrieges die patriotische Sache. Im Bankwesen, im Versicherungsgeschäft und beim Bau der Eisenbahnen stiegen Angehörige der Familie zu führenden Stellungen auf. Sie stellten Mittel zur Erforschung des amerikanischen Westens zur Verfügung; sie gründeten das Gratz-College in Philadelphia, die erste jüdische Lehrerbildungsanstalt in den USA. Doch von allen guten Werken, mit denen sie sich um ihre Mitmenschen verdient machten, hat wohl keines mehr Menschen geholfen als die tätige Nächstenliebe der Rebecca Gratz (1781–1869). Rebecca, eine bewunderte Schönheit und hochgebildete Frau, verkehrte in der besten literarischen Gesellschaft. Zugleich aber war sie Sekretärin eines Frauenvereins zur Unterstützung bedürftiger Frauen und Kinder (der »Female Association for Relief of Women and Children in Reduced Circumstances«). Weiterhin organisierte sie die »Philadelphia Orphan Society«, eine Gesellschaft zur Unterstützung von Waisen, sowie die »Hebrew Sunday School Society«, die die erste jüdische Sonntagsschule in den Vereinigten Staaten eröffnete. Es heißt auch, daß diese Frau, die den Heiratsantrag eines der besten Gesellschaft angehörenden Christen, den sie überdies liebte, ablehnte, Sir Walter Scott für die gleichnamige Heldin seines historischen Romans »Ivanhoe« (1820) als Vorbild gedient hat.

Während dieser Periode bildeten sich die Grundzüge der jüdischen Gesellschaft in Amerika heraus. Einerseits wuchs die jüdische Gemeinde, wie die Bevölkerung der Vereinigten Staaten generell, durch einen steten Strom von Einwanderern. Die jüdischen Neueinwanderer kamen größtenteils aus Deutschland und sympathisierten nicht selten mit der Bewegung zur Reform des Judentums. Viele von ihnen erlangten, wie die bereits seit längerer Zeit im Lande ansässigen Familien, bald Reichtum und Einfluß und gründeten starke jüdische Institutionen – Tempel, Schulen, Wohltätigkeitsvereine und Unterstützungskassen. Andererseits bestand bei den Juden, die sich aus den Hafenstädten, in denen sie aus der Alten Welt ankamen – insbesondere also aus New York –, ins Landesinnere zerstreuten, eine Tendenz zur Assimilation, zur Eheschließung mit nichtjüdischen Partnern oder auch zum Verzicht auf die Ehe. Diese Tendenz sollte schließlich dem Wachstum des jüdischen Bevölkerungsanteils der USA Einhalt gebieten. Zwar sollte die Masseneinwanderung osteuropäischer Juden zwischen 1880 und 1920 die amerikanische Judenheit noch einmal stark anwachsen lassen, doch das um die Mitte des vergangenen Jahrhunderts ausgeprägte soziale Muster besteht bis heute fort.

Die Verwandlung Amerikas

Fraglos ist der Wendepunkt der amerikanischen Geschichte der Bürgerkrieg gewesen; wie in dem allerdings viel länger dauernden Kampf der Christen und Muslime um die Herrschaft in Spanien, kämpften auch im amerikanischen Bürgerkrieg Juden auf beiden Seiten. Schätzungsweise 7000 Juden dienten unter der Fahne der Union; von diesen hatte den höchsten Rang Frederick Knefler (1833–1901), der als erster Jude zum Titular-Generalmajor ernannt wurde. Auf seiten der Konföderierten standen vermutlich nur 3000 Juden, aber unter diesen einer an prominenter Stelle, nämlich Judah Philip Benjamin (1811–1884), der nicht nur der erste bekennende Jude im Senat der Vereinigten Staaten war – wo er als Repräsentant des Staates Louisiana leidenschaftlich die Sache der Sezessionisten vertrat –, sondern später unter Jefferson Davis auch dem Kabinett der konföderierten Regierung angehörte, zuerst als Kriegs- und später als Außenminister. Hinsichtlich der moralischen Streitfrage des Krieges, der Frage der Sklaverei, enthielten sich die Juden – selbst ihre einflußreichsten religiösen Führer – größtenteils der Stimme.

Der amerikanische Bürgerkrieg ist im Zusammenhang der jüdischen Geschichte noch in anderer Hinsicht bemerkenswert: Es kam dabei zu der einzigen scharfen antisemitischen Maßnahme, zu der sich je ein hoher Regierungsbeamter der Vereinigten Staaten hat hinreißen lassen. Im Dezember 1862 erließ Generalmajor Ulysses S. Grant in dem Bemühen, die Baumwollspekulation im damaligen Department Tennessee zu verhindern, und in der Meinung, an dem ganzen illegalen Handel seien allein die Juden schuld, den Generalbefehl Nr. 11: »Die Juden, als eine Klasse, welche jede Handelsbeschränkung verletzt... sind hiermit aus diesem Department ausgewiesen und haben dasselbe innerhalb von 24 Stunden nach Erhalt dieses Befehls zu verlassen.« Zum Department Tennessee gehörten die damals von den Unions-Truppen besetzten Teile der Staaten Mississippi, Kentucky und Tennessee. Grants drakonischer Ausweisungsbefehl, der an die Behandlung der Juden im Europa des Mittelalters erinnerte, wurde von Präsident Abraham Lincoln umgehend aufgehoben.

Der Sieg der Union im Jahre 1865 entschied, daß die Vereinigten Staaten in Zukunft »Eine Unteilbare Nation« sein würden, wie der 1892 angenommene Treue-Eid sagt, und hatte zur Folge, daß die Sklaverei abgeschafft wurde und daß, mindestens für die nächsten hundert Jahre, der industrialisierte Norden die wirtschaftliche Vorherrschaft über den landwirtschaftlichen Süden innehatte. Tatsächlich hatten sich die Südstaaten von der wirtschaftlichen Katastrophe ihrer Niederlage im Bürgerkrieg noch in den vierziger Jahren dieses Jahrhunderts kaum erholt. Im Norden dagegen brachte die Epoche des Wiederaufbaus nach dem Bürgerkrieg einen großen wirtschaftlichen Aufschwung, in dessen Verlauf manchem deutschen Juden, der bisher als Hausierer sein Brot verdient hatte, die Gründung eines eigenen kleinen Ladengeschäfts gelang, das für einige nur die erste Sprosse auf der Leiter zu viel größeren Unternehmungen war. Die Besiedlung der Grenzgebiete, die Versorgung der wachsenden Bevölkerung, der Bau der Eisenbahnstrecken und großen Städte stellten für unternehmende Leute günstige Gelegenheiten dar, ein Vermögen zu verdienen, und die Juden nahmen sie wahr, vornehmlich im Handel und im Finanzwesen, im geringeren Maße in der Industrie.

Abgesehen vom Bürgerkrieg und der im Norden folgenden Hochkonjunktur verwandelte die starke Einwanderung Amerika in der zweiten Hälfte des 19. Jahrhunderts rapide. Zwischen 1840 und 1930 kamen insgesamt 37 Millionen Menschen in das Land der »unbegrenzten Möglichkeiten«; einige von diesen, namentlich die Chinesen, wurden als Vertragsarbeiter in ihren Heimatländern angeworben. Aber die meisten kamen, eine Welle nach der anderen – Iren, Deutsche, Italiener, Russen, Polen, Juden, Hispano-Amerikaner –, aus eigenem Antrieb, auf der Suche nach politischer Freiheit, physischer Sicherheit und – in den meisten Fällen – Gelegenheit, sich Wohlstand zu erwerben.

Offensichtlich waren die Ereignisse, die die Auswanderung der Juden aus Rußland, Russisch-Polen und Rumänien veranlaßten, die Welle der Pogrome und Verfolgungen nämlich, politischer Natur; aber die wirtschaftliche Ursache dieser Ereignisse, die Überbevölkerung, war die gleiche, die anderswo die Europäer zur Auswanderung zwang, nur daß die Juden wegen der ihnen auferlegten verschärften Aufenthaltsbeschränkungen im Zarenreich den Druck der Überbevölkerung stärker spürten. Nicht weniger als zwei Millionen Juden wanderten zwischen 1880 und 1925 in die USA ein. Dennoch hat während dieser Zeit die jüdische Bevölkerung Osteuropas nicht abgenommen, vielleicht sogar zugenommen.

Die große Mehrheit der Einwanderer ging seit den späten 1880er Jahren im New Yorker Hafen an Land, wo mit erhobener Fackel die majestätische Gestalt der Freiheitsstatue sie begrüßte, zu deren Füßen man die zerbrochenen Ketten der Sklaverei liegen sieht. 1883, in dem Jahr, in dem auf Bedloe's Island in der New Yorker Bucht der Grundstein des Sockels der Freiheitsstatue gelegt wurde, schrieb eine amerikanische jüdische Dichterin namens Emma Lazarus, die bereits Übersetzungen von Heine und Halevi sowie eigene »Songs of a Semite« veröffentlicht hatte, ein Sonett mit dem Titel »Der Neue Koloß«. Zwanzig Jahre später wurde eine Tafel mit dem Text dieser Huldigung an den Geist der Freiheit am Sockel der Statue angebracht. Die Tafel war zu klein, als daß die Ankömmlinge sie von den Decks der einlaufenden Schiffe aus hätten entziffern können, und nur wenige von ihnen hätten die Sprache des Gedichts verstanden.

Doch der Sinn der in diesen Versen ausgesprochenen Botschaft des
»Neuen Kolosses« wird den Hoffnungen der meisten von ihnen ent-
sprochen haben:

> »›Behalte, alte Welt, deine vielberühmte Pracht!‹ ruft sie
> Mit schweigenden Lippen. ›Gib mir deine Müden, deine Armen,
> Deine gedrückten Massen, die sich sehnen, frei zu atmen,
> Das elende Strandgut deiner wimmelnden Küste.
> Schick diese, die Obdachlosen, Sturm-Verwehten, mir.
> Neben dem goldenen Tor erhebe ich mein Licht!‹«

Erinnern wir uns der Umstände dieser Reise in die Neue Welt, wie
die Juden sie erlebten, die aus den Ghettos und »Stetls« Osteuropas
in die überfüllten Mietskasernen der Lower East Side von Manhattan
zogen. Zuerst kam die stürmische Fahrt über den Atlantik, während
der, wie der Philosoph Morris Raphael Cohen (1880–1947) sich später erinnerte, die Passagiere »wie Vieh zusammengepfercht« waren.

> »Wir konnten von dem Essen, das man uns an Bord gab, nichts ge-
> nießen, weil es nicht koscher war. Wir erbaten nur heißes Wasser,
> in das meine Mutter ein wenig Branntwein und Zucker tat, um ihm
> Geschmack zu geben.«

Ein anderer Zeuge erinnerte sich der schlimmen Zustände im Zwischendeck wie einer Szene aus Dantes »Hölle«:

> »An Bord des Schiffs verließ uns alle Zuversicht, wir wurden in ei-
> nem dunklen, schmutzigen Verschlag zusammengepfercht ... höl-
> zerne Kojen waren da in zwei Reihen übereinander ... Die See-
> krankheit packte uns. Hunderte von Menschen erbrachen sich,
> brachen noch die Milch ihrer Mütter wieder aus.«

Der gleiche Zeuge weist darauf hin, daß alle diese Auswanderer zum
ersten Mal über den Ozean fuhren; viele hatten nie zuvor das feste
Land verlassen. Und wer sich seiner eigenen ersten Übersee-Reise
im Schiff oder im Flugzeug erinnert, weiß, daß die Phantasie einen

bei dieser Gelegenheit sogar zu plagen beginnt, wenn die physischen Umstände eigentlich sehr erträglich sind. Von den Qualen, die den Auswanderern zusätzlich zu ihren physischen Leiden die Phantasie verursachte, spricht in seinen Erinnerungen auch Cohen:

> »Meine Einbildungskraft war beschäftigt mit den Schrecken von Schiffs-Kollisionen, insbesondere, wenn das Nebelhorn seine klagende Stimme vernehmen ließ ... Eines Morgens sahen wir ein anderes Schiff in, wie mir schien, beträchtlicher Entfernung vorbeifahren, aber unser Nachbar sagte, wir hätten Glück gehabt und seien während der Nacht einem Zusammenstoß nur um Haaresbreite entgangen.«

War das Schiff endlich im Hafen von New York vor Anker gegangen, führte der Weg der hungrigen, schlecht gekleideten und verstörten Einwanderer die Gangway hinab zur Zollabfertigung und in das unergründliche Gebäude der Einwanderungsbehörde auf Ellis Island, das zwischen 1892 und 1947 an die zwanzig Millionen Neuankömmlinge passiert haben. Hier wurden sie von Schlange zu Schlange, von Dolmetscher zu Dolmetscher, von Arzt zu Arzt, von Beamten zu Beamten weitergeschoben, nach ihrer Gesundheit, ihrer Familiengeschichte, ihren politischen Ansichten und wirtschaftlichen Aussichten befragt und oft auch mit einem neuen »amerikanischen« Namen ausgestattet, wenn der Einwanderungsbeamte zu müde, zu abgehetzt oder zu unwissend war, die seltsam klingenden Namen zu verstehen, die die Einwanderer mitbrachten. Bis zu einem gewissen Grade war die rauhe Behandlung, die man auf Ellis Island den Einwanderen zuteil werden ließ, aus der ständigen Erschöpfung der dort tätigen Beamten erklärlich. Zwar war die Zahl der täglich abzufertigenden Einwanderer auf 5000 festgesetzt, doch das hinderte nicht, daß sich ihrer 15000 dort einfanden. Für die Einwanderer war die Erfahrung alptraumhaft:

> »Wir wurden von Dolmetschern empfangen, man gab uns Einreisekarten und brachte uns in Schlafsäle. Nach dem Essen wurden wir in eine große Halle geführt zu einem Vortrag. Drei Tage be-

hielten sie uns da, weil sie die Papiere überprüfen mußten. Sie stellten einem alle möglichen Fragen. Es war furchtbar da; so unheimlich, richtig wie ein Kerker. Da weint einer, da fällt einer in Ohnmacht, da rauft sich einer die Haare. So furchtbar ist es da, man kann's nicht beschreiben. Am Tage gingen wir auf den Hof, und das war noch schlimmer. Manche Kinder mußten zurück; die wollten sie nicht reinlassen in die Vereinigten Staaten. Und manche begingen Selbstmord.«

Die Erfahrungen der jüdischen Einwanderer wären zweifellos noch traumatischer gewesen, hätte nicht die Hebräische Einwanderer-Hilfe (Hebrew Immigrant Aid Society – HIAS) auf Ellis Island Dolmetscher und Berater postiert, die die Neuankömmlinge begrüßten und ihnen auf vielerlei Weise behilflich waren. Sie führten Beschwerde gegen unzumutbare Zustände im Zwischendeck der Schiffe, sie halfen den Einwanderern, vor dem kritischen Blick der Einwanderungsbehörde zu bestehen, und später Unterkunft und Arbeit zu finden. Die HIAS war nur einer von vielen Wohltätigkeitsvereinen, die meist von wohlhabenden amerikanischen Juden deutscher Herkunft gestiftet und organisiert wurden. Diese Vereine standen zweifellos in einer langen und allen Juden gemeinsamen Tradition gegenseitiger Hilfe und Gemeindesolidarität, hinzu kam jedoch eine besondere kulturelle Kluft zwischen den Spendern und den Empfängern der Wohltätigkeit, die ersteren Verpflichtung und Ärgernis zugleich war. Die Spender wohnten in der Oberstadt (»Uptown«), sprachen Englisch, waren deutscher Abstammung, bekannten sich zum reformierten Judentum, waren assimiliert und kulturell eingegliedert. Die Empfänger wohnten »Downtown« – in der Unterstadt –, sprachen Jiddisch, kamen aus Osteuropa, waren orthodoxe oder irreligiöse Juden – wenn nicht gar, wie im letzteren Falle oft, Sozialisten – und jedenfalls vollkommen unamerikanisch.

Um die Jahrhundertwende hatte fast jede Stadt in den USA Viertel, die als »Uptown« und »Downtown« voneinander zu unterscheiden waren. Die berühmteste Downtown war natürlich die Lower East Side von Manhattan, wo im Jahre 1915 schätzungsweise 350 000 Juden auf einer etwa fünf mal fünf Kilometer messenden Fläche zusammengedrängt wohnten – eingezwängt zwischen von Iren und Italienern ähnlich dicht besiedelten Vierteln. Das idealisierte Bild von den Verhältnissen an der Lower East Side, das sich heute die in den grünen Vororten auf Long Island wohnenden Enkel der Einwanderer gerne machen, sollte nicht die Tatsache verdecken, daß die Gegend ein jüdischer Slum war, weiter nichts. Jüdisch, weil hauptsächlich von Juden bewohnt, so daß es dort Synagogen, jüdische Schulen, koschere Schlächter, jüdische Buchhandlungen, jiddische Zeitungen gab – wie in einem Ghetto. Ein Slum aber, weil die Juden dort in drangvoller Enge, in Schmutz, Nässe und Dunkelheit hausen mußten, gewöhnlich zu zehnt in Räumlichkeiten, die nur für zwei oder drei Bewohner bestimmt waren. Die Zustände an der Lower East Side von Manhattan um die Jahrhundertwende glichen denen, die man heute in den überfüllten Städten der Dritten Welt findet.

Viele Einwanderer fanden Arbeit in der Bekleidungsindustrie, in den berüchtigten »Sweatshops«, in denen sie vom frühen Morgen bis in die späte Nacht an den Nähmaschinen buchstäblich schwitzen mußten und keine vierzig Cents in der Stunde verdienten. Dabei konnten jene, die Anstellung zu einem festen Stundenlohn fanden, sich noch glücklich schätzen. Wer für Stücklohn arbeitete, brachte es vielleicht nur auf einen Verdienst von sechs Cents in der Stunde und mußte achtzig Stunden in der Woche arbeiten, wenn er nicht verhungern wollte. Jacob Riis, ein dänisch-amerikanischer Sozialreformer, schilderte 1890 in seinem Buch »How the Other Half Lives« die Verhältnisse in einem dieser »Sweatshops«:

»Fünf Männer und eine Frau, zwei junge, noch nicht 15jährige Mädchen und ein Junge, der unaufgefordert erklärt, er sei 15 Jahre alt – und dabei lügt –, sitzen an den Maschinen und nähen ›Kniehosen‹ . . . Die Gesichter, die Hände und die Arme bis zum Ellbogen von ihnen allen sind schwarz von der Farbe des Stoffs, den sie verarbeiten . . . Sie seien ›Anlernlinge‹, alle, sagt die Frau, die sich als Ehefrau des Bosses erweist, und sie seien erst vor ein paar Wochen ›rübergekommen‹. Sie stellen in der Woche 120 Dutzend ›Kniehosen‹ her. Sie arbeiten bis 9 Uhr abends – von Tagesanbruch an.«

Um hier Abhilfe zu schaffen, wurde 1900 die »Ladies' Garment Workers' Union«, die Gewerkschaft der Damenbekleidungsarbeiter, gegründet. Der Streik der Hemdblusennäher im Jahre 1909 wurde als der »Aufstand der 20000« gefeiert. Aber erst die »Große Revolte«, ein Streik der Mantelnäher von New York City, erzielte den ersten Tarifvertrag in der Bekleidungsindustrie. Um dieses Ergebnis machten sich drei führende Männer der amerikanischen jüdischen Gemeinschaft verdient: Jacob Schiff (1847–1920), ein Finanzier und Philanthrop, der alle bedeutenderen jüdischen Wohltätigkeitsvereine großzügig unterstützte; Louis Marshall (1856–1929), gleich angesehen als Rechtsanwalt und als republikanischer Politiker (in den 1920er Jahren sollte er als erster den Kampf gegen den damals aufkommenden Antisemitismus aufnehmen); sowie Louis Dembitz Brandeis (1856–1941), der damals schon als »Anwalt des Volkes« berühmt war und 1916 der erste jüdische Richter am Obersten Gerichtshof der Vereinigten Staaten wurde. Der Tarifvertrag von 1910, der eine wöchentliche Arbeitszeit von nicht mehr als 54 Stunden vorsah – über diese Zeit hinaus sollte nach einem Überstunden-Tarif bezahlt werden –, war zweifellos ein bedeutender Sieg, aber die Arbeitsbedingungen in der Bekleidungsindustrie blieben skandalös, ohne daß sich die Öffentlichkeit darüber aufregte – bis 1911 bei dem Feuer in der Triangle Shirtwaist Company 146 Arbeiter, größtenteils italienische und jüdische junge Mädchen, verbrannten.

Die Lower East Side, hört man manchmal sagen, sei eine gute Gegend – als Herkunftsort. Und tatsächlich sind aus dem Ghetto im Südosten Manhattans jüdische Rechtsanwälte und Richter, Gewerkschaftsführer und Industrielle, Kaufleute und namhafte Gangster, Schriftsteller und Entertainer hervorgegangen. Sie verließen – sowohl physisch als auch gesellschaftlich – das Ghetto und ließen sich anderswo nieder – in den Vororten New Yorks auf Long Island, in Westchester County und im Norden des Staates New Jersey, wenn sie nicht weiter fort nach Washington oder Baltimore zogen, nach Buffalo, Cleveland, Chicago, Detroit, Los Angeles und Miami. Sie folgten damit dem Beispiel der Iren und wiesen den Einwanderern, die ihnen in die Slums an der Lower East Side folgten, den Weg nach oben und nach draußen. Nachdem sie die Mietskasernen im Ghetto verlassen und es draußen zu Wohlstand und Ansehen gebracht hatten, errichteten sie in den grünen Vororten, wo sie nun in eigenen Häusern wohnten, Synagogen und jüdische Gemeindehäuser – zur Pflege der Geselligkeit, zur Erziehung der jüdischen Jugend, zu gemeinsamem Gottesdienst. Und sie nahmen als Juden Einfluß auf die Entwicklung des amerikanischen Lebens, dem ihr eigenes jetzt ganz angehörte.

Nirgends ist der Einfluß der Juden aus dem Ghetto auf die amerikanische Kultur so spürbar wie in der Welt des amerikanischen Theaters und Films, in der Welt des Entertainment. Natürlich hatte schon die Lower East Side ihre eigene Theaterkultur gehabt. Als die sicherste und trotz allem wohlhabendste Gemeinde jiddischer Sprache zog sie die besten jiddischen Bühnendarsteller aus aller Welt an. In den Theatern an der Second Avenue sah man sie in jiddischen Bearbeitungen klassischer Stücke und in originalen Melodramen. Doch das jiddische Theater war trotz seines unbestreitbaren Zaubers beschränkt in seinen Möglichkeiten, zumal es ausschließlich auf das Publikum des Ghettos angewiesen war. Es lag auf der Hand, daß mit Theater, das ein breiteres Publikum ansprach, mehr Geld zu verdienen war. Überdies waren viele jüngere Leute der Meinung, die jiddische Sprache gehöre der Vergangenheit an. Die Alte Welt aber wollten sie hinter sich lassen und Englisch, die Sprache der Neuen Welt, sprechen – wie schon einst die *Maskilim* in Rußland unter den Zaren das Jiddische mit dem Russischen vertauscht hatten.

Eine Generation von jungen Unterhaltungskünstlern drang schließlich über die hauptsächlich von jüdischem Publikum besuchten Hotels an den Ausflugsorten im Staate New York auf die Bühnen der großen Vaudeville-Paläste vor – Sophie Tucker, Fanny Brice, George Jessel, George Burns und Eddie Cantor wurden in ganz Amerika berühmt. In Hollywood gründeten Juden wie Sam Goldwyn, Louis B. Mayer und die Warner Brothers eine neue Unterhaltungsindustrie, während jüdische Komponisten wie George Gershwin, Richard Rodgers und Frank Loesser die unverwechselbare Eigenart des Broadway-Musicals entscheidend mitbestimmten. In keinem anderen Land und zu keiner anderen Zeit waren so viele Publikumslieblinge Juden.

Als es 1917 Chaim Weizmann und seinen Kollegen gelang, der britischen Regierung die Balfour-Erklärung abzuringen, hatten auch die Juden Amerikas Grund, mit ihren Leistungen zufrieden zu sein. Brandeis saß im Obersten Gerichtshof, und der Finanzier Bernard Baruch (1870–1965) hatte als Präsident der Kriegsindustrie-Behörde beim Eintritt Amerikas in den »Krieg zur Beendigung aller Kriege« wichtigen Einfluß auf die amerikanische Wirtschaftspolitik. Brandeis, ein überzeugter Zionist, der gute persönliche Beziehungen zu Präsident Woodrow Wilson (1856–1924) unterhielt, hatte auf die Billigung der Balfour-Erklärung durch die Regierung der USA hingewirkt, von der die britische Regierung deren Abgabe abhängig gemacht hatte. Brandeis vertrat nachdrücklicher und überzeugender als jeder andere den Standpunkt, daß ein Jude ein guter Amerikaner und zugleich ein guter Zionist sein könne:

»Treue zu Amerika und Treue zum jüdischen Volk sind nicht unverträglich miteinander. Der jüdische Geist, das Produkt unserer Religion und unserer Erfahrung, ist wesentlich modern und wesentlich amerikanisch. Niemals seit der Zerstörung des Tempels haben sich die Juden im Geiste und in den Idealen in so gänzlicher Übereinstimmung mit den edelsten Bestrebungen des Landes, in dem sie lebten, befunden.

Amerikas Grundgesetz sucht die Bruderschaft aller Menschen zu verwirklichen. Diese Bruderschaft wurde jüdisches Grundgesetz vor mehr als 25 Jahrhunderten. Amerikas drängende Forderung im 20. Jahrhundert ist soziale Gerechtigkeit. Eben danach streben die Juden schon seit Jahrtausenden...

So ist es jeder amerikanische Jude... seiner Treue zu Amerika schuldig, Zionist zu werden. Denn nur durch die adelnde Wirkung der Bestrebungen des Zionismus können wir unser Bestes entwickeln und diesem Lande den ganzen Nutzen unseres großen Erbes zukommen lassen. Der jüdische Geist... und der in so vielen Jahrhunderten des Opfers entwickelte jüdische Charakter sollten bewahrt und fortentwickelt werden, so daß in Amerika wie anderswo die Söhne der Rasse in Zukunft ein Leben führen und Taten vollbringen mögen, die ihrer Vorfahren würdig sind.«

Was den Juden in so kurzer Zeit so große Errungenschaften ermöglichte, war die Eigenart der amerikanischen Kultur. Es war dies keine einheitliche Kultur wie etwa die englische, französiche, polnische oder deutsche. Wenn man in Amerika von der Norm abwich, so schadete das nichts, denn jeder tat es. Wenn man auf seinen eigenen Ideen bestand, so war das nur gut, denn nicht Einmütigkeit, sondern Eigenwilligkeit war das Grundprinzip des amerikanischen Lebens. Amerika verdankte seine Existenz dem rebellischen Ausdruck dieses Prinzips. Es gab in Amerika keine Staatsreligion, somit auch keine religiösen »Minderheiten«. Und wenn man dort irgendwo an den Umständen scheiterte, gab es auf diesem weiten Kontinent genügend andere Orte, an denen man sein Glück versuchen konnte.

Die Juden hatten noch nie etwas Derartiges erlebt. Sie erhielten hier eine einzigartige Chance. Nie zuvor hatte eine Kultur den Beitrag der Juden zu ihrer Gestaltung so bereitwillig angenommen. Und nie zuvor war der jüdische Beitrag zur Gestaltung einer Kultur so bedeutsam gewesen, wie er es für die amerikanische werden sollte. Schon in den 1930er Jahren war das offenbar. Überall im amerikanischen Leben, in der Politik, im Handel, vorzüglich aber in der amerikanischen Kunst und Literatur, im Theater, in der Unterhaltung und in der Wissenschaft, machten die schöpferischen Energien der Juden sich geltend. Nur drei Prozent der amerikanischen Bevölkerung waren Juden, doch die Zahl gibt keinen Begriff von dem tatsächlichen Gewicht ihres Anteils an der amerikanischen Kultur. Dabei bereicherten sie nicht nur die allgemeine Kultur des Landes, sondern bestellten auch eifrig ihren eigenen Weinberg. Das religiöse Leben der orthodoxen, konservativen und reformierten jüdischen Gemeinden war intensiv und vielfältig. Mit ihren Tempeln, Schulen, Verlagshäusern und Universitäten gewannen die amerikanischen Juden in der Neuen Welt ein neues Babylon, einen neuen Wurzelgrund jüdischer Werte und Ideen.

Dabei beschränkten die amerikanischen Juden ihr Interesse nicht auf die eigene Sicherheit, Wohlfahrt und Entfaltung. Zunehmend wurden sie sich auch der Verantwortung für die Lage der Juden in der ganzen Welt bewußt. Ihre Führer standen inzwischen mit an der Spitze der zionistischen Bewegung. Das Joint Distribution Commit-

tee, die Organisation, aus der der United Jewish Appeal hervorgehen
sollte, ließ seine Hilfe und Unterstützung bedrängten Juden in aller
Welt zukommen.

Schon kündigte die Zeit der Nazis sich an. Zu Beginn der 1930er
Jahre zog Unheil am Horizont auf – neben hoffnungsvollen Ausblik-
ken. Aber die Juden Amerikas ließen, was da kam, nicht mehr untä-
tig auf sich zukommen. Sie waren nicht mehr jenes »elende Strand-
gut«, das die Freiheitsstatue mit »schweigenden Lippen« und den
Worten der Emma Lazarus im Hafen von New York willkommen ge-
heißen hatte. In Amerika war jetzt das Judentum im eigenen Haus.

Das amerikanische Judentum im Jahre 1939

Obwohl die Juden Amerikas gegen Ende der 1930er Jahre die mit-
gliederstärkste und reichste jüdische Gemeinschaft der Welt bildeten, traten sie im Verkehr mit anderen jüdischen Gemeinschaften
doch noch merkwürdig bescheiden und zurückhaltend auf. Noch
blühten jüdische Gelehrsamkeit und Kultur hauptsächlich in Europa,
und die wichtigsten jüdischen Institutionen befanden sich noch in der
Alten Welt. Zwar wandten sich auch in Amerika die Juden jetzt in
größerer Zahl dem Zionismus zu, doch die stärkste Unterstützung erhielt dieser seitens der Massen osteuropäischer Juden, die spürten,
daß sie bald ein rettendes neues Heimatland brauchen würden. Das
Schicksal des für die nationale Heimstatt der Juden vorgesehenen
Territoriums lag im wesentlichen noch in der Gewalt der britischen
Regierung, und so war London, nicht Washington, die diplomatische
Hauptstadt des Zionismus. Auf zionistischen und anderen jüdischen
Weltkongressen dominierten noch europäische Führer und Dele-
gierte, neben denen jetzt mit zunehmender Autorität freilich schon
Sprecher der Juden Palästinas zu Wort kamen. In Palästina, in den
Pflegestätten der hebräischen Sprache in Polen und wo sonst überall
in Europa der Zionismus den alten literarischen Stolz wiedererweckt
hatte, begann eine neue Blütezeit der hebräischen Literatur. Jiddisch, die Volkssprache vieler europäischer Juden, verlor in der Al-

ten Welt nicht so rasch an Boden wie in der Neuen, wo die Juden eifrig bemüht waren, sich ihrer neuen kulturellen Umgebung anzupassen. Und noch waren die jüdischen Wissenschaftler, Schriftsteller, Politiker, Künstler, Musiker und Industriellen Europas die bedeutendsten der jüdischen Welt.

In gewisser Weise entsprach die Stellung der amerikanischen Juden am Rande der jüdischen Diaspora, in der sie bis zum Ausbruch des Zweiten Weltkrieges verharrten, der Stellung, die bis zu diesem Zeitpunkt Amerika insgesamt innehatte. Noch immer betrachtete man von Amerika aus Europa mit einer gewissen Zurückhaltung, einem gewissen Mißtrauen, und neigte zum Isolationismus und zur Neutralität. Die internationalen Organisationen und die Diplomatie waren noch immer vornehmlich mit europäischen Angelegenheiten beschäftigt. Die USA waren es zufrieden, auf der internationalen Bühne eine geringere Rolle zu spielen, als sie aufgrund ihrer Macht und ihres Potentials hätten beanspruchen können. Wie man damals von jenseits des Atlantiks die USA noch als ein der künftigen Entfaltung harrendes Land großer (wenn nicht unbegrenzter) Möglichkeiten sah, verfolgten auch die Juden in Europa, in den arabischen Ländern und in Palästina damals ihre Ziele noch, ohne auf die Idee zu kommen, daß einmal eine amerikanische Führung sie dominieren könnte. Wie wir aber sehen werden, sollten das Drama und die Tragödie des Holocaust, die zunehmende Zentralstellung des Landes Israel und die Annahme einer führenden, verantwortlichen Rolle in der Weltpolitik durch die USA die amerikanischen Juden vor Aufgaben stellen, von denen sie sich nichts träumen ließen, ehe sich die Mutation der Menschheitsgeschichte ereignete, die der Zweite Weltkrieg bewirkte.

Aus der Asche

In den Jahren von 1933 bis 1949 wurde mehr jüdische Geschichte gemacht als in irgendeiner früheren Zeit, von der wir Kenntnis haben. Schon heute kann man sich die atemraubende Intensität jener Zeit kaum noch vorstellen: Hitlers Machtergreifung 1933 in Deutschland, die erste Amtseinführung Franklin Delano Roosevelts und dann, wie ohrenbetäubende Donnerschläge, Schlag auf Schlag, die Verfolgung der Juden in Deutschland, die Verbrennung ihrer Bücher und Synagogen, die ersten schrecklichen Konzentrationslager, der Einmarsch Nazideutschlands in Österreich, der Verrat an der Tschechoslowakei in München, die britische Unterdrückung der Juden in Palästina, der Einfall deutscher Panzer in Polen, der Ausbruch des Weltkrieges, Bombardements und Deportationen, der deutsche Einmarsch in Rußland, der Kriegseintritt der Vereinigten Staaten, die sogenannte »Endlösung der Judenfrage« durch Massenvernichtung und die Landung der Alliierten in der Normandie. Dann folgten dicht aufeinander der Zusammenbruch der Achsenmächte, die Gründung der Vereinten Nationen, die internationalen Debatten über die Zukunft Palästinas, Israels Unabhängigkeitserklärung und der arabisch-israelische Krieg der Jahre 1948–1949. Innerhalb eines einzigen Jahrzehnts war das gesamte internationale System vollkommen zerstört worden. Fünfzig Millionen Menschen starben gewaltsam. Dem menschlichen Gedächtnis war eine neue Dimension hinzugefügt worden, deren Erforschung niemals an ein Ende gelangen wird.

Die Jahre, von denen in diesem Kapitel zu reden sein wird, und die wegen des Holocausts, der in dieser Zeitspanne stattfand, auf die grauenhafteste Weise einzigartig waren, sahen eine allgemeine Krise der Kultur. Die von den Juden erlittene namenlose Prüfung stand im

Mittelpunkt dieser Krise. Aus den dunkelsten Tiefen der gespaltenen menschlichen Natur erhob sich gegen das jüdische Volk der rasendste Haß, der je Leben und Geist der Menschheit befiel. Die Agonie verfolgt uns, wird uns niemals loslassen – die sechs Millionen Juden, Männer, Frauen, Kinder, in die Gaskammern getrieben, in die Öfen, vor die Erschießungskommandos – die eine Million Kinder unter ihnen, die in den Armen ihrer Mütter in Gaskammern erstickt oder noch lebendig in die Verbrennungsöfen geworfen wurden – die obszönen Orte des Todes und der Vernichtung, die über das ganze nazistische Europa verstreut waren.

In einem dieser Orte allein, in Auschwitz, wurden drei Millionen Menschen, fast alle Juden, ermordet. Allein im Sommer 1944 starben dort 400 000 ungarische Juden. Dieses ungeheuerliche Verbrechen gegen die Menschheit beging Nazi-Deutschland im Namen einer Idee – der Idee, daß die Vernichtung der angeblich »niederen« nicht-nordischen Völker eine edle Tat sei. Doch der Holocaust wurde inmitten eines Europas in Szene gesetzt, das nach außen hin rational, wissenschaftlich und zivilisiert war. Begangen wurde das Verbrechen größtenteils während des Krieges, war aber unabhängig von den Bedingungen des Krieges. Es wurde schon vor dem Krieg in Angriff genommen, und es wäre nach dem Krieg fortgesetzt worden, wenn nicht die Alliierten gesiegt hätten.

In den Herzen von Millionen Juden gibt es einen geheimen Ort, wo sie ihre Trauer in stiller Einsamkeit verwahren. Viele Ereignisse der jüdischen Geschichte sind zu schrecklich, als daß man glauben könnte, daß sie geschehen sind, aber nichts ist so schrecklich, daß es nicht geschehen wäre in der jüdischen Geschichte. Nach dem Krieg erwachten die Juden aus einem Alptraum und erkannten, daß sie nicht geträumt hatten. Es war alles wirklich geschehen. Die Überlebenden waren eine Minderheit neben den Toten. Heute würden statt 14 Millionen 27 Millionen Juden leben, wenn der Holocaust nicht stattgefunden hätte. Ist es ein Wunder, daß Juden hinsichtlich der Stabilität jeder Kultur zur Skepsis neigen, daß sie besessen sind von der Sorge um die eigene physische Sicherheit, daß sie immer auf das Schlimmste vorbereitet sind? Und daß sie sich *erinnern*? Sie erinnern sich nicht nur der Verbrechen der Nazis, sondern auch des Desinteresses und der Teilnahmslosigkeit eines großen Teils der übrigen Welt, der Regierungen und Kirchen, die nicht sehen wollten, was man ihnen antat, der Nationen, die den Flüchtlingen die Zuflucht versagten und sie ihren Mördern überließen.

Der Holocaust und die Reaktion der Welt darauf sind das dunkelste Kapitel in der moralischen Geschichte der Menschheit. Auf jedem Schutthaufen aber wächst eine Blume, und selbst in der Asche des Holocaust kann man das eine oder andere Unverbrannte finden, das einem helfen mag, nicht zu verzweifeln an der Menschheit, die dieses Verbrechen zugelassen hat. Es gab jüdischen Widerstand – aussichtslosen und heroischen Widerstand –, nicht nur während des Aufstands im Warschauer Ghetto im April 1943. Es gab einige Taten christlicher Nächstenliebe und menschlicher Solidarität. Vor allem aber wurde schließlich die Tyrannei gebrochen. Sie siegte nicht. Wenn es Hitlers Absicht war, den Namen und die Identität des jüdischen Volkes auszulöschen, so wurde diese böse Absicht enttäuscht. Der überlebende Rest dieses Volkes wurde eingesammelt, und die Fahne des modernen Israel trotzt dem Geiste Hitlers mit den Worten: *Am Yisrael chai* – das Volk Israel lebt.

Die Wurzeln des europäischen Totalitarismus

Wir müssen die politischen und kulturellen Zustände in Europa nach dem Ende des Ersten Weltkrieges betrachten, um zu verstehen, wie es zu den totalitären Bewegungen in Europa, insbesondere zur nationalsozialistischen Bewegung Adolf Hitlers und zu deren Herrschaft in Deutschland hat kommen können, deren grauenhaftestes Ergebnis der Holocaust war. Dieser Krieg, den viele als den »Krieg zur Beendigung aller Kriege« bezeichneten, wurde dieser Bezeichnung nicht im entferntesten gerecht. Während der vier Jahre währenden Kämpfe waren 65 Millionen Männer unter Waffen, von denen 8,5 Millionen getötet und 21 Millionen verwundet wurden, während 7,8 Millionen in Gefangenschaft gerieten oder, als vermißt gemeldet, ein ungewisses Schicksal erlitten. Der Krieg rottete in Europa fast eine ganze Generation junger Männer aus. Er legte die Reiche Mitteleuropas, dazu das russische und das osmanische, in Trümmer. Aber er hinterließ größere Spannungen, als sich in ihm entluden. Da war die aufstrebende Macht der Bolschewisten in Rußland und der vergebliche und neue Feindschaft stiftende Versuch der Westmächte, diese Macht zu brechen. Da waren die Spannungen unter den aus dem Zusammenbruch des Osmanischen Reiches und des österreich-ungarischen Vielvölkerstaats hervorgegangenen neuen Nationalstaaten, aus deren Territorien ganze Völkerschaften auswandern mußten, da die neuen Grenzen sie in ihrer bisherigen Heimat zu Fremden machten.

So gab es nach dem Ende des Ersten Weltkrieges vielleicht mehr aggressiven Nationalismus in Europa als bei seinem Ausbruch. Die schwere Last der Kriegsschulden war zudem nicht geeignet, nationale Ressentiments zu mildern. Die Schuldenlast drückte nicht nur Deutschland, dem die im Versailler Vertrag von 1919 auferlegten Reparationszahlungen eine schwere Bürde waren; drückende Schulden hatten auch Frankreich und Italien bei Großbritannien und den USA sowie Großbritannien seinerseits bei letzteren. Europa, das vor dem Krieg stets mehr eingeführt als ausgeführt hatte, mußte jetzt seine Wirtschaft darauf umstellen, mehr zu produzieren als zu verbrauchen – und das zu einer Zeit, da sich die europäischen Unternehmen einer immer härteren Konkurrenz aus den USA, aus Japan, ja selbst aus einigen europäischen Kolonien gegenübersahen. Man glaubte damals noch, daß durch staatliche Wirtschaftsplanung jede europäische Macht imstande sein würde, den eigenen wirtschaftlichen Problemen beizukommen. Die allseits praktizierte staatlich gelenkte Kriegswirtschaft hatte sich ja als erstaunlich leistungsfähig erwiesen. Indessen ruinierten sich jetzt die Staaten in der Konkurrenz um schwindende ökonomische Ressourcen. Gleichzeitig gewann die Vorstellung an Boden, daß Regierungen befugt seien, durch Zensur und Propaganda für das richtige Bewußtsein der Regierten zu sorgen. Es gab Bemühungen um zwischenstaatliche Verständigung und Versöhnung – der Völkerbund sollte diesem Ziel dienen –, und es kam zu einer Reihe von begrenzten Abrüstungsvereinbarungen. Aber diese Initiativen vermochten wenig gegen die immer rascher wachsenden ökonomischen und politischen Spannungen zwischen den europäischen Mächten. Noch war der Nationalstaat das einzige handlungsfähige Kollektiv im internationalen System, alleiniger Verwalter der Macht und vornehmster Gegenstand der Treue und des Stolzes der Völker.

Deutschland verlor durch den Versailler Vertrag seine Kolonien, doch der Kolonialismus war nicht tot und schien für viele Europäer noch eine große Zukunft zu haben. Eine kleine Minderheit von englischen Kolonisten regierte, auf die Macht und Autorität des Mutterlandes gestützt, noch immer das British Empire mit seinen Millionen von Untertanen auf dem indischen Subkontinent und im Nahen Osten (einschließlich Palästinas), in Afrika und in der Karibik. Die zweitgrößte Kolonialmacht, Frankreich, beherrschte Indochina und große Gebiete in Afrika, dazu Inseln im Indischen Ozean, in der Südsee und in der Karibik. Auch Italien hatte sich erst kürzlich ein Stück von Afrika verschafft, und die Niederlande besaßen noch immer Niederländisch-Ostindien, die Inseln des heutigen Indonesiens. Im Stillen Ozean machten zwei außereuropäische Mächte den Europäern die Vorherrschaft streitig. Die USA, deren Wirtschaft in der Nachkriegszeit einen unerhörten Aufschwung erlebte, besaßen Hawaii und die Philippinen. Japan, dessen Industrie in jenen Jahren ebenfalls gewaltig expandierte, hatte das nordöstliche China (die Mandschurei) und Korea besetzt. Doch gab es bei näherem Hinsehen in den überseeischen Kolonien der damaligen Großmächte nirgends stabile Verhältnisse. In Indien, in Indochina, auf den Philippinen – überall, wo Weiße über Farbige herrschten, regte sich nationaler Widerstand gegen die Fremdherrschaft, der sich vermischte mit dem Wunsch der europäisch-stämmigen Siedler nach größerer politischer und wirtschaftlicher Autonomie und nach einer Lockerung der Bindung an die Metropolen.

Die allgemeine Instabilität der Verhältnisse jener Epoche spiegelte sich auch in der geistigen Kultur des frühen 20. Jahrhunderts. Schriftsteller, Maler, Komponisten, die empfanden, daß das alte Europa dringend der Erneuerung bedurfte, suchten nach neuen Ausdrucksformen ihrer Künste, wollten die überlieferten Formen abschütteln, proklamierten neue Richtungen: Man sprach von Fauvismus und Kubismus, von Dada und Surrealismus, von Futurismus,

Expressionismus und anderen Neuerungen. Jene Epoche, in der nicht selten die programmatischen Manifeste der Künstler wichtiger genommen wurden als ihre Werke, war die Glanzzeit selbstbewußter Avantgarden, die, jede auf ihre Weise, den Umsturz des Althergebrachten anstrebten und mit etwas ganz Neuem den Erwartungen des bürgerlichen Publikums vor den Kopf stoßen wollten.

Die Juden waren an diesen künstlerischen Umwälzungen maßgeblich beteiligt. Jude war Arnold Schönberg (1874–1951), der Wiener Komponist, der die Zwölf-Ton-Musik schuf, als Jude geboren war auch dessen großer österreichischer Vorläufer Gustav Mahler (1860–1911), der, wäre er nicht zum Katholizismus konvertiert, 1897 die Leitung der Wiener Hofoper nicht erhalten hätte. In der Literatur taten sich Juden so unterschiedlicher Herkunft und Ausrichtung hervor wie Franz Kafka (1883–1924), die in Paris lebende Amerikanerin Gertrude Stein und der 1905 in Bulgarien geborene Elias Canetti, dem 1981 der Nobelpreis für Literatur zuerkannt wurde. Thomas Mann (1875–1955) war mit einer Jüdin verheiratet, genoß die Unterstützung eines jüdischen Verlegers, behandelte in mehreren seiner Hauptwerke und namentlich in der biblischen Tetralogie »Joseph und seine Brüder« jüdische Themen mit großer Sympathie und trat nach Hitlers Machtergreifung den Nazis entschieden entgegen, zunächst noch in Deutschland, dann im Exil. Sehr passend scheint es schließlich, daß der Held des großartigen Prosaepos »Ulysses« der Dubliner Jude Leopold Bloom ist. Wir wissen von Richard Ellman, dem Biographen des Verfassers dieses Werkes, des irischen Katholiken James Joyce (1882–1941), daß dieser mit der Wahl seines Helden »sich stillschweigend zu der von ihm empfundenen Wahlverwandtschaft mit den Juden als einem wandernden, verfolgten Volk bekannte, die er oft auch ausdrücklich hervorhob«.

Doch dürfte Joyce bei dieser Wahl mehr als nur einem Gefühl persönlicher Wahlverwandtschaft gefolgt sein. Wie die Juden selbst nun den Charakter der europäischen Kultur wesentlich mitbestimmten, beschäftigte die Stellung der Juden in der europäischen Gesellschaft, der sie jetzt unzweifelhaft angehörten, von der sie aber dennoch in gewissem Sinne ausgeschlossen blieben, zu jener Zeit das europäische Bewußtsein vielleicht mehr als je zuvor. Viele Künstler und Intellektuelle, Christen ebenso wie Juden, die sich durch ihre Ziele der Mehrheit ihrer an den bürgerlichen Werten festhaltenden Zeitgenossen entfremdet fühlten, mögen damals ihre eigene Isolierung als der Lage der Juden in der Diaspora vergleichbar empfunden haben. Das Paradoxe dieser historischen Situation war aber, daß zu eben dieser Zeit sehr vielen Juden der Aufstieg in die bürgerliche Oberschicht gelang, nicht nur, indem sie wie schon in früheren Zeiten als Kaufleute zu Wohlstand gelangten, sondern auch, weil sie jetzt in großer Zahl als Ärzte, Juristen und in anderen akademischen Berufen sich auszuzeichnen Gelegenheit hatten.

Mehr noch als die jüdischen Künstler haben an der Verwandlung des Weltbildes und des Selbstverständnisses der modernen Westeuropäer jüdische Philosophen, jüdische Sozialwissenschaftler und jüdische Naturwissenschaftler entscheidend mitgewirkt. Karl Marx (1818–1883), der die Juden haßte, aber selbst jüdischer Abstammung war, hatte unter dem dünnen Firnis bürgerlicher Zivilisiertheit die Mechanismen des Klassenkampfes bloßzulegen sich bemüht. Sigmund Freud (1856–1939), der aus Wien gebürtige Gründer der Psychoanalyse, zerriß den Schleier bürgerlicher Wohlanständigkeit und spürte unter dem Bewußtsein seiner aufgeklärten Mitbürger die unbewußten Triebe auf, die, wie er meinte beweisen zu können, alle menschliche Tätigkeit beherrschen. Der Physiker und Mathematiker Albert Einstein (1879–1955), in Deutschland geboren, in der Schweiz ausgebildet, stellte mit der Formulierung seiner Relativitätstheorie die bisher vorausgesetzte Kosmologie in Frage, entlarvte die Beschränktheit des Newtonschen Weltbilds und insinuierte Verwicklungen am gestirnten Himmel über uns, die sich kaum jemand hätte träumen lassen. Der öffentlichen Meinung aber waren diese Konsequenzen der Einsteinschen Theorie anscheinend noch nicht beunruhigend genug, der Zeitgeist verstand den Physiker als Verkünder eines Zeitalters hier auf Erden, in dem alles relativ und jede Wahrheit, sei sie politischer, sozialer, moralischer, künstlerischer oder religiöser Art, je nach dem Standpunkt, den man dazu einnahm, variabel sein würde. Zwar wollte Einstein selbst, der regen Anteil an jüdischen Angelegenheiten nahm, mit dem Zionismus sympathisierte und ein Mann von tiefem menschlichem Gefühl war, seine

Theorie nicht so verstanden wissen, aber die breite Öffentlichkeit nahm das nicht zur Kenntnis, und so konnten antisemitische Propagandisten Einstein als den prototypischen Vertreter einer zerstörerischen »Jüdischen Wissenschaft« hinstellen, die, wenn man sie nicht schleunigst in Fesseln legte, binnen kurzem die Grundlagen des europäischen Geistes zerfressen haben würde.

Rückblickend kann man in dieser neurotischen Epoche leicht die Saat ausmachen, die bald darauf in zwei Kriegen aufgehen sollte. Der erste dieser Kriege war der allgemein als Zweiter Weltkrieg bekannte, in dem die Achsenmächte (Nazi-Deutschland, Italien und Japan) auf einem weltweiten Schlachtfeld schließlich von den Alliierten (England, Frankreich, der Sowjetunion und den USA) niedergerungen wurden und in dessen Verlauf neben zwanzig Millionen Soldaten auch dreißig Millionen Zivilisten sterben mußten.

Der zweite Krieg begann schon vor Hitlers Krieg gegen die Weltmächte und dauerte bis zur vollkommenen Niederlage der Nazis an: Es war dies Hitlers Krieg gegen die Juden. Wie schon erwähnt, fielen diesem Vernichtungsfeldzug, mit dem Hitler die Welt »judenrein« machen und die europäische Kultur auf eine neue Grundlage stellen wollte, die er »arisch« nannte, sechs Millionen unschuldiger und wehrloser Menschen zum Opfer. Die Rücksichtslosigkeit, mit der diese Menschen erst ihres sozialen und ökonomischen Status, dann ihrer politischen und bürgerlichen Rechte, dann ihrer Freiheit und schließlich ihres Lebens beraubt wurden, ist allein aus dem Zeitalter der Unrast und der enttäuschten Hoffnungen zu erklären, in dem Hitler seinen Krieg gegen die Juden eröffnete.

Der Holocaust kam nicht von ungefähr. Er hatte die aus ferner Vergangenheit kommende antisemitische Tradition, die vor Ausbruch des Zweiten Weltkrieges noch überall in der abendländischen Christenheit mehr oder weniger lebendig war, zur Voraussetzung. Während der 1920er Jahre waren anti-jüdische Regungen sogar in den USA spürbar. So wurde dort etwa der Zugang von Juden zu Colleges und Universitäten beschränkt. Bei der Vergabe von Arbeitsplätzen wurden Juden offen oder versteckt diskriminiert. Primitive antisemitische Propagandaschriften verbreitete nicht nur der Ku Klux Klan, sondern auch der Automobilfabrikant Henry Ford

(1863–1947), in dessen *Dearborn Independent* die verleumderischen sogenannten »Protokolle der Ältesten von Zion« abgedruckt wurden und immer wieder Warnungen vor der »jüdischen Bedrohung« erschienen.

In der Zeit zwischen den beiden Weltkriegen war kein Land in Europa ganz frei von Antisemitismus. In Frankreich lamentierten die Judenhasser über die angebliche Vorherrschaft der Juden im Lande. Tatsächlich ist der politische Einfluß und die politische Macht der Juden in Frankreich stets gering gewesen, aber der Glanz der Rothschilds und der Aufstieg des einen oder anderen Juden zu politischer Macht – wie derjenige Léon Blums in den dreißiger Jahren – gaben der unwahrscheinlichen Legende in den Augen derer, die sie glaubten, eine gewisse Plausibilität. Die äußerste Rechte in Frankreich machte aus ihrem antijüdischen Vorurteil kein Hehl, und ihre Beiträge zur rassistischen Literatur erinnern an die Epoche der Dreyfus-Affäre. Jenseits des Kanals bildeten die Juden Großbritanniens in der uns hier beschäftigenden Zeit eine solide, wohlhabende Gemeinschaft, deren Institutionen wie die des Königreichs, in dem sie lebten, hierarchisch gegliedert waren. Das ist charakteristisch. Die jüdischen Gemeinden sind gewöhnlich nach dem Muster der nichtjüdischen Gesellschaften, in denen sie leben, strukturiert. Während die Juden Amerikas nach dem dezentralisierten föderalistischen Muster der USA organisiert sind, ohne Ober-Rabbinat und allgemein anerkannte Vertretung, haben die britischen Juden zwar keinen König, aber einen Ober-Rabbiner, einen Deputierten-Ausschuß, der als Vertretung der ganzen Gemeinschaft anerkannt ist, und sogar eine Wochenschrift, *The Jewish Chronicle,* die sich als »Das Organ des britischen Judentums« bezeichnen darf.

Selbst in Großbritannien aber, das die europäischen Juden – einschließlich der zionistischen Führer Herzl und Weizmann – als den toleranten und human gesinnten Staat schlechthin idealisierten, fachte antisemitische Agitation mitunter antijüdische Ressentiments zu loderndem Feuer an. Im großen ganzen allerdings erfreuten sich die Juden Großbritanniens eines ruhigen Lebens. Juden konnten Kabinettsmitglied werden, wie Herbert Samuel (1870–1963), der Innenminister war, ehe er 1920 Hochkommissar für Palästina wurde, oder andere hohe Staatsämter bekleiden, wie Rufus Isaacs, der Lordoberrichter und Vizekönig von Indien war, ehe er als Außenminister ins Kabinett eintrat. Beim Ausbruch des Zweiten Weltkrieges war ein Jude, Leslie Belisha, Kriegsminister. Unter Medizinern, Juristen und überhaupt in den akademischen Berufen waren die Juden im Verhältnis zu ihrem Anteil an der Gesamtbevölkerung des Landes überdurchschnittlich stark vertreten. Selbst als die britische Politik sich gegen die Bestrebungen der Zionisten wendete, scheuten die Juden Großbritanniens sich nicht, die diesbezüglichen Entscheidungen ihrer Regierung offen und entschieden zu kritisieren. Es war deshalb nur um so beängstigender, als in den 1930er Jahren auch in England eine faschistische Bewegung, deren Anhänger sich in Schaftstiefeln und schwarzen Hemden zeigten, gegen die Juden zu agitieren begann. Oswald Mosley, der Führer dieser Bewegung, war Antisemit aus kalter Berechnung, nicht wie Hitler aus verzehrender Leidenschaft. Alles in allem war also die Lage der Juden zwischen den Kriegen nirgendwo in Europa ganz sicher, wenn auch ein gewisser Optimismus vorherrschte.

Die Juden in den USA waren kraft ihrer größeren finanziellen und organisatorischer Stärke besser als ihre europäischen Glaubensbrüder imstande, sich gegen Angriffe zur Wehr zu setzen, und 1933 schuf Franklin D. Roosevelts Politik des New Deal (den eine Minderheit, die »FDR« und die Juden gleichermaßen haßte, als »Jew Deal« denunzierte) das liberale Klima, das sie zu wirksamem Widerstand gegen jeden Versuch, ihre Rechte zu schmälern, befähigte. In Osteuropa dagegen sah es wesentlich schlechter aus. In Rußland zum Beispiel erkannte in den zwanziger Jahren die jüdische Anarchistin und Pazifistin Emma Goldmann (1869–1940), die anfänglich die Revolution unterstützt hatte, daß sich unter der Herrschaft der Bolschewisten die Behandlung der Juden gegenüber dem Zarenreich nicht wesentlich geändert hatte:

»Es wurde behauptet, daß die Bolschewisten keine Pogrome machten... aber das war nur in gewissem Sinne wahr. Es gab zwei Arten von Pogromen: die lauten, gewalttätigen und die stillen. Die erste dieser beiden Arten schienen die Zionisten vorzuziehen. Der gewalttätige Pogrom mag einen Tag oder eine Woche dauern. Dabei werden die Juden angegriffen und beraubt, manchmal sogar ermordet. Aber die stillen Pogrome wurden unaufhörlich fortgesetzt. Sie bestanden aus ständiger Diskriminierung, Verfolgung und Schikane.

... Wenn ein Jude und ein Nichtjude unter der gleichen Anklage verhaftet wurden, war damit zu rechnen, daß der Nichtjude freigelassen wurde, der Jude aber ins Gefängnis geschickt oder sogar erschossen werden würde. Unaufhörlich waren die Juden Beleidigungen und Demütigungen ausgesetzt, abgesehen davon, daß sie alle zu langsamem Hungertod verurteilt waren, seitdem jeder Handel verboten war. Die Juden in der Ukraine erduldeten einen ununterbrochenen stillen Pogrom.«

Unterdessen waren die polnischen Juden in den Kampf der Polen mit ihren litauischen, ukrainischen und bolschewistischen Feinden verwickelt; schlimmer noch, auch hier waren sie die Opfer eines »stillen Pogroms«, der darauf abzielte, die Juden – in Polen über ein Zehntel der Bevölkerung – aus dem Wirtschaftsleben des Landes zu eliminieren. In Rumänien, wo in den frühen 1920er Jahren 800 000 Juden lebten (fünf Prozent der Bevölkerung des Landes), gab es antijüdische Krawalle, und der Aufstieg der Nazis in Deutschland ermutigte die rumänische Regierung zu ausdrücklich gegen die Juden gerichteten Maßnahmen. 1920 wurden in Ungarn 473 000 Juden gezählt. Die antijüdische Agitation, die nationale Erhebungen in Ungarn gewöhnlich begleitete, wurde jetzt dort durch den Haß auf die Bolschewiken verschärft, denn das revolutionäre kommunistische Regime, das in Ungarn im Jahre 1919 für kurze Zeit an der Macht war, wurde von einem (freilich nicht praktizierenden) Juden geführt, Béla Kun (1886–1939), und hatte zahlreiche jüdische Vertreter. In keinem dieser Länder begann der Holocaust. Aber die Massenabschlachtung von Juden, die größtenteils auf polnischem Boden stattfand – organisiert und geleitet freilich von Deutschen –, hätte nicht vonstatten gehen können ohne das Komplizentum zahlreicher Osteuropäer und ihrer politischen Führer.

Wenn in den frühen dreißiger Jahren irgend jemand behauptet

hätte, daß Deutschland binnen kurzem dem jüdischen Volk das schlimmste Leid zufügen würde, das es je hatte erdulden müssen, hätte niemand diese Prophezeiung entschiedener und überzeugter zurückgewiesen als die Juden in Deutschland selbst. 1933 gab es 503 000 Juden in Deutschland, und sie lebten in vertrauterem Verkehr mit der sie umgebenden Kultur als je eine jüdische Minderheit anderswo seit der Blütezeit der spanischen Judenheit unter muslimischer Herrschaft. Obwohl sie nur ein Prozent der Bevölkerung ausmachten, waren sie allgegenwärtig in der deutschen Kultur, in Handel, Kunst, Wissenschaft und Gesellschaft. Sie fühlten sich in Deutschland daheim. 100 000 jüdische Soldaten hatten während des Ersten Weltkrieges im Feld gestanden, 12 000 waren gefallen. Die nach dem Untergang des Kaiserreichs gegründete Weimarer Republik hatte alle gesetzlichen Beschränkungen, denen die Juden vordem noch unterworfen waren, abgeschafft, und die Juden erreichten eine Stellung in Deutschland, von der sie vorher kaum hätten träumen können. Ein Jude, Walther Rathenau, wurde sogar Außenminister nach dem Krieg. 1922 wurde er von einem rechten Fanatiker ermordet, dessen Motive nicht zuletzt antisemitischer Natur waren. Eine Million Menschen wohnten seinem Staatsbegräbnis bei. Die deutschen Juden, die in der Ermordung ein warnendes Zeichen hätten erkennen sollen, nahmen statt dessen das prachtvolle Staatsbegräbnis als staatliche Anerkennung hervorragender und zu hohem Stolz berechtigender jüdischer Verdienste um Deutschland.

Obwohl es auch in Deutschland in den jüdischen Gemeinden ein reiches religiöses und kulturelles Leben gab, und obwohl auch die zionistische Bewegung dort kräftig unterstützt wurde, tendierten die deutschen Juden stärker als ihre Brüder anderswo zur Assimilation. Juden nannten sich in Deutschland »Deutsche mosaischen Glaubens« und verschlossen die Augen vor Tatbeständen, die ihnen hätten zu verstehen geben sollen, daß ihre Integration ins Deutschtum nicht allen Deutschen so gelungen vorkam wie ihnen selbst. Viele von ihnen waren auf ihr Deutschtum so stolz, daß sie jüdische Einwanderer aus Osteuropa – die »Ostjuden« – nur ungern als ihresgleichen gelten ließen und ihnen nach Möglichkeit aus dem Wege gingen. Nur wenige Jahre später folgte dem Hochmut dieser deutschen Juden der

Fall, lag der utopische Traum der Assimilation in Scherben. Ihnen stand die gleiche Hölle bevor wie ihren nicht-deutschen Brüdern.

Die Frage, weshalb gerade Deutschland mit seiner rationalistischen Tradition und seiner wohlhabenden jüdischen Gemeinschaft der Ort wurde, von dem der wahnsinnige Versuch ausging, das ganze jüdische Volk zu vernichten, läßt wohl keine einfache Antwort zu. Man weist auf die Bedingungen des Versailler Vertrages hin, die Deutschland demütigten und verbitterten, ohne den Deutschen die Fähigkeit, sich zu rächen, wirksam zu beschränken. Man konstatiert die Schwäche der demokratischen Tradition in Deutschland, die geringe Stabilität der Weimarer Republik und den seit dem 19. Jahrhundert im Lande grassierenden Untertanengeist. Auch wird auf die traumatischen Auswirkungen der Inflation und der Weltwirtschaftskrise hingewiesen, auf das Bedürfnis der Deutschen nach einem Sündenbock, den sie für alle Leiden der Nation während der Kriegs- und Nachkriegszeit verantwortlich machen konnten. Schließlich werden die dämonische Persönlichkeit und die unbestreitbaren rhetorischen Gaben Hitlers angeführt. Doch wie in Osteuropa gab es auch in Deutschland einen tiefgründenden Antisemitismus, den wir in den vorangegangenen Kapiteln aus frühchristlicher Zeit über die Zeit der Kreuzzüge bis zu der epochemachenden Erscheinung Martin Luthers verfolgt haben.

Es ist keine Übertreibung, wenn man behauptet, daß gegen Ende des 19. Jahrhunderts die »Judenfrage« das zentrale Problem der deutschen Kultur geworden war. Dies war die Zeit, in der Deutschland seine Rolle in Europa neu zu bestimmen suchte und in der Juden in alle Sphären des gesellschaftlichen, wirtschaftlichen und kulturellen Lebens eindrangen. 1881 schrieb Richard Wagner, damals gerade mit den Vorbereitungen zur Uraufführung seines »Parzival« beschäftigt – deren Leitung er dann in einer seltsamen Ironie dem Münchener Kapellmeister Hermann Levi anvertraute, einem Juden –, in einem Brief an Ludwig II. von Bayern, daß er die jüdische Rasse als den geborenen Feind der Menschlichkeit betrachte, daß die Deutschen vor ihr zugrunde gehen würden und er selbst vielleicht der letzte kunstliebende Deutsche sei, der dem Judentum, das schon fast überall die Macht habe, noch entgegenzutreten wisse.

Die »jüdische Rasse« war nicht Wagners Erfindung, doch in dem Sinn, in dem die Rassisten des 20. Jahrhunderts den Begriff gebrauchten, war er eine Erfindung des 19. Jahrhunderts. Was hat man darunter zu verstehen? Der Judaismus ist die jüdische *Religion*. Wer als Jude geboren wird, gehört dem jüdischen *Volk* an. Israel ist heute der jüdische *Staat*. Was aber soll eine jüdische *Rasse* sein? Jede Untersuchung der Geschichte der Rasseneinteilungen, der Rassenlehren und des Rassismus wird die Auswirkung der besonderen Umstände, unter denen die Europäer mit der Vielfalt der Völker und Kulturen der Menschheit Bekanntschaft machten, auf die Systeme, nach denen sie sich diese Vielfalt zurechtlegten, berücksichtigen müssen. Die Europäer kamen als Eroberer, als überlegene Handelspartner, als Kolonisten und Kolonialherren zu den Eingeborenen anderer Erdteile, und so waren europäische Rassentheoretiker geneigt, die wirtschaftliche und militärische Überlegenheit der weißen Europäer über die farbigen Exoten aus der angeborenen, natürlichen Überlegenheit der weißen über alle farbigen Rassen zu erklären. Diesem Gedankengang folgend mußten sie nichts so sehr fürchten, wie die Vermischung der eigenen überlegenen mit der fremden unterlegenen Rasse, und auf strenger Rassentrennung bestehen. Tatsächlich sind aber in der Natur die Menschenrassen nicht streng zu trennen, weshalb es, strenggenommen, reine Menschenrassen nicht gibt. Gerade diese Unschärfe der natürlichen Gegebenheiten aber gestattete es im 19. Jahrhundert den um die eigene Identität besorgten Rassentheoretikern, das, was sie für das eigene Wesen halten wollten, durch die Feststellung eines rassischen Unterschieds zwischen diesem und jedem ihnen irgendwie verdächtigen Wesen sicherzustellen.

Auf diese Weise wurden von den Rassentheoretikern des 19. Jahrhunderts auch die Juden als Rasse erkannt, just in der Zeit, in der sie mehr als je zuvor geneigt waren, sich ihren christlichen deutschen Nachbarn zu assimilieren. Tatsächlich bedurfte ja der Judenhaß einer neuen Rechtfertigung, seitdem die Juden die Vorteile, die die Emanzipation ihnen bot, wahrnahmen, ihre alte Tracht ablegten, ihre alte Sprache vergaßen, Berufe wählten, bei denen sie mit Wucher nichts zu tun hatten, und vielleicht sogar ihrer Religion abschworen. Die antisemitischen Traktate der Zeit fanden diese Rechtfertigung mit der Entdeckung der »jüdischen Rasse«. Ein Jude mochte aussehen wie ein Deutscher, sich kleiden wie ein Deutscher, sprechen wie ein Deutscher, sogar beten wie ein Deutscher – er konnte aber dennoch nie ein Deutscher werden, weil undeutsches Blut, das Blut der jüdischen Rasse eben, in seinen Adern floß. Folglich verhehlte ein Jude, der aussah, sich kleidete, sprach und betete wie ein Deutscher, sein eigentliches Wesen, und verunsicherte, indem er dieses als deutsches ausgab, das deutsche Wesen. Als vorgeblich deutscher Musiker, Maler, Schriftsteller oder Wissenschaftler verunstaltete er unvermeidlich die deutsche Kultur, und nahm er eine deutsche Frau, verdarb er unvermeidlich das Blut der deutschen Rasse.

Hat diesen Unsinn wirklich jemand geglaubt? Tragischerweise ja. So, um nur einen von vielen zu nennen, der Philosoph und Ökonom Karl Eugen Dühring (1833–1921), dessen Laufbahn die Epochen Richard Wagners und Adolf Hitlers verbindet. Seine Schrift über »Die Judenfrage als Rassen-, Sitten- und Kulturfrage« erschien 1881 bereits in zweiter Auflage. Nur wenn es gelang, die Juden aus dem deutschen Volkskörper auszuscheiden, zu verhindern, daß als Deutsche verkappte Juden das deutsche Blut vergifteten, hatte, nach Dührings Erkenntnis, Deutschland noch eine Zukunft:

>»Die Juden sind, das wird für den Kenner dieser Rasse immer der Schluß sein, ein inneres Karthago, dessen Macht die modernen Völker brechen müssen, um nicht selbst von ihnen eine Zerstörung ihrer sittlichen und materiellen Grundlagen zu erleiden.«

Hitler hat keine einzige der nazistischen Rassenlehren erfinden müssen, er fand sie fertig vor. Er zog nur die Konsequenz aus den Erkenntnissen von Leuten wie Dühring, unternahm allen Ernstes die Vernichtung des von jenem rhetorisch der Vernichtung bestimmten »Inneren Karthago«: »So glaube ich heute im Sinne des allmächtigen Schöpfers zu handeln. Indem ich mich des Juden erwehre, kämpfe ich für das Werk des Herrn«, erklärte er schon in dem während seiner kurzen Festungshaft nach dem gescheiterten Putschversuch am 9. November 1923 verfaßten Bekenntnisbuch »Mein Kampf«. Seit

Erscheinen dieses Buches im Jahre 1925 konnte dort auch jeder lesen, daß seines Erachtens der Erste Weltkrieg für Deutschland besser hätte ausgehen können, wenn man gleich zu dessen Beginn zwölf- oder fünfzehntausend »hebräische Volksverderber« mit dem Gas vergiftet hätte, dem später im Felde Hunderttausende der besten deutschen Arbeiter zum Opfer fielen. Und noch im April 1945, als sein Reich in Trümmern lag, verfügte Hitler kurz vor seinem Selbstmord testamentarisch:

> »Vor allem verpflichte ich die Führung der Nation und die Gefolgschaft zur peinlichen Einhaltung der Rassegesetze und zum unbarmherzigen Widerstand gegen den Weltvergifter aller Völker, das internationale Judentum.«

Wie der Judenhaß bei Hitler zu der verzehrenden Leidenschaft wurde, die Millionen Opfer nicht stillen konnten, läßt sich, da wir Hitlers Psyche nicht unmittelbar untersuchen können, mit letzter Sicherheit nicht feststellen. Antisemitische Ideen aber waren, wie gesagt, um die Jahrhundertwende in Deutschland und Österreich weit verbreitet, und Hitler selbst erklärt in dem erwähnten Bekenntnisbuch, daß er zu seinen Einsichten hinsichtlich des jüdischen Wesens bald nach seiner Ankunft in Wien im Jahre 1906 gelangte. Hitler haßte Wien, die Stadt Mozarts und Beethovens, Freuds und Mahlers, Schnitzlers und Schönbergs:

> »Widerwärtig war mir das Rassenkonglomerat, das die Reichshauptstadt zeigte, widerwärtig dieses ganze Völkergemisch von Tschechen, Polen, Ungarn, Ruthenen, Serben und Kroaten u.s.w., zwischen allem aber als ewiger Spaltpilz der Menschheit Juden und wieder Juden.«

Ein Dutzend Jahre nach der Veröffentlichung seiner trüben Erinnerungen an seine Wiener Lehr- und Leidensjahre konnte Hitler sich an Wien und insbesondere an den Wiener Juden rächen. Als 1938 nach dem »Anschluß« die Nazis in Wien einrückten, begannen sie sofort, die jüdische Bevölkerung der Stadt zu schikanieren, zu demütigen, zu verhaften und zu deportieren. Jüdisches Eigentum wurde be-schlagnahmt, und in einer einzigen schrecklichen Nacht – der berüch-tigten »Kristallnacht« vom 9. zum 10. November 1938, die überall, wo damals schon Hitlers Wort galt, in ganz Deutschland und Öster-reich also, eine Schreckensnacht für die Juden war – wurden über vierzig Wiener Synagogen zerstört; nun auch begann die Verfrach-tung der Juden in Zwangsarbeitslager. Der letzte Transport verließ die Stadt im September 1942. Doch die Wiener jüdische Gemeinde wurde schon nach der Kristallnacht im November 1938 aufgelöst. Ju-den gab es dort seitdem nur noch im Untergrund, das jüdische Wien war zerstört.

Europa und der Holocaust

Als das Grauen der Naziherrschaft über Europa hereinbrach, lebten dort mehr als acht Millionen Juden. In einigen Ländern, darunter diejenigen Mittel- und Westeuropas, waren die Juden weitgehend in die sie umgebenden Kulturen integriert. Diejenigen, die aus religiö-sen Gründen auf der Fortdauer ihrer Absonderung von den Nichtju-den bestanden, vertrauten inzwischen der Toleranz der pluralisti-schen Gesellschaften dieser Länder. Die Mehrheit setzte ihre Hoff-nungen und ihr Vertrauen in die Vernunft und in die wissenschaftli-chen Fortschritt, die Europa zum Mittelpunkt der zivilisierten Welt gemacht hatten. Die Juden hatten diese Vernunft selbst ausbreiten helfen und zu diesem Fortschritt viel beigetragen; viele jüdische Na-men glänzten in den Ruhmeshallen der Künste und Wissenschaften. In Osteuropa freilich war das Bild dunkler. In Polen und Rumänien schienen die Regierungen ohne ein gewisses Maß an Antisemitismus nicht regieren zu können. Doch gaben die Belästigungen, denen die Juden dort ausgesetzt waren, keinerlei Hinweis darauf, daß bald je-nes ungeheure Morden anheben würde, dem sie fast alle zum Opfer fallen sollten. Hätte man auch nur mit der Möglichkeit eines solchen Mordens rechnen wollen, hätte man glauben müssen, daß Europa sich selbst den Rücken kehren und alle Prinzipien verhöhnen würde, denen es seine Größe verdankte.

Eben das aber geschah. Europa wurde anti-europäisch und verwarf die ererbten Werte, die seit fast zwei Jahrhunderten seinem Fortschritt die Richtung gewiesen hatten. Die Herrschaft der Nationalsozialisten dauerte nur zwölf Jahre und vier Monate, aber die Umwälzungen, die sie auslöste, waren unermeßlich und unvergleichlich. Hitlers Bewegung verursachte, so der Historiker William L. Shirer in seinem Buch »Aufstieg und Fall des Dritten Reiches«,

»... auf dieser Erde einen Ausbruch, so gewaltsam und so zerstörerisch, wie sie noch keinen erlebt, erhob das deutsche Volk zu Höhen der Macht, die es schon seit über einem Jahrtausend nicht mehr gekannt, machte es zeitweilig zum Herren Europas vom Atlantik bis zur Wolga, vom Nordkap bis zum Mittelmeer, um es dann am Ende des Weltkrieges, den sie im Namen ihres Volkes kaltblütig provoziert und in dessen Verlauf sie über die unterworfenen Völker eine Schreckensherrschaft ausgeübt hatte, die in ihrer berechnenden Abschlachtung menschlichen Lebens und menschlichen Geistes alle barbarischen Unterdrückungen früherer Zeitalter übertraf, in die Tiefen der Zerstörung und des Elends zu stürzen.«

Das Martyrium der Juden vollzog sich in drei Phasen. Von Hitlers Machtergreifung im Jahre 1933 bis zum Ausbruch des Krieges 1939 befanden sich nur die deutschen und zuletzt auch die österreichischen Juden – 500 000 lebten in Deutschland, 400 000 in Österreich – in der Gewalt der Nazis. Von 1939 bis 1941 erlangten diese dann die Gewalt über fast die Gesamtheit der westlich von Stalingrad lebenden europäischen Juden. Doch erst 1941 wurde die satanische »Endlösung der Judenfrage« durch systematische Ausrottung beschlossen. Von 1941 an töteten in der grauenhaftesten Aufwallung von Haß und Zerstörungsdrang, die jemals das Leben und Sinnen der Menschheit befiel, die deutschen Nazis Millionen von Juden.

In der ersten Phase zielten die Maßnahmen der Nazis auf die Verelendung und Demütigung der deutschen Juden, ohne zu deren physischer Vernichtung fortzuschreiten. Den Gummiknüppel und andere Foltern bekamen nur die vergleichsweise wenigen zu spüren, die gleich zu Beginn des Regimes in Konzentrationslager verschleppt wurden – aus denen damals einige sogar zurückkehrten, geschlagen und mutlos, aber noch lebendig.

Die Tatsache, daß diese Ausschreitungen ebenso wie die Entrechtung der deutschen Juden und die Rassenhaß-Kampagnen der Nazis von der Weltöffentlichkeit ohne drastische Reaktion zur Kenntnis genommen wurden, ermutigte die Nazis zweifellos zu den nächsten Schritten. Aller Welt wurde jetzt die nazistische Rassendoktrin verkündet, derzufolge sich die lichte, heldische »arische Rasse« und die minderwertigen »nichtnordischen Rassen« gegenüberstehen. In Deutschland wurde diese Lehre sozusagen als Staatsreligion eingeführt. Die schreckliche Wahrheit ist, daß deutsche Gelehrte und Wissenschaftler sich ausdrücklich und aus freien Stücken zu diesem mörderischen Unsinn bekannten. Da Einsteins Erkenntnisse als »jüdische Physik« der arischen Rasse nur schädlich sein konnten, unternahm es Philipp Lenard, der immerhin 1920 mit dem Nobelpreis für Physik ausgezeichnet worden war, eine vierbändige »Deutsche Physik« zu verfassen, in der er sich zu der Äußerung versteigt: »In Wirklichkeit ist die Wissenschaft, wie alles, was Menschen hervorbringen, rassisch, blutmäßig bedingt!«

Bei der »Bücherverbrennung« auf der Kundgebung der Deutschen Studentenschaft »Wider den undeutschen Geist« am 10. Mai 1933 auf dem Opernplatz in Berlin erklärte der Reichspropagandaminister Joseph Goebbels befriedigt: »Das Zeitalter eines überspitzten jüdischen Intellektualismus ist nun zu Ende; und der Durchbruch der deutschen Revolution hat auch dem deutschen Weg wieder die Gasse freigemacht...« Der Vernichtung durch die Flammen bestimmt wurden neben vielen anderen die Werke von Einstein, Freud, Zola, Heinrich Mann, Heine. Aus öffentlichen Kunstsammlungen entfernt wurden die Werke der »entarteten Kunst«, nämlich diejenigen fast aller bedeutenden modernen Künstler. Musik, Theater, Presse, Radio und Film wurden ebenfalls, wie man sagte, »gleichgeschaltet«. Aus allen Universitäten wurden die Juden ausgestoßen. 1935 wurde der nazistische Rassenwahn zur Grundlage der sogenannten »Nürnberger Gesetze«, mit denen die Juden aller staatsbürgerlichen Rechte beraubt, als unrein erklärt und aus der deutschen Gesellschaft ausgestoßen wurden. Jude war den Bestimmungen dieser Gesetze zufolge jeder, der drei jüdische Großeltern hatte. Innerhalb eines Jahres nach Annahme der Nürnberger Gesetze verließen 75000 Juden Deutschland, 8000 begingen Selbstmord. Am 12. März 1938 annektierte Deutschland Österreich und verschaffte den antisemitischen Gesetzen auch dort alsbald Geltung. Jetzt waren schon nahezu eine Million Juden den Nazis ausgeliefert, die bald freilich nur mehr ein kleiner Teil der viel größeren Zahl sein sollten, die deren mörderischen Plänen zum Opfer fielen.

Nach jeder neuen Eroberung der deutschen Wehrmacht begann die deutsche Verwaltung des eroberten Gebiets mit Maßnahmen gegen die dort ansässigen Juden. Sie wurden in große Todeslager gepfercht und dort erschossen, verbrannt oder vergast. Die jüdischen Bewohner russischer Städte und Dörfer wurden zu Tausenden aufs freie Feld geführt, wo man sie zwang, sich nackt auszuziehen und ihre eigenen Gräber zu graben; dann wurden sie mit Maschinengewehrgarben niedergemäht. Jüdische Kinder wurden in Autobussen abgeholt wie für einen Schulausflug und dann in den Todeslagern umgebracht. Juden wurden in »Kliniken« gebracht, wo ihre Körper zu satanischen Experimenten mißbraucht wurden, die ihnen einen qualvollen Tod bereiteten. Juden wurden zu Tode gepeitscht, aufgehängt, vergiftet, erwürgt, mit Knüppeln erschlagen oder mit elektrischem Strom getötet, jeder Marter unterworfen, die kranke Geister nur erdenken können. Millionen solcher Tragödien spielten sich überall in Europa ab und sind unauslöschlich mit dem Blut ihrer Opfer in die Erinnerung der Menschheit eingeschrieben.

Institutionen und Techniken des Holocaust

Das Konzentrationslager Dachau bei München wurde bald nach Hitlers Machtergreifung eingerichtet. Es war deshalb Versuchsgelände und Prototyp der später anderswo angelegten Lager. Die ersten Häftlinge und Opfer dort waren Gegner des Nazi-Regimes – Sozialdemokraten, Liberale, Männer der Kirchen und natürlich Juden, von denen viele Tausende schon während des ersten Jahres der Naziherrschaft Selbstmord begingen.

Als die Eroberungen der Nazis schließlich von Frankreich bis weit hinein nach Rußland fast ganz Europa in ihre Gewalt gebracht hatten, wurden in den besetzten Gebieten weitere Konzentrationslager errichtet, viele in größerem Maßstab als Dachau, doch überall nach ähnlichem Plan. Stets gab es Baracken, in denen man die Häftlinge den Hungertod sterben ließ, Baracken, in denen man sie folterte, Galgen, wo man sie hängte, Gaskammern, in denen man sie vergaste, und Öfen, in denen man sie verbrannte.

Diese Konzentrationslager sind treffend als Todesfabriken beschrieben worden. Und wie jede Industrie hatte auch diese, deren Produkt der Tod war, die Massenproduktion des Todes, ihre eigene Technologie und Bürokratie. Menschen saßen in Büros in Berlin und anderswo und planten sorgfältig die besten Methoden, Verbrennungsöfen zu bauen, Gas herzustellen, Galgen zu errichten, die effizientesten Methoden, Erwachsene zu ermorden, die rationellste Weise, Kinder zu töten. Erforderlich war auch eine komplizierte Logistik, die die möglichst reibungslose Abwicklung der Verhaftung der Juden und anderen Todgeweihten und deren Transport zu den Orten der Folter und des Todes gewährleistete.

Über viele Konzentrationslager ist inzwischen Gras gewachsen. Die Namen einiger dieser Lager vergegenwärtigen der Erinnerung der Menschheit das Ungeheuerliche, was Menschen dort Menschen antaten: Auschwitz, Maidanek, Treblinka, Theresienstadt, Bergen-Belsen. Einige Konzentrationslager werden von Regierungen und Völkern, die nicht vergessen wollen, was dort geschah, als Gedenkstätten erhalten. Tatsächlich verdienen sie Denkmalschutz, denn sie sind Denkmäler. Wie es Denkmäler des schöpferischen Geistes und höchster menschlicher Errungenschaften überall in der Welt gibt, so sind die Konzentrationslager Monumente eines bösen Geistes, unmenschlicher Niedertracht.

Nichts diesem Ausbruch rasenden, bestialischen Hasses Vergleichbares hatte sich je ereignet in der Geschichte der Menschheit: Wäre das der Fall gewesen, die Juden wüßten davon. Denn waren sie nicht stets die Opfer der unmenschlichsten Behandlung seitens ihrer Mitmenschen gewesen? Hatten ihnen nicht die Heere des Titus, die Kreuzfahrer, die Inquisitoren, die Veranstalter der russischen Pogrome schon alles erdenklich Schreckliche angetan? Doch was in den Konzentrationslagern geschah, stellt alle früheren Verbrechen in den Schatten, sowohl durch seine Ausmaße als auch durch die systematische Gründlichkeit der Durchführung. Deshalb ist es nur recht und billig, daß die Menschen, wie sie Monumente schöpferischen Geistes und höchster menschlicher Errungenschaften pflegen, auch diese Monumente der Bestialität bewahren, die ja nicht allein mahnend an das Schreckliche, zu dem Menschen fähig waren, erinnern, sondern zugleich von den Leiden, dem Widerstand und dem Heldentum der Opfer Zeugnis geben – und von der unbesiegbaren Kraft des menschlichen Überlebenswillens.

»In den Ghettos und Konzentrationslagern waren alle Regeln der normalen Gesellschaft außer Kraft«, schrieb einer, der den Aufenthalt dort überlebte. »Diebstahl, Egoismus, Rücksichtslosigkeit gegen andere, all das war verboten, ehe wir ins Lager kamen. Im Lager aber war es normal.« Damit hatten die Lager einen der Zwecke derjenigen, die sie erdachten und errichteten, schon erfüllt: die Juden nämlich zu jenen Wesen zu machen, die Nazipropaganda tagtäglich schilderte.

Ein Augenzeuge, der einen sechsjährigen Aufenthalt im Lager Buchenwald überlebte, schilderte die Folgen, die selbst ein gescheiterter Fluchtversuch für die übrigen Insassen des Lagers hatte:

»Wann immer ein Gefangener entfloh, mußte das ganze Lager antreten und stehen, bis er wieder eingefangen war. Während des Appells waren im ganzen Lager Wachen aufgestellt, die darauf sahen, daß sich keine Gefangenen in der Nähe der Kommandantenbaracke aufhielten... Gelang einem die Flucht, zog das für das ganze Lager so furchtbare Strafen nach sich, vor allem in den ersten Jahren, daß die politischen Häftlinge von Fluchtversuchen absahen – bis in die letzten Monate. Dann waren ein paar Ausbrüche, die mit der Billigung der Führer des Untergrunds unternommen wurden, allerdings nötig, um Kontakt mit den herannahenden Alliierten aufzunehmen.

Beim Abendappell am 14. Dezember 1938 fehlten in Buchenwald zwei Häftlinge. Die Temperatur war unter Null, und die Häftlinge waren dünn angezogen. Aber sie mußten neunzehn Stunden lang auf dem Appell-Hof stehen. Am Morgen waren 25 erfroren; gegen Mittag schon über siebzig.«

Ein anderer überlebender Häftling hat das in den Lagern und Ghettos von den Nazis immer wieder zelebrierte Ritual der »Selektion«, der schicksalhaften Trennung der unverzüglich dem Tode bestimmten von den einstweilen noch zur ferneren Verwendung aufgesparten Häftlingen, geschildert, so wie er es in Dachau erlebte:

»Es war die seltsamste ärztliche Untersuchung, die ich je gesehen habe. Wir erhielten Befehl, auf dem Appell-Platz, der mit Schnee bedeckt war, vollkommen nackt anzutreten... Wir warteten und warteten, fast erfroren. Plötzlich kam der rettende Befehl. Wir marschierten in einer langen Reihe los, und die ersten Männer betraten eine der Baracken. Als ich an die Reihe kam, wollte ich mich drinnen umsehen, das gelang mir aber nicht. Kaum war ich drin, erhielt ich einen Schlag auf die rechte Schulter, so daß ich mich zur Seite drehte. Ehe ich verstand, was los war, wurde ich weitergestoßen und erhielt wieder einen Schlag, diesmal auf die andere Schulter, und dann wurde noch einmal weitergestoßen. Ich hatte mich noch nicht erholt, da war ich schon in einem anderen Raum, in dem man mich nach meinem Beruf fragte. Dann mußte ich mich in eine der drei Gruppen stellen, die dort standen. Damit war die ›ärztliche Untersuchung‹ beendet. Aber wer waren die Ärzte? Anscheinend waren es die Deutschen, die in dem ersten Raum an zwei Tischen saßen, zwischen denen wir hindurch getrieben worden waren. Der Zweck der Schläge auf die Schultern war anscheinend, uns schnell nach jeder Seite zu drehen, damit die Ärzte auf jeder Seite uns von oben bis unten mustern konnten. Es war eine Fließband-Untersuchung wie in einer modernen Fabrik. Was die Diagnose war, wer sie stellte und wann, wußte ich nicht. Erst nach meiner Befreiung erfuhr ich, daß dabei allerdings eine Diagnose getroffen wurde, eine schicksalsschwere: ob nämlich der Jude in die

Gaskammer oder zur Arbeit geschickt werden sollte. Von den drei Gruppen im zweiten Raum mußte die eine wahrscheinlich direkt in die Gaskammern, denn von den Leuten dieser Gruppe wurde keiner je wiedergesehen. Die zweite Gruppe bestand aus Leuten, die in verschiedenen Berufen ausgebildet waren und, wie wir nach der Befreiung erfuhren, in die Fabriken geschickt wurden. Die dritte Gruppe, meine, ging in ein Arbeitslager.«

Dachau hatte keine Gaskammern, die erste Gruppe ist also wohl wie Vieh in Güterwagen verladen und nach Osten transportiert worden, nach Auschwitz oder in ein anderes des halben Dutzends Vernichtungslager, deren einziges Geschäft die Tötung von Menschen und – keine einfache Aufgabe – die Beseitigung ihrer Reste war. An die 750 000 Juden wurden in Treblinka ermordet, dessen Gaskammern und Öfen arbeitsfähige Häftlinge unter Androhung von Folter zu bauen gezwungen worden waren. Einer der wenigen, der Treblinka lebend verließ, hat beschrieben, was er dort sah:

»Als ich in dem Lager ankam, waren dort drei Gaskammern im Einsatz... An dem Tag, an dem ich zum ersten Mal mit ansah, wie Männer, Frauen und Kinder in den Tod getrieben wurden, wurde ich fast wahnsinnig... In die 25 qm große Kammer wurden 450 bis 500 Menschen gepreßt. Das Gedränge war unglaublich. Die Opfer trugen ihre Kinder und hofften irgendwie, sie dadurch zu retten. Auf ihrem Weg in den Tod wurden sie mit Knüppeln und Gasrohren geschlagen. Man hetzte Hunde auf sie: bellend sprangen diese ihre Opfer an. Alle versuchten den Schlägen und den Hunden zu entrinnen und rannten schreiend in die tödliche Kammer. Die Stärkeren drängten die Schwächeren. Aber der Tumult dauerte nicht lange. Knallend schlossen sich die Türen...
Der Motor wurde angelassen und die Gasleitung ins Innere geöffnet. In höchstens 25 Minuten lagen alle tot da. Aber sie lagen nicht wirklich, denn sie hatten keinen Platz zu fallen. Sie starben stehend, die Arme und Beine verstrickt...«

Damit war die Arbeit der Todesfabrikanten aber noch nicht getan.

Die Leichen wurden nach verstecktem Schmuck abgesucht, und Zahnärzte standen bereit, die etwa vorhandenen Goldzähne auszubrechen. Dokumente sprechen von Menschenhaarlieferungen an eine Gerberei und Lieferungen von Menschenknochen an eine Seifenfabrik in Polen. Die Asche der verbrannten Juden fand als Düngemittel Verwendung, diente zur Herstellung von Chemikalien oder wurde in Urnen, die angeblich die sterblichen Überreste bestimmter Personen, tatsächlich aber beliebige Menschenasche aus den riesigen Aschehaufen enthielten, an trauernde Hinterbliebene und Freunde geschickt.

Nach getaner Arbeit gab es ab und zu dann auch ein Bankett, auf dem der tüchtigen Belegschaft die Zufriedenheit der Betriebsleitung ausgesprochen wurde. Bei einer derartigen Gelegenheit geschah dies durch den Reichsführer SS, Heinrich Himmler, persönlich:

»›Das jüdische Volk wird ausgerottet‹, sagt ein jeder Parteigenosse. ›Ganz klar, steht in unserem Programm, Ausschaltung der Juden, Ausrottung, machen wir.‹ Und dann kommen sie alle an, die braven 80 Millionen Deutschen, und jeder hat seinen anständigen Juden. Es ist ja klar, die anderen sind Schweine, aber dieser eine ist ein prima Jude. Von allen, die so reden, hat keiner zugesehehen, keiner hat es durchgestanden. Von Euch werden die meisten wissen, was es heißt, wenn 100 Leichen beisammen liegen, wenn 500 daliegen oder wenn 1000 daliegen. Dies durchgehalten zu haben, und dabei – abgesehen von Ausnahmen menschlicher Schwächen – anständig geblieben zu sein, das hat uns hart gemacht. Dies ist ein niemals geschriebenes und niemals zu schreibendes Ruhmesblatt unserer Geschichte...«

Die Nazis und ihre Kollaborateure waren bei der Massenproduktion des Todes erstaunlich effizient, so effizient, daß sie auch in der letzten Phase des Krieges, als die Alliierten schon auf dem Vormarsch waren und es in Rußland bereits schlecht für die Wehrmacht stand, die »Endlösung«, die letzte Phase ihres Krieges gegen die Juden, noch fortsetzten, obwohl dies auf Kosten ihrer sonstigen Kriegsanstrengungen ging. Man schätzt, daß von den 3,3 Millionen Juden, die

1942, vor Beginn der »Endlösung«, in Polen lebten, 3 Millionen – etwa 90 Prozent – getötet wurden. Ähnlich erfolgreich verliefen die Operationen in den baltischen Staaten, in Österreich und Ungarn. Aber selbst aus Holland, wo die Deutschen mit der Unterstützung durch die Bevölkerung nicht rechnen konnten, da diese nicht nur die Nazis haßte, sondern, soweit möglich, auch die Juden schützte, wurden 75 Prozent der Juden in Vernichtungslager deportiert.

Mancher Leser mag sich fragen, ob das alles wirklich geschehen ist? Als zu Beginn der 1940er Jahre die ersten Berichte von diesen Massenmorden an die Weltöffentlichkeit drangen, gab es viele, die diesen Berichten nicht glauben wollten, sie mindestens für stark übertrieben hielten, nicht glauben konnten, daß die Wahrheit so grauenhaft sein kann. Tatsächlich gibt es wenige historische Ereignisse, die so umfassend dokumentiert und so eingehend erforscht worden sind wie die »Endlösung«. Hunderte oder vielleicht Tausende von Büchern und Artikeln sind zu diesem Thema erschienen. Zahlreiche wissenschaftliche Institutionen an vielen Orten setzen die Untersuchung aller Einzelheiten dieses Verbrechens noch heute fort: So das YIVO Institute for Jewish Research in New York; die Yad Vashem Martyrs' and Heroes' Memorial Authority und die Central Archives for the History of the Jewish People in Jerusalem; das Centre de Documentation Juive Contemporaine in Paris und zahlreiche andere Archive und Forschungseinrichtungen in Israel, Europa und den USA. Und auch denjenigen, die diese Greuel planten und ausführten, wird noch nachgespürt. Der sensationellste Erfolg dieser Fahndung war die Ergreifung Adolf Eichmanns, des mit der Durchführung der »Endlösung« betreuten Nazi-Beamten. Nachdem israelische Agenten ihn 1960 in Argentinien aufgespürt und nach Israel gebracht hatten, wurde er in einem Gerichtsverfahren der Verbrechen gegen die Menschheit im allgemeinen und das jüdische Volk im besonderen schuldig gefunden und hingerichtet. Und noch jüngst, 1983, wurde Klaus Barbie, der »Schlächter von Lyon«, aus Bolivien (wo er seit 1951 lebte) an Frankreich ausgeliefert und dort vor Gericht gestellt.

Der Holocaust und die nichtjüdische Welt

»Wer sich der Vergangenheit nicht erinnert, ist verurteilt, sie zu wiederholen«, hat ein weiser Mann gesagt. Die Frage ist aber, ob Erinnerung allein schon ausreicht zur Vermeidung der Wiederholung. Die Juden sind nicht vergeßlich. Aber die genaue Erinnerung hat sie nicht davor bewahrt, immer wieder in ihrer mehrtausendjährigen Geschichte Opfer des Hasses, der Verleumdung und der Gewalt zu werden. Zweifellos ist der Fall der Juden einzigartig. Doch in einer größeren historischen Perspektive ist die Lage der Juden Metapher der Conditio Humana überhaupt, ist das jüdische Schicksal Symbol des Schicksals der Menschheit.

Was kann also der Holocaust die Menschheit lehren? Zunächst, daß der Versuch, Menschen nach ihrer Volkszugehörigkeit, nach ihrem Glaubensbekenntnis oder nach ihrer Hautfarbe in höhere und niedere Wesen zu klassifizieren, letztlich alle Menschen ins Unheil führen muß. Soweit es gegenwärtig internationale Bestrebungen für die Durchsetzung der Menschenrechte und grundlegender Freiheiten, für die Gleichheit aller vor dem Gesetz und für die Beendigung der Kolonialherrschaft gibt, sind diese zu einem großen Teil durch das Trauma des Holocaust mitbestimmt.

Der Holocaust lehrt uns weiterhin, daß das Leiden von den Nichtbetroffenen gern übersehen wird. Was geht mich das an, sind wir geneigt zu denken, wenn wir von Unrecht hören, das anderen widerfährt. Sogar Martin Niemöller, der selbst von 1937 bis 1945 in den Konzentrationslagern Sachsenhausen und Dachau inhaftiert war, hat sich später zum Vorwurf gemacht, dieser Neigung nachgegeben zu haben. Als die Nazis anfingen, die Juden zu verfolgen, habe ihn das nicht zum Widerstand herausgefordert, denn schließlich sei er kein Jude gewesen. Als sie anfingen, die Katholiken zu verfolgen, habe er nichts getan, denn er war ja kein Katholik. Als sie den Arbeitern Unrecht taten, habe er geschwiegen, da er ja der Arbeiterklasse nicht angehörte. Als sie endlich auch gegen die evangelische Geistlichkeit vorgegangen seien, habe er reagiert, sich empört, Widerstand geleistet – aber da sei es schon zu spät gewesen.

Drittens lehrt uns der Holocaust, daß ein hoher Stand von Wissenschaft und Technik allein die Menschlichkeit einer Kultur nicht garantiert. Wissenschaft und Technik florierten in Deutschland, als die Nazis dort herrschten, und es zeigte sich, daß die Mittel, die sie den Menschen an die Hand geben, zum Bösen wie zum Guten verwendbar sind, daß sie bei Abwesenheit einer moralischen und humanen Dimension anstatt zur Wohlfahrt zur Vernichtung dienen können.

Eine der geheimnisvollen Lehren dieser tragischen Epoche ist die durch sie offenbarte wunderbare Überlebensfähigkeit des Menschen. Selbst unter den extremsten Bedingungen der feindlichen Belagerung und Bedrohung wußten die Menschen, sich Inseln der Zuflucht, Augenblicke des Trosts zu verschaffen. Und wenn damals alte Türen sich schlossen – mit verheerenden Auswirkungen –, so öffneten sich doch auch neue. Die Opfer des Holocaust waren so zahlreich, die den Flüchtlingen von den Alliierten gebotene Zuflucht war so ungenügend, daß man zu vergessen neigt, daß trotz alledem Hunderttausende aus Deutschland entkamen, größtenteils durch die Bemühungen internationaler jüdischer Organisationen. Eine einzige von diesen, die »Jugend Aliyah«, rettete über 10000 Kinder vor dem sicheren Tod in Europa und brachte sie nach Palästina in Sicherheit. Von den etwa 811000 jüdischen Flüchtlingen, die zwischen 1933 und 1943 dem Nazi-Terror entrannen, nahmen die USA 190000 auf, Palästina 120000 und England 65000. Die Mehrzahl der berühmten jüdischen Wissenschaftler und Künstler entkam. Einstein, Schönberg (und viele andere) gingen in die USA, Freud nach England, der bedeutende Philosoph Martin Buber (1878–1965) nach Jerusalem. Die jüdischen Massen in Osteuropa aber flohen nicht: Ihnen fehlten die Mittel und die Beziehungen, die ihnen die Flucht ermöglicht hätten – und wahrscheinlich auch das Bewußtsein der sie bedrohenden tödlichen Gefahr.

Nicht unerwähnt bleiben darf auch, daß Tausenden von Juden durch »gerechte Nichtjuden« das Leben gerettet wurde. Besonderer Ruhm gebührt unter diesen »Gerechten« dem schwedischen Diplomaten Raoul Wallenberg, durch dessen Bemühungen Hunderten, vielleicht Tausenden von ungarischen Juden das Leben gerettet wurde; was aus ihm wurde, nachdem die sowjetischen Truppen Budapest besetzt hatten, ist eines der großen ungelösten Rätsel des

Zweiten Weltkrieges. Besondere Erwähnung verdient auch der dänische Untergrund, der 1943 etwa 7000 Juden aus dem besetzten Land nach Schweden schmuggelte. Dänische, holländische und polnische Widerstandsgruppen sind – neben etwa 600 Einzelpersonen – vom Staate Israel an der Gedenkstätte der Märtyrer und Helden, Yad Vashem, als »hochgesinnte Gerechte« geehrt worden, »die ihr Leben einsetzten, um Juden zu retten«.

Die positivste Kraft, die sich aus der Asche des Holocaust erhob, war der »neue Jude« – der Jude, der sein Schicksal nicht länger geduldig hinnahm, der Jude, der sich zur Wehr setzte und um sein Leben kämpfte. In Osteuropa war das hervorragendste Beispiel dieser neuen jüdischen Haltung der Aufstand des Warschauer Ghettos, obwohl diese heroische Erhebung, die die Warschauer Juden unternahmen, als ihnen klarwurde, welches Schicksal ihnen in Treblinka zugedacht war, leider nur als symbolischer Triumph zu rechnen ist, denn während der Kämpfe wurden nur ein paar Dutzend Deutsche getötet. Doch abgesehen von dem Aufstand im Warschauer Ghetto gab es gelegentliche Aufstände und Sabotageakte auch in vielen der Todeslager, sogar in Auschwitz, und Juden kämpften in allen Widerstandsgruppen mit, die sie aufnahmen.

Doch der Ort, wo der »neue Jude« am deutlichsten Gestalt annahm, war Palästina. Hier war die jüdische Bevölkerung von 78000 Menschen im Jahre 1900 auf 475000 im Jahre 1939 gewachsen. Der Anteil der Juden an der Gesamtbevölkerung des Landes war damit von 12 auf 33 Prozent gestiegen und wäre noch weit größer gewesen, hätte die britische Regierung nicht durch ihr 1939 unter arabischem Druck entstandenes »Weißbuch« Einwanderungsquoten für Juden festgesetzt und Landverkäufe an Juden untersagt. Unterdessen entwickelte die *Yishuv* (»Ansiedlung«) unter dem britischen Mandat rasch ihre grundlegenden Kultur-, Erziehungs- und Wohlfahrts-Institutionen, und obwohl das politische Leben der *Yishuv* einstweilen noch von aus Europa gebürtigen Einwanderern beherrscht wurde, regte sich darin spürbar auch bereits eine neue Generation eingeborener Israelis oder *Sabras*. Seit 1920 gab es eine geheime Selbstverteidigungstruppe, die *Haganah,* die bald an drei Fronten kämpfen mußte: gegen Araber, die jüdische Siedlungen überfielen; an der

Seite der Briten gegen deren Kriegsgegner; schließlich in Palästina gegen die britische Mandatsregierung, sofern deren Maßnahmen jüdischen Interessen zuwiderliefen, das heißt geeignet waren, die Gründung eines unabhängigen jüdischen Staates in Palästina zu behindern und hinauszuzögern.

Die Juden Palästinas übernahmen jetzt einen wichtigen Teil der Verantwortung für den ferneren Gang der jüdischen Geschichte. In den zwanzig Jahren zwischen den beiden Weltkriegen hatte der Zionismus seine Möglichkeiten zwar nicht vernachlässigt, aber auch nicht gänzlich genutzt. Im Jahre 1945 lebten etwa 600000 Juden in der »nationalen Heimstatt«. Die ökonomische und technologische Entwicklung des Gebietes war derjenigen der benachbarten nahöstlichen Länder zwar weit voraus, lag aber hinter dem in Europa erreichten Stand noch ebenso weit zurück. Nichtsdestoweniger war das jüdische Palästina ein Quell des Stolzes für das jüdische Volk und bot der Welt ein faszinierendes und neuartiges Schauspiel. Hier, und nur hier, machten die Juden ganz in ihrem eigenen Namen Geschichte. Hier allein hinterließen sie nicht nur Randbemerkungen zu den Geschichten anderer Völker. Die nationalen Eigentümlichkeiten kamen hier – wenngleich in sehr kleinem Maßstab – zum ersten Mal in einem Rahmen zum Ausdruck, in dem sie sich frei entfalten konnten.

Der hervorstechende Zug dieser neuen Gesellschaft war ihr hebräischer Charakter. Die erweiterte und erneuerte alte Sprache wurde nicht allein die Umgangssprache und Muttersprache einer jungen jüdischen Generation; sie wurde auch zum Medium einer eindrucksvollen literarischen Bewegung. Diese Sprache vor allem gab dem sich ausbildenden Gemeinwesen die individuelle Form und Farbe. Sie verband die Bürger dieses neuen Gemeinwesens mit der gemeinsamen uralten und allgemein verehrten Vergangenheit. Ein jüdisches nationales Gemeinwesen mußte sich von jedem anderen unterscheiden, um sich selbst zu finden. In Israel wollten die Juden sich ihrer Identität vergewissern; aber sie wollten dies in einer Weise tun, in der nicht jeder einzelne darauf bedacht war, sich selbst zu verwirklichen, sondern alle gemeinsam darauf hinarbeiteten, das jüdische Volk, Israel, zu verwirklichen. Der einzelne konnte sich nur durch den Dienst auszeichnen, den er der werdenden Nation leistete, nicht, indem er sich durch persönlichen Gewinn über seine Nachbarn erhob. Die Juden Palästinas verfolgten mit großem moralischem Ernst ein utopisches Projekt. Ernsthaft, bedürfnislos, verantwortungsbewußt, fest entschlossen, überschäumend und ein wenig irrational waren die Gründer des neuen Israel. Jeder erste Baum, jede erste Straße, Siedlung, Schule, Bibliothek, Universität wurde begeistert gefeiert. Endlich genossen die Juden das einzigartige Glück, ihrem Volk ein eigenes Heim zu schaffen.

Denn alle ihre übrigen Leistungen übertrifft das von der *Yishuv* bewiesene Talent zur Autonomie. Ihre Beziehungen zur britischen Verwaltung blieben formell und locker, und an einen vertrauten Verkehr der *Yishuv* mit ihrer arabischen Umgebung war nicht zu denken. Sie hatte sich mit einer Mauer umgeben, die sie zugleich vor Angriffen von außen und Zersetzung von innen schützte. Tatsächlich war sie bereits während der Mandatszeit ein Nationalstaat im Kleinen. Sie verwaltete ihre Landwirtschaft, ihre Industrie, ihr Erziehungs- und Sozialwesen selbst. Sie hatte ihre eigene Gewerkschaftsorganisation. Verteidigung und Außenpolitik sind gewöhnlich die letzten beiden Ressorts, die eine nach Unabhängigkeit strebende Gemeinschaft in eigener Verantwortung übernimmt. Doch sogar hierin war die *Yishuv* schon weitgehend selbständig. Sie verfügte über eine eigene Bürgerwehr, und ihre führenden Vertreter, Weizmann, Ben-Gurion und Moshe Sharett, waren in der internationalen diplomatischen Gemeinschaft anerkannt und hochangesehen als Vertreter eines Gemeinwesens, das nur dem Namen nach noch kein unabhängiger Staat war. Als sich einige Jahre nach dem Krieg die Gelegenheit zur Erklärung der staatlichen Unabhängigkeit ergab, war die *Yishuv* bestens darauf vorbereitet.

Schlußbetrachtung

So endet dieses Kapitel mit einem der revolutionärsten Ereignisse der jüdischen Geschichte. Israels Flagge wurde zum ersten Mal gehißt an jenem 14. Mai 1948, an dem David Ben-Gurion die Unabhän-

gigkeit der Nation erklärte. Ein Jahr später war sie bereits die
59. Flagge der Vereinten Nationen. Die Welt, die schon so viele Nationen hatte entstehen und vergehen sehen, wohnte der einzigen
Auferstehung einer Nation bei, die ihre bisherige Geschichte kennt.
Israel war wieder in die politische Geschichte eingetreten.

Fast 2000 Jahre lang hatte jüdische Geschichte im wesentlichen aus
Ereignissen bestanden, die von Juden erlitten, ausgehalten, überwunden wurden, nicht aus Taten, die Juden geplant, entschieden und
ausgeführt hätten. Die Juden hatten Geschichte ertragen, nicht selbst
gestaltet. Jetzt endlich konnten Juden aus eigener Machtvollkom-
menheit Steuern erheben, Institutionen schaffen, Truppen bewegen
und Hunderttausenden ihrer Verwandten aus aller Welt die »Tore
zur Freiheit« öffnen. Es war ein Augenblick, der dem nationalen Gedächtnis unvergeßlich gegenwärtig bleiben wird, ein Augenblick der
Wahrheit, der Israel eine neue Zukunft eröffnete.

Israel und das Weltjudentum:
Die neue Zeit

Die Juden als Volk sind seit 3 000 Jahren in alle großen Angelegenheiten der Weltgeschichte verwickelt gewesen. Ihre Anschauung der wechselhaften Geschichte der Menschen ist umfassend und tiefgehend. Dieses Volk, das sich seine Existenz und Identität in so langem und hartem Kampf zu bewahren gewußt hat, wird auch in Zukunft schwerlich untergehen oder sich auflösen. Doch ist die Zukunft auch ihm durchaus nicht gewiß.

Achtzig Prozent der heute lebenden Juden leben in drei Staaten: in den USA, in der UdSSR und in Israel. In den frühen 1970er Jahren durchbrachen die in der Sowjetunion verbliebenen Juden mit starker internationaler Unterstützung die Isolierung, in der sie dort gehalten wurden, und über 150 000 von ihnen wanderten nach Israel und in die USA aus. Keiner anderen Gruppe von Sowjetbürgern ist je Vergleichbares gelungen. Seitdem allerdings die Entspannung wieder in Spannung umgeschlagen ist und die Sowjets weniger daran interessiert zu sein scheinen, bei westlichen Regierungen und Völkern in vorteilhaftem Lichte zu erscheinen, hat sich auch ihre Haltung gegenüber den jüdischen Bürgern ihres Landes wieder verhärtet. Werden diese nun in ihrem Kampf um kulturelle Freiheit und in ihrer Hoffnung auf Auswanderung fortfahren, oder werden sie sich den gegenwärtigen Verhältnissen fügen, so gut sie können?

In einem Dilemma befinden sich aber auch die amerikanischen Juden. Die Spannkraft, mit der sie unter den widrigsten Umständen ihre besondere Eigenart zu behaupten gewußt haben, droht nachzulassen, wo die Umstände sie nicht mehr herausfordern. Manche Historiker bezweifeln sogar, ob überhaupt eine Gruppe imstande ist, auf die Dauer ohne äußeren Druck zu bestehen. So stellt sich die

Frage, ob die Juden in Amerika, wo ihnen niemand das Existenzrecht bestreitet, ihre spezifisch jüdische Existenz auf die Dauer werden behaupten wollen? Die Zukunft hängt hier von dem Gebrauch ab, den die amerikanischen Juden vom Pluralismus der amerikanischen Gesellschaft zu machen sich entschließen: Werden sie es sich leichtmachen und ihre besondere Identität aufgeben? Oder werden sie sich im großen Zusammenhang der amerikanischen Kultur ihre eigene, unverwechselbar jüdische bewahren?

Man sollte meinen, daß sich vergleichbare Probleme in Israel nicht stellen. Eines der Ziele des Zionismus war ja, die Juden in ihrer eigenen Heimat der eigenen Identität gewisser zu machen, als sie es anderswo je gewesen. Bürger eines souveränen Staates pflegen sich ja nicht jeden Morgen beim Erwachen sorgenvoll zu fragen, wer sie denn nun eigentlich sind? Auf den ersten Blick scheint sich mit der Gründung des Staates Israel die Frage nach der jüdischen Heimat erledigt zu haben. In Israel ist man Bürger eines jüdischen Staates, steht auf jüdischem Boden, und in der Höhe flattert beruhigend die jüdische Flagge. Aber kann Israel seiner Berufung wirklich allein kraft seiner nationalen Autarkie genügen, ohne die Unterstützung durch die Solidarität der Juden in aller Welt? Der überwiegende Teil der materiellen und geistigen Ressourcen des jüdischen Volkes liegt noch immer außerhalb der Grenzen des Staates Israel. Kann Israel die Anziehungskraft aufbringen, einen größeren Teil des gesamten jüdischen Potentials an sich zu binden? Das Paradox der Zukunft ist, daß sehr wahrscheinlich eines Tages als die empfindlichste und problematischste Beziehung Israels sich nicht diejenige zur arabischen Welt, sondern die zum Weltjudentum erweisen wird – in einem tieferen Sinne also die Beziehung zu sich selbst.

Was immer geschehen mag, für die Juden spricht ihr starkes Geschichtsbewußtsein. Das Leben ist nur vorwärts zu erleben, aber nur rückwärts zu verstehen, wie Kierkegaard einmal bemerkt hat. Nimmt man alles in allem, so ist das größte Wunder doch, daß es noch Juden gibt. Von jedem Sturm umgetrieben, von jedem Mißgeschick verfolgt, manchmal nahezu zermalmt von der Last des Verhängnisses – und doch sind sie immer noch da, ein Volk, dessen Zukunft vielleicht ebenso lange währen wird wie seine Vergangenheit.

Israel: Die ersten vier Jahrzehnte

Wenige Ereignisse der menschlichen Geschichte dürften unwahrscheinlicher gewesen sein als die Wiedergeburt Israels. Auf einem Stück Land, nur 320 Kilometer lang und an seiner breitesten Stelle 160 Kilometer breit, hat ein nur wenige Millionen Bürger zählendes Volk 3000 Jahre nach der Herrschaft König Davids, neunzehn Jahrhunderte nach der Zerstörung Jerusalems durch die Römer, die eigene Heimat wieder in Besitz genommen, der es größtenteils Jahrtausende lang fern war. Die Umstände, unter denen dies gelang, waren im höchsten Maße ungünstig. Das Land war seiner einstigen Fruchtbarkeit beraubt, durch lange Vernachlässigung unfruchtbar geworden. Das Volk war in alle Welt zerstreut und durch den nur wenige Jahre zurückliegenden Holocaust erschüttert. Seinen nationalen Ansprüchen widersetzte sich die arabische Welt mit erbitterter Hartnäckigkeit, und auch die britische Mandatsregierung war keineswegs geneigt, sie gelten zu lassen. Dies war zweifellos die verzweifeltste Lage, in der sich das jüdische Volk jemals in seiner neueren Geschichte befand, und viele mögen sich damals gefragt haben, ob nicht nun auch für die Juden der Augenblick gekommen sei, von der Bühne der Weltgeschichte abzutreten. Woher sollten sie die zu ihrer Erholung erforderliche Kraft und Hoffnung nehmen? Und doch, nur wenige Jahre später wehte die jüdische Flagge unter den Flaggen jener anderen Völker, bei denen die Juden so viele Jahrhunderte lang in der Diaspora der Willkür fremder Herren ausgeliefert gewesen waren. Es war dies wahrlich ein stolzer Augenblick für jedes Haus in aller Welt, in dem die Traditionen des jüdischen Volkes hochgehalten wurden. Niemals war dieses Volk stärker als in seiner tiefsten Erniedrigung, niemals hoffnungsvoller als in seiner verzweifeltsten Lage.

Als sich nach dem Ersten Weltkrieg der Vorhang über dem mit jüdischem Blut getränkten europäischen Kontinent hob, kündigte nichts diese Zukunft an. Während der Jahre des Zweiten Weltkriegs hatten die Juden zuversichtlich geglaubt, daß der Sieg über die Nazis und deren Kollaborateure auch ihren Hoffnungen Erfüllung bringen würde. Sie setzten ihre Hoffnungen in Churchill und Roosevelt, die Chaim Weizmann versprochen hatten, die Interessen des geschundenen jüdischen Volkes wahrzunehmen, wenn erst der Sieg errungen sei. Weder Roosevelt noch Churchill waren einverstanden mit den repressiven Maßnahmen, mit denen 1939 die britische Regierung Neville Chamberlains beschlossen hatte, die Entwicklung der jüdischen nationalen Heimstatt zu behindern, mit der grausamen Beschränkung der jüdischen Einwanderung nach Palästina und mit der Bestimmung, die den Juden im größten Teil des Landes den Erwerb von Grundbesitz verbot. Dieser schreckliche Schlag hatte die Hoffnungen der Juden in eben dem Augenblick getroffen, da ihre Verfolgung in Deutschland schärfer wurde. Bald sollte es scheinen, als bestünde die ganze Welt nur einerseits aus Ländern, in denen Juden nicht leben konnten, und andererseits aus solchen, in die man sie nicht hereinließ.

Selbst die USA und Großbritannien verschlossen den Flüchtlingen ihre Grenzen, und Konferenzen in Evian sowie auf Bermuda, die zur Erörterung des »Flüchtlings-Problems« einberufen wurden, verliefen nahezu ohne jedes nützliche Ergebnis. Großbritannien und Frankreich wagten nicht, Hitler entschlossen Widerstand zu leisten, sondern versuchten das Nazi-Regime zu »beschwichtigen«, indem sie auf einige seiner aggressiven Forderungen eingingen. Als die Westmächte 1938 in München die Tschechoslowakei verrieten, indem sie das Land Hitler auf Gnade oder Ungnade überließen, prophezeite Chaim Weizmann, daß es den Juden zuletzt nicht besser gehen würde. Er sagte das zu Jan Masaryk, dem Außenminister der Tschechoslowakei und Sohn des Befreiers und ersten Präsidenten derselben, der nach London gekommen war, um die britische Regierung zum Widerstand gegen die Aggressionen der Nazis zu bewegen. Die Welt, in der nach dem Ende des Ersten Weltkrieges die Juden und andere kleine Völker die Anerkennung ihres Anspruchs auf nationale Selbstbestimmung erlangt hatten, war im Untergang begriffen.

Die antizionistische Politik der britischen Regierung in den späten dreißiger Jahren wurde ausdrücklich formuliert in dem Weißbuch von 1939, angesichts dessen die Juden nur schwarzsehen konnten. David Ben-Gurion, der Führer der zionistischen Arbeiterbewegung, protestierte im Namen der Juden Palästinas gegen diese Politik:

»In der dunkelsten Stunde der jüdischen Geschichte beabsichtigt die britische Regierung, den Juden die letzte Hoffnung zu rauben und ihnen den Weg zurück in ihr Heimatland zu versperren. Das ist ein grausamer Schlag; um so grausamer, als die Regierung einer großen Nation ihn uns versetzt, die einst den Juden helfend die Hand reichte, und deren Ansehen in der Welt auf moralischer Autorität und gutem Glauben beruht. Dieser Schlag wird das jüdische Volk nicht einschüchtern. Die historischen Bande zwischen dem Volk und dem Land Israel werden nicht reißen. Die Juden werden sich nie damit abfinden, daß ihnen die Tore Palästinas verschlossen bleiben sollen, oder daß aus ihrem nationalen Heim ein Ghetto gemacht wird. Die jüdischen Pioniere, die in den vergangenen drei Generationen ihre Kraft beim Aufbau eines verelendeten Landes bewiesen haben, werden von nun an die gleiche Kraft bei der Verteidigung jüdischer Einwanderung, jüdischer Hoffnung und jüdischer Freiheit beweisen.«

Doch die Juden Palästinas waren den dortigen Arabern zahlenmäßig weit unterlegen und hatten der Macht der britischen Verwaltung und der britischen Besatzungstruppen nichts Vergleichbares entgegenzusetzen. Dazu kam, daß eine ambivalente Einstellung zum Gegner ihre Kampfkraft lähmte. Denn seit Beginn des Krieges im September 1939 war Großbritannien unmißverständlich ein Gegner Hitlers und somit auf seiten der Juden; allein in Palästina begegnete es den Juden als unterdrückende Besatzungsmacht, der Widerstand geleistet werden mußte.

Seit den Tagen Bar Kochbas hatte es jüdische Aufstände nicht mehr gegeben. Das Leben in der Diaspora ließ dergleichen unvorstellbar werden. Unter den dort gegebenen Umständen konnten die Juden nur protestieren, klagen und den Schutz der Mächtigen suchen. Doch die seit den späten 1930er Jahren in Palästina aktive jüdische Widerstandsbewegung gegen die britische Mandatsregierung war eine nationale Rebellion, eine Vorläuferin – in ihren Ideen wie in ihren Methoden – der antikolonialistischen Befreiungsbewegungen, die nach dem Ende des Zweiten Weltkrieges überall auf der Welt den Kampf gegen die europäische Kolonialherrschaft aufnahmen. Eine jüdische Selbstverteidigungsbewegung mit Namen *Hashomer* hatte bereits den Überlebenskampf der ersten Pioniere unterstützt. Die zionistische Arbeiterbewegung erkannte früh, daß die Pioniere im Lande Israel nicht lange zu leben haben würden, wenn sie es ihren pazifistischen Grundsätzen zuliebe verschmähten, sich gegen Angreifer zur Wehr zu setzen. Aus der *Hashomer* ging dann die Verteidigungsorganisation *Haganah* hervor. Sie war eine Geheimorganisation, deren Geheimnisse jedermann – einschließlich der britischen Behörden – kannte. Die gesamte männliche jüdische Bevölkerung gehörte ihr an; sie wurde straff geführt von den Führern der Arbeitspartei und war die Hauptquelle, aus der sich nach der Errichtung des Staates Israel 1948 die Israelischen Verteidigungskräfte speisten. Im Unabhängigkeitskrieg kämpften 50 000 Angehörige der *Haganah* neben 2 000 Mitgliedern von Menachem Begins *Irgun Zvai Leumi* und einigen Hundert »Israelischen Freiheitskämpfern«, die den Briten als die »Stern-Bande« bekannt waren. Die *Irgun* beschränkte ihre Aktivitäten im wesentlichen auf einzelne Überraschungsangriffe und Guerilla-Aktionen. Die spektakulären Umstände vieler dieser Aktionen – so etwa der Sprengung des King David Hotels in Jerusalem, der zahlreiche Zivilisten, Araber, Juden und Briten zum Opfer fielen – sorgten für eine Publizität der *Irgun*, die in keinem Verhältnis zu ihrem bescheidenen Nutzen für die jüdische Sache stand.

Mit dem Widerstand der Araber gegen das zionistische Programm hatte man gerechnet. Daß man es auch gegen die britische Regierung nur in bewaffneter Auseinandersetzung durchsetzen konnte, war eine unangenehme Überraschung. Am Ende des Krieges war Churchill entmachtet, Roosevelt tot. Die britische Labour-Partei hatte, solange sie noch in der Opposition war, den Zionisten großzügig ihre Unterstützung versprochen, kaum war sie aber an der Macht und genötigt, britische Interessen in der arabischen Welt zu berücksichtigen, schritt sie zu überraschend rücksichtslosen und harten Maßnahmen gegen die Juden in Palästina. Ernest Bevin, der Außenminister der Labour-Regierung, ermahnte die jüdischen Opfer des Nazi-Holocaust, sich »nicht vorzudrängeln«, und forderte sie auf, sich erst einmal »am Wiederaufbau Europas zu beteiligen« – des Kontinents, der ihr Schlachthaus und ihre Folterkammer gewesen war. Als Präsident Harry S. Truman ihn drängte, die sofortige Einwanderung von 100 000 Juden nach Palästina zu gestatten, erwiderte Bevin höhnisch, Truman wolle wohl vermeiden, daß sie nach New York kämen. Als ein Flüchtlingsschiff mit Überlebenden der Vernichtungslager in Haifa einlief, befahl Bevin den britischen Truppen, die Passagiere mit Feuerspritzen an der Landung zu hindern, und ließ sie nach Deutschland zurückschicken. Die brutale Roheit dieser Maßnahmen entsprach weder britischen Traditionen noch dem besonderen Stil der Labour-Partei, aber offensichtlich ging Bevin aus einem persönlichen Widerwillen gegen die Juden weit über alles hinaus, was vielleicht im Interesse seines Landes liegen mochte. Eine UN-Kommission, die in Israel tätig war, als die Deportation der Einwanderer nach Deutschland befohlen wurde, kam zu dem Schluß, daß eine britische Herrschaft, die nur mit dem Galgen und dem Polizeiknüppel aufrechterhalten werden konnte, vielleicht besser beendet werden sollte.

Unter diesen deprimierenden, ja verzweifelt anmutenden Bedingungen setzten sich die Juden und ihre Führer in den freien Ländern in einem diplomatischen Kraftakt bei ihren Regierungen für eine internationale Zustimmung zur Gründung eines unabhängigen jüdischen Staates in Palästina nach Ablauf des britischen Mandats ein. Die Gelegenheit dazu ergab sich, als die britische Regierung, die längst den kostspieligen und wie Winston Churchill sagte – »schmutzigen« Krieg in Palästina leid war, die Zukunft dieses Landes dem Urteil der Vollversammlung der Vereinten Nationen unterwarf. Nun fiel eine für die Juden höchst bedeutsame Entscheidung. Im April 1947 nämlich erklärte die Sowjetunion, vertreten durch ihren UN-Delegierten Andrej Gromyko, zur Bestürzung der Araber und zur Freude der Juden, ihre Zustimmung zu dem Plan, in einem Teil Palästinas einen jüdischen Staat zu gründen. Und am 29. November 1947 stimmte die Vollversammlung der Vereinten Nationen mit 33 gegen 13 Stimmen – bei 11 Enthaltungen – für die Gründung eines jüdischen Staates in einem Teil Palästinas. Dieser sollte mit einem arabischen Staat im anderen Teil des Landes in einer Wirtschaftsgemeinschaft verbunden sein, die ein hohes Maß von Freizügigkeit und Austausch zwischen beiden Staaten gewährleisten würde. Die arabischen Staaten erkannten diese Entscheidung jedoch nicht an und setzten ihre Armeen nach Palästina in Marsch, um die Gründung des jüdischen Staates mit Gewalt zu verhindern. Die Juden Palästinas erlitten in dem nun folgenden Krieg zwar schwere Verluste – bei einer jüdischen Gesamtbevölkerung von 650 000 waren 6000 Tote zu beklagen –, doch hielten sie stand und erklärten am 14. Mai 1948 in Tel Aviv die Unabhängigkeit des Staates Israel.

Dies war in der Tat ein Höhepunkt in der Geschichte der Juden. Fast neunzehn Jahrhunderte waren seit dem Verlust der jüdischen Unabhängigkeit im Jahre 70 n. Chr. vergangen, als diese in der Nacht des 14. Mai 1948 wiederhergestellt wurde. Die Empfindungen der Welt am folgenden Morgen waren nicht ungetrübt von Ängsten vor einem drohenden Krieg; aber unstreitig herrschte angesichts dieses Wunders wohlwollendes Staunen vor. Diese Wiedererstehung eines Volks in einem Land, von dem es während so vieler Jahrhunderte ferngehalten worden war, war ohnegleichen in der bisherigen Geschichte der Menschheit. Kaum aber war der letzte Jubel der Juden verklungen, hatte sich das Staunen gelegt, da zogen schon die arabischen Heere heran. Viele glaubten, daß Israels Freude nicht von langer Dauer sein würde. Die Freude der Geburt brachte gleich die Todesangst mit sich.

Während der ersten beiden Jahrzehnte seiner Unabhängigkeit waren Israel Krieg, Feindseligkeit der Nachbarn und ein ständiger Belagerungszustand beschieden. Aber in dem belagerten Land entfaltete sich auf wunderbare Weise der schöpferische Genius seiner Bewohner. Eine Million Juden aus Dutzenden von Ländern sollten sich bald zu den 650 000 Israelis hinzugesellen, die die Grundlagen des Staates gelegt hatten. Diese Einwanderer brachten eine bunte Vielfalt von Kenntnissen, Neigungen, Erfahrungen und Begabungen mit. Hunderte von kooperativen Dörfern und landwirtschaftlichen Kollektiven bedeckten alsbald das sich stetig erweiternde Kulturland mit einem grünen Teppich. Neue Städte, Schulen, Universitäten – und vor allem Tausende von neuen Wohnhäusern – sicherten der israelischen Gesellschaft eine immer breitere und solidere Grundlage.

Vollkommenheit ist den Werken der Menschen nie vergönnt, vollkommen sind auch die Leistungen nicht, auf die Israel inzwischen zurückblicken kann. Nicht jedes Ziel wurde erreicht, nicht jedes Prinzip eingehalten. Aber dennoch konnten die Israelis zwanzig Jahre nach der Gründung ihres Staates der Menschheit mit einiger Zuversicht begegnen. Sie konnten sagen: »Wir haben nicht alle Eure Hoffnungen enttäuscht. Wir haben den Stolz unserer Nation erneuert. Wir haben dem jüdischen Volk ein neues Gefühl seiner gemeinschaftlichen Schaffenskraft vermittelt. Wir haben einem der der Menschheit teuersten und zugleich einem der vernachlässigsten Länder der Erde Schönheit und Leben wiedergegeben. Wir haben die Demokratie als höchsten Ausdruck der sozialen Persönlichkeit des Menschen verteidigt. Wir haben der Welt Dynamik, geistigen Fortschritt, soziale Originalität und Regenerationsfähigkeit bewiesen. Vor allem aber haben wir unsere humane Berufung erfüllt; wir haben Hunderttausende unserer Angehörigen aus den Tiefen der Gefahr und Verzweiflung zu neuer Hoffnung und neuem Leben hinaufgeführt.« Diese beiden Jahrzehnte des Aufbaus werden in den Herzen und Köpfen der Nation fortleben, solange sie besteht.

Es gab in der Mitte der 1960er Jahre manches, dessen sich die Israelis mit berechtigtem Stolz erfreuen konnten. Zunächst und vor allem hatte nach dem Fortfall der ihr durch die britische Mandatsverwaltung auferlegten Beschränkungen die neue Nation ihre Tore allen Juden, die in das Land ihrer Vorväter zurückkehren wollten, weit geöffnet. Und sie kamen: 101 819 vom Unabhängigkeitstag bis zum Ende des Jahres 1948, 239 076 im Jahre 1949, 169 405 im Jahre 1950 und 173 901 im Jahre 1951. Im Laufe der nächsten 15 Jahre weitere 550 000. Zwischen 1950 und 1970 wuchs die jüdische Bevölkerung Israels um mehr als das Doppelte von etwa 1 203 000 auf 2 582 000. Dieser Zuwachs war nicht ausschließlich der Einwanderung zu verdanken. Denn während der gleichen Zeit wuchs der Anteil der eingeborenen Israelis von 26,3 auf 45,8 Prozent an.

Neben der Aufnahme der Überlebenden aus den Flüchtlingslagern Europas war ein Grund besonderen Stolzes die Rettung von Juden aus alten, aber jetzt bedrohten jüdischen Gemeinden des Vorderen Orients und Nordafrikas. Der Operation »Ezra und Nehemiah« gelang es, 121 500 Juden aus dem Irak nach Israel umzusiedeln, und die Operation »Fliegender Teppich« rettete etwa 45 200 jemenitische Juden. Auch aus dem Iran, Ägypten, Libyen, Tunesien und Marokko brachten Zehntausende von Juden ihre besonderen Fähigkeiten und Traditionen nach Israel. Die »Zeltstädte«, die in den frühen fünfziger Jahren überall in Israel aufgeschlagen wurden, bewiesen, daß die »große Einsammlung« rasche Fortschritte machte. Innerhalb eines Jahrzehnts waren alle Neuankömmlinge in festen Häusern untergebracht. Die Aufnahme dieser Flut von Einwanderern während der ersten Jahre der Unabhängigkeit gehört sicherlich zu den Leistungen, derer die Juden mit dem größten Stolz gedenken dürfen, ebenso die gleichzeitige Anlage von Hunderten von neuen Städten und Dörfern, Landwirtschaftsbetrieben und Fabriken. Eine neue soziale und menschliche Realität war in die Geschichte eingegangen, und ihre lang aufgestauten schöpferischen Energien sollten sich in einem überschwenglichen Ausbruch des Stolzes entladen.

Allerdings überschattete eine dunkle Wolke das Gedeihen der wiederhergestellten Nation. Die Beziehungen zu den arabischen Nachbarn blieben gespannt. Während der ersten beiden Jahrzehnte der Unabhängigkeit wurde wenig verhandelt und um so mehr gekämpft. Israel bestand diese Kämpfe stets siegreich, aber die Bedrohung wich nicht von seinen Grenzen. 1956 brachen israelische Truppen durch die Umklammerung ihrer Belagerer und schlugen die Heere des ägyptischen Führers Gamal Abd el Nasser, als dieser die Straße von Tiran blockierte, um den israelischen Hafen Elath am Golf von Akaba vom Weltverkehr abzuschneiden, und den Suezkanal für den Schiffsverkehr von und nach Israel sperrte. Gefährlicher war, daß die Sowjetunion Ägypten mit Waffen gerüstet hatte, deren technische Qualität höher war als diejenige der Waffen, die Israel von seinen Freunden erhalten konnte.

Der israelische Angriff fand gleichzeitig und abgestimmt mit einem Angriff englischer und französischer Truppen auf den Suezkanal statt, denn Nassers Ansprüche gefährdeten auch die Interessen dieser beiden Länder im Mittelmeer. Die gemeinschaftliche Operation hatte eine schlechtere Presse, als einem Alleingang der Israelis zuteil geworden wäre, denn Israels Notlage wurde der Weltöffentlichkeit allmählich bewußt, während mit den englischen und französischen Interessen niemand sonderlich sympathisierte. Immerhin wurde nach diesem Waffengang gegen die Zusicherung des Abzugs der israelischen Truppen von der Sinai-Halbinsel die Blockade der Straße von Tiran aufgehoben. Elf Jahre konnte der Schiffsverkehr die Meerenge ungehindert passieren; während dieser elf Jahre blieb auch der Süden des israelischen Staatsgebietes von Angriffen der Ägypter aus dem Gaza-Streifen verschont, nachdem die dort vorher in Garnison liegenden ägyptischen Truppen durch Soldaten der Vereinten Nationen abgelöst worden waren. Diese elf Jahre waren Jahre stürmischen Wachstums für Israel. Eine Pipeline wurde gebaut, die iranisches Öl von Elath bis an die Mittelmeerküste Israels leitete, sowie ein Netz von Wasserleitungen angelegt, das den dürren Boden der Negev-Wüste bewässerte und fruchtbar machte. Israel knüpfte starke Bande mit Dutzenden von Ländern in Afrika und Asien, Zehntausende von Juden aus Europa und Nordafrika kehrten heim in das Land ihrer Ahnen.

Höchstwahrscheinlich waren es gerade diese Fortschritte Israels, die Nasser 1967 abermals eine Auseinandersetzung mit dem ungeliebten Nachbarn suchen ließen. Als er 1967 die Straße von Tiran neuerlich blockierte, mag er geglaubt haben, nicht länger warten zu dürfen, wenn er nicht jede Hoffnung, aus einem Konflikt mit Israel siegreich hervorzugehen, fahrenlassen wollte. Bekanntlich erwies sich auch dieser Versuch der arabischen Nachbarn, Israel zu überwältigen, als unrühmlicher Fehlschlag. Innerhalb von sechs Tagen gelangte der belagerte israelische Staat aus einer Lage, in der ihn die vereinte arabische Welt mit Tod und Vernichtung bedrohte, zu vollkommener militärischer Überlegenheit und politischem Triumph. Am Ende des Sechstagekrieges hielten israelische Truppen weite Gebiete besetzt, in denen zu dessen Beginn ihre Feinde gestanden hatten – die Golan-Höhen, die Sinai-Halbinsel, den Gaza-Streifen, Judäa und Samaria am Westufer des Jordans. Einige Wochen später sollte offenbar werden, daß diesmal die Araber, selbst mit sowjetischer Unterstützung, nicht imstande sein würden, das Verlorene durch diplomatischen Druck zurückzugewinnen, ohne Israel Frieden anzubieten.

Der Sommer des Jahres 1967 wird den Israelis ewig unvergeßlich bleiben. Nach sechstägigem Kampf waren die Bevölkerungszentren des Landes von den feindlichen Armeen durch ein Gebiet getrennt, das dreimal so groß war wie das israelische Territorium zu Beginn des Krieges. Israel hatte einer massiven diplomatischen Offensive standgehalten. Das Netz seiner internationalen Beziehungen reichte in alle Weltteile. Die jüdische Diaspora, bestürzt angesichts der tödlichen Bedrohung, in der sich Israel zu Beginn der Feindseligkeiten befand, verstärkte ihre Solidarität und ihre Unterstützung. In den neu unter israelische Verwaltung gestellten Gebieten gab es zwar Spannungen, doch erfreulicherweise auch ein großes Maß an friedlicher Koexistenz im täglichen Leben mit der eingeborenen Bevölkerung. Besatzungsmacht zu sein, ein fremdes Volk zu beherrschen, war den Israelis zwar nicht gerade behaglich, aber die israelische Politik betrachtete diesen Zustand als ein befristetes Paradox, das man, wenn erst der Frieden hergestellt sei, schon irgendwie lösen würde.

Auf den ersten Blick hatte man also damals in Zion allen Grund zur Zufriedenheit. Aber nun, da der Druck von außen gewichen war, blickten die Israelis sorgenvoll nach innen. *Sein oder Nichtsein* war jetzt nicht mehr die Frage, sondern vielmehr *Wie sein?* und *Wie nicht sein?* Da nun die Existenz der Gesellschaft nicht mehr unmittelbar in Frage gestellt war, stellte sich die Frage nach deren Qualität. Wie sollte Israel sein Sicherheitsbedürfnis mit dem Wunsch vereinbaren, kein anderes Volk zu beherrschen? Wie sollte Israel die Lücken schließen, die die nationale Einheit zu gefährden schienen? Wie die Gegensätze aufheben, die zwischen der bereits einheimischen Bevölkerung des Landes und den Einwanderern, zwischen Einwanderern aus westlichen Ländern und solchen aus dem Orient, zwischen den neuen wohlhabenden Schichten und denen, die in Elendsvierteln wohnten, entstanden waren? Zu all diesen Gegensätzen kam noch der Konflikt der Generationen, zwischen den Gründervätern einerseits und der jungen Generation, für die das Trauma des Holocaust und das Hochgefühl des Unabhängigkeitskampfes nicht mehr persönliche Erfahrungen waren, andererseits.

Als hätte man mit alledem nicht schon Sorgen genug, drängten sich Israel während der siebziger und zu Beginn der achtziger Jahre noch eine Reihe von neuen Fragen auf, von denen keine leicht zu beantworten war. So fragte es sich, bis zu welchem Grade das Land bei seiner besonderen wirtschaftlichen Lage und seinen unvermeidlich hohen Rüstungsausgaben sich den Lebensstandard der westlichen Konsumgesellschaften leisten könne; ob Frieden, wie man ihn Ende der siebziger Jahre gegen die Rückgabe der Sinai-Halbinsel von Ägypten erhandelt hatte, gegen die Rückgabe anderer während des Sechstagekrieges besetzter Gebiete vielleicht auch von anderen Staaten zu haben sei; und auf welchem Wege Israel am ehesten hoffen könne, sich mit den Palästinensern über deren Ansprüche zu verständigen, die ja, wie weit immer man auf sie einging, auch die volles Bürgerrecht in Israel genießenden Araber, die arabischen Bewohner der unter israelischer Verwaltung stehenden Gebiete und die in anderen Staaten lebenden Araber palästinensischer Herkunft angingen. Sorgen bereitete den Israelis zudem ihre Abhängigkeit von Amerika. Nicht zu leugnen war, daß die amerikanischen Juden aufgrund ihrer bedeutenden intellektuellen und finanziellen Macht starken Einfluß auf die israelischen Angelegenheiten ausübten; ebensowenig konnte geleugnet werden, daß die Regierung der USA, die Israel zwischen 1946 und 1984 über zehn Milliarden Dollar an wirtschaftlicher Entwicklungshilfe und fast sechzehn Milliarden Dollar an Rüstungshilfe gewährte, einen gewissen Druck auf die Entscheidungen der israelischen Politiker ausüben konnte. Wann schlug eine echte Partnerschaft zweier großer Demokratien um in eine ungesunde Abhängigkeit der schwächeren Nation von der stärkeren?

Neue Fragen und Meinungsverschiedenheiten entstanden nach der israelischen Invasion des Libanons im Sommer 1982. Hatte Israel, das in mehreren Kriegen gelernt hatte, sich auf seine Streitkräfte zu verlassen, diesmal den Fehler gemacht, Waffengewalt nicht als letztes Mittel der nationalen Selbstbehauptung, sondern als allzu bequemen Ersatz für diplomatische Bemühungen einzusetzen? Die Weltöffentlichkeit nahm derlei die israelische Öffentlichkeit beschäftigende Gewissenserforschung mit Achtung zur Kenntnis. Man verstand diese Selbstzweifel nicht als Zeichen der Schwäche oder des Verfalls, sondern im Gegenteil als Beweis erlangter Reife.

Manchmal fragten sich die Israelis angesichts schmerzlicher Verluste oder wenn der ständige Druck unerträglich zu werden drohte, was ihnen eigentlich alle ihre Opfer und ihr tapferes Aushalten eingebracht hatten. Doch die Antwort kam prompt: »Alles, was uns sonst verlorengegangen wäre – Leben, Heimat, Ehre, Ziele und die besondere Bestimmung, die unsere Väter uns bewahrt haben und die diese Generation hat erneuern können.« Noch immer konnten die Israelis mit einigem Stolz behaupten, ihrer dreifachen Aufgabe einigermaßen gerecht geworden zu sein: Die Interessen des jüdischen Volkes gewahrt, sein Erbe bewahrt und seine Zukunft gesichert zu haben.

Der Jom-Kippur-Krieg und die Folgen

Aus dem Krieg von 1967 war Israel siegreich hervorgegangen, aber ohne Frieden erlangt zu haben. Die Frage war, ob es den arabischen Staaten gelingen würde, die während des Krieges verlorenen Gebiete zurückzugewinnen, ohne auf Friedensbedingungen einzugehen, oder ob Israel die besetzten Gebiete gegen Frieden eintauschen und so dem dunklen Geschick eines endlosen Krieges entgehen konnte. Die arabische Welt sollte noch einen Versuch unternehmen, die Frage mit Waffengewalt zu ihren Gunsten zu entscheiden. Als am Versöhnungsfest des Jahres 1973 ägyptische Einheiten überraschend die israelischen Stellungen auf der Sinai-Halbinsel angriffen, während gleichzeitig syrische Truppen gegen die israelischen Posten auf den Golan-Höhen vorrückten, verlor Israel plötzlich seine Selbstsicherheit. Während der ersten Tage des Krieges hatten die israelischen Streitkräfte gefährlich hohe Verluste an Panzern und Flugzeugen; doch dann wendete sich das Kriegsglück, und binnen kurzem standen israelische Einheiten hundert Kilometer vor Kairo und vierzig Kilometer vor Damaskus.

Der traumatische Effekt dieses Krieges auf Ägypten wie auf Israel bereitete endlich Friedensverhandlungen zwischen diesen beiden Ländern den Boden. Nach einer Reihe von Rückzugsvereinbarungen, die der Außenminister der USA, Henry Kissinger, mit großem diplomatischen Geschick mit beiden Seiten aushandelte, unternahm im November 1977 der ägyptische Präsident Anwar Sadat seine kühne Reise nach Jerusalem, wo er der staunenden Welt offenbarte, daß sein Land die Doktrin von der Illegitimität des Staates Israel in Zukunft nicht mehr vertreten wolle und diesem Staat im Austausch gegen die Rückgabe der besetzten Sinai-Halbinsel und das Versprechen, auch mit den Palästinensern zu einer Verständigung zu kommen, friedliche Beziehungen anbiete. US-Präsident Jimmy Carter seinerseits betätigte sich bei einem Treffen in Camp David im Bundesstaat Maryland als ehrlicher Makler, und so wurde im März 1979 von dem israelischen Premierminister Menachem Begin und Präsident Sadat ein Friedensvertrag unterzeichnet.

Es war ein großer Augenblick in der Geschichte Israels. Zum ersten Mal erkannte ein arabischer Staat den Staat Israel an; und der fragliche arabische Staat war zudem der gewichtigste von allen, denn die Bevölkerung Ägyptens ist fast so zahlreich wie diejenige aller anderen arabischen Staaten zusammengenommen. Frieden mit den arabischen Nachbarn war von jeher ein Traum des Zionismus gewesen, und an Bedeutung hatte dieses Ziel stets hinter dem der Erlangung der Unabhängigkeit Israels an zweiter Stelle rangiert. Hartnäckigkeit, im Verein mit Kompromißbereitschaft, schien nun nach vielen Jahren auch dieses Ziel erreichbar gemacht zu haben. Ganz erreicht war es freilich noch nicht, und es würde nicht zu erreichen sein, wenn nicht eine Verständigung mit dem palästinensischen Volk gefunden werden konnte; aber ein großer Schritt war getan, um die Entfremdung zwischen den beiden Völkern zu überwinden, die schon vorzeiten im Vorderen Orient große Geschichte gemacht hatten.

Es würde nicht leicht sein, zu vollenden, was Israel und Ägypten gemeinsam in Angriff genommen hatten. Das legitime Ziel Israels in dem tragischen und verlustreichen Krieg im Libanon, drei Jahre nach Abschluß des Friedensvertrages mit Ägypten, war die Sicherung seines nördlichen Staatsgebiets gegen die Bedrohung durch den Artillerie-Beschuß der PLO. Aber 580 Israelis mußten dafür sterben – mehr Opfer, als der Terrorismus der PLO seit Bestehen des Staates Israel gefordert hatte. Die Kur war offenbar bedrohlicher als die Krankheit. Überdies provozierte die israelische Intervention im Libanon dort ein stärkeres Engagement der Syrer. Die Zustände in dem vom Bürgerkrieg zerrissenen Land wurden anarchischer, als sie es vor dem Einmarsch der Israelis waren, das Ansehen des Westens wurde empfindlich geschädigt, und der Terrorismus im Libanon selbst nahm ebensowenig ab wie der von ihm ausgehende. Zum ersten Mal hatten die Israelis einen Krieg geführt, der sich nach Meinung der Mehrzahl von ihnen nicht gelohnt hatte. Diese Krise führte zu Begins Rücktritt und zu Neuwahlen im Jahre 1984. Doch hatte Israel sich schon in mancher schwierigen Situation bewährt, und die selbstkritische Haltung der Israelis in dieser Krise war die beste Gewähr dafür, daß sie ihre beträchtlichen Energien auch diesmal erfolgreich zu deren Überwindung einsetzen würden.

Abgesehen von den neuen Schwierigkeiten, die der Einmarsch in den Libanon bereitet hatte, bestanden weiterhin diejenigen fort, die die andauernde Herrschaft Israels über die 1,3 Millionen arabischer Bewohner der nach dem Krieg von 1967 besetzten Gebiete mit sich brachte. Die Kontrolle über diese Gebiete sicherte zwar Israels Grenzen. Doch die Herrschaft über die Bewohner dieser Gebiete, die dem jüdischen Volk weder angehörten noch angehören wollten, zwang Israel, eine Rolle zu spielen, die mit seinen Prinzipien nicht verträglich war. Nie hatten die Juden eine Gesellschaft und ein Staatswesen gewollt, die anstatt vom freiwilligen Konsens aller Beteiligten nur durch physische Macht zusammengehalten würden. Einstweilen ist noch nicht abzusehen, wie dieses Problem einmal gelöst werden wird. Während manche die israelische Kontrolle auch über die dichtbesiedelten arabischen Gebiete aufrechterhalten wissen wollen, wäre anderen – ihrer sind sicherlich nicht weniger – zweifellos eine Kompromißlösung lieber, die hier und da eine Verbesserung des Verlaufs der israelischen Staatsgrenze vorsähe, andererseits aber den dichtbesiedelten arabischen Gebieten die Möglichkeit gäbe, im Verein mit Jordanien ihre ferneren Geschicke selbst zu lenken, und so eine gewaltfreie Erledigung der Palästina-Frage in Aussicht stellte. Inzwischen bleibt Israel eines der wenigen Länder der Welt, dessen Ausdehnung, Gestalt und Bevölkerungszusammensetzung in Frage stehen.

Das beste wäre zweifellos, wenn die Verständigung, die den Friedensschluß mit Ägypten ermöglichte, auch im größeren Rahmen zu erzielen wäre. Menschen und Nationen machen mitunter das einzig

Vernünftige erst, nachdem sie alle anderen Möglichkeiten erschöpft haben. Im Nahen Osten hat man – von den Beziehungen zwischen Israel und Ägypten einmal abgesehen – bisher schon alles mögliche versucht: Kriege, Belagerungen, Blockaden, Feuereinstellungen, Waffenstillstände, Terrorismus, Öl-Embargos, diplomatische Interventionen der Großmächte, Resolutionen der Vereinten Nationen – nur den Frieden noch nicht. Es empfiehlt sich also jetzt, den Versuch mit ihm zu wagen.

Die kulturelle Herausforderung

Noch heute, fast vierzig Jahre nach der Gründung des Staates Israel, sind die Umrisse der israelischen Kultur in Bewegung, nicht festgelegt, voller paradoxer Sprünge. Einerseits vertritt Israel im Nahen Osten die rationale, auf Modernisierung und Fortschritt ausgerichtete Kultur des Westens. Intensiv betriebene wissenschaftliche Arbeit hat beachtliche technologische Resultate gezeigt: Ein kleiner Staat im Westen Asiens, der Flugzeugmotoren, elektronische Geräte und Produkte einer hochentwickelten chemischen Industrie in alle Welt exportiert, kann wohl für sich in Anspruch nehmen, den Schritt ins Industriezeitalter getan zu haben. Doch ist Israel kein Volk aus der Retorte, kein unbeschriebenes Blatt. Es steht vielmehr – für sich selbst und die Welt – in der Nachfolge des biblischen Israel und verbindet durch die wiederbelebte hebräische Sprache sein uraltes Erbe mit den neuesten Möglichkeiten fernerer Entwicklung. Weitverbreitet ist bei jungen Israelis die Leidenschaft für Archäologie. Entdeckungen wie diejenige der Schriftrollen vom Toten Meer erregen die israelische Öffentlichkeit. Israel gedenkt seiner Vergangenheit, seiner Herkunft; das israelische ist das einzige Volk, dessen lebendige Erinnerung die ganze Geschichte der menschlichen Kultur umfaßt, von den Prophezeiungen der Bibel bis zur Atomwissenschaft, vom dunklen Anfang der Menschheit bis zu den glänzenden Möglichkeiten, die die Zukunft für sie bereithält. Das hohe Alter und die reiche Vielfalt der israelischen Kultur bilden einen verblüffenden Kontrast zu der geringen Ausdehnung des Landes. So klein das Land geographisch ist, so groß ist seine Geschichte.

Die Diaspora heute

Im Jahre 1983 lebten in Israel 4,05 Millionen Juden – wahrscheinlich etwa ein Viertel des jüdischen Volkes. Das heißt, daß über dreißig Jahre nach der Wiedergeburt eines jüdischen Staates immer noch drei von vier Juden in der Diaspora lebten. Das Phänomen ist nicht neu. Auch nach dem Ende des babylonischen Exils zog wahrscheinlich die große Mehrheit der Juden den Verbleib in der Diaspora der Heimkehr nach Israel vor, und auch zur Zeit der römischen Herrschaft lebten viele Juden freiwillig im Ausland. Die meisten heute außerhalb Israels lebenden Juden haben den Verbleib in der Diaspora frei gewählt. Fast sechs Millionen Juden leben heute in den USA und in Kanada. In der Mehrzahl haben sie sicherlich die Mittel, nach Israel auszuwandern, doch bleiben sie im Lande ihrer Geburt. In der Sowjetunion leben zwischen 1,7 und 2,7 Millionen Juden. Nach Meinung einiger Demographen sind die diesbezüglich vorliegenden statistischen Angaben nicht zuverlässig, weil die wirtschaftlichen und politischen Repressalien gegen Sowjetbürger, die sich zu ihrem Judentum bekennen, viele sowjetische Juden veranlassen, ihre Identität zu verhehlen. Diese vielerlei Schikanen und Verfolgungen ausgesetzten sowjetischen Juden, denen auch das Recht vorenthalten wird, Synagogen zu bauen und jüdische Bücher zu drucken, können offensichtlich nicht frei als Juden leben – andererseits ist ihnen die Auswanderung nur unter strengen, scharf überwachten Bedingungen gestattet. Wie die Erfahrung der vergangenen Jahre beweist, suchte die Mehrzahl derjenigen, denen die Auswanderung aus der Sowjetunion gelang, nicht in Israel Zuflucht: Drei Viertel von ihnen haben sich in anderen Ländern niedergelassen, vorzugsweise in den USA.

Selbstkritische Betrachtungen stellen nicht nur die Israelis, sondern auch die Juden Amerikas an. Denn obwohl sie prächtige Tempel bauen und über wohleingerichtete jüdische Gemeindezentren verfügen, haben sie Anlaß zu einigen bangen Fragen: Wie tief geht das Judentum der jüdischen Amerikaner noch? Haben diese so vollkommenen Anschluß an die amerikanische Gesellschaft gefunden, sind sie so rückhaltlos dem »American Way of Life« verfallen, daß sie im Begriff sind, ihre jüdische Identität zu verlieren? Stagniert die jüdische Gemeinschaft in Amerika, oder schrumpft sie gar, weil die einzelnen Mitglieder sich ihr nicht mehr hinreichend verbunden fühlen und sich, individuellen Ambitionen folgend (Karriere, späte Eheschließung, kleine Familien, nichtjüdische Partner), von ihr entfernen? Flackert nicht andererseits immer wieder bedrohlich der Antisemitismus auf? Ist nicht das Gefühl der Sicherheit in der Diaspora vielleicht Selbstbetrug?

Wenn man danach sucht, kann man negative Beurteilungen des gegenwärtigen Zustands des amerikanischen Judentums sehr wohl finden. Der Rabbiner Arthur Hertzberg gelangte nach einer Analyse der ihm über Mischehen, abnehmende Geburtenrate und Assimilation der amerikanischen Juden vorliegenden Information 1963 zu einer hoffnungslosen Prognose:

»Das soziologische Problem ist indessen nicht das Wesentliche. Die eigentliche Krise ist eine Krise des Glaubens... Als Schulen des Glaubens haben unsere zeitgenössischen Religionsgemeinschaften ausnahmslos versagt, da sie keine Lehre anzubieten wissen, die den Verwirrten zum Glauben nötigt, und keine Quelle emotionaler Kraft, die sein Herz rührt...
Wird also das Judentum überleben? Angesichts der Richtung, in die gegenwärtig die Entwicklung geht... muß das verneint werden. Die Geschichte, die Soziologie und die Leere der zeitgenössischen jüdischen Religion weisen alle in die gleiche beklagenswerte Richtung...«

Eine so pessimistische Prognose ist mit rationalen Argumenten schwer zu bestreiten. Es darf nicht überraschen, daß Juden, die sich des jähen Endes erinnern, die ihrer so erfolgreichen Assimilation in Deutschland von den Deutschen bereitet wurde, der Bequemlichkeit und dem Luxus, den Amerika ihnen bietet, mißtrauen. Doch bei allem Verständnis für derartige Ängste machen mich die Würdigung der verfügbaren Informationen und die eigene, persönliche Erfahrung zu einer optimistischen Prognose geneigt. In den Vereinigten Staaten von Amerika bestehen, wie noch nie und nirgends zuvor in der jüdischen Geschichte, die unterschiedlichsten Formen des jüdischen Kultus – vom ultra-orthodoxen zum ultra-experimentellen – nebeneinander und bereichern einander. In den Vereinigten Staaten spielen, was noch nie und nirgends der Fall war, Frauen nicht länger nur im jüdischen Gemeindeleben, sondern jetzt auch im jüdischen Kultus eine hervorragende Rolle, als geweihte Rabbiner der reformierten und neuerdings sogar der konservativen Richtung des Judentums. In den jüngst vergangenen Jahrzehnten haben die USA einen jüdischen Außenminister (Henry Kissinger), einen jüdischen Botschafter bei den Vereinten Nationen (Arthur Goldberg), jüdische Richter des Obersten Gerichtshofs, Senatoren, Kongreßabgeordnete sowie eine Fülle von jüdischen Wissenschaftlern, Romanciers, Musikern, Unterhaltungskünstlern und hervorragenden Angehörigen aller erdenklichen Berufe erlebt.

Großzügige Spenden an jüdische Selbsthilfe-Organisationen und zionistische Vereine strafen den pauschalen Vorwurf Lügen, daß die Juden Amerikas geneigt seien, ihre Verpflichtungen gegenüber den weniger vom Glück begünstigten Glaubensbrüdern zu vergessen. Während des Etatjahrs 1983 sammelte der United Jewish Appeal 326,5 Millionen Dollar für Israel, 39,7 Millionen Dollar für das American Jewish Joint Distribution Committee und über 200 Millionen Dollar für lokale jüdische Wohlfahrtsvereine, hauptsächlich zur Unterstützung jüdischer Bedürftiger. Der größtenteils von amerikanischen Juden getragene Jewish National Fund hat über 200 Millionen Bäume in Israel gepflanzt. Der mehr als 160 Millionen Dollar umfassende jährliche Etat dieser Stiftung wird auf 400 verschiedene Projekte in Israel verwandt, und die landwirtschaftlichen Meliorationstechniken, die mit ihrer Unterstützung entwickelt wurden, werden inzwischen in über fünfzig Ländern in Afrika, Asien, Mittel- und Südamerika angewandt. Ein weiteres multinationales Programm, zu dessen Finanzierung die Juden Amerikas erheblich beitragen, ist die Organisation für Rehabilitation durch Umschulung (Organization for Rehabilitation through Training), die Umschulungswerkstätten und Ausbildungsprogramme für 78 000 Auszubildende in Israel und 34 000 weitere in fünfzehn anderen Ländern unterhält – in Argentinien, Brasilien, Chile, Kolumbien, Frankreich, Indien, Italien, Mexico, Marokko, Paraguay, Peru, Großbritannien, den USA, Uruguay und Venezuela.

Etwa 15 bis 20 Prozent der Judenheit leben in Ländern außerhalb Israels, der Sowjetunion und Nordamerikas. Infolge des Holocaust ist die osteuropäische Diaspora auf einen winzigen Bruchteil ihres früheren Bestands geschrumpft. Die zunehmende Judenfeindlichkeit in der arabischen Welt und die Möglichkeit der Auswanderung nach Israel haben die jüdischen Zentren Nordafrikas und des arabischen Nahen Ostens ähnlich entvölkert. Die Existenz einiger anderer großer jüdischer Gemeinschaften – namentlich derjenigen des Iran (die 1980 32 000 Seelen zählte) und der Falaschas in Äthiopien (ebenfalls etwa 32 000 Seelen stark) – ist durch ungünstige politische Entwicklungen neuerdings ebenfalls gefährdet.

Nach den USA und der Sowjetunion sind die Länder mit den größten jüdischen Gemeinschaften in der Diaspora Frankreich, dessen jüdische Bevölkerung 1980 auf 535 000 Seelen geschätzt wurde; Großbritannien, wo man zur gleichen Zeit 390 000 Juden zählte; Kanada mit 308 000 jüdischen Bürgern; Argentinien mit deren 242 000; Brasilien mit deren 110 000; und Südafrika mit deren 108 000. Die Juden in Argentinien und Frankreich haben in den letzten Jahren wieder unter antisemitischen Umtrieben zu leiden gehabt, und die Juden Südafrikas stehen vor der schwierigen Aufgabe, auf eine humanere Rassenpolitik der Regierung ihres Landes hinzuwirken, mit der der Staat Israel enge ökonomische und politische Verbindungen unterhält. Alles in allem waren wohl – wenn man von der Lage in der Sowjetunion absieht – die Aussichten der jüdischen Diaspora noch kaum je so günstig wie gegenwärtig, zumal heute den Juden ihre Heimat jederzeit zugänglich ist und die mächtige jüdische Gemeinschaft Amerikas die Interessen ihrer Volks- und Glaubensgenossen in aller Welt wahrnimmt.

Das jüdische Geheimnis

Worin liegt das jüdische Geheimnis? Es ist das Geheimnis eines kleines Volkes mit einer großen Erfahrung, gesammelt über lange Zeit und auf weitem Feld – über 4000 Jahre und in allen Teilen der Erde.

Wir haben gesehen, wie vor über 3000 Jahren die aus der ägyptischen Gefangenschaft entflohenen Israeliten am Fuße des Berges Sinai standen und ein Gesetz empfingen, das sie die Einheit Gottes, die Freiheit der moralischen Entscheidung, die Unbedingtheit der moralischen Pflicht, das sie Vergeltung und Gnade lehrte. Auf dieses große Ereignis folgte die stürmische Geschichte der jüdischen Königreiche, folgten die Jahre, in denen die Propheten das mosaische Gesetz zur Grundlage der Hoffnung auf Gerechtigkeit und Weltfrieden machten. Und dann kam die Zerstreuung.

Vom Augenblick der Zerstreuung an finden wir die Juden stets von zwei Impulsen bewegt. Einerseits sehnen sie sich danach, in ihrem eigenen Land, in ihrer eigenen Sprache, in ihrem eigenen Glauben ihrer Eigenart treu zu bleiben und endlich ihre einstige Unabhängigkeit wiederzuerlangen. Diese Sehnsucht wurde mit der Wiederherstellung des Staates Israel ein erfüllbarer Wunsch. Doch während des größten Teils ihrer Geschichte und an den meisten Orten sind es die Juden nicht zufrieden gewesen, ein Volk zu sein, das, wie der Prophet sagte, für sich allein wohnt und unter den Nationen nicht gezählt wird. Im Gegenteil sind sie ein Volk gewesen, das mit seiner Geschichte auf vielfältigste Weise an der Geschichte der Weltkultur mitgewirkt hat. So gibt es kaum eine Kultur, die nicht jüdische Bestandteile hätte, wie auch die jüdische Kultur von vielen Kulturen Anregungen empfangen hat.

Überblickt man die reiche Überlieferung, so findet sich, daß die jüdische Geschichte nicht endet und ihre Rätsel nicht preisgibt. Über die Jahrhunderte hinweg hat uns diese Überlieferung vier große Geheimnisse übermacht:

Zuerst das Geheimnis der Bewahrung. Wie war es diesem Volk möglich, unter fremde Völker zerstreut seine Identität zu bewahren, ohne territoriale Basis oder politische Institutionen, unter Bedingungen, unter denen kein anderes Volk überlebt hat?

Zweitens das Geheimnis der geistigen Ausstrahlung. Woher wuchs diesem schwachen Volk die Kraft zu, seine Botschaft so überzeugend zu verkünden, daß sie heute in fast allem, was Menschen tun, sagen und denken, wirksam ist? Religion, Philosophie, Recht, Literatur, Wissenschaft, politische Systeme, soziale Institutionen, moralische Ideen fast aller Völker zeigen den Einfluß der Botschaft des Judentums.

Drittens das Geheimnis des Leidens, ein Geheimnis, das alles Verstehen übersteigt und keinen Vergleich zuläßt.

Endlich aber das Geheimnis der Erneuerung, der Fähigkeit, eine Sprache, ein Land und ein Volk, die jahrhundertelang getrennt gewesen waren, wieder zusammenzuführen und zu neuem, unabhängigem Leben zu erwecken.

Nun, gegen Ende des 20. Jahrhunderts, liegt die jüdische Zukunft vor uns wie ein weißer Fleck auf der Landkarte; was sie bringen wird, ist ungewiß. Aber ein Volk, das mit so intensiver Erinnerung seine Vergangenheit in seine Zukunft einbringt, mit so schöpferischer Vitalität, wird die Hoffnung, den Samen seines Geistes in künftige Kulturen einzupflanzen und seinen Teil an der gemeinsamen Ernte einzubringen, nicht leicht fahrenlassen. Und so stehen nach Tausenden von Jahren die Juden, wie sie schon so oft standen, ein kleines Volk, zerstreut, verwundbar, aber noch immer von heiligem Eifer beseelt, noch immer in der Hoffnung, großer Visionen teilhaftig zu werden und große Träume zu träumen, das Volk mit der Stimme, deren Echo nie verhallt.

Personenregister

Ortsregister

Bildnachweis

(Die Numerierung bezieht sich auf die Reihenfolge der Bilder)